3 Tage im Spätherbst

1. Auflage Mai 2017
2. Auflage Oktober 2019 als Sonderausgabe
3. Auflage Juni 2021 als Sonderausgabe
4. Auflage April 2022 als Sonderausgabe
5. Auflage September 2022 als Sonderausgabe
6. Auflage April 2024 als Sonderausgabe

Umschlaggestaltung: Laura Hönes
Satz und Layout: Martina Kimmerle
Lektorat: Swantje Christow

ISBN: 978-3-86445-714-2

FSC www.fsc.org MIX Papier | Fördert gute Waldnutzung FSC® C014496

Gerne senden wir Ihnen unser Verlagsverzeichnis
Kopp Verlag
Bertha-Benz-Straße 10
72108 Rottenburg
E-Mail: info@kopp-verlag.de
Tel.: (0 74 72) 98 06-10
Fax: (0 74 72) 98 06-11

Unser Buchprogramm finden Sie auch im Internet unter:
www.kopp-verlag.de

Stephan Berndt

3 TAGE im Spätherbst

Wie Hellseher weltweit seit Jahrhunderten eine 3-tägige Finsternis für unsere Zeit vorhersehen

KOPP VERLAG

Inhaltsverzeichnis

Visionen von Weltkrise mit kosmischem Eingriff

Dieses Buch bietet dem Leser eine Untersuchung von rund zwanzig teils recht alten hellseherisch inspirierten Prophezeiungen, die für die Zukunft Europas eine sehr schwere Krise voraussagen – eine Krise, die zuletzt in einem Weltkrieg enden soll.
Bevor dieser Weltkrieg jedoch zu einem alles vernichtenden Atomkrieg ausartet – so die betreffenden Prophezeiungen –, würde eine kosmische, nicht irdische Kraft oder Macht in das Geschehen eingreifen und dem Weltkrieg noch rechtzeitig ein Ende setzen.

Dieses Szenario einer kosmischen Intervention wurde in vielen Gegenden der Welt von dort lebenden Hellsehern vorausgesehen. Die in Europa oft prophezeite *3-tägige Finsternis* ist exakt eine solche kosmische Intervention; diese werde sich konkret in Form einer kosmischen Staubwolke ereignen, die die Sonne für 3 Tage verfinstern soll.

In den Prophezeiungen gibt es aber noch andere Varianten einer nicht-irdischen Intervention. Drei unterschiedliche Formen werden in den jeweiligen Vorhersagen angesprochen:

Zunächst findet sich eine kosmische Intervention als regelrechter »Eingriff Gottes« nach dem Prinzip: Gott zieht die Notbremse, bevor die Menschheit den Planeten vollends zerstört. Der Eingriff Gottes ist eine Sichtweise, die oftmals in katholischen Quellen auftaucht – aber nicht nur dort.

Die zweite Variante einer kosmischen Intervention bezieht sich auf astronomische Phänomene wie größere, die Erde bedrohende Kometen, Meteoriten oder andere Himmelskörper, die auch für den Zeitpunkt der 3-tägigen Finsternis vorausgesagt werden. In der Hauptsache geht es hierbei um einen kleinen, sonnenähnlichen Himmelskörper, der plötzlich in Erdnähe auftaucht, einen Staubschweif hinter sich herzieht und einen Polsprung auslösen soll (siehe unten).

Ein paar seherische Quellen – das ist die dritte Variante einer kosmischen Intervention – sprechen sogar von UFOs und Außerirdischen, die in dem ganzen Szenario mitmischen sollen.

Kosmische Intervention kann diesen Prophezeiungen nach also dreierlei bedeuten:

- göttliche Intervention,
- astronomische,
- extraterrestrische Alien-Intervention.

Glaubt man den betreffenden Prophezeiungen, so steuert die Welt gegenwärtig auf einen Punkt zu, an dem die Menschheit angesichts plötzlich eingreifender kosmischer Kräfte die Kontrolle über den Planeten verliert und infolgedessen die Machtlosigkeit des Menschen erkennt. Diese Erkenntnis eigener Machtlosigkeit wäre nicht abstrakt oder intellektuell abgehoben, sondern würde spätestens zum Zeitpunkt des prophezeiten geografischen Polsprungs während der 3-tägigen Finsternis für jeden einzelnen Erdbewohner eine psychisch und physisch sehr intensive Erfahrung bedeuten. Physisch gesehen gäbe es vor diesem Ereignis kein Entkommen. Für absolut niemanden auf dem gesamten Planeten!

Darüber hinaus sprechen die Quellen immer wieder von der spirituellen Bedeutung des Ereignisses. Es ist die Rede von einer spirituellen Reinigung der ganzen Menschheit, und dass das Leben auf der Erde nach den Katastrophen wieder sehr viel besser wird. Viele Quellen loben die Zeit nach dem Krieg und der kosmischen Intervention in den höchsten Tönen.

Gott oder Zufall?

Würde ausgerechnet auf dem Höhepunkt eines Dritten Weltkrieges ein sonnenähnlicher Himmelskörper in Erdnähe auftauchen, und würde diese »Mini-Sonne« Katastrophen von solchem Ausmaß auslösen, dass der Krieg dadurch abrupt zum Erliegen käme, dürfte es im Nachhinein ziemlich schwerfallen, die ganze Sache als Zufall abzutun. Umso mehr, wenn mit dem »zufälligen« Ereignis auch noch eine geistig-seelische Reinigung und Bewusstwerdung der Menschheit verbunden ist.

Ein weiterer spannender Punkt in diesem Zusammenhang ist die Frage, von wie tief aus dem All die Mini-Sonne käme und seit wann sie auf dem Weg zur Erde wäre. Glaubt man dem österreichischen Mystiker Jakob Lorber (1800–1864), müsste sich der Himmelskörper schon seit mindestens 150 Jahren auf dem Weg zu uns befinden.*

Würde der Himmelskörper punktgenau im richtigen Moment am erdnächsten Punkt seiner Laufbahn eintreffen, wäre das ein Hinweis darauf, dass Menschheitsschicksal und kosmische Himmelsmechanik irgendwie aufeinander abgestimmt sein müssen.

Gibt es einen Gott, so kann man wohl annehmen, dass Gott bereits vor ungefähr 200 Jahren, als er seine Mini-Sonne auf den Weg geschickt hat, wusste, in welche Richtung sich die Menschheit im 20. und 21. Jahrhundert entwickelt. In diesem Sinne gäbe es dann auch keinen »Eingriff Gottes«. Gott greift nicht in seinen eigenen Plan ein. Gott ist nicht gespalten in Azubi und Meister; also in einen Teil, der die Fehler begeht, und einen anderen Teil, der diese Fehler wieder korrigiert.

Das Bild eines Himmelskörpers, der aus den Tiefen des Alls heranrauscht und sich schon vor langer Zeit auf den Weg zu uns gemacht hat, steht für die Idee

* Warum dieser Himmelskörper noch nicht entdeckt wurde, beziehungsweise warum man allgemein noch nichts von ihm weiß, siehe Seite 226.

einer kosmischen Verbindung des Menschen; für die Idee, dass wir Teil von etwas sind, das größer ist als der Planet Erde und größer als unser heimisches Sonnensystem.

Genau diese Erfahrung, ganz real Teil eines kosmischen Systems oder eines kosmischen Mechanismus zu sein, dürfte in der Zeit nach den Katastrophen zu einer der größten Inspirationen der Menschheitsgeschichte reifen: dem Sprung vom irdisch Globalen zum Kosmischen. Ein solcher Sprung kann gar nicht anders als mit großer Inspiration verbunden sein.

Für sich allein genommen könnte man den kleinen sonnenähnlichen Himmelskörper noch als ein rein astronomisches Phänomen betrachten. Er ist ein etwas spezieller Himmelskörper – den Quellen nach kein richtiger Komet und natürlich auch keine richtige Sonne –, aber dennoch ein greifbarer kosmischer Körper und kein esoterisches Wunder-Ding.

Doch diese rein astronomische Sichtweise wird schwierig, wenn die Mini-Sonne unmittelbar vor der Eskalation eines Dritten Weltkrieges auftaucht, und zwar innerhalb eines Zeitfensters von nur wenigen Tagen, in denen der Krieg zum großen Atomkrieg zu werden droht.

Je präziser der Zeitpunkt der größten Erdannäherung der Mini-Sonne wäre, umso unbefriedigender würde eine rein wissenschaftliche Erklärung auf Grundlage heutiger wissenschaftlicher Erkenntnisse. Es wäre kaum noch zu leugnen, dass irgendein Zusammenhang zwischen der technologischen, sozialen, politischen, psychologischen, geistigen und spirituellen Entwicklung der Menschheit und den Vorgängen weit draußen im Kosmos bestehen muss. Es wäre nicht mehr von der Hand zu weisen, dass die Menschheit Teil eines kosmischen Systems sein muss, das weit über den bisherigen Wahrnehmungs- und Erkenntnishorizont der Menschheit hinausreicht.

Im geistig-metaphysischen Sinne wäre das Szenario eine Art geistige Neugeburt der Menschheit.

Die vielfach prophezeite 3-tägige Finsternis

Die 3-tägige Finsternis ist meinen Forschungen nach europaweit dasjenige Ereignis, das über die Jahrhunderte hin am häufigsten von europäischen Sehern (Hellsehern) vorausgesagt worden ist.

Insbesondere die glaubwürdigsten Seher und Seherinnen Europas haben dieses Ereignis vorhergesehen. Diese hellsehenden Europäer kamen und kommen aus Deutschland, Österreich, der Schweiz, Frankreich, Italien, der Tschechischen Republik und Polen. Die frühesten deutlichen Hinweise auf die 3-tägige Finsternis stammen aus dem 11. und 12. Jahrhundert, wobei es in Einzelfällen natürlich Deutungsspielräume gibt. Bisher habe ich 30 Quellen erfasst, die sich eindeutig auf die 3-tägige Finsternis beziehen, und 27 Quellen, wo dies sehr wahrscheinlich ist, nur fehlt bei diesen Quellen der Hinweis auf die Dauer von 3 Tagen (siehe Seite 217). Das ergibt insgesamt einen Pool von 57 Quellen, was extrem viel ist für ein zeitlich so begrenztes Ereignis. Das sage ich vor dem Hintergrund meiner 20-jährigen Forschungen auf dem Gebiet der traditionellen europäischen Prophetie (im Gegensatz zur New-Age-Prophetie).

Die weitverbreiteten Voraussagen zur *3-tägigen Finsternis* sind also keine Fiktion. Sie sind eine historische Tatsache. Eine Tatsache, die dank der reichhaltigen Literatur in Bibliotheken auch relativ leicht zu überprüfen ist.

Zudem ist die Prophezeiung der 3-tägigen Finsternis nicht nur Teil der europäischen Geistesgeschichte, sondern taucht um 800 n. Chr. auch im islamischen Kulturkreis auf (siehe Seite 241)! Offenbar haben wir es mit einem globalen Phänomen zu tun.

Bevor wir einen ersten eingehenden Blick auf die 3-tägige Finsternis werfen, lassen Sie mich noch kurz drei Begriffe und Schreibweisen erklären, die nachfolgend immer wieder auftauchen werden:

Schreibe ich nachfolgend *3-tägige Finsternis*, so meine ich damit nur die 3 Tage der Finsternis und das, was während dieser 3 Tage passiert.

Schreibe ich hingegen *Szenario der 3-tägigen Finsternis,* so meine ich damit zudem Ereignisse im erdnahen Weltraum vor und nach der Finsternis und Folgen der Katastrophen auf der Erde, die erst nach den 3 Tagen sichtbar werden. Auch die Endphase des »Dritten Weltkrieges« ist demnach Teil des *Szenarios der 3-tägigen Finsternis.*

Drittens schreibe ich »Dritter Weltkrieg« immer in Anführungszeichen, wenn ich den prophezeiten Dritten Weltkrieg mit kosmischer Intervention meine.

Die 3-tägige Finsternis – ein erster Überblick

In den betreffenden Prophezeiungen wird die 3-tägige Finsternis als weltweite Naturkatastrophe vorausgesagt, wobei nicht alle Aspekte der Finsternis sämtliche Erdteile in gleicher Weise betreffen sollen. Das 3-tägige Verschwinden des Sonnenlichtes könnte den Quellen nach tatsächlich weltweit stattfinden, der geografische Polsprung hätte mit Sicherheit eine globale Auswirkung. Dieser geografische Polsprung soll von schweren Erdbeben und gewaltigen Überflutungen begleitet sein (siehe unten).

Der Zeitpunkt der Finsternis

Die Finsternis soll dann eintreten, wenn schon ungefähr 3 Monate lang ein Weltkrieg tobt – ein im Hochsommer eines Jahres X (angeblich) völlig überraschend ausgebrochener Krieg zwischen der NATO und Russland, der in der Hauptsache Europa betreffen soll.

Die östlichen, zumeist russischen Truppen, die zuvor nördlich der Schweiz bis nach Frankreich und nördlich des Ruhrgebietes bis nach Holland vorgerückt sind, sollen zum Zeitpunkt des Eintritts der Finsternis wieder nach Deutschland zurückgedrängt worden sein. In Nordrhein-Westfalen rechts des Rheins soll es dann im Spätherbst zu einer gigantischen Schlacht kommen, zur sogenannten »Endschlacht«. Wenn die Endschlacht in Norddeutschland im Gange ist, steht die Finsternis unmittelbar bevor.

Zwar soll die 3-tägige Finsternis die Eskalation des Krieges zum alles vernichtenden Atomkrieg verhindern, doch das Szenario der 3-tägigen Finsternis selbst soll mehr Menschenleben fordern als Erster und Zweiter Weltkrieg zusammen – also bezogen auf Deutschland mehr als 10 Millionen Tote in nur 3 Tagen.

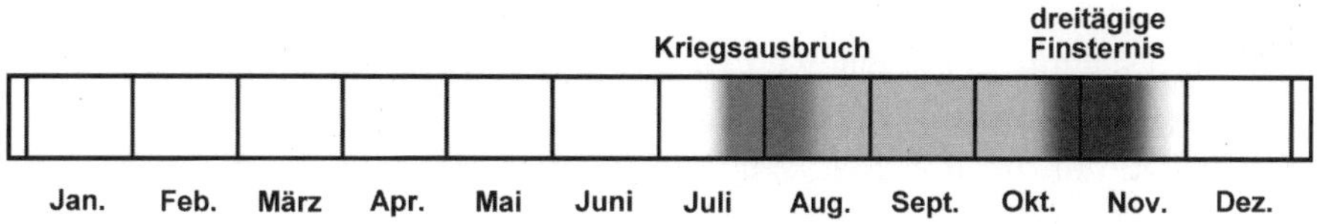

Abbildung 1: Zeitpunkte des Kriegsausbruchs und 3-tägiger Finsternis im Jahr X nach europäischer Prophetie

Hauptursache für das Massensterben in Europa während der Finsternis wäre eine Verpestung der Außenluft und eine Überflutung sämtlicher Küsten bis 50 Meter über Normalnull und höher.*

Einige Quellen sprechen weltweit von einem Drittel der Bevölkerung an Todesopfern, in manchen werden sogar zwei Drittel genannt. Zwei Drittel an Todesopfern würde bedeuten, dass die Weltbevölkerung auf den Stand des Jahres 1950 zurückfällt (~ 2,5 Milliarden), Deutschland auf den Stand von 1840 (27 Millionen). Bei einem Bevölkerungsverlust von einem Drittel wäre Deutschland wieder auf dem Stand des Jahres 1900.

Natürlich sind diese Zahlen erschreckend. Doch sie wurden in den zurückliegenden Jahrzehnten, ja Jahrhunderten immer wieder abgedruckt. Diese Zahlen sind nicht neu. Neu ist, dass unsere Gesellschaft inzwischen einen Punkt erreicht hat, an dem solche Voraussagen und Prophezeiungen nahezu vollkommen aus dem kollektiven Bewusstsein verschwunden und inzwischen zum Tabu geworden sind.

Nach der Finsternis soll es dann zu dem bereits erwähnten positiven spirituellen und massenpsychologischen Bewusstseinswandel kommen, und die Menschheit soll für mehrere Generationen in Frieden und Glück leben.

Vorzeichen für Krieg und Finsternis

Ein wichtiger Aspekt – vielleicht der wichtigste Aspekt – des prophezeiten Weltkrieges läge darin, ein Vorzeichen für die nachfolgende Finsternis zu sein. Schließlich sollen in dem etwa 3-monatigen Krieg in Europa viel weniger Menschen sterben als während der 3-tägigen Finsternis.

* Für Voraussagen zu Überflutungen in Europa siehe mein Buch *Refugium*.

Der Krieg wäre also das entscheidende Vorzeichen für die Finsternis. Und da es ab Kriegsbeginn schwierig werden dürfte, Vorsorgemaßnahmen für Krieg und Finsternis zu treffen (Praktische Vorsorge siehe Seite S. 341), sind die Vorzeichen, die uns am meisten interessieren müssten, die Vorzeichen für den Krieg.

Da dieser Krieg immer wieder als *urplötzlich ausbrechend* vorausgesagt wird (siehe Abb. 39, Tabelle Seite 367), ist es für den Interessierten umso wichtiger, die Weltlage im Vorfeld des Krieges genau im Auge zu behalten. Rüsten NATO und Russland weiter auf? Verhärten sich die Fronten und nehmen Spannungen zu? Gibt es ernst gemeinte Friedensbemühungen? Oder spielen die Politiker nur mit den Hoffnungen der Menschen?

Bei dieser Lagebeurteilung sollte man wissen, dass erstens entsprechende Informationen über einen drohenden Weltkrieg in Mitteleuropa Gift sind für den reibungslosen Ablauf unserer ach so schönen Konsumgesellschaft. Eigentlich kann niemand, der Profit machen will, ausgabenfreudige Kunden und investitionsbereite Geldgeber braucht, ein Interesse an der Verbreitung entsprechender Prophezeiungen haben.

Für die allermeisten Branchen ist die traditionelle europäische Prophetie absatzhemmend und geschäftsschädigend! Denn würde morgen die Welt untergehen, dann bräuchte keiner mehr eine neue Schrankwand, ein neues Auto oder Ähnliches. Also wird die europäische Prophetie überall dort ignoriert, lächerlich gemacht und für überholt befunden, wo für Produkte und Dienstleistungen geworben wird: in sämtlichen Massenmedien (Print und elektronisch), natürlich mit Ausnahme gewisser Bereiche im Internet.

Zweitens will die große Bevölkerungsmehrheit selbst – und zwar weltweit – nichts von drohendem Unheil in dieser Dimension wissen, sei es real oder »nur« hellseherisch vorausgeahnt.

Infolgedessen gibt es insbesondere in westlichen Gesellschaften eine Art flächendeckenden okkulten Pakt zwischen den Wissenden, die entweder gar nicht oder viel zu leise warnen, und jenen, die von solchen Warnungen gar nichts wissen wollen.

Kurz zusammengefasst: Der Krieg kommt näher. Einige sehen es. Aber niemand in den Massenmedien spricht darüber. Putin wird verteufelt und in unseren Medien unterschwellig oder faktisch wegen der Bedrohung des Weltfriedens angeklagt. In Osteuropa werden »vorsorglich« die NATO-Truppen aufgestockt. Russland macht dasselbe an seiner Westgrenze. Immer wieder riecht es nun nach einem heraufziehenden Krieg. Aber der mögliche Worst Case – der Dritte Weltkrieg – ist in der Öffentlichkeit ein absolutes Tabu-Thema.

Eine islamische Invasion statt einer russischen?

Im Zusammenhang mit dem seit 2001 laufenden unsäglichen »Krieg gegen den Terror«, einigen Nostradamus-Interpretationen, einigen vereinzelten sonstigen Prophezeiungen und nicht zuletzt wegen der seit 2015 stattfindenden massiven Zuwanderung junger Männer im wehrfähigen Alter aus dem arabisch-islamischen Raum und nachfolgender Terroranschläge auch in Deutschland glauben manche Menschen, es stünde in Europa eine große islamische Invasion bevor.

Dazu folgende Anmerkungen: Eine islamische Invasion Europas könnte entweder über das Mittelmeer erfolgen, dazu fehlt den islamischen Ländern aber die erforderliche Marinekapazität, oder die »islamistischen Horden« müssten über den Balkan kommen. Dort würden sich ihnen, wenn nicht Russland und Serbien, spätestens die NATO entgegenstellen. Den Muslimen fehlt also die Militärkapazität für eine regelrechte Invasion in Europa.

Was »islamische Krieger« betrifft, die sich möglicherweise bereits in Europa befinden, so verfügen diese, soweit bekannt, über keine schweren Waffen wie Panzer und Artillerie, ganz zu schweigen von Kampfhubschraubern usw. Selbst, wenn »islamische Kampfverbände« in großem Umfang über automatische Handfeuerwaffen verfügten, bräuchten sie für längere Kämpfe Munitionsnachschub. Kämen diese Kämpfer nicht an Munitionsdepots der Bundeswehr heran – die natürlich verteidigt würden –, so wären sie schnell am Ende.

Selbst wenn es entsprechende Kämpfe mit Handfeuerwaffen an lokal begrenzten Schwerpunkten gäbe, würden diese von der regulären europäischen Armee wegen deren Materialüberlegenheit schnell niedergekämpft. Theoretisch könnte es bei solchen Kämpfen zwar ein paar Tausend Tote unter der deutschen Zivilbevölkerung geben (siehe Weimarer Republik). Das wäre aber nur ein minimaler Bruchteil der Opferzahlen im Vergleich zu einem russischen Angriff.

Die Furcht vor einer »islamischen Invasion« im Zusammenhang mit dem »Dritten Weltkrieg« ist meines Erachtens eine Mischung aus vollkommen überzogener, wirklichkeitsferner Terrorangst und einer bedenklichen Ignoranz gegenüber dem, was sich aktuell zwischen Russland und dem Westen zusammenbraut. Meiner Ansicht nach ist die »islamische Bedrohung« letztlich nichts weiter als eine bombastische (!) Ablenkung vom eigentlichen NATO-Russland-Pulverfass. Auch Donald Trump könnte sich als Teil einer Verwirrungsstrategie entpuppen.

Katastrophenvorsorge?

Selbst wenn man das Szenario einer 3-tägigen Finsternis jenseits aller spirituellen, religiösen oder metaphysischen Zusammenhänge betrachtet, ergibt sich ein rein katastrophenschutzmäßiger Imperativ: Spräche auch nur eine geringe Wahrscheinlichkeit dafür, dass das Szenario einer 3-tägigen Finsternis Wirklichkeit wird, müsste man sich eingehender mit dem Thema befassen, schon alleine um Opferzahlen möglichst gering zu halten. Man müsste versuchen herauszufinden, wann das Ereignis eintritt, welche konkreten Gefahren es mit sich bringt, welche Gebiete betroffen wären, und welche Vorkehrungen getroffen werden könnten. Die prophezeiten Opferzahlen infolge der 3-tägigen Finsternis wären einfach zu hoch, als dass sich eine ernsthafte Katastrophenplanung erlauben dürfte, über entsprechende Warnungen hinwegzusehen, ohne sie eingehend zu prüfen.

Andererseits, und das kennen wir aus etlichen Hollywood-Filmproduktionen, wird ab einer bestimmten Katastrophengröße eine Grenze überschritten, ab der es rein praktisch gesehen gar nicht mehr möglich ist, alle Menschen zu retten. Andererseits könnte die öffentliche Bekanntgabe einer bevorstehenden Katastrophe ihrerseits Katastrophen auslösen, beispielsweise eine allgemeine Panik, die einen Wirtschafts-Crash mit nachfolgenden Bürgerkriegsszenen zur Folge hätte usw.

Eine weitere mögliche Informationspolitik, die man ebenfalls aus entsprechenden Hollywood-Katastrophen-Filmen kennt, ist die, dass im Vorfeld der Katastrophe zwar gewisse elitäre Kreise im Umfeld der politischen Macht gewarnt werden, man aber, auf Deutsch gesagt, die schlecht informierte, gutgläubige und nichts ahnende breite Masse sehenden Auges vor die Hunde gehen lässt. Entweder informiert man die »normalen« Bürger überhaupt nicht oder man belässt es bei Andeutungen, die nur jene Bürger verstehen, die aufmerksam genug sind.

Aus alledem folgt nochmals, dass sich der aufgeklärte Bürger frühzeitig selbst informieren muss.

Alles nur Irrtum und Betrug?

Das Thema *Prophezeiungen zur 3-tägigen Finsternis* ist, wie man sieht, ein ziemlicher Hammer. Deshalb ist es umso wichtiger, sicherzustellen, dass wir es bei den entsprechenden Prophezeiungen eben nicht mit Irrtümern oder – schlimmer noch – mit irgendeinem Betrugskonstrukt zu tun haben. Also werde ich im Verlauf dieses Buches immer wieder auf die Frage zurückkommen, ob dieser oder jener Hellseher oder diese oder jene Prophezeiung glaubwürdig genug erscheint oder nicht.

Dennoch wird der Leser letztendlich nicht um einen gewissen Punkt des Glaubens herumkommen. Denn niemand – kein Seher, kein Prophezeiungsforscher, kein Papst und kein Präsident, wirklich *niemand* – weiß mit letzter Sicherheit, was uns die Zukunft bringen wird.

Aber man kann wissen, was prophezeit worden ist. Und man sollte bedenken, dass Regierungen und Herrschaftseliten, die ihrem Ende entgegensehen, in der Vergangenheit immer wieder versucht haben, den Glauben der Masse an das System so lange wie möglich aufrechtzuerhalten. Wir Deutschen konnten das schon zweimal in Farbe und 3-D miterleben: bei Nazi-Adolf und bei Sozi-Erich.

Jedes politische System glaubt an seinen »Endsieg«, egal, ob Nazi, Kommunist, überzeugter Demokrat oder eingeschworener Globalist. Und kaum etwas stört und nervt in Zeiten des Zweifels mehr als irgendeine Untergangsprophezeiung, die irgendwie auch noch glaubwürdig klingt.

Die Vorzeichen des »Dritten Weltkrieges«

Was den prophezeiten Weg in den Weltkrieg betrifft, so scheint es, als befänden wir uns gegenwärtig ziemlich exakt auf diesem.

Die letzte prophezeite Wegmarkierung, die wir jüngst passiert haben, ist die im Jahr 2015 losgetretene Flüchtlingswelle. Diese wurde nachweislich vor einigen Jahrzehnten vorausgesehen. 2016 habe ich die entsprechenden Prophezeiungen in meinem Buch *Refugium* untersucht. Diese Quellen hatte ich aber schon 1993, 2001 und 2008 publiziert.[1] Glaubt man diesen (offenbar) hellsichtigen Personen, so würde zwischen dem Anschwellen der Flüchtlingsströme und dem »Dritten Weltkrieg« nicht mehr viel Zeit vergehen. Was laut europäischer Prophetie noch fehlen würde, wäre eigentlich nur noch ein großer Wirtschaftseinbruch in Europa und der Welt.

Derzeit verschärfen sich die Spannungen zwischen NATO und Russland zwar nur schleichend, und die akuten Brandherde Ukraine und Syrien scheinen stabilisiert. Doch neue unvorhergesehene geostrategische Faktoren könnten das labile Gleichgewicht leicht kippen. Ein solch unkalkulierbarer Faktor ist beispielsweise die überraschende Wahl Donald Trumps zum US-Präsidenten. Auch der 11. September 2001 kam überraschend. Und die Flüchtlingswelle 2015 auch. In letzter Zeit geschieht also so einiges unerwartet. Ob das so weitergeht? Was denken Sie?

Neben dem neuen NATO-Russland-Konflikt und dem angeschlagenen Weltfinanzsystem korrespondiert auch die derzeitige Situation in Frankreich, vor allem in Paris, mit den Prophezeiungen. Dort heißt es mehrfach, die Franzosen würden eines Tages aus Wut über die Zustände ihre eigene Hauptstadt anzünden. Das brennende Paris wird weiter im unmittelbaren zeitlichen Zusammenhang mit dem russischen Angriff prophezeit. Wenn die Russen am Rhein sind, dürfte Paris bereits brennen.

Auch die aktuelle politische Entwicklung in der Türkei korrespondiert mit einigen Prophezeiungen. Glaubt man diesen Quellen, ist die Türkei dabei, einen Kurs einzuschlagen, bei dem das Land letztendlich komplett aus dem westlichen Block herausbricht und zuletzt als Staat regelrecht zerfällt.

Eine weitere auffällige Übereinstimmung zwischen der aktuellen Weltlage und der Prophetie findet sich beim »Bürgerkrieg« in Syrien beziehungsweise dem dortigen Stellvertreterkrieg zwischen NATO, Russland, Iran, Saudi-Arabien und anderen.

Die eigentliche Gefahr im Syrien-Konflikt droht von einer direkten militärischen Konfrontation zwischen vor Ort agierenden russischen und NATO-Kampfeinheiten. Veronica Lueken, eine US-amerikanische Seherin, warnte schon 1981 mit Blick auf den »Dritten Weltkrieg«:

Syrien hält den Schlüssel für Weltfrieden oder Weltkrieg.[2]

Praktisch zeitgleich mit Veronica Lueken wies auch die bekannte bulgarische Seherin Baba Wanga auf die Bedeutung Syriens hin. Im Jahr 1980 soll sie auf eine Frage nach dem Zeitpunkt der Eskalation der Ereignisse gesagt haben: »Noch ist Syrien nicht gefallen.«[3] Es ist jedoch davon auszugehen, dass der Kreml niemals eine endgültige Niederlage des Assad-Regimes zulassen würde. Im Klartext: Sobald die USA und ihre Verbündeten beginnen, sich in Syrien (noch) stärker zu engagieren, droht die Eskalation zum Weltkrieg.

Da die Übereinstimmungen zwischen der realen weltpolitischen Situation und der traditionellen christlich-westlichen Prophetie inzwischen geradezu ins Auge springen, ist von mir 2015 ein Buch zum Thema Kriegsvorzeichen erschienen. Es hat den Titel *Countdown Weltkrieg 3.0* und behandelt die wichtigsten Vorzeichen des »Dritten Weltkrieges«.

Der neue Kalte Krieg

Was die reale weltpolitische Entwicklung betrifft, so wird jeder Leser seit Anfang 2014 bemerkt haben, dass die Beziehungen zwischen Russland und dem Westen gewaltig aus dem Lot geraten sind. Russland unter Wladimir Putin gilt wieder als »Reich des Bösen«, denn »Putin hat die Krim annektiert« – so die gängige Sprachregelung in unseren Medien.

Juristisch gesehen ist der Fall Krim jedoch keineswegs so eindeutig. Die bekannte deutsche Russland-Kennerin Gabriele Krone-Schmalz weist in ihrem Bestseller *Russland verstehen* auf die strittige Rechtslage hin.

In ihrem Buch zitiert Gabriele Krone-Schmalz Reinhard Merkel, einen deutschen Professor für Strafrecht und Rechtsphilosophie, der 2012 wegen seiner Fähigkeiten auf Vorschlag der deutschen Bundesregierung (!) sogar in den Deutschen Ethikrat berufen worden ist.

Als der geschätzte Rechtsprofessor dann aber die »Krim-Annektion« in einem Artikel der *Frankfurter Allgemeinen Zeitung* für rechtens erklärt hat, stand der gute Mann plötzlich ziemlich alleine da. Reinhard Merkels juristischer Stand-

Abbildung 2:
Peter Scholl-Latours prophetische Warnung von 2008

punkt in Sachen »Annektion« wird vom politischen Establishment Berlins einfach unter den Teppich gekehrt und in unseren Medien flächendeckend vergessen. Die NATO-Regierungen brauchen schließlich den »Sündenfall« der »Krim-Annektion« als Hauptargument für die verschlechterten Beziehungen zu Russland.

Die Frage aller Fragen dabei lautet: Ist Russland wirklich gefährlich? Oder braucht »man« ein gefährliches Russland für noch weitaus gefährlichere Pläne?

Rechtsprofessor und Mitglied des Deutschen Ethikrates Reinhard Merkel also:[4]

> *Hat Russland die Krim annektiert?*
> ***Nein.***
> *Waren das Referendum auf der Krim und deren Abspaltung von der Ukraine völkerrechtswidrig?*
> ***Nein.***

Also war die Abspaltung der Krim völkerrechtlich gesehen eine legale Sezession.

> *War sie also rechtens? Nein; sie verstieß gegen die ukrainische Verfassung.*

Für einen *internationalen* Konflikt braucht es aber die Verletzung *internationalen* Rechts. Die Verletzung *nationalen* Rechts als Argument für die *internationale* Anklage Russlands ist verlogen und alles in allem sogar dummdreist. Man steckt Putin »heimlich« einen Schwarzen Peter zu und behauptet anschließend, er spiele falsch. Im Grunde plump, aber da diese Scheinwahrheit ständig wiederholt wird, wird sie mehr und mehr geglaubt. Reinhard Merkel weiter:

> *Hätte aber Russland wegen dieser Verfassungswidrigkeit den Beitritt zur Krim nicht ablehnen müssen?*
> ***Nein.*** […]
> *Jedenfalls seine militärische Präsenz auf der Krim außerhalb seiner Pachtgebiete dort war völkerrechtswidrig. Folgt daraus nicht, dass die von dieser Militärpräsenz erst möglich gemachte* ***Abspaltung der Krim null und nichtig*** *war und somit deren nachfolgender Beitritt zu Russland doch nichts anderes als eine maskierte Annexion?* ***Nein.***[5]

Die Annektion der Krim ist also keinesfalls das himmelschreiende Unrecht, als das man es uns in den Medien auftischt. Trotzdem wurden auf Druck der USA hin von den europäischen NATO-Partnern Wirtschaftssanktionen gegen Russland verhängt. Die NATO verstärkt Zug um Zug ihre Truppen in Osteuropa, und Russland macht dasselbe an seiner Westgrenze. Und Donald Trump? Der mag ja angeblich Wladimir Putin. Na schön. Aber er will auch die russischen Verbündeten Iran und China härter an die Kandare nehmen. Und dann?

Faktisch sind wir zurück im Kalten Krieg.

In der außenpolitischen Debatte im Westen, insbesondere in den USA, kommt es seit 2014 immer wieder vor, dass das Schreckensgespenst eines Krieges zwischen der NATO und Russland an die Wand gemalt wird (zum Beispiel: Russland marschiert ins Baltikum ein). In den USA stehen öffentlich politische und militärische Maßnahmen gegen Russland zur Debatte, die einen großen Krieg mit Russland wahrscheinlicher machen. So plädierte US-Präsidentschaftskandidatin Hillary Clinton 2016 im Wahlkampf dafür, in Syrien eine Flugverbotszone einzurichten, was im Ernstfall Krieg mit Russland bedeuten würde.

Erstaunlicherweise sind es aber ausgerechnet führende Vertreter der NATO, die in den Medien immer wieder Wert auf die Feststellung legen, dass wir uns eben nicht (oder noch nicht) in einem neuen Kalten Krieg befinden.

Diese Beruhigungs- und Einschläferungspropaganda führender NATO-Vertreter hat begreifbare Gründe. Denn würde sich der Begriff *neuer Kalter Krieg* in den Schlagzeilen der Massenmedien und in den Köpfen der Bürger festsetzen, würden relativ bald auch die Begriffe *Wettrüsten* und *drohender Atomkrieg* folgen. Das Wettrüsten zwischen Ost und West war ein, wenn nicht *der* Hauptaspekt im zurückliegenden Kalten Krieg!

Das offizielle Eingeständnis eines Rückfalls in einen neuen Kalten Krieg würde in der Bevölkerung größte Ängste heraufbeschwören, und man würde zu Recht fragen, welche westlichen Politiker für das ganze Desaster – den jetzt wieder drohenden Atomkrieg in Europa und den USA – verantwortlich sind.

Nicht wenige Bürger würden nach dem »offiziellen« Eingeständnis eines neuen Kalten Krieges aber auch erkennen, dass es überhaupt keinen neuen Kalten Krieg nach dem Muster von 1945–1991 geben kann, denn: Das heutige Russland ist von der Bevölkerungsgröße, der Wirtschaftskraft und dem Militärpotenzial her viel kleiner als der damalige Warschauer Pakt. Russland ist heutzutage noch sehr viel weniger als die damalige UdSSR in der Lage, sich auf einen echten Rüstungswettlauf mit den USA plus Kanada, Großbritannien,

Frankreich, Deutschland, Italien usw. einzulassen. Allein von der Bevölkerungsgröße ergibt sich ein Verhältnis von 5:1 zu Ungunsten Russlands. Putin kann niemals ein echtes Wettrüsten mit dem Westen riskieren wie seinerzeit die alte UdSSR.

Was also folgt aus einem Wettrüsten, das Russland nur verlieren kann?

Entweder weiß man im Kreml schon heute, dass irgendwann der Tag kommt, an dem Russland vor dem Westen auf die Knie fallen muss, oder aber der Kreml bereitet sich schon jetzt aktiv darauf vor, »notfalls« militärisch gegen die NATO loszuschlagen. Und zwar noch bevor das eigentliche Wettrüsten beginnt.

Entweder Putin wirft demnächst seine Flinte ins Korn, oder er fängt frühzeitig an, mit dieser Flinte gut gezielt rumzuballern, und zwar noch bevor USA und NATO offiziell die Jagdsaison eröffnet haben.*

Die Völker Westeuropas können sich also überlegen, ob sie einer westlichen Anti-Putin-Propaganda auf den Leim gehen wollen, die einerseits Russland mehr und mehr zum Feind erklärt, andererseits aber das mögliche Endergebnis dieser Politik – den Weltkrieg – totschweigt.

Es wird gezündelt.

Aber keiner wagt, vom Großbrand zu sprechen.

Warum?

Heutige Warner vor einem drohenden Krieg

Außerhalb der etablierten Massenmedien wie den großen deutschen Fernsehsendern ARD, ZDF, RTL, n-tv usw. und der Printmedien wie *Spiegel, Welt* usw. ist in den letzten Jahren im deutschsprachigen Raum eine Art außerparlamentarische Opposition entstanden, die – gut zu beobachten im Internet – inzwischen fast schon flächendeckend vor einem sich zusammenbrauenden Dritten Weltkrieg warnt. Ein Krieg, der – so die vielfach geäußerte Befürchtung – deshalb ausbrechen könnte, weil der Westen sich anmaßt, den Russen vorzuschreiben, wie sie ihr Land zu regieren haben.

* Wer sich für die geostrategischen Hintergründe von Putins Politik interessiert, dem sei mein Buch *Was will Putin?* (2015) empfohlen.

Das Spektrum der Personen dieser außerparlamentarischen Opposition, die die Gefahr eines von der NATO provozierten Weltkrieges sehen, ist inzwischen erstaunlich breit, und in diesem Spektrum finden sich genug seriöse Personen wie beispielsweise

Bröckers, Mathias (62)	deutscher Journalist *(taz, Telepolis)*, Autor,
Friedrich, Marc (41)	deutscher Wirtschaftsfachmann, Bestsellerautor,
Ganser, Daniele (44)	Schweizer Friedensforscher und Historiker, Bestsellerautor,
Gauweiler, Peter (67)	deutscher Rechtsanwalt, Publizist, 2013–2015 stellvertretender CSU-Vorsitzender,
Herman, Eva (58)	1989–2006 ARD-Tagesschausprecherin, Autorin,
Hochhuth, Rolf (85)	deutscher Dramatiker, Publizist, Autor *(Der Stellvertreter)*,
Hörstel, Christoph (60)	deutscher Journalist, Politik-Berater, Parteigründer Deutsche Mitte,
Lafontaine, Oskar (73)	deutscher Politiker, ehemaliger SPD-Vorsitzender und -Kanzlerkandidat,
Mausfeld, Rainer (67)	deutscher Professor für Psychologie, Autor,
Müller, Dirk (48)	deutscher Börsenmakler, Fondsmanager, Buchautor, »Mister DAX«,
Vogt, Michael (63)	deutscher Historiker, Publizist, Dokumentarfilmer,
Weik, Matthias (40)	deutscher Wirtschaftsfachmann, Bestsellerautor,
Wimmer, Willy (73)	ehemaliger verteidigungspolitischer Sprecher der CDU/CSU,
Wisnewski, Gerhard (57)	Buch- und Filmautor.

Andere Warner vor einem Krieg zwischen Russland und der NATO wie

Peter Scholl-Latour	Journalist und Erfolgsautor, († 16. August 2014),
Egon Bahr	ehemaliger Bundesminister für wirtschaftliche Zusammenarbeit († 19. August 2015),

Helmut Schmidt	ehemaliger Bundeskanzler der BRD († 10. November 2015),

die einen noch relativ ungehinderten Zugang zu den meinungsmachenden Massenmedien hatten, sind inzwischen leider verstorben.

Die Gefahr eines ausgewachsenen NATO-Russland-Krieges ist Anfang 2017 vielen politisch interessierten Intellektuellen in Deutschland bewusst und wird von diesen – leider meist außerhalb der etablierten Massenmedien – immer wieder angesprochen, und das vielfach mit zunehmendem Nachdruck.

Die bekanntesten Warner vor einem Dritten Weltkrieg* (2011–2016)

2016	**25.10.**	**Trump, Donald** US-Präsidentschaftskandidat, »Der Syrienkonflikt wird in einem Dritten Weltkrieg enden, wenn wir auf Hillary Clinton hören.«[6]
	10.07.	**Gorbatschow, Michail** (5. Warnung) letzter Präsident der UdSSR. *sputnik-news.com:* Gorbatschow warnt vor »letztem Krieg«.[7]
	23.06.	**Erler, Gernot** Russland-Beauftragter der deutschen Bundesregierung. *welt.de:* Russlandbeauftragter warnt vor Eskalation »bis hin zum Krieg«.[8]
	18.06.	**Steinmeier, Frank-Walter** ehemaliger Bundesaußenminister, heute Bundespräsident. *spiegel.de:* »Was wir jetzt nicht tun sollten, ist durch lautes Säbelrasseln und Kriegsgeheul die Lage [zwischen NATO und Russland] weiter anzuheizen.«[9]
2015	**08.06.**	**Papst Franziskus** (2. Warnung) *Bild:* Papst warnt vor Drittem Weltkrieg.[10]
	24.03.	**Strache, Heinz-Christian** FPÖ-Vorsitzender. *Der Standard:* H.C. Strache: Dritter Weltkrieg »möglich«.[11]
	05.02.	**Stürmer, Michael** Chefkorrespondent der *Welt,* ehem. Kohl-Berater. phoenix Runde: »Natürlich sagen sie nicht öffentlich ›Leute, die nukleare Eskalation hängt über uns wie das Schwert des Damokles‹. Aber das ist natürlich der Kern des Ganzen.«

* oder einer NATO-Politik, die die Gefahr eines Krieges zwischen NATO und Russland erhöht.

	10.01.	**Gorbatschow, Michail** (4. Warnung) letzter Präsident der UdSSR. *Der Spiegel:* »Wenn angesichts dieser angeheizten Stimmung einer die Nerven verliert, werden wir die nächsten Jahre nicht überleben.«[12]
2014	**23.11.**	**Platzeck, Matthias** ehemaliger brandenburgischer Ministerpräsident. Sendung Günther Jauch: »Und natürlich geht es längst um Krieg und Frieden.«[13]
	04.11.	**Grass, Günter** Literaturnobelpreisträger. *spiegel.de:* »Heute befinden wir uns – radikal gesagt – im Dritten Weltkrieg.«[14]
	17.10.	**Gorbatschow, Michail** (3. Warnung) letzter Präsident der UdSSR. SFR: »Eigentlich wollen sie uns an den Gedanken eines neuen Krieges gewöhnen, eines Dritten Weltkrieges«.[15]
	24.09.	**Schmidt, Helmut** (2. Warnung) ehem. deutscher Bundeskanzler. *zeit.de:* »Zum ersten Mal seit dem scheinbaren Ende des Kalten Krieges taucht an Europas Horizont die Möglichkeit eines Krieges auf.«[16]
	17.09.	**Gorbatschow, Michail** (2. Warnung) letzter Präsident der UdSSR. *Blick:* Gorbatschow warnt vor Drittem Weltkrieg.[17]
	13.09.	**Papst Franziskus** (1. Warnung) *Kronenzeitung:* Dritter Weltkrieg im Gange.[18]
	16.05.	**Schmidt, Helmut** (1. Warnung) ehem. deutscher Bundeskanzler. »Die Gefahr, dass sich die Situation verschärft wie im August 1914, wächst von Tag zu Tag.«[19]
	08.03.	**Iwanow, Igor** ehem. russischer Außenminister. »Gefahr der Eskalation bis in militärische Konfrontation/ Kontrollverlust/ Überraschungsangriff«.[20]
	08.03.	**Rifkind, Malcolm** ehem. britischer Außen- und Verteidigungsminister. (siehe Igor Iwanow.)
2013	**04.12.**	**Bahr, Egon** ehem. Bundesminister für wirtschaftliche Zusammenarbeit. »Ich, ein alter Mann, sage euch, dass wir in einer Vorkriegszeit leben.«[21]
	07.01.	**Juncker, Jean-Claude** ehemaliger luxemburgischer Premierminister und Euro-Gruppen-Chef, »Das Jahr 2013 könnte ein Vorkriegsjahr werden wie das Jahr 1913.«
2011	**10.12.**	**Gorbatschow, Michail** (1. Warnung) letzter Präsident der UdSSR. Michail Gorbatschow warnt vor dem 3. Weltkrieg.[22]

Abbildung 3: Die bekanntesten Warner vor einem Dritten Weltkrieg

Bei so vielen Warnern kann man nicht mehr so tun, als gäbe es da kein Problem. Es sei denn, man will riskieren, eines Tages genauso dumm oder sogar noch dümmer dazustehen wie die Deutschen in den Jahren 1933, 1939 und 1945.

Als Kriege drohten, haben die Völker überall auf der Welt und zu allen Zeiten ihre Orakel, Seher und Propheten befragt.

Es ist Zeit, dies jetzt in Europa zu tun.

Die 3-tägige Finsternis bei näherer Betrachtung

Schon lange, bevor es zur 3-tägigen Finsternis kommt – vielleicht Jahrhunderte zuvor –, müsste sich aus den Tiefen des Alls ein kleiner sonnenähnlicher Himmelskörper auf den Weg zur Erde gemacht haben. Viel mehr kann man über dessen äußere Erscheinung nicht sagen, da die gegenwärtigen Quellen in diesem Punkt etwas undeutlich bleiben (siehe Seite 226).

Der Himmelskörper ist jedenfalls der eigentliche Schlüssel zum ganzen Szenario, und er taucht sowohl in älteren christlichen als auch in älteren buddhistischen Quellen auf.

Eine wichtige Frage bei dem auftauchenden Himmelskörper lautet: Wann würde er der Erde so nah sein, dass seine Existenz nicht mehr vor der Öffentlichkeit verheimlicht werden kann?

Zunächst scheint es wahrscheinlich, dass die Regierungen versuchen würden, den Zeitpunkt der Bekanntgabe der Entdeckung des Himmelskörpers möglichst lange hinauszuzögern. Die Entscheidung über die Bekanntgabe seiner Existenz läge so oder so in keinem Fall in der Hand jener Astronomen, die den kosmischen Besucher entdecken. Selbst wenn manche dieser Astronomen gewisse Geheimhaltungsvorgaben unterlaufen, würden Nachrichtenagenturen und Massenmedien kaum darüber berichten. Was »notfalls« immer ginge, ist, der Bevölkerung vorzulügen, der Himmelskörper verfehle die Erde weit genug. Und falls dennoch etwas über den tatsächlichen Kurs durchsickert, ließe sich die Verbreitung dieser Informationen mit Desinformationen und mit anderen Methoden so weit blockieren, dass der durchschnittliche Medienkonsument lange Zeit keine Ahnung davon hätte, was da herannaht.

Den Quellen nach ist es eindeutig, dass der Himmelskörper etwa 3 Monate nach Kriegsbeginn den erdnächsten Punkt erreicht. Dann kommt es zur 3-tägigen Finsternis.

Der Kriegsausbruch wäre in Europa im Hochsommer. In Deutschland käme die russische Armee grob gesehen bis zum Rhein und bis zur Donau. Nach etwa 3 Monaten Krieg befänden sich die Russen im Raum Köln im Ruhrgebiet in der Defensive. Dann, so heißt es, soll es zur legendären Endschlacht am »Birkenbaume« kommen.*

Die Verdunkelung der Sonne würde durch den Staubschweif des Himmelskörpers verursacht werden. Dieser Staubschweif befände sich außerhalb der Erdatmosphäre im All zwischen Erde und Sonne.

Dass die 3-tägige Finsternis im Wesentlichen nicht durch eine Wolke innerhalb der Erdatmosphäre ausgelöst werden kann, ergibt sich aus bekannten wissenschaftlichen Untersuchungen[23]. Innerhalb der Erdatmosphäre bräuchte eine Staubwolke, die das Sonnenlicht komplett abblockt, Wochen oder Monate, bis sie wieder aus der Atmosphäre verschwunden ist. Die Finsternis wird aber in praktisch allen Quellen nur für den Zeitraum von 3 Tagen vorausgesagt. Auf die Finsternis soll keine anschließende Dämmerungsphase folgen (siehe Tabelle Abbildung 30 auf Seite 217).

Bei einer kosmischen Staubwolke im All zwischen Erde und Sonne könnte die Erde sehr viel schneller wieder vom Schattenbereich in den Lichtbereich eintreten, da es keine Schwebteile in der Erdatmosphäre gäbe.

Käme der Himmelsköper der Erde so nahe, dass dessen Gravitation mit dem magnetischen Erdkern interagiert, hätten wir auch einen Erklärungsansatz für ein Phänomen, das in unterschiedlicher Form in vielen Prophezeiungen auftaucht: den *geografischen Polsprung*. Bei diesem geografischen Polsprung soll der gesamte Erdball eine Drehbewegung in Nord-Süd-Richtung vollführen, und die Erde sich regelrecht überschlagen, sodass die geografischen Pole in etwa ihre Plätze tauschen. Demnach würde Europa unter den südlichen Sternenhimmel wandern!

Wohlgemerkt, der *geografische Polsprung* ist nicht mit einem magnetischen Polsprung zu verwechseln, bei dem sich das Erdmagnetfeld umpolt, die Lage der Kontinente aber unberührt bleibt (siehe Seite 233, Der magnetische Polsprung).

Der bekanntere Begriff *geografischer Polsprung* beschreibt den eigentlichen Vorgang jedoch nur ungenügend, da er – um im Bild des Sprungs zu bleiben – offenlässt, wohin gesprungen wird. Wenn das Ergebnis aber mehr

* Eine detaillierte Darstellung der Voraussagen zum Kriegsverlauf in Europa finden Sie in meinem Buch *Refugium*.

oder weniger darin besteht, dass die geografischen Pole die Plätze tauschen, ist ein anderer Begriff passender, nämlich *Polwende*. Der geografische Pol*sprung* ist sozusagen der Beginn der Pol*wende* und damit Teil derselben.

Für *Polsprung* und *Polwende* finden sich in den Prophezeiungen dieses Buches verschiedene Hinweise:

- der nachfolgende Sonnenaufgang im Westen,
- plötzlich verschobene Klimazonen,
- plötzlich gleichzeitig auftretende schwere Erdbeben und schwere Überflutungen.

Glaubt man den betreffenden Quellen, so würden im Rahmen der Polwende ganze Landmassen regelrecht im Meer versinken (konkret wird England genannt), andere wiederum aus der Tiefe aufsteigen, sodass komplett neues Land entsteht.

Was die kosmische Staubwolke betrifft, so ist nicht ganz klar, ob sie nicht doch an einer Stelle in die Erdatmosphäre eindringt. Der Quellenlage nach eindeutig ist jedoch, dass in Europa und mindestens im Osten der USA eine Staubwolke die Luft am Erdboden so sehr verpestet, dass ein Überleben außerhalb geschlossener Räume unmöglich ist. Dasselbe gilt offenbar auch für die Arabische Halbinsel und den Nahen Osten.

Die Staubwolke soll zudem größere Meteoriten mit sich führen, die auf der Erdoberfläche einschlagen und dadurch eventuell zusätzliche einzelne lokale Staubwolken hervorrufen.

Trotz der Unklarheiten im Hinblick auf den Ursprung der Wolke am Erdboden ist laut Aussage der Quellen Folgendes absolut eindeutig: Die 3-tägige Finsternis ist nach 3 Tagen vorbei, es ist kein Staub mehr in der Atmosphäre, und am 4. Tag ist es wieder richtig hell! (Wer trotzdem skeptisch ist, der warte einfach ein paar Tage zusätzlich.)

Eine überzeugende oder gar wissenschaftliche Erklärung für das Verschwinden der tödlichen Staubwolke in Bodennähe nach 3 Tagen – ich kann es offen zugeben – ist mir bisher nicht bekannt.

Überlebenstipps zur 3-tägigen Finsternis

Während der 3-tägigen Finsternis soll man im Haus bleiben, Fenster und Türen geschlossen halten und auf gar keinen Fall auch nur kurz aufmachen. Selbst kurzes Türöffnen soll bereits tödlich sein.

Was die Verpestung der Luft außerhalb des Hauses betrifft, so ist der Quellenlage nach klar, dass es sich nicht um hochgiftige Gase handeln kann, wie man sie aus der chemischen Kriegsführung kennt. Chemische Kampfstoffe würden innerhalb der 3 Tage eben doch durch Ritzen in die Häuser gelangen. Die Quellen aber raten (von einer Ausnahme abgesehen[24]) nicht zu besonderen Abdichtungsvorkehrungen, wie etwa das Verkleben von Fenstern und Fensterrahmen. Außerdem würden chemische Kampfstoffe sehr wahrscheinlich nur an der Front gegen Soldaten eingesetzt, und nicht auf mehreren Millionen Quadratkilometern in ganz Europa und darüber hinaus gegen die Zivilbevölkerung.

Plausibler scheint, dass die Luft nicht durch echtes Giftgas tödlich wird, sondern durch den in der Luft enthaltenen Staub, der schon bei einer geringen Menge eine Art Atemreflex auslöst, also eine Reihe tiefer Atemzüge, die die Lungen mit Staub vollsaugen, sodass man schon nach dem ersten Atemzug dem Tode geweiht ist.

Entsprechendes kennt man von Vulkanausbrüchen. Bei diesen Ereignissen setzt sich der Staub aus einer Art feinster Glassplitter zusammen (Silikat-Glas).

Da in der europäischen Prophetie aber kein gigantischer Vulkanausbruch erkennbar ist, der ganz Europa einnebelt, scheidet meiner Ansicht nach ein Vulkanausbruch als Ursache für die 3-tägige Finsternis aus (Rose Sterns Vulkan-These siehe im Anhang[25]).

Somit bleibt es Spekulation, was mit der Außenluft wirklich los wäre. Der Gegensatz von Sicherheit *innerhalb* des Hauses und absolut tödlichen Umständen außerhalb des Hauses lässt sich immerhin einigermaßen schlüssig damit erklären, dass der tödliche Staub nicht fein genug sein kann, um durch Fenster- und Türritzen zu gelangen.

Abgesehen von dem Problem mit dem Staub in der Außenluft gäbe es vielerorts Probleme mit Erdbeben (auch dort, wo sie sonst nie vorkommen), und sämtliche Küsten weltweit wären von Überflutungen bedroht, die bis 30 oder 50 Meter über Normalnull reichen könnten, in einigen Gebieten angeblich aber auch 100–200 Meter.[26]

Tag vier und danach

Nach Aussage der wenigen Quellen, die etwas zum ersten Tag nach der Finsternis sagen, soll an diesem Tag die Sonne wieder scheinen. Von einer wochen- oder monatelangen Dämmerungsübergangsphase ist in keiner mir bekannten Prophezeiung die Rede.* Es bleiben zwar ein paar Ungereimtheiten im Hinblick auf mögliche kleinere Impakte (Einschläge von Kometen, Meteoriten oder Asteroiden), deren Staubwolken unter normalen Bedingungen unmöglich so schnell wieder verschwunden sein könnten, aber der geografische Polsprung wäre ja auch alles andere als eine »normale« Bedingung.

Fakt bleibt, dass praktisch ausnahmslos sämtliche Quellen (siehe Tabelle Seite 217) nur von 3 Tagen Finsternis sprechen, sobald sie genauere Angaben zur Dauer der Finsternis machen. Selbst wenn man die vielen Quellen zur Dauer von 3 Tagen auf eine groß angelegte Abschreiberei zurückführen wollte, bleiben immer noch genug glaubwürdige Quellen, die im Grunde erhaben sind über den Vorwurf der Fälschung.

Außerdem sind die Ratschläge zum Verhalten während der 3 Tage viel zu eindringlich, als dass man den Quellen unterstellen könnte, sie hätten aus einer – sagen wir – 10-tägigen Finsternis eine 3-tägige Finsternis gemacht, weil man sich das »besser merken« kann oder weil es im Zusammenhang mit einer bestimmten *Bibel*stelle »besser klingt« (zum Thema ›Die *Bibel* und die 3-tägige Finsternis‹ siehe Seite 345). Ich muss nicht betonen, wie hanebüchen solche Erklärungen wären.

Kurzum: Es ist in Betracht zu ziehen, dass die Finsternis wirklich nur 3 Tage dauert, und auf die Finsternis keine längere Dämmerungsübergangsphase folgt. Folglich müsste die eigentliche Finsternis im Wesentlichen durch eine kosmische Staubwolke zwischen Sonne und Erde verursacht sein, aus deren Schatten die Erde vom 3. auf den 4. Tag wieder heraustritt.

Bei einer Durchschnittsgeschwindigkeit von rund 107 000 Stundenkilometern (rund 30 Kilometer pro Sekunde), mit der die Erde um die Sonne herumrast, und hypothetisch angenommenen 6 Stunden, in denen die Erde aus dem Schatten des Staubschweifs heraus wieder ins Sonnenlicht tritt, könnte der

* Meines Wissens erwähnt lediglich der Seher aus dem Waldviertel eine länger anhaltende Verpestung der Außenluft, bezieht dieses aber auf seine Heimat (das österreichische Waldviertel) nahe der tschechischen Grenze, was sich grundsätzlich mit anderen Quellen deckt und andere Ursachen hätte. Siehe S. Berndt: *Prophezeiungen – alte Nachricht in neuer Zeit,* Seite 275.

Übergang von einer totalen Finsternis bis zum vollen Sonnenlicht rund 640 000 Kilometer betragen. Das ist etwas weniger als das Doppelte der mittleren Erde-Mond-Distanz.

Wenn es dann am 4. Tag wieder hell ist, würde es nicht lange dauern, bis die Menschen erkennen: Die Sonne hat ihren Himmelslauf verändert. Dieser neue Sonnenlauf über den Himmel wäre ein so dramatischer Wandel, dass die Menschen unabhängig von ihrer jeweiligen Religion und Weltanschauung erkennen würden: Hier hat sich etwas so Grundlegendes geändert wie nie zuvor in der ganzen bekannten Menschheitsgeschichte.

Die meisten Menschen würden wohl ahnen, dass es sich bei der Finsternis um keine menschengemachte Katastrophe gehandelt haben kann. Inwieweit ihnen diese Erkenntnis hilft, mit den vielen Toten in ihrer unmittelbaren Umgebung fertig zu werden, ist dann eine andere Frage. Psychologisch gesehen ist es für den Menschen aber besser, zu glauben, die Natur (oder Gott) habe dem Menschen so hart zugesetzt, und nicht der Mensch selbst. Denn bei Letzterem gäbe es wohl eine endlose Schulddebatte, die den positiven geistigen Wandel erheblich behindern könnte.

In jedem Fall wären die Menschen in den ersten Tagen, Wochen und Monaten nach der Finsternis auf sich selbst zurückgeworfen und würden kaum Hilfe und Informationen aus weiter entfernten Regionen bekommen. Die Erkenntnis eines weltweiten Massensterbens würde folglich erst nach und nach in das Bewusstsein der Menschen treten. Das könnte etliche Monate dauern. Psychologisch gesehen wäre das globale Massensterben also zunächst kein Problem, da es niemand wirklich erkennen würde!

Wo und in welchem Ausmaß es in der ersten Zeit eine Hungersnot geben würde, ist schwer zu sagen, ebenso, wie lange diese dauern würde. Ein entscheidender Faktor wäre, wie groß die jeweiligen Bevölkerungsverluste und wie groß die noch verfügbaren Vorräte wären. Ein Richtwert für Lebensmittelvorräte, die sich in der Szene der Prophezeiungs-Interessierten und den sogenannten *Preppern* (vom englischen *prepare* = sich vorbereiten) etabliert hat, liegt bei 3–6 Monaten. Mehr schadet sicher nicht. Allerdings sollte man nicht überall herumerzählen, dass man sich mit Vorräten eindeckt.

Was die noch vorhandenen intakten Telekommunikations- und Transportkapazitäten in Europa betrifft, so dürften diese vor allem im Bereich des Militärs zu finden sein. Das bedeutet: Sobald die letzten russischen Einheiten in Norddeutschland besiegt sind, dürften mehr und mehr westliche Militärkräfte frei werden, um Gebiete, die nun infolge der Versorgungskatastrophe in Anarchie und Chaos versunken sind, zu befrieden. Diese Befriedung dürfte in Mitteleuropa relativ schnell gelingen, da das Militär natürlich wesentlich bessere Waffen hat als irgendwelche Horden von Plünderern.

Sobald der innere Frieden wiederhergestellt ist, soll in Europa eine Phase tiefer Ruhe einkehren. Dieser Frieden wird übrigens auch für den arabischen Raum und Ostasien vorausgesagt (siehe unten). Was die neue Weltpolitik betrifft, so würden die USA als politische Einflussgröße in Europa, Afrika, dem Nahen und Mittleren Osten und Asien komplett wegfallen, da im Rahmen des geografischen Polsprungs die globale Infrastruktur der USA weitestgehend zerstört wäre. Russland fiele als Störfaktor ebenso aus, weil es in Westeuropa in der Endschlacht in Nordrhein-Westfalen endgültig besiegt worden wäre. Die noch vorhandenen europäischen Truppen würden dann nach gewisser Zeit auch im Nahen Osten für Frieden sorgen und dort eine von den USA und Großbritannien unbeeinflusste Friedensordnung durchsetzen.

Insgesamt deutet die europäische Prophetie darauf hin, dass der »Dritte Weltkrieg« im Nahen Osten noch ohne nennenswerte Auswirkungen auf Europa unter maßgeblicher Beteiligung Israels beginnt, Israel sich aber nach ein paar Monaten Krieg ohne Unterstützung der USA letztlich in einer Situation wiederfindet, in der es von Europa gerettet werden muss. Von einem zukünftigen »Großisrael« ist in der europäischen Prophetie im Anschluss an Krieg und Finsternis absolut nichts zu erkennen. Im Gegenteil: Es zeichnet sich kein Sieg des Zionismus (politische Ideologie zur Schaffung und Erhaltung eines jüdischen Staates in Palästina) ab, sondern dessen Niederlage.

Was die massenpsychologische Situation in Europa nach dem Krieg und der Finsternis betrifft, so befänden sich große Bevölkerungsteile nach dem Zusammenbruch des bisherigen politischen Systems und dem Scheitern von großen Teilen des bisherigen »Werte«-Systems (Demokratie, Konsum, Individualisierung) zwangsläufig auf der Suche nach einem neuen Halt. Dieser wäre natürlich am leichtesten in der alten Ordnung aus der vordemokratischen Epoche zu finden.

Die früheren politischen Klassen Europas jedenfalls hätten sich durch eine Reihe unverzeihlicher katastrophaler Fehler in der Zeit vor Kriegsausbruch restlos diskreditiert. Als Erstes zu nennen wäre da die absurd-groteske Kombination von vernachlässigter eigener militärischer Verteidigung und einer zeitgleich riskanten und aggressiven Politik gegenüber Russland. Hinzu käme der Zusammenbruch des Euro und der EU kurz vor Kriegsausbruch. Ein psychologisch nicht unerheblicher Faktor beim finalen Euro-Desaster wäre sicherlich auch, dass man den Völkern Europas seit dem Ausbruch der Euro-Krise im Jahr 2010 permanent gepredigt hat, man werde schon zur wirtschaftlichen Stabilität zurückkommen, wenn man nur ordentlich spart.

Die neue alte Ordnung in Europa wäre dann ein Mix aus Monarchie und wiederbelebtem Christentum, wobei es in den christlichen Kirchen umfangreiche und tief greifende Reformen geben dürfte.

Glaubt man den betreffenden Prophezeiungen, so würde aber letztlich nur ein kleiner Teil der Gesellschaft wirklich und dauerhaft zu einem spirituellen Leben zurückfinden. Die neue, eher traditionelle Religiosität der breiten Masse würde sich nach wenigen Jahrzehnten wieder verflüchtigen.

Die zeitliche und geografische Streuung der Quellen

Die Komplexität der Prophezeiungen zur 3-tägigen Finsternis lässt sich recht gut veranschaulichen, wenn man sieht, über welchen großen Zeitraum und über welche Teile Europas diese Quellen verstreut sind.

Die zeitliche Verteilung:

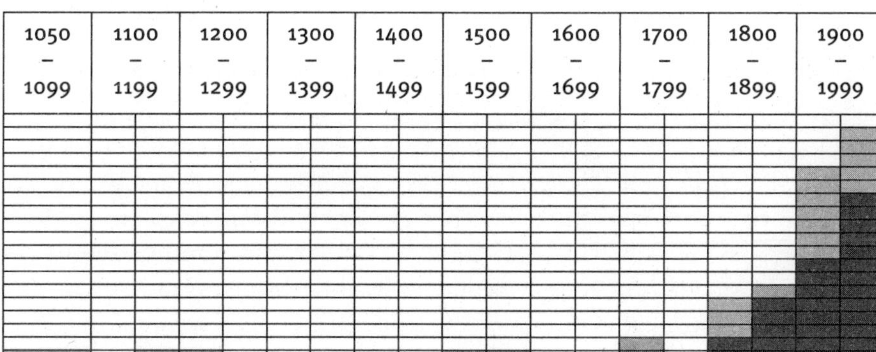

Abbildung 4: Die zeitliche Verteilung der Quellen zur 3-tägigen Finsternis

Ein Kästchen steht für eine Quelle. Die Zunahme der Quellen ab dem 18. Jahrhundert entspricht grob dem damaligen Bevölkerungswachstum. Dunkles Kästchen = definitiv 3-tägige Finsternis, helles Kästchen = wahrscheinlich 3-tägige Finsternis (u. a. fehlt Angabe zur Dauer der Finsternis).

Die geografische Verteilung:

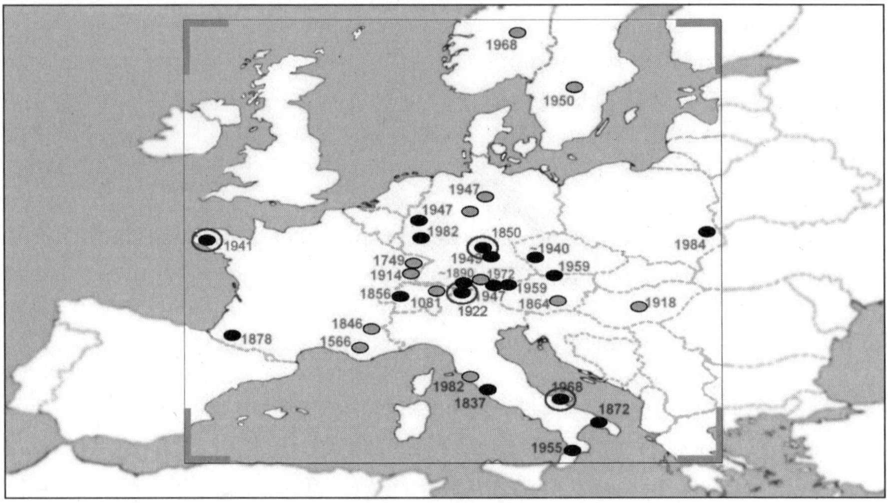

Abbildung 5: Herkunftsorte der von mir erfassten europäischen Quellen zur 3-tägigen Finsternis

Schwarzer Punkt = definitiv 3-tägige Finsternis; grauer Punkt = 3-tägige Finsternis ist sehr wahrscheinlich, siehe Tabelle Seite 367. Die vier Punkte mit einem Kreis stehen für Quellen, deren Aussage nach die Finsternis mit einem Donner beginnt.

Das Fehlen von Quellen aus Spanien und Portugal dürfte in erster Linie die Folge fehlender Übersetzungen ins Englische und Deutsche sein. Warum aus Irland und Großbritannien Quellen fehlen, ist nicht ganz klar. Da müsste einmal vor Ort recherchiert werden.

Das Fehlen von Quellen aus dem früheren Ostblock dürfte mit fehlenden Übersetzungen zusammenhängen. Hier kommt wohl auch die Vernichtung entsprechender Quellen durch die dortigen atheistisch-materialistisch-kommunistischen Regime hinzu.

Davon will ich nichts wissen

Etliche Leser, die erstmals von den Prophezeiungen zur 3-tägigen Finsternis erfahren, werden, auf Deutsch gesagt, aus den Latschen kippen. Das ist verständlich. Gefühlte 60 Prozent dieses Schocks gehen jedoch nicht auf die konkreten Beschreibungen der 3-tägigen Finsternis selbst zurück, sondern darauf, dass entsprechende Informationen in den letzten 25 Jahren restlos aus der öffentlichen Wahrnehmung verschwunden sind. Literatur zum Thema traditionelle europäische Prophetie ist – abgesehen von Nostradamus, der sich etwas länger am Markt gehalten hat – ab etwa 1990 Zug um Zug aus dem Buchhandel verschwunden.

Dies hatte natürlich auch mit dem damaligen hoffnungsvollen Zeitgeist zu tun: mit der deutschen Wiedervereinigung, dem Zerfall der UdSSR und dem Ende des Kalten Krieges. Nach der (scheinbaren) Überwindung des Ost-West-Konflikts wollte man einfach daran glauben, dass sich die Welt jetzt auf einem besseren Weg befindet. Das war menschlich und verständlich.

Erstaunlicherweise haben dann aber im Jahr …

1999 der völkerrechtswidrige NATO-Angriffskrieg gegen Serbien,
2001 der nach dem 11. September 2001 vom Westen ausgerufene und bis heute andauernde unsägliche »Anti-Terrorkrieg«,
2003 der mit Lügen der USA (und anderen) begründete Angriff auf den Irak,
ab 2010 der Ausbruch der Eurokrise,
ab 2011 die durch die Zertrümmerung des Irak hauptsächlich von den USA zu verantwortende teuflische Ausgeburt ISIS im Irak und in Syrien,
ab 2014 der neue Kalte Krieg mit Russland, und
2016 die Wahl Donald Trumps zum US-Präsidenten

dazu geführt, dass jene mit der rosaroten Sonnenbrille auf dem Wohlstandsnäschen und jene, die seit Gorbatschow eine »neue Menschheit« erwarten, ihre vermeintliche Deutungshoheit in Sachen »Beginn einer neuen positiven Menschheitsepoche« abgetreten haben. In einem Ausmaß an Ignoranz, über dessen krankhafte Substanz spätere Generationen urteilen dürfen, glaubt man in beträchtlichen Teilen der westlichen Gesellschaft weiterhin, durch Wegsehen, Nichterwähnung und Ausblendung beunruhigender Zeiterscheinungen, das Rollfeld für den Flug in eine goldene Zukunft noch irgendwie freihalten zu können.

Dabei – und auch das sollte nachdenklich stimmen – ist die aktivste Fraktion der Rosarotgutgläubigen erstaunlich eng verwoben mit einem Milieu, das sich bevorzugt aus den USA (der Vor-Trump-Ära) inspirieren lässt und welches das Heil der Welt in einer »spirituellen« Globalisierung sieht.

Symptomatisch für diese im Grunde ideologische Verblendung im Sinne einer »spirituellen Weltrevolution« war für mich folgendes Erlebnis: Im Frühjahr 2001 erklärte mir die Inhaberin einer spirituellen Buchhandlung in München, man verkaufe meine Bücher nicht, weil sie zu »negative« Prophezeiungen enthielten. Außerdem sei die Welt inzwischen auf einem guten Weg, und die alten Prophezeiungen seien überholt. Wenige Monate später krachte es in New York City: die Anschläge des 11. September 2001.

Wohlgemerkt: Wären tatsächlich Osama bin Laden & Co die Verantwortlichen für die Anschläge des 11. September 2001 gewesen, könnte man sagen, die Prophezeiungen sind zu vielleicht 50 Prozent überholt.

Was aber, wenn die US-Regierung hinter diesen Anschlägen steckt? Was, wenn der 11. September eine False-Flag-Operation war?[27]

Wo wir schon dabei sind: Haben Sie schon einmal etwas von *WTC7* (World Trade Center Nummer sieben, siehe Bild rechts) gehört, jenem *dritten* Hochhaus des Manhattaner Gebäudekomplexes, das am 11. September 2001 ebenso filmreif wie eine Ziehharmonika zusammensackte wie die Twin Towers, obwohl in dieses dritte Gebäude gar kein Flugzeug hineingebrettert war?

WTC7 hatte eine Höhe von 186 Metern und stand etwas über 100 Meter nordöstlich von WTC1 (erstes Flugzeug) entfernt, und rund 200 Meter nördlich von WTC2 (zweites Flugzeug).

Der äußerst mysteriöse Einsturz von WTC7 ist inzwischen zum bekanntesten und überzeugendsten Indiz dafür geworden, dass die Anschläge vom 11. September »nicht ganz« das gewesen sein können, was uns US-Regierung und sämtliche westliche Massenmedien seit über 15 Jahren predigen, eintrichtern und einhämmern.

Bis zum heutigen Tag gibt es keine wissenschaftlich überzeugende Erklärung für den Einsturz von WTC7 auf Basis der beiden Flugzeuge, die in WTC1 und WTC2 hineingeschossen sind. Ja, der Einsturz von WTC7 wird im Jahr 2004 noch nicht einmal im Abschlussbericht der US-Regierung zum 11. September 2001 behandelt, dem »9/11 Commission Report«. Nochmals: Der Einsturz eines 186 Meter hohen Gebäudes wird in diesem Bericht *nicht weiter behandelt!*

Abbildung 6: WTC7
links im Hintergrund, dunkel hervorgehoben

Die westliche Öffentlichkeit – Sie, du, ich, wir alle – nehmen sehenden Auges die Möglichkeit in Kauf, seit inzwischen über 15 Jahren über einen US-regierungsseitig initiierten politisch motivierten *Massenmord* (in New York 2752 Tote) fortlaufend massenmedial belogen zu werden und alljährlich am 11. September einem widerwärtigen Lügenritual beizupflichten. Wir stören uns nicht am Verdacht der Mitwisserschaft unserer eigenen Regierung. Wir nehmen die Möglichkeit in Kauf, dass auf Grundlage einer 9/11-Lüge im Nahen Osten ganze Staaten zerstört wurden und werden und dass dort viele Hunderttausend Menschen zu Tode kamen und kommen. Und als Sahnehäubchen auf dieser apokalyptischen Torte bekommen wir Deutschen dann aus den zerschundenen Ländern in der islamisch-arabischen Welt dank westlicher Interventionen seit dem Jahr 2015 über eine Million zumeist schlecht ausgebildete Flüchtlinge, die auch langfristig kaum zu integrieren sind.

Der 11. September 2001 und seine massenmediale und weltpolitische »Aufarbeitung« sind kein New-Age-mäßiger »Sprung in die 5. Dimension«. Nein. Der 11. September riecht, ja stinkt vielmehr nach einem kolossalen, historisch einzigartigen kollektiven Selbstbetrug der gesamten jüdisch-christlichen Welt. Es ist die moralische Bankrotterklärung des gesamten Westens und seiner in Wahrheit inzwischen völlig verrotteten Werte.

Die Prophezeiung der 3-tägigen Finsternis muss also unbedingt auch im zeitpsychologischen Kontext gesehen werden. Diese Prophezeiung bedroht das Weltbild und vor allem das Selbstbild eines nicht unbedeutenden und nicht einflusslosen Teils der Gesellschaft; jene, die nicht erkennen können oder wollen, dass die Last der Lügen schon zu groß ist und der Zerfall des ganzen Lügengebäudes einfach zwingend kommen muss.

Diese Leute, die immer noch an den Endsieg des Westens glauben, obwohl dieser »Westen« moralisch gesehen längst zur Fata Morgana verblichen ist, empfinden die Prophezeiung der 3-tägigen Finsternis als Bedrohung und bekämpfen sie entsprechend. Man will glauben, mit all seinem »modernen« Wissen und seinen eingebildeten »Erkenntnissen« irgendeine Art von geistigem Gipfel erklommen zu haben. Und auf diesem Gipfel seiner eingebildeten Erkenntnis will man dann seine Arme in die Höhe strecken und über sich im endlosen Blau des wunderschönen Himmels bitte schön keinen Gott mehr erblicken. Bitte, bitte! Keinen Gott mehr! Und bitte auch keine Prophezeiungen, die von höherer Macht und einer höheren Ordnung künden. Das natürlich auch nicht.

All die New-Age-Schönrednerei vom »sanften Aufstieg« oder vom »Sprung in die fünfte Dimension« ist, wenn Sie mich fragen, nur die Neuauflage eines geistigen Aufstandes, der mit der Französischen Revolution so richtig in Fahrt gekommen ist. Scheinbar geht es dabei um die Revolte gegen die Gottesidee, »Gott ist tot! Hurra!«. Doch in Wahrheit haben wir anstelle des alten Gottes nur einen neuen Gott gesetzt, den Gott des sogenannten »freien Willens«.

Freier Wille vs. Prophetie

Echte Hellseherei und echte Prophetie bedeuten: Dieses oder jenes *wird* geschehen, egal was du dagegen unternimmst. Echte Prophetie steht für ein Wirkungsprinzip jenseits des menschlichen Willens, insbesondere was den kollektiven menschlichen Willen betrifft, den Willen von Völkern und Nationen. Echte Prophetie zeugt von einem Willen, der höher und stärker ist als der Wille des Menschen; ein Wille jenseits aller menschlichen Bemühungen und Anstrengungen, jenseits allen Geschachers, jenseits aller Argumente und jenseits aller guten oder bösen Absichten. Jenseits all dessen!

Nun wird von verschiedenen Seiten immer wieder behauptet, der Sinn der Prophetie läge darin, zu warnen und dadurch die Möglichkeit zu geben, ein Unheil abzuwenden. Diese These ist aber schon deshalb etwas unausgegoren – und es erstaunt, dass so wenige Menschen dies sehen wollen –, weil es eben auch positive Prophezeiungen gibt, zum Beispiel die biblische Prophezeiung eines Tausendjährigen Friedensreiches oder Buddhas Prophezeiung, seine Lehre werde bis 5000 Jahre nach seinem Tode Bestand haben, also etwa bis in das Jahr 4500 n. Chr.!

Kaum einer will die leicht erkennbare Möglichkeit sehen, dass man, wenn man zukünftiges Schlimmes *verhindern* – auch zukünftiges Gutes *versaubeuteln* kann.

Ein weiteres Argument gegen die Unglück-Abwendungszweck-These kommt aus der Parapsychologie. So berichten hellseherisch sensitive Menschen öfters davon, dass sie bei ihren ersten Visionen zunächst überhaupt nicht begriffen haben, dass sie die Zukunft sehen.

Zudem haben manche Menschen Träume mit hellseherischem Charakter, in denen Zusammenhänge eher symbolisch dargestellt werden.[28] Dabei ist es – platt gesagt – den symbolischen Wahrträumen ziemlich egal, ob sie vom Träumer verstanden werden oder nicht. Ich selbst hatte einmal einen solchen Vorahnungstraum im Zusammenhang mit einem schweren Autounfall meinerseits, der sich 3 Monate später tatsächlich ereignet hat. Dass dieser Traum meinen Unfall vorausgesagt hatte, erkannte ich jedoch erst nach dem Unfall!

Aus der Parapsychologie heraus ergibt sich also die Erklärung, dass der Blick in die Zukunft einfach dadurch möglich wird, dass eine Art Filter im Bewusstsein wegfällt, der normalerweise entsprechende Informationen aus der Zukunft abblockt.

Kurz: Die Idee der Zukunftsschau zur Abwendung von Unheil und die damit verbundene Idee »möglicher Zukünfte« ist wenigstens teilweise eine Form von Fantasie und Wunschdenken ohne belastbare Faktengrundlage. Das schließt zwar nicht aus, dass es in Einzelfällen tatsächlich Warnträume gibt, doch dieses Prinzip lässt sich nie und nimmer auf die gesamte Hellseherei anwenden. Es werden auch Dinge vorausgesehen, die – wenigstens im Hinblick auf das kollektive Schicksal – unabwendbar sind. Der bayerische Hellseher Alois Irlmaier beispielsweise sagte, man könne mit Gebeten viel Unheil abwenden, jedoch nicht die 3-tägige Finsternis, die wohl größte Katastrophe seit Menschheitsgedenken.[29] Andere Seher äußern sich ähnlich.

Das Schicksal eines einzelnen Menschen scheint dank des freien Willens allerdings weniger vorherbestimmt zu sein als das Schicksal der Menschheit, Völker und Nationen. In der Prophetie, um die es in diesem Buch geht, geht es aber nie um individuelle Schicksale (abgesehen vielleicht vom persönlichen Schicksal von Staatschefs und Päpsten). Dennoch geraten viele Menschen angesichts von Kollektivprophezeiungen in einen Zustand inneren Unbehagens und glauben, ihr persönlicher Wille sei eingeschränkt, wenn sie einem Volk oder einer Nation angehören, dem oder der dieses oder jenes Schicksal vorausgesagt wird.

Der Wille zum freien Willen

Leider ist echter freier Wille nichts, was ganz natürlich und automatisch in uns wächst wie Milchzähne oder graue Haare. Echter freier Wille will erarbeitet werden. Echter freier Wille ist ein durch Bewusstseinsarbeit von Unbewusstheit befreiter Wille!

Wenn man sich beispielsweise politisch weder bildet noch informiert, ist man politisch gesehen eine Marionette, die in so gut wie jede beliebige Richtung manipuliert werden kann, da man politische Wahrheit, politische Lüge und politischen Irrtum gar nicht auseinanderhalten will – und folglich auch nicht kann.

Nicht nur Politiker und Massenmedien manipulieren den Bürger, sondern auch Eltern manipulieren ihre Kinder, Kinder ihre Eltern, Frauen ihre Männer, Männer ihre Frauen, Chefs ihre Angestellten, sogar Hunde ihre Herrchen. Es gibt so viele Gruppen und Einzelpersonen, die davon profitieren, dass andere nicht merken, wie sie manipuliert werden, dass der freie Wille in den westlichen Gesellschaften in Wahrheit überhaupt keine echte gesellschaftlich-moralische Kategorie ist. Freier Wille ist bei uns, sehr überspitzt formuliert, einfach nur geschäftsschädigend. Die ganze Gesellschaft trampelt in Wahrheit auf dem freien Willen herum. Was den Durchschnittsbürger betrifft, so haben wichtige Gesellschaftsgruppen überhaupt kein Interesse daran, dass dieser einen bewussten freien Willen entwickelt: Politik, Massenmedien, Finanzindustrie, Bildungssystem etc.

Wenn es heutzutage also in der öffentlichen Debatte um den »freien Willen« geht, dann handelt es sich lediglich um ein nebulöses, trübes, schwammiges Etwas. Man erzählt den Leuten etwas vom freien Willen, wohl wissend, dass die meisten Menschen diesen freien Willen gar nicht haben und auch nie wirklich in Besitz nehmen wollen.

Unsere Idee des freien Willens ist zum Ersatz für die Idee vom Paradies und vom »Himmelreich Gottes« geworden. Man träumt von einem Idealzustand und täuscht sich damit über das hinweg, was hier und jetzt Wirklichkeit ist. In Wahrheit wollen wir keinen freien Willen. Was wir wollen, ist, vom freien Willen träumen. Und natürlich wollen wir bei diesem Traum nicht gestört werden. Schon gar nicht von irgendwelchen Untergangsprophezeiungen.

Wie kann man echte Hellseherei erklären?

Bevor wir uns endlich den konkreten Prophezeiungen zur 3-tägigen Finsternis zuwenden, lassen Sie mich noch kurz skizzieren, wie man echte Hellseherei erklären kann:

Mit »echter Hellseherei« meine ich, wie schon gesagt, das Sehen von dem, was sein wird, und nicht das Vorausahnen einer wahrscheinlichen Zukunft. Der Idee echter Hellseherei liegt die Annahme zugrunde, dass die Zukunft bereits existiert! Jedenfalls, was das Schicksal der Völker, Nationen und der ganzen Menschheit betrifft. Bei individuellen Schicksalen mag das anders sein. Ein individueller freier Wille steht aber nicht grundsätzlich im Widerspruch zum vorbestimmten Kollektivschicksal. Denn die Willensfreiheit eines einzelnen Menschen bedeutet noch lange nicht, dass dieser Mensch auch das Schicksal von 7 Milliarden anderen Menschen beeinflussen kann.

Eine Voraussetzung für echte Hellseherei in diesem Sinne ist also, dass die kollektive Zukunft bereits existiert. Die zweite Voraussetzung ist, dass das menschliche Bewusstsein Zugang zu dieser bereits existierenden Zukunft haben muss, was in letzter Konsequenz bedeutet, dass auch ein Teil des menschlichen Bewusstseins bereits in dieser Zukunft lebt. Das würde bedeuten, dass sich ein Teil des menschlichen Bewusstseins jenseits der linearen Abfolge von Vergangenheit, Gegenwart und Zukunft befindet, also praktisch jenseits der Zeit. Diese Bewusstseinsdimension jenseits der Zeit könnte man als Ewigkeit bezeichnen. Aus dieser Ewigkeit heraus könnte die menschliche Seele dann sozusagen auf die Zukunft herabblicken.

Ein – wenn Sie so wollen – Problem mit der Ewigkeit als Wirklichkeitsdimension jenseits der uns bekannten Zeit besteht dann natürlich darin, dass sich mit Zeit und Chronologie auch das Ursache-Wirkung-Prinzip auflöst – und damit jede Moral, jede Religion, jedes Streben und jede Suche.

Wenn Sie sich für Astronomie interessieren und hin und wieder Astronomie-Dokumentationen im Fernsehen anschauen, werden Sie von Zeit zu Zeit irgendwelche Berufs-Astronomen sehen, die mit leuchtenden Augen von der Unendlichkeit des Universums erzählen; eine Unendlichkeit, die auch sie – die Astronomie-Profis – sich nicht wirklich vorstellen können. An genau einer solchen Begreifbarkeitsgrenze bewegt sich das Phänomen echter Hellseherei. Nur ist es eben leichter, in die Tiefen des Alls zu blicken als in die Zukunft.

Die einzelnen Quellen zum Szenario

Sehen wir uns jetzt endlich an, was die unterschiedlichen Seher und Prophezeiungen zum Szenario der 3-tägigen Finsternis und zur kosmischen Intervention voraussagen.

Dabei werden wir uns zunächst auf die europäischen Quellen konzentrieren und uns Stück für Stück aus der Vergangenheit Richtung Gegenwart vorarbeiten. Dieses Vorarbeiten aus der Vergangenheit Richtung Gegenwart machen wir deshalb, damit wir uns bei jeder nächsten und damit jüngeren Quelle fragen können, ob sie durch eine der vorherigen, älteren Quellen beeinflusst sein könnte.

Dabei wird dem Leser schnell auffallen, dass die Beschreibungen des Szenarios der 3-tägigen Finsternis mitunter stark voneinander abweichen. Teilweise so sehr, dass man in Einzelfällen auf den ersten Blick und ohne entsprechendes Hintergrundwissen glauben könnte, es würden komplett unterschiedliche Szenarien beschrieben.

Andererseits weiß man aus Erfahrungen mit Zeugenaussagen, beispielsweise bei Verkehrsunfällen, dass sich verschiedene Personen an ein und dasselbe Ereignis mitunter sehr unterschiedlich erinnern und dies auf individuelle, durchaus variierende Weise bezeugen. Dinge, die auf den ersten Blick nicht zusammenpassen, können dies also sehr wohl, wenn man genauer hinschaut.

Bei älteren Quellen zur 3-tägigen Finsternis könnte die große zeitliche Distanz von rund tausend Jahren den Blickwinkel des jeweiligen Sehers so stark verschoben haben, dass Dinge, die wir heute als besonders wichtig empfinden, damals kaum beachtet und erwähnt wurden.

In den Quellen finden sich also unterschiedliche Blickwinkel und Sichtweisen, zudem verdient jeder Fall seine eigene Betrachtung.

Dann möchte ich dem Leser noch ans Herz legen, beim Lesen der nachfolgenden Visionen und Beschreibungen zu versuchen, zwar seinen kritischen Geist zu bewahren, aber auch nicht zu kritisch zu werden, damit die eigene Intuition nicht verstummt. Diesen Fehler machen nicht wenige Menschen: Ist man zu kritisch, zu intellektuell und zu verkopft, schweigt die Intuition. Denn Intuition braucht immer ein gewisses gedankliches Niemandsland zwischen den Territorien des Wissens.

Der Leser wird nachfolgend also immer wieder an Stellen geraten, wo er seinem Gefühl und seiner Intuition nicht nur folgen kann, sondern sollte, ja eigentlich muss, weil ihm an entsprechenden Stellen kein Wissenschaftler, kein Prophezeiungsdeuter und kein Autor mit letzter Gewissheit sagen kann, was dort wirklich gemeint ist.

1081 – Hepidannus von St. Gallen, Schweiz

Die meinen Forschungen nach früheste europäische Prophezeiung, die sich auf die *3-tägige Finsternis* bezieht, stammt aus dem 11. Jahrhundert von einem Schweizer Benediktinermönch, genannt Hepidannus von St. Gallen[30].

Der originale Prophezeiungstext soll seinerzeit auf einem Pergament niedergeschrieben worden sein. Erstmals aufgetaucht ist der vollständige Prophezeiungstext allerdings erst viele Jahrhunderte später im Jahre 1951 und wurde nach Angaben des Autors Dr. H. Armand einer Sammlung von Prophezeiungen entnommen, die ein Benediktinerpater namens Winfried Ellerhorst bis 1948 angelegt hatte.

Schon an dieser Stelle werden kritische Leser fragen, wo der Prophezeiungstext dann die letzten rund 870 Jahre abgeblieben war. Tatsächlich ist das eine wichtige Frage. Deshalb komme ich auf sie zurück (siehe Seite 362). An dieser Stelle soll uns der Hinweis genügen, dass sich bereits im Jahr 1881 im sechsten Band des *Gesamt-Verlags-Katalogs des Deutschen Buchhandels* ein Eintrag zur Hepidannus-Prophezeiung findet:

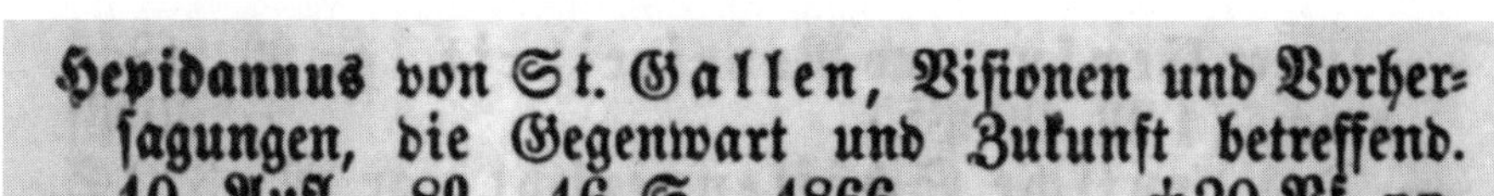
Hepidannus von St. Gallen, Visionen und Vorher-
sagungen, die Gegenwart und Zukunft betreffend.
10. Aufl. 8⁰. 16 S. 1866. †20 Pf. pp.

Abbildung 7: Ausschnitt aus dem *Gesamt-Verlags-Katalog des Deutschen Buchhandels,* Band VI, 1881, Spalte 573

Der *Gesamt-Verlags-Katalog,* ein Nachschlagewerk für Buchhändler und Bibliothekare, ist eine absolut vertrauenswürdige Quelle.

In der Prophezeiung, die offenbar mindestens aus dem Jahr 1866 stammt, heißt es über die Zukunft Deutschlands – die betreffende Vision soll aus dem Jahre 1081 sein:

> *Dann wird ein Mann auferstehen mitten aus dem Strudel der Parteiungen. Er wird, ohne dem Unrecht Stützpunkt zu sein, doch mit dem Rechte Recht sprechen wider das Recht, und vom Aufgange zum Niedergange* [der Sonne] *wird sein Name in aller Leute Mund sein. Verdammt und gehasst von den einen, wird er bewundert von den anderen werden. […] wird unsägliches Elend an seine Schritte geknüpft sein und sein Name leben in der Geschichte inmitten von Leichenhügeln und Tod […].*[31]

Damit kann nur Adolf Hitler gemeint sein. Hitler kam aus dem Strudel der Parteien der Weimarer Republik, und er endete sinnbildlich in Leichenhügeln. Das ist ein absolut unverwechselbares Täterprofil. Schon für das Jahr 1866 wäre das ein ganz beachtlicher Treffer. Zu beachten ist weiter, dass die im *Gesamt-Verlags-Katalog* angegebenen 16 Seiten in Verbindung mit dem damals üblichen Format dünner, kleinformatiger Bücher zum Umfang des 1951 veröffentlichten kompletten Prophezeiungstextes passen.

Soweit haben wir also ein paar Indizien dafür, dass die 1951 publizierte Hepidannus-Prophezeiung identisch ist mit dem aus dem Jahr 1866 stammenden Text, und dass dieser tatsächlich eine Vision aus dem Jahre 1081 wiedergibt.

Sehen wir uns nun jenen Auszug aus der Prophezeiung an, der sich auf die *3-tägige Finsternis* zu beziehen scheint:

> *Siehe […], von Mitternacht gegen Mittag* [von Nord nach Süd] *ist heute die Erde getrennt, und die Menschen haben sich in zwei Heerlager gespalten gegen Süd und gegen Nord. Und der Norden zieht nach Süden als Feind, der Sohn gegen den Vater, und das Unglück folgt ihm* ***über die Berge*** *wie die Nacht dem Tage.*[32]

Die *Erde* (in »getrennte Erde«) muss nicht unbedingt »der ganze Planet« bedeuten. Es könnte im Endeffekt nur Europa gemeint sein, was aus der Sicht eines Europäers Ende des 11. Jahrhunderts verständlich wäre. Von Amerika und Australien wusste damals kein Europäer etwas. Und von Asien und Afrika kannte man auch nur einen kleinen Teil.

Eine Spaltung Europas in zwei große militärische Blöcke kennen wir aus der Zeit des Kalten Krieges (1945–1991) und im Prinzip auch seit 2014, also seit der Ukraine-Krise und dem neuen de facto Kalten Krieg zwischen den USA (NATO) und Russland.

Stammen beide Kriegsparteien aus ein und derselben Familie (Vater und Sohn), ist klar, dass es sich auf beiden Seiten um Europäer handelt. Russland könnte man insofern als »Sohn« bezeichnen, als Russland viele Entwicklungen, die Westeuropa durchlief, erst mit deutlicher zeitlicher Verzögerung nachholte (zum Beispiel die Abschaffung der Leibeigenschaft: in Russland erst 1861, in Preußen 1810, in Frankreich schon 1789, Einführung von Demokratie und Marktwirtschaft erst 1991). Natürlich mag sich kaum ein Volk als Sohn eines anderen Volkes sehen. Aber das ist eine andere Sache.

Von der Schweiz aus betrachtet liegt Russland allerdings nicht im Norden, sondern im Nordosten. Zur Entschuldigung lässt sich anfügen, dass es um das Jahr 1100 noch gar kein Russland gab und seinerzeit Weltkarten noch von einer flachen Welt in Form eines kreisrunden Kekses ausgingen, in dessen Zentrum Jerusalem lag und ganz im Osten das Paradies!

Die politisch-militärische Zweispaltung Europas jedenfalls deutet in Richtung auf das 20. und 21. Jahrhundert. Was weiter mit anderen Prophezeiungen zum »Dritten Weltkrieg« korrespondiert, ist das Unglück, das den Sohn ereilt, sobald er »die Berge« überwunden hat. Mit diesen Bergen können eigentlich nur die Alpen gemeint sein. Die Alpen sind das größte Gebirge Europas, liegen in der Mitte des Kontinents, und die Russen – so wird es prophezeit – müssten an den Alpen vorbei Richtung Westen zum Atlantik (siehe *Refugium*) ziehen. Wenn ich aus »die Berge« die Alpen herausdeute, mag dies manchen Lesern voreilig erscheinen, doch die Alpen sind bei einem Blick auf ganz Europa das hervorstechendste Gebirge.

Deutet die »getrennte Erde« noch eher grob auf das 20./21. Jahrhundert hin, so legen die folgenden Zeilen der Hepidannus-Prophezeiung den Schluss nahe, dass es sich um das Szenario »Dritter Weltkrieg« handelt, denn nun, mitten im Krieg, wenn sich bereits die Niederlage des »Sohnes« abzeichnet, kommt es zur kosmischen Intervention:

> *Aber es wird bald* [nachdem der angreifende Sohn die »Berge« hinter sich gelassen hat] *ein Tag anbrechen,* ***da wird ein Licht aufgehen*** *[…] im Norden und* ***heller strahlen wie die Mittagssonne des Südens.*** *Und der Schein der Sonne wird verbleichen vor jenem Lichte. Alsbald aber wird sich eine* ***düstere Wolke lagern zwischen jenem Licht*** *und der Menschheit, die danach hinblickt.*[33]

Hier ist zunächst zu beachten, dass die plötzlich auftauchende düstere Wolke dem Text nach nicht die Sonne verdunkelt, sondern jenes »Licht«, das wesentlich heller ist als die Sonne. Daraus lässt sich folgern, dass die Wolke, nachdem dieses Licht wieder verschwunden ist, die Sonne noch sehr viel stärker verdunkelt. Veranschaulicht wird der Zusammenhang in folgender Grafik:

Die Sonne | Das »Licht«, heller als die Sonne | Das »Licht« plus die düstere Wolke | Die Sonne plus dieselbe düstere Wolke

Abbildung 8: Das Licht und die düstere Wolke

Die Idee ist also die, dass die »düstere Wolke« das normale Sonnenlicht so stark abblockt, dass wir der in anderen Quellen beschriebenen totalen Dunkelheit der 3 Tage relativ nahe kommen, auch wenn Hepidannus nicht ausdrücklich etwas zu einer nachfolgenden Finsternis sagt.

Was die rein physikalische Ursache des »Lichts« betrifft, so käme der Hepidannus-Formulierung nach neben einer kleinen Sonne auch ein Komet (bestehend aus Eis, Staub und lockerem Gestein, mit einem Staubschweif) oder ein Meteorit (aus Gestein oder Metall; sehr große Meteoriten nennt man Asteroiden) infrage, die infolge ihrer sehr hohen Geschwindigkeit (10–70 Kilometer pro Sekunde) und der Reibung mit der Luft in der Erdatmosphäre so schnell und massiv erhitzen, dass sie schlagartig weißglühend werden und das Licht der Sonne tatsächlich überstrahlen.

Folgt dann unmittelbar auf das Auftauchen des leuchtenden Himmelskörpers eine Wolke, so könnte dies ein Kometenschweif sein oder, allgemeiner gesagt, Brandrückstände des feurigen Himmelskörpers, wenn es sich um keinen üblichen Kometen oder Meteoriten/Asteroiden handelt.

Hepidannus weiter:

> *Ein furchtbares Gewitter wird sich aus dieser Wolke bilden. Es wird den dritten Teil der Menschen verzehren, die dann leben werden. Und der dritte Teil aller Saatfelder und Ernten wird zerstört werden. Auch der dritte Teil der Städte und Dörfer, und überall wird große Not und Jammer sein.*[34]

Es liegt auf der Hand, dass dieses »Gewitter« kein übliches normales Gewitter sein kann, selbst wenn dieses mit Starkregen oder gar großem Hagelschlag verbunden wäre. Solche Wetterphänomene sind lokal begrenzt und betreffen nicht zeitgleich ganze Länder oder gar ganz Europa. Mit »Gewitter« dürfte also eine Art Meteoritenschauer gemeint sein, womöglich gespeist aus der Hauptmasse der Mini-Sonne, oder es sind Trümmer, die diese begleiten. Eine Art Trümmerregen wird uns in den Quellen noch öfters begegnen.

Heißt es dann, ein Drittel der Menschen stirbt, ein Drittel der Städte ist zerstört usw., so erinnert dies fraglos an manche Stellen aus der *Bibel* (Offenbarung 10,17–18).[35] Könnte diese Stelle also aus der *Bibel* abgeschrieben sein? Nun, wirklich nachweisen oder widerlegen kann man das wohl nicht (siehe *Die Bibel und die 3-tägige Finsternis,* Seite 345). Ich halte das aber für unwahrscheinlich, da sich die in der Bibel beschriebene Situation deutlich von der bei Hepidannus unterscheidet. Die Mengenangabe »ein Drittel« muss keinesfalls zwingend aus der Bibel abgeschrieben sein. Denkbar, dass Hepidannus das von sich aus, also selbst gesehen hat. Ähnliche Angaben zu Opferzahlen findet man auch in buddhistischen Endzeit-Prophezeiungen, und diese sind sicherlich nicht von christlichen Quellen beeinflusst.

Soweit aus der Prophezeiung des Hepidannus die Sequenz zur 3-tägigen Finsternis, wobei – wie wir gesehen haben – nirgends die Rede ist von 3 Tagen Finsternis, ja noch nicht einmal von einer Finsternis im eigentlichen Sinne. Dennoch entspricht die beschriebene Gesamtsituation eines politisch gespaltenen und sich im Kriege befindlichen Europas, das relativ bald nach Kriegsausbruch eine kosmische Intervention erfährt, dem, was spätere Prophezeiungen zur 3-tägigen Finsternis berichten.

Zwar bricht Hepidannus' Vision von Krieg, Licht und düsterer Wolke ab mit »große Not und Jammer«, doch an anderer Stelle seiner sehr umfangreichen Prophezeiungen öffnet sich der Blick auf das, was nach der Finsternis kommt:

> *Ehe aber der Untergang der Welt erfolgt* [die Antichrist-Zeit, siehe Seite 345], *werden vorerst gewaltige Kriege ausbrechen und ungeheure staatliche Umwälzungen stattfinden. Den furchtbaren Kämpfen, welche hiermit verbunden sind, wird* ***eine Reihe von glücklichen Jahren folgen.*** *Es wird dann* [in Europa] *ein Mann aufstehen, der sich dem Laufe der Dinge entgegenstemmt, und seinem Anhange wird es gelingen, eine neue Ordnung ins Dasein zu rufen. Diese wird aber nicht von langer Dauer sein, indem der Untergang alles Lebenden dann vor der Türe steht.*[36]

Der »Untergang alles Lebenden« ist einer der großen Eckwerte der christlichen Prophetie, bezieht sich aber nicht auf die 3-tägige Finsternis, sondern auf die Endkatastrophe am Ende der Antichrist-Zeit, die in diesem Buch noch in weiteren Quellen auftauchen wird, und erst deutlich nach Mitte des 21. Jahrhunderts eintreten würde. Der Antichrist wird als eine Art Weltherrscher beschrieben, der sich daranmacht, das Christentum (endgültig) zu zerstören und sich selbst als Heiland und Erlöser der Menschheit auszurufen (siehe das Kapitel »Das Prinzip Antichrist« auf Seite 64).

Aus dem »Untergang alles Lebenden« folgt, dass mit »Reihe von glücklichen Jahren« nicht die Friedensphase nach Ende des Zweiten Weltkrieges gemeint sein kann, sondern die Zeit nach »Drittem Weltkrieg« und Finsternis.

Die Dauer dieser Friedenszeit ist anhand der Quellen nicht exakt zu ermitteln, dürfte aber gut und gerne zwei Generationen betragen. Sagt Hepidannus »nicht von langer Dauer«, so muss man die Perspektive von vor rund tausend Jahren und mögliche damalige historische Vorbilder wie das Römische Reich oder das Byzantinische Reich berücksichtigen, die viele Jahrhunderte bestanden.

Ansonsten fasst Hepidannus das Szenario der 3-tägigen Finsternis in wenigen Bildern recht gut zusammen. Insbesondere der leuchtende Himmelskörper taucht meines Wissens in dieser klaren Form erst wieder um die Mitte des 20. Jahrhunderts in europäischen Prophezeiungstexten auf.

Hepidannus von St. Gallen bietet also einen recht guten Einstieg in das Thema 3-tägige Finsternis. Abgesehen von manchen Textstellen in der *Bibel* – die jedoch deutlich verworrener und nur zu gebrauchen sind, wenn man sie interpretatorisch »hinbiegt« –, ist der Hepidannus-Text die früheste mir bekannte Schrift zur 3-tägigen Finsternis aus dem europäisch-christlichen Kulturraum.

1175 – Hildegard von Bingen, Deutschland

Hildegard von Bingen (1098 1179) ist die bekannteste deutsche Mystikerin des Mittelalters und war eine der einflussreichsten Frauen ihrer Zeit.

Bereits im Alter von 8 Jahren trat Hildegard von Bingen ins Klosterleben ein, und schon zu dieser Zeit soll sie Visionen gehabt haben.

In reiferen Jahren wurde sie Äbtissin (Klostervorsteherin), gründete das Kloster Rupertsberg bei Bingen am Rhein, war »nebenbei« Ärztin, Naturforscherin, Schriftstellerin und eine der Geistesgrößen ihrer Zeit.

Abbildung 9: Hildegard von Bingen (1098–1179)
Hildegard von Bingen, wie sie an ihrem Werk Scivias (Wisse die Wege) arbeitet

Dank ihrer Talente und ihres Wissens war die Bingener Äbtissin auch gern gesehener Gast an den damaligen Adelshöfen und pflegte brieflichen Kontakt zu Königen, Päpsten und sogar zu Kaiser Friedrich Barbarossa (Kaiser des römisch-deutschen Reiches von 1155–1190). In ihrer geistigen Lehrtätigkeit stützte sich Hildegard von Bingen maßgeblich auf ihre übersinnlichen Visionen, die sie praktisch ihr ganzes Leben begleiteten und für die sie bekannt und geachtet war.

Ein Kinofilm aus dem Jahr 2009 über ihr Leben trug bezeichnenderweise den Titel *Vision,* Untertitel *Aus dem Leben der Hildegard von Bingen.*

Schon zu Lebzeiten wurde Hildegard von Bingen als Heilige verehrt, und nach ihrem Tod im Jahr 1179 setzte Papst Gregor IX. (1227–1241) ein offizielles Heiligsprechungsverfahren in Gang. Dieses verlief sich jedoch zunächst im Sande, und erst ab 1584 ist belegt, dass Hildegard von Bingen als Heilige der Kirche anerkannt wurde. Am 10. Mai 2012 bestätigte dann Papst Benedikt XVI. die Verehrung der »Heiligen Hildegard« und schrieb sie in das offizielle Verzeichnis der katholischen Heiligen ein. Am 7. Oktober 2012 wurde die Bingener Äbtissin von Benedikt XVI. offiziell zur »Kirchenlehrerin« der katholischen Kirche erhoben.

Was Hildegards Ansehen, Autorität und Ausstrahlung betrifft, darf darüber hinaus nicht unerwähnt bleiben, dass sie keine Angst hatte, sich gegenüber den Mächtigen ihrer Zeit zu behaupten. So bemerkte Papst Benedikt XVI., der sich in seiner Studienzeit eingehender mit Hildegard von Bingen beschäftigt hatte, in einem Interview mit deutschen Medien am 5. August 2006:

> *Es gibt eben ganz viele Aufträge und Funktionen in der Kirchengeschichte. Von den Schwestern der Kirchenväter angefangen bis ins Mittelalter, wo große Frauen eine sehr bestimmende Rolle ausgeübt haben. […] Denken wir an Hildegard von Bingen, die kraftvoll protestiert hat* ***gegen Bischöfe und Papst.***[37]

So viel in Kürze zum Leben Hildegard von Bingens. Sehen wir uns nun ein paar Stellen aus ihrem Buch *Liber Divinorum Operum* (»Das Buch vom Wirken Gottes«) an, an dem sie mehr als 11 Jahre gearbeitet – und das sie 4 Jahre vor ihrem Tod vollendet hat. Darin beschreibt die Seherin an einer Stelle die Katastrophenzeit (»Dritter Weltkrieg« und *3-tägige Finsternis*) in Europa vor Beginn der Friedensepoche, die dem Erscheinen des Antichristen vorausgeht.

Nicht nur Hildegard von Bingen, sondern eine ganze Reihe christlicher Quellen sagen für die Zeit nach der Finsternis eine längere Friedensepoche voraus, die zuletzt in die Antichrist-Zeit übergeht, auf deren Ende dann das legendäre Tausendjährige Friedensreich folgen soll (siehe auch die *Bibel,* Offenbarung 20,1–7).

Zur Verdeutlichung der zeitlichen Abfolge der unterschiedlichen Phasen die folgende Grafik:

Gegenwart	»Dritter Weltkrieg« und 3-tägige Finsternis	Friedensepoche	Antichrist-Zeit	Tausendjähriges Friedensreich

Abbildung 10: Schematische Abfolge der Zukunft nach traditioneller europäischer Prophetie

Mit den folgenden Sätzen bezieht sich die mittelalterliche Seherin nun meiner Einschätzung nach auf das Szenario »Dritter Weltkrieg«:

> *Schließlich werden* ***die ungläubigen, schrecklichen Völker*** *[…] in das Vermögen und die Besitztümer der Kirchen überall* [in Westeuropa, Anm. d. Autors] *einbrechen und sich bemühen, sie* ***bis zur völligen Vernichtung*** *zu zerstören, wie Geier und Habichte das festhalten, was sie unter ihren Flügeln und in ihren Krallen haben. Das christliche Volk wird, abgemagert durch die Buße für seine Sünden und ohne Furcht vor dem Tod des Leibes, auf jede Weise versuchen,* ***mit Waffen Widerstand*** *zu leisten.*[38]

Damit wird schon einmal ein großer Krieg in Europa erkennbar. Ob es aber der »Dritte Weltkrieg« sein soll, ist alleine aus diesen Worten noch nicht ersichtlich. Der Text geht weiter:

> *Dann wird ein heftiger Wind vom Norden her* [siehe Hepidannus: »ein Licht um Mitternacht im Norden«] *mit* ***undurchdringlichem Nebel*** *und* ***sehr dichtem Staub*** *kommen und nach göttlicher Anordnung sein Stürmen gegen jene* [die ungläubigen, schrecklichen Völker] *richten, sodass ihre Kehlen von dem Nebel und ihre Augen mit Staub gefüllt werden, dass sie ihre Wildheit ablegen und in großes Entsetzen gebracht werden.*[39]

Natürlich fehlt auch hier ein ausdrücklicher Hinweis auf eine Finsternis und deren Dauer von 3 Tagen. Rein praktisch gesehen bedeutet »undurchdringlicher Nebel und sehr dichter Staub« aber, dass es am Erdboden spürbar dunkler wird. Betrifft diese Verdunkelungswolke dann ein europaweites Kriegsszenario (»Völker«, die »überall« eindringen), kann es sich nicht um lokal begrenzte Nebelbänke handeln, die sich auf irgendwelche Flusstäler beschränken. Eine nicht-meteorologische Ursache für den »undurchdringlichen Nebel und sehr dichten Staub« ist spätestens mit dem *Staub* in Betracht zu ziehen.

Wie viel Sonnenlicht die Wolke dann effektiv absorbiert, hinge von der Staubkonzentration ab und davon, bis in welche Höhe über dem Erdboden die Wolke reicht. Geht man davon aus, dass eine 10 Meter hohe Säule dieses Nebel-Staub-Gemisches 10 Prozent des Sonnenlichtes absorbiert, dann wäre es unter einer 500 Meter hohen Wolke praktisch stockfinster.

Hildegard von Bingen weiter:

> *Denn die heilige Gottheit wird dann **Zeichen und Wunder** am christlichen Volk tun, wie sie es schon bei Mose mit der Wolkensäule tat (Exodus 13;21-22) und wie der Erzengel Michael **zur Verteidigung der Christen gegen die Heiden kämpfte.** So werden die gläubigen Kinder Gottes in Seinem Schutz gehen und sich auf die Feinde stürzen und durch die Kraft Gottes Sieger über sie werden.* [40]

Das Alte Testament beschreibt im 2. Buch Mose (Exodus), wie das Volk der Juden, das kurz zuvor aus seiner Gefangenschaft in Ägypten entlassen worden war, nun von Gott einen unbekannten Weg durch die Wüste geführt wird – und das macht Gott, indem er seinem Volk tagsüber eine Wolken- oder Rauchsäule vorausschickt und des nachts eine Feuersäule.

Diese Wolken- oder Feuersäule könnte man natürlich als Atompilz deuten. Das Problem ist nur, dass Atomwaffen kein Werk Gottes sind, sondern ein Werk des Menschen, und zwar ein ziemlich übles dazu. Hinzu kommt, dass auch die Heiden über Atomwaffen verfügen würden. Eine Atompilzwolke als Werk Gottes zu deuten, wäre also recht sinnwidrig; abgesehen davon, dass Atompilzwolken auch nicht umherwandern.

Könnte man jetzt die Deutung *Atompilzwolke* mit der Deutung *Impaktwolke* ersetzen? Nein. Denn den bekannten Simulationen nach erzeugen Impakte keine so »schönen« Pilzwolken wie Atomexplosionen.

Ausschlaggebend für die Deutung ist letztlich wohl der Umstand, dass die Wissenschaft bisher keine Feuerwolkensäulen kennt, die tagelang umherwandern. Offenbar liegt hier also ein symbolisches Bild vor, das sich (bestenfalls) auf ein reales Phänomen bezieht, das derzeit aber unbekannt ist. Das Bild der wandernden Feuerwolkensäule bringt einen zwar in die gefühlte Nähe eines »Dritten Weltkrieges«, ist vom logischen Standpunkt her aber ziemlich holprig.

Nun, jedenfalls finden wir bei Hildegard von Bingen eine göttliche Intervention während eines großen europäischen Krieges auf die gleiche Weise, wie man sie Jahrhunderte später in anderen Prophezeiungen wiederfindet. Die Seherin weiter:

> *Die einen* [Feinde] *werden sie* [die christlichen Sieger] *dem Tod ausliefern,* ***die anderen aus ihrem Gebiet vertreiben.*** *Daher wird dann eine sehr große Schar Heiden sich den Christen im wahren Glauben anschließen, und sie werden sagen:* ***Der Gott der Christen,*** *der* ***solche Zeichen*** *an ihnen getan hat, ist der wahre Gott.* [41]

Daran, dass ein Teil der Feinde lediglich vertrieben und dann offenbar in Ruhe gelassen wird, erkennt man, dass es sich hierbei nicht um den wirklich letzten aller Kriege handeln kann.

Etwas problematisch wird es dann allerdings mit den angreifenden »Heiden«, denn Russland ist heutzutage keinesfalls un-christlich. In Zeiten des zurückliegenden Kalten Krieges ließen sich die Heiden noch problemlos als sowjetische Kommunisten und Atheisten deuten. In Zeiten Wladimir Putins aber, der sich als Unterstützer der russisch-orthodoxen Kirche inszeniert und wenigstens nach außen hin auch für traditionelle christliche Werte eintritt, passt der Begriff *Heide* nicht mehr.

Andererseits beschreibt Hildegard von Bingen die Situation aus ihrer Perspektive um 1170. Das geschah 70 Jahre vor Beginn der Mongolenherrschaft (Heiden) über Russland, und 380 Jahre bevor es in Russland den ersten Zaren gab.

Es fragt sich also, wie viel Undeutlichkeit und Verzerrung man bei einem über 800 Jahre alten Text noch tolerieren kann und sollte.

Die Zeichen des Christengottes

Was die »Zeichen« betrifft, die Gott »am christlichen Volk getan hat« – eine etwas umständliche Formulierung –, so sind damit keine Zeichen gemeint, mit denen Gott seine Christen gekennzeichnet hat. Gott hat seine Christen nicht irgendwie markiert, sondern mit den oder dem Zeichen dürfte ein spektakulärer Schlag gegen die Feinde der Christen gemeint sein, ein Zeichen, das von Gott *gesetzt* wird.

Spätere seherische Quellen liefern Hinweise auf zwei konkrete Ereignisse, die in der Endphase des Krieges unmittelbar auf das Kriegsgebiet in Europa einwirken: zum einen ein kleinerer Impakt während des Krieges noch vor der Endschlacht in Nordrhein-Westfalen und vor der 3-tägigen Finsternis, zum anderen der sonnenähnliche Himmelskörper und die Finsternis auf dem Höhepunkt der Endschlacht in Nordrhein-Westfalen.

Darüber hinaus leuchtet ein, dass die »Zeichen« Gottes nicht irgendein flüchtiger, subtiler Firlefanz sein können. Denn die »Heiden« ihrerseits haben natürlich ihre eigenen Götter, verfügen über ihr eigenes traditionelles Glaubenssystem. Und wenigstens bis zu diesem Zeitpunkt hatten die Heidengötter so viel Überzeugungskraft, dass der Christengott sie nicht beeindrucken konnte.

Folglich muss der Christengott mit dem »Zeichen« seine Überlegenheit über die Heidengötter beweisen (somit kann es sich dabei nicht um Atomexplosionen handeln, da auch die »Heiden« über Atomwaffen verfügen). Kurz: Es wäre die ganz große Show angesagt mit bisher nie gesehenen Spezialeffekten. Damit sind wir wieder bei Dingen, die am Himmel und im erdnahen Weltraum vor sich gehen.

In ihrem *Liber Divinorum Operum* fährt Hildegard von Bingen fort:

> *Aber auch die Sieger [...] werden Gott loben und sagen: Lasst uns unseren Gott loben, denn Er hat sich wahrhaft in uns verherrlicht, da wir in Seinem Namen Sieger sind. Daher ist auch unsere Stärke Sein Lob. Denn durch Ihn haben wir Seine und unsere Feinde überwunden, indem wir treu an Ihn glaubten. Und wieder* [nach dem Niedergang der Religion vor dem »Dritten Weltkrieg« und der Finsternis, Anm. d. Autors] *werden sie sagen: Wir wollen auch auf die Herrenworte im Evangelium achten: »Das Volk der Heiden wird sich gegen das Volk der Christen erheben« [...], wie es bei uns geschehen ist.*
>
> *Deshalb wollen wir die benachbarten Städte und zerstörten Höfe wieder aufbauen, und* ***wir wollen sie stärker und wehrhafter machen, als sie früher waren,*** *damit wir nicht noch einmal durch solche Übel zermalmt werden [...].* ***Und das werden sie mit all ihren Kräften und all ihren Mitteln tapfer und großzügig ausführen.***[42]

Der letzte Absatz lässt sich so deuten: Die Europäer würden nach der 3-tägigen Finsternis ein europaweites Militärbündnis schmieden und Europa ein neues Niveau politischer Einheit erreichen.

Für die Schlagkraft dieses Militärbündnisses wäre es dann absolut unerlässlich, die durch Krieg und Katastrophen lahmgelegte Industrie wiederaufzubauen. »Mit all ihren Kräften und all ihren Mitteln tapfer und großzügig« würde bedeuten, dass der Wunsch nach zukünftiger militärischer Wehrhaftigkeit eine Haupttriebfeder für einen technologischen Wiederaufstieg nach Krieg und Finsternis ist. Das bedeutet aber nicht, dass diese Waffen auch umgehend eingesetzt werden (siehe unten).

Darüber hinaus klingt der Text Hildegards so, als hätten sich die Christen vor dem Überfall der Heiden allzu sicher gefühlt, und als hätten sie ihre militärische Verteidigung sträflich vernachlässigt. Damit hätten wir einen Bezug zur absurden aktuellen Entwicklung, in der Russland zwar zunehmend als Bedrohung dargestellt wird, Europa im Ernstfall aber nicht fähig wäre, sich militärisch gegen Russland zu verteidigen.

Über die Blütezeit zwischen 3-tägiger Finsternis und Antichrist-Zeit heißt es dann noch bei Hildegard von Bingen:

> *Aber die Erde wird reichliche Früchte tragen* [wärmeres Klima infolge des Polsprungs?, siehe unten], *erwärmt vom wohltätigen Sonnenstrahl und befeuchtet von gelinden Regenschauern. Keine Kriege werden dann geführt, das Eisen wird nicht anders als zu Ackergeräten und zum notwenigen Gebrauche der Menschen dienen. Das Böse wird zwar versuchen, sein Haupt zu erheben, aber gleich unterdrückt wird es wieder unterliegen.*[43]

Interessant ist auch noch diese Aussage über die Friedensepoche:

> *Die Gerechtigkeit aber wird inzwischen wieder aufrecht dastehen, sodass die Menschen sich in Zucht zu ihr hinwenden und sie beachten werden [...] In eben jenen Tagen wird es auch viele Weissagungen und viele Weise geben, sodass diesen die Geheimnisse der Propheten und der anderen Schriften vollends klar sind und ihre Töchter und Söhne prophezeien, wie es vor vieler Zeit vorausgesagt ist (Joel 2,28). Und dies wird in solcher reinen Wahrheit geschehen, dass die Luftgeister keine Täuschung mehr verüben können, und jene werden in demselben Geist prophezeien, in dem die Propheten einstens die Geheimnisse Gottes verkündigten.*
>
> *Inzwischen aber werden so viele Irrlehren, Schändlichkeiten und andere Übel aufsprudeln, die zugleich das Nahen des Antichrists künden, dass die Menschen dieser Tage sagen, so große Verbrechen und so große Schlechtigkeiten seien früher noch nicht da gewesen ...*[44]

Dem Kapitel »Eine neue Blütezeit der Christen durch die Gnade Gottes«, aus dem (bis auf das vorletzte) alle obigen Zitate stammen, folgen Kapitel mit den Namen:

»Der Zerfall des Reiches und der apostolischen Macht«

»Eine **weitere Phase der inneren Erneuerung** [obigen Reiches], aber auch Irrlehren«

Das neue europäische Friedensreich erleidet, so Hildegard von Bingen, zwar nach gewisser Zeit eine Krise, überwindet diese aber noch einmal. Dann jedoch folgt der endgültige Niedergang in den Kapiteln

»Der Abfall des Glaubens im Zeitalter des Schweines«

»Empfängnis und Geburt des Antichristen und ihre Auswirkung«

Die danach folgenden neun Kapitel befassen sich alle mit dem Antichristen, beziehungsweise zuletzt mit dem Sieg von Jesus Christus über diesen Antichristen. Damit ist das Buch *Liber Divinorum Operum* zu Ende. Das heißt, bei Hildegard von Bingen findet sich dasselbe Grundmuster wie bei Hepidannus von St. Gallen: Einem großen europäischen Krieg folgt eine Phase des Friedens. Und irgendwann nach einer erneuten Phase des Niedergangs kommt dann das »endgültige Ende« im Rahmen der Antichrist-Zeit.

Das Prinzip Antichrist

Da nicht nur in den Visionen Hildegard von Bingens die Figur des Antichristen auftaucht, sondern auch in anderen christlichen Prophezeiungen – und nicht nur in diesen, sondern auch in islamischen Quellen, dort heißt der Antichrist Dajjal (der Täuscher, Betrüger, Schwindler) –, möchte ich kurz etwas genauer auf die Figur des Antichristen (auch *Wider*christ) eingehen.

Ganz allgemein gesagt wäre der Antichrist Ausdruck einer weltweiten geistig-spirituellen Fehlentwicklung der ganzen Menschheit am Ende unserer Zeit, also der Endzeit unmittelbar vor dem Beginn des Tausendjährigen Friedensreiches (Offenbarung 20,1–7).

Diese geistige Fehlentwicklung der Menschheit lässt sich in etwa so skizzieren: In der Endphase der Endzeit gibt der größte Teil der Menschheit es endgültig und ein für alle Mal auf, nach der Wahrheit zu suchen. Man gewöhnt sich an Unwissenheit, Irrtum und Lüge. Und natürlich will niemand seine eigene Ignoranz sehen – was völlig normal ist für einen Ignoranten.

Diese Situation von Unwissenheit, Irrtum und Lüge bedeutet aber auch, dass sich die Menschheit in einem permanent labilen Energiezustand befindet. Wer nicht merkt, wie er dumm gehalten wird, bemerkt natürlich auch nicht, wenn er energetisch betrachtet über den Tisch gezogen wird. Der Dumme begreift nicht, *wozu* er dumm gehalten wird.

Andererseits – und hier kommt der Antichrist ins Spiel – bereitet die kollektive Wahrheitsverweigerung auch den Humus für eine ebenso wahrheitsferne Ideologie vor, die aber ausgerechnet im Gewand der letzten Wahrheit daherkommt.

Je besser der massenpsychologische Boden vorbereitet ist, desto wahrscheinlicher wird der Auftritt eines großen Verführers. Das wissen wir spätestens seit Josef Stalin und Adolf Hitler. Und haben diese »Superhelden« dann ihr Reich errichtet, folgt der permanente Kampf gegen alle möglichen Feinde. Im Falle des Antichristen sind das natürlich die Christen. Ist es aber kein Kampf nur gegen das Christentum, sondern gegen die ganze traditionelle Religion (zum Beispiel auch den Islam), dann ist es in Wahrheit ein Kampf gegen die Spiritualität des Menschen an sich. »Antichrist« wäre demnach nur die christlich-europäische Bezeichnung für eine globale spirituelle Bedrohung.

Ist der Antichrist eine konkrete Person?

Ist der Antichrist nur als Symbol für eine bestimmte Geisteshaltung der Menschen gemeint, oder handelt es sich um eine konkrete Person aus Fleisch und Blut?

Dazu lässt sich zunächst anmerken: Der Antichrist steht, wie schon sein Name sagt, für eine neue religionsähnliche Ideologie, die den traditionellen christlichen Wertekanon abschaffen will.

Neue Ideologien und neue Religionen gehen in der Regel immer einher mit dem Auftauchen eines herausragenden charismatischen Führers: Buddha, Jesus Christus, Mohammed, Napoleon, Hitler, Stalin, Mao usw. Um die Energie und Aufmerksamkeit der Bevölkerung effektiv in Richtung einer neuen Idee zu konzentrieren, braucht es eine zentrale Identifikationsfigur, eine Führerpersönlichkeit, einen Propheten, und zwar *eine* solche Person, nicht zwei, drei oder mehr!

Auf einen solchen Führer kann und wird man nicht verzichten, wenn es darum geht, eine neue Weltreligion gegen die noch immer bestehenden Widerstände der alten Religionen durchzusetzen. Dass dieser Führer dann auch ein »Prophet« sein muss – jemand, der dem Volk den Weg in eine »bessere Zukunft« weist –, liegt auf der Hand. Ein Prophet ohne Zukunftsvision ist schließlich wie ein Bäcker ohne Mehl oder wie ein Fischer ohne Gewässer.

Die Weltgeschichte jedenfalls zeigt, dass entsprechend geeignete Talente und charismatische Persönlichkeiten gerne punktgenau zur »rechten« Zeit auftauchen, wenn es weltpolitisch turbulent wird (siehe Napoleon Bonaparte, Adolf Hitler, Josef Stalin, Mao Tse-tung und andere).

Zu bedenken ist weiter, dass Menschen in religiösen oder pseudo-religiösen Systemen geradezu nach einer Führungspersönlichkeit gieren, die den Anhängern und Gläubigen durch ihre vermeintliche »Göttlichkeit« eine Teilhabe an dieser »Göttlichkeit« suggeriert. Die Leute wollen einen Helden. Sie wollen einen Propheten, dem sie zujubeln können, denn es fühlt sich soooo gut an, Teil einer jubelnden Masse zu sein. Erst die strahlende Identifikationsfigur bringt die ganze Sache zum Leuchten, sorgt für die Ekstase. Massenpsychologisch verkörpert der große Führer, der große Prophet oder, banaler ausgedrückt, der Front-Mann des neuen anti-christlichen Glaubenssystems mehrere Grundelemente: Vereinfachung, Fokussierung, Identifikationsfigur.

Anders gesagt: Wer eine neue Ideologie oder eine neue Religion »am Markt« etablieren will, darf sich nicht selbst sabotieren, indem er die Aufmerksamkeit der Masse durch ein mehrköpfiges Führungsteam zerstreut und verwirrt.

Ansonsten besteht die massenpsychologische Notwendigkeit der Person des Antichristen darin, dass man den Glauben der Masse letztlich nur anregen und steigern kann, wenn man in das Zentrum der allgemeinen Aufmerksamkeit eine Person rückt, die diesen Glauben ausstrahlt. Die Massen brauchen ein leibhaftiges Beispiel, jemanden, der die Kraft dieses Glaubens beweist, vorführt und spürbar macht.

Bedenkt man dann weiter, dass die Ideologie des Antichristen den Prophezeiungen nach offenbar global wäre und dass der Antichrist darüber hinaus noch politische und religiöse Macht in sich vereinigt, ist klar, dass in der Person des Weltherrschers Antichrist noch sehr viel mehr Macht zusammenfließen würde als bei Adolf Hitler und Josef Stalin.

So gesehen ist der Antichrist auch eine logische und zwangsläufige Folge der Globalisierung. Der Antichrist krönt eine global eng vernetzte Welt. Aber diese global vernetzte Welt des Antichristen führt eben nicht in geistige Freiheit, sondern in das Gegenteil: in ein globales Gefängnis des Geistes, das auf der Verlogenheit und Feigheit der Massen errichtet wird.

Das Problem ist aber nicht die Globalisierung per se, sondern ihr Missbrauch. Das wiederum bedeutet, dass auf die Antichrist-Zeit eine andere, bessere Form der Globalisierung folgen könnte. Genau das wird im Prinzip auch mit der Prophezeiung des Tausendjährigen Friedensreiches vorausgesagt.

Zum Zeitpunkt des Auftauchens des Antichristen heißt es bei Hildegard von Bingen:

> *Doch der wahnwitzige Menschenmörder, der Sohn des Verderbens, wird* ***in kürzester Zeit*** *kommen, wenn der Tag gewichen und die Sonne untergegangen ist, das heißt, wenn die letzte Zeit versinkt und die Welt ihren Halt verliert.*[45]

»Tag gewichen« und »Sonne untergegangen« klingen nach 3-tägiger Finsternis, umso mehr, wenn in dem Zusammenhang von einer Welt die Rede ist, die ihren »Halt verliert« (Polsprung?). Das »in kürzester Zeit« klingt zwar so, als käme der Antichrist gleich nach der Finsternis, aber die Seherin selbst hatte sich ja zuvor deutlich genug zur Friedenszeit geäußert.

Gibt es eine metaphysische Notwendigkeit für den Antichristen?

Nach meinem Verständnis kennzeichnet das Auftauchen des Antichristen einen geistigen Wendepunkt in der Menschheitsentwicklung, an dem sich der Mensch entscheiden muss zwischen Glauben und Wissen beziehungsweise zwischen Glauben und Wahrheit. Damit meine ich wohlgemerkt nicht, dass Glauben per se ein Irrweg ist. Keinesfalls. Glaube wird immer dort ein Thema sein, wo es um das Unsichtbare und Unbekannte geht.

Was jedoch irgendwann ein Ende finden könnte, ist, dass man dort glaubt und sich mit Glauben begnügt, wo man *wissen* könnte und sollte.

Glaube ist gut und unersetzlich dort, wo man nach objektiven Kriterien nicht wissen kann oder wo sich dieses (innere) Wissen nicht kommunizieren lässt – beispielsweise bei der Zukunft, bei der Existenz Gottes und der unsterblichen ewigen Seele.

Wer es aber aus Faulheit oder Nachlässigkeit vorzieht, »einfach zu glauben«, wo er wissen könnte, landet früher oder später in den Fängen von Betrügern. Glaube ist gut und notwendig. Aber wenn Glaube zur faulen Ausrede für Nichtwissenwollen wird, kippt Glaube ins Destruktive.

Insofern trägt die katholische Kirche eine maßgebliche Mitschuld am Kommen des Antichristen, weil es ihr in rund 2000 Jahren nicht gelungen ist, aus Gläubigen Wahrheitssucher zu machen. Inwieweit dies aber angesichts des geistigen Zustandes der Menschheit überhaupt möglich gewesen ist, kann ich nicht beurteilen. Von daher kann und will ich nicht über die katholische Kirche urteilen.

Das Problem, das die christlichen Kirchen mit ihren verirrten Schäfchen haben – mit den Leichtgläubigen und Irrgläubigen –, haben darüber hinaus natürlich auch die Muslime, Buddhisten usw. Das eigentliche Problem ist der seelisch-geistige Zustand der Menschheit und nicht diese oder jene organisierte Religion, die momentan eine Krise durchmacht.

Zur Person des Antichristen

Zur Frage, ob der Antichrist eine leibhaftige Person ist oder nicht, hier einige Textstellen aus Hildegard von Bingens Buch:

> *In jener Zeit wird eine unreine Frau einen unreinen Sohn empfangen […]. Er wird an abgelegenen, wechselnden Orten aufgezogen werden, damit er nicht von den Menschen erkannt wird. In alle teuflischen Künste wird er eingeführt werden und bis zum vollen Lebensalter verborgen bleiben. […] Vom Anfang seines Entstehens an werden viele Streitigkeiten und viele Widerstände gegen die richtige Ordnung* [gemeint ist hier das Christentum, Anm. d. Autors] *ausbrechen. […] Es wird so viele Irrlehren geben, dass auch die Irrlehrer offen und bedenkenlos ihre Irrtümer predigen […]. Im katholischen Glauben der Christen werden so große Zweifel und solche Verunsicherung herrschen, dass die Menschen zweifeln, wen sie als Gott anrufen sollen.*
>
> *Er ist die schlimmste Bestie.* ***Die Menschen, die ihn nicht anerkennen,*** *tötet er. Könige, Herzöge, Fürsten und Reiche wird er sich verbinden, die Demut unterdrücken, den Stolz erheben und sich den Erdkreis mit Teufelslist unterwerfen.*[46]

Das nächste Zitat beschreibt, wie die Zeit des Antichristen von kosmischen Phänomenen und Katastrophen begleitet wird:

> *Zahlreiche Zeichen an Sonne, Mond und Sternen, im Wasser und an den übrigen Elementen und Geschöpfen werden erscheinen [...], sodass sie wie in einem Gemälde in ihren grauenhaften Vorzeichen das kommende Unheil im Voraus verkünden. Daher wird in jener Zeit so große Traurigkeit die Menschen befallen, dass sie das Sterben für nichts erachten. [...] Diese Drangsale werden solange fortdauern, bis der Sohn des Verderbens seinen Mund zur Gegenlehre öffnet. Wenn er seine falschen, irreführenden Worte vorgebracht hat, werden Himmel und Erde erzittern.*[47]

Im Zusammenhang mit dem Erscheinen des Antichristen werden also ähnliche Phänomene vorausgesagt wie zur Zeit der 3-tägigen Finsternis. Da kann es leicht zu Verwechslungen kommen. Aber es gibt auch klare Unterscheidungskriterien:

- Auf die Antichrist-Zeit folgt keine zeitlich begrenzte Friedensepoche, sondern das Tausendjährige Friedensreich.
- Im Szenario »Dritter Weltkrieg« taucht kein charismatischer Religionsführer auf.

Hildegard von Bingen wieder zur Antichrist-Zeit:

> *Denn erst wenn die Zeit gekommen ist, in der die Erhabenheit der Kirche zerstört und der wahre Glaube zertreten wird* [...], wird [...] er sich zeigen.*[48]
>
> *Auch der Verführer des Menschengeschlechtes* [der Teufel] *wird ihn* [den Antichristen] *so entflammen, wie er selbst am Anfang der Welt zu rasen begann, als er Gott ähnlich sein wollte.*[49]

Diese »Rebellion gegen Gott« ist im Endeffekt nie eine Rebellion gegen Gott, sondern »nur« eine Rebellion gegen etablierte und altbekannte Gottesvorstellungen und damit verknüpfte Machtstrukturen. Es geht nicht um Gott.

* Vergleiche dazu Hildegard von Bingens Aussage zur geistigen Situation nach Krieg und Finsternis beziehungsweise zu Beginn der Friedensphase: *»Und **wieder** werden sie sagen: Wir wollen auch auf die Herrenworte im Evangelium achten.«*

Worum es geht, ist der Missbrauch bestimmter Gottesvorstellungen. Dazu gehört natürlich auch die Vorstellung, dass es keinen Gott gibt. Auch damit lassen sich die Menschen manipulieren. Die entscheidende Wahl ist nicht die zwischen Gott und Nicht-Gott, sondern zwischen Wahrheitssuche und Glauben, genauer gesagt dazwischen, selbst die Wahrheit zu suchen oder anderen zu glauben.

> *Er wird sich über alle Geschöpfe erheben,* ***indem er sich Gott nennt,*** *und befehlen,* ***dass er wie Gott verehrt wird.*** *[…] Und weiter wird er zu den Gläubigen sagen: […] »Seht also zu, dass ihr euch künftig nicht mehr durch eine unrechte Lehre* [Christentum] *verführen lasst, denn es liegt* ***bei mir,*** *was ihr tun könnt oder nicht. Euer Meister* [Jesus Christus] *hat euch nicht die richtigen Vorschriften gegeben. […] Denn der, der euch zuerst lehrte* [Jesus Christus], ***hat euch getäuscht*** *und euch in nichts geholfen. Ich aber gebe euch ein, dass* ***ihr euch selbst erkennt*** *und wisst, was ihr seid; denn ich habe euch geschaffen und bin ganz in allen.«*[50]

Die Worte »dass ihr euch selbst erkennt« lassen sich so deuten, dass der Antichrist die absolut berechtigte und sinnvolle Aufforderung zur Selbsterkenntnis missbraucht, da er sehr genau weiß, dass die Sache mit der Selbsterkenntnis für die meisten Menschen nichts weiter als ein Lippenbekenntnis war, ist und sein wird. Hätten die Menschen Selbsterkenntnis gewollt, hätten sie diese längst praktiziert. Die Weisen der Welt wissen seit ewigen Zeiten, dass der Antrieb zur geistigen Suche in jedem selbst reifen muss. Da helfen keine Appelle und auch keine neue Ideologie, die gerade groß im Kommen ist.

> *Viele* [der Antichrist-Anhänger] *lassen sich dadurch täuschen und sagen: »Wie unglücklich waren doch die Menschen, die sich in den vergangenen Zeiten* ***mit harten Peinigungen*** *das Leben schwer machten, weil sie, ach! die Güte unseres Gottes nicht kannten.«*[51]

Das klingt doch ganz so, als würde der Antichrist die Anforderungen für seine »spirituelle Schule« so weit runterschrauben, bis auch der letzte Depp und Faulpelz aufgenommen werden kann. Von »Peinigungen« kann heutzutage keine Rede mehr sein. Aber auch die ganz normale spirituelle Arbeit, sprich die tägliche Übung scheint dann in jener Zeit nicht mehr zumutbar zu sein. Mit solchen Tricks bekommt man dann natürlich die Masse der Menschen. Der Antichrist ist eben sehr gerissen.

Kurzum: Hildegard von Bingen beschreibt hier (und an anderen Stellen) den Antichristen so anschaulich, dass wir von einer Person aus Fleisch und Blut ausgehen können.

Darüber hinaus ist die Antichrist-Zeit im vorliegenden Buch nicht das eigentliche Thema, da die Antichrist-Zeit erst deutlich nach Mitte des 21. Jahrhunderts käme. Trotzdem war es wichtig, sich eingehender mit dieser Zeit zu befassen, um nachfolgend die Zusammenhänge besser zu verstehen.

1566 – Nostradamus, Frankreich

Der französische Arzt, Astrologe und Seher Nostradamus (1503–1566), eigentlich Michel de Nostredame, gilt im Westen als größter Hellseher aller Zeiten. Nach allem, was Nostradamus an Schriftlichem hinterlassen hat, muss er jahrelang ganze Serien von Visionen zur politischen Entwicklung Europas gehabt haben, und zwar den gesamten Zeitraum vom 16. Jahrhundert bis hin zum Jahr 3797 (!) betreffend.[52]

Bekanntermaßen hat der Seher aus Salon-de-Provence in Südfrankreich den Hauptteil seiner Prophezeiungen, in rund tausend Vierzeilern veröffentlicht, diese Prophezeiungen allerdings auch in vielfältiger Weise verschlüsselt, oder wie man heute sagt »codiert«. Seit Jahrhunderten wird nun versucht, den »Nostradamus-Code« zu knacken, bisher ohne durchschlagenden Erfolg.

Abbildung 11: Nostradamus (1503–1566) (Portrait von Aimé de Lemud, Paris, 1840)

Bei einigen der rund tausend Vierzeiler sind sich die Nostradamus-Interpreten allerdings sicher, dass Nostradamus damit Ereignisse meint, die tatsächlich eingetreten sind.

Nostradamus' bekanntester »Treffer« bezieht sich auf den tödlichen Turnierunfall des französischen Königs Heinrich II., dessen Zeitgenosse Nostradamus war. In einer schon vor dem Unfall publizierten Nostradamus-Voraussage (Vierzeiler I/35) heißt es (Übersetzung: B. Bouvier):

Le lyon ieune le vieux surmontera,
En champ bellique par singulier duelle,
Dans cage d'or les yeux luy crevera,
Deux classes une puls mourir mort cruelle.

Der junge Löwe wird den alten überwinden,
Auf dem Turnierplatz beim Einzelduell,
Durch den goldenen Käfig wird er ihm die Augen ausstechen,
Zwei Ränge einer, stirbt dann grausamen Tod.[53]

Am Tage des Turniers, dem 15. Juli 1559, geschah Folgendes: König Heinrich II. nahm an Reiterkämpfen teil, bei denen Reiter in voller Rüstung versuchten, ihren Gegner mit einer hölzernen Lanze aus dem Sattel zu stoßen. Die Lanze von Leutnant Graf Montgomery, Heinrichs Turniergegner, brach, und ein Splitter der Lanze drang durch das Helmvisier des Königs in ein Auge und dann tiefer ins Gehirn. Nach ein paar Tagen starb König Heinrich II. Veröffentlicht hatte Nostradamus den Vierzeiler I/35 4 Jahre vor dem Ereignis.

Diese und andere tatsächlichen oder vermeintlichen Treffer aus der Feder des Nostradamus haben einerseits den *Mythos Nostradamus* erschaffen, andererseits aber auch den Mythos, dass derjenige, der den Nostradamus-Code knackt, die Zukunft der Welt entschlüsseln kann.

In vielen Büchern über Nostradamus und seine Prophezeiungen geht es folglich oft gar nicht so sehr um das, was der Seher aus Salon tatsächlich vorausgesagt hat, sondern um die Deutungen der jeweiligen Autoren. Nostradamus wird mitunter überlagert von der Eitelkeit der Verfasser und den kommerziellen Ambitionen der dazugehörigen Verlage.

Dass Nostradamus seine Voraussagen hochgradig verschlüsselt hat, wird jedoch nachvollziehbar, wenn man bedenkt, dass der Seher immer wieder zukünftigen Größen der Politik wie Napoleon Bonaparte und Adolf Hitler den Untergang vorausgesagt hatte – oder so verstanden werden konnte, sei es von diesen Politikern selbst, von deren Anhängern oder auch von Gegnern. Es ist klar, dass Nostradamus sich mit zu eindeutigen Voraussagen mächtige Menschen zum Feind machen musste, selbst wenn diese Mächtigen erst Jahrhunderte nach seinem Tode auftauchten. Somit hat dieser Seher seine Prophezeiungen verschlüsselt, was im Übrigen auch andere Seher und Orakel getan haben. Man denke nur an die unverständlichen und vieldeutbaren Sprüche des antiken Orakels von Delphi (800 v. Chr. bis 400 n. Chr.).

Nostradamus allerdings hat seine Codierung auf ein bisher nicht gekanntes Niveau getrieben. Mit diesem Kunstgriff haben sich seine Prophezeiungen zwar für die Nachwelt erhalten, aber sie sind über weite Strecken eben auch ziemlich »unleserlich« geworden. Und so findet sich in Nostradamus' berühmten rund tausend Vierzeilern aus den zehn sogenannten *Centurien* (~Hundertschaften) nichts wirklich Verwertbares im Hinblick auf die 3-tägige Finsternis!

Neben den bekannten rund tausend Vierzeilern aus den zehn Centurien gibt es allerdings noch zwei Briefe von Nostradamus, die sehr viel weniger verschlüsselt sind. In einem der beiden Briefe, der sogenannten *»Vorrede an Heinrich II.«*, schreibt Nostradamus von der »größten Finsternis aller Zeiten«.

Sehen wir uns die betreffende Stelle in der Übersetzung des bekannten deutschen Nostradamus-Interpreten und Astrologen Kurt Allgeier an:[54]

Zuvor [vor Beginn der Antichrist-Zeit] *aber kommt es zu einer* ***Sonnenfinsternis.*** *Es* ***wird die dunkelste und finsterste seit der Erschaffung der Welt*** *bis zum Sterben und Leiden Jesu Christi und von da bis zum heutigen Tag.*[55]

Das »riecht« schon einmal ziemlich nach 3-tägiger Finsternis …

Für den Fall aber, dass spitzfindige Zeitgenossen glauben, Nostradamus habe eine gewöhnliche Sonnenfinsternis gemeint, die eben »nur etwas länger« dauert als normal, folgende Information: Macht man sich auf Wikipedia schlau, das bei naturwissenschaftlichen Themen ja als zitierbare Quelle gilt, so erfährt man: Die totale Verdunkelung der Sonne durch den Erdmond kann höchstens 7½ Minuten dauern. Zum Vergleich: Im 20. Jahrhundert gab es etwa 70 totale Sonnenfinsternisse, die längste davon dauerte 7 Minuten und 25 Sekunden, die kürzeste 40 Sekunden. Die wohl bekannteste Sonnenfinsternis im 20. Jahrhundert war die am 11. August 1999. Diese dauerte 2 Minuten und 23 Sekunden.[56]

Was glauben *Sie*, lieber Leser, liebe Leserin: Ob Nostradamus, bezogen auf die biblische Zeitrechnung (Erschaffung der Welt vor rund 4000 Jahren v. Chr.), die exakte Dauer sämtlicher Sonnenfinsternisse im Zeitraum von rund 5500 Jahren berechnet hat? Rund 4000 totale Sonnenfinsternisse? Ohne Taschenrechner und ohne Computer? … Nein. Das hat Nostradamus sicher nicht. Das wäre viel zu viel Arbeit gewesen.

Eine weitere astronomische Berechnungsgröße für eine totale Sonnenfinsternis ist deren »Größe«, was sich darauf bezieht, ob der Mond die Sonne zwar komplett, aber nur gerade so eben abdeckt (Wert 1) oder etwas mehr (Wert > 1). Im 20 Jahrhundert schwankten diese Werte zwischen 1,001 und 1,080. Auch die »Größe« einer Sonnenfinsternis kann man demnach im Zusammenhang mit Nostradamus »größter Sonnenfinsternis aller Zeiten« vergessen.

Daraus folgt: Nostradamus wird mit »dunkelste und finsterste Sonnenfinsternis« aller Zeiten keine normale, durch den Erdmond verursachte Sonnenfinsternis gemeint haben. Und wenn es nicht der Mond sein soll? Wenn es kein dunkler Festkörper ist? Was dann? Etwa eine kosmische Staubwolke?

In der Vorrede an Heinrich II. beschreibt Nostradamus aber noch weitere Vorgänge zur Zeit der großen Sonnenfinsternis:

> *Im Monat* ***Oktober*** *werden einige so große Verschiebungen eintreten, dass man glauben wird,* ***die Schwerkraft der Erde hätte ihre natürliche Bewegung*** *verloren und* ***die Erde wäre hinausgeschleudert in die ewige Finsternis.***[57]

Heißt es hier *Oktober*, so muss man wissen, dass Nostradamus sich (wahrscheinlich) auf den *alten julianischen* Kalender bezieht. Dieser wurde wegen seiner Ungenauigkeit 16 Jahre nach Nostradamus' Tod vom *gregorianischen Kalender* abgelöst. Papst Gregor XIII. ordnete seinerzeit an, dass im Jahre 1582 auf den 4. Oktober gleich der 15. Oktober folgte. Der Oktober 1582 wurde also um 10 Tage gekürzt. Zur Verdeutlichung folgende Tabelle:

julianischer Kalender																														
Oktober																														
1	2	3	4	5	6	7	8	9	10	11	12	13	14	15	16	17	18	19	20	21	22	23	24	25	26	27	28	29	30	31
1	2	3	4	15	16	17	18	19	20	21	22	23	24	25	26	27	28	29	30	31	1	2	3	4	5	6	7	8	9	10
Oktober																					November									
gregorianischer Kalender																														

Abbildung 12: Die Kalenderumstellung – julianischer/gregorianischer Kalender

In Nostradamus' *Oktober* nach julianischem Kalender könnte also schon ein bisschen November vom gregorianischen Kalender mit drinstecken (22.–31. Oktober rutschen in den November). Wie wir noch sehen werden, tauchte im Jahr

1921 in Deutschland eine Prophezeiung auf, nach deren Aussage die Finsternis eintritt, *wenn der Winter kommt.* Und das dürfte kaum aus der Vorrede an Heinrich II. »abgeschrieben« sein, denn Nostradamus' Bezug zur 3-tägigen Finsternis in der Vorrede an Heinrich II. ist auch heute noch ziemlich unbekannt.

Noch deutlicher in Richtung 3-tägige Finsternis weist Nostradamus' Anmerkung zu Problemen mit der Gravitation: »Dass man glauben wird, die **Schwerkraft** der Erde hätte **ihre natürliche Bewegung verloren** und die Erde wäre **hinausgeschleudert in die ewige Finsternis.**« Das erinnert stark an jene späteren Prophezeiungen, die im Zusammenhang mit der Finsternis auch einen geografischen Polsprung voraussagen. Nostradamus fährt fort:

> *Im Frühling werden diesem Ereignis* [das von »Oktober«] *vorhergehen – und später werden ihm nachfolgen – extreme Veränderungen, nämlich **Umgestaltung der Länder,** und zwar einmal durch **schwere Erdbeben,** zum anderen durch das **Überhandnehmen des neuen Babylons,** der miserablen Tochter, gestärkt und großgeworden durch die Gräuel des ersten Brandopfers (Holokaust). Sie wird sich nicht länger als 73 Jahre und 7 Monate halten können.*[58]

Ein Schlüssel zum Verständnis der weltpolitischen Situation zum Zeitpunkt der Finsternis, so wie Nostradamus sie beschreibt, findet sich im »neuen Babylon«, das sich als Russland deuten lässt. Denn: 73 Jahre und 7 Monate nach dem Sturm auf das Winterpalais in St. Petersburg, also dem Ausbruch der kommunistischen Revolution, entschied die Bevölkerung Leningrads per Volksabstimmung, dass Leningrad wieder St. Petersburg heißen soll. Das geschah am 9. Juni 1991. Ein halbes Jahr später wurde die UdSSR aufgelöst.

	Jahr	**Monat**	**Tag**
Sturm auf das Winterpalais	1917	11	7
Nostradamus addiert	73	7	
Zwischenschritt	1990	18	
Leningrad heißt wieder St. Petersburg	1991	6	9

Es sind der 7. November und der 9. Juni. Fast auf den Tag genau 73 Jahre und 7 Monate. Weiter passt, dass das »neue Babylon« durch die »Gräuel des ersten

Brandopfers (Holocaust*) gestärkt und groß geworden« ist. Das lässt sich auf den Ersten Weltkrieg beziehen, der in Russland die Kommunisten an die Macht gebracht hat, da der Zar durch die militärischen Niederlagen gegen das Deutsche Reich so ziemlich die letzten Sympathien im russischen Volk eingebüßt hatte.

Die 73 Jahre und 7 Monate mögen zwar so klingen, als würde das neue Babylon nach der Finsternis rund 74 Jahre existieren, doch im Hinblick auf die sonstige europäische Prophetie ist absolut eindeutig, dass dies nicht der Fall sein kann: Nach der Finsternis gäbe es weder in West- noch in Osteuropa einen Staat oder ein politisches System, das den Namen »Babylon« verdient hätte. Im Gegenteil: Ganz Europa soll nach dem »Dritten Weltkrieg« sehr, sehr christlich sein, was auch Nostradamus ein paar Zeilen weiter unten voraussagt!

Kann man also angesichts dieser Zeilen aus Nostradamus' Brief an Heinrich II. folgern, auch der bekannteste aller Seher habe die *3-tägige Finsternis* vorausgesagt?

Ich denke schon. Zwar fehlt auch bei dem Nostradamus-Text ein Hinweis auf die 3 Tage und den Giftstaub, doch alleine schon die Kombination von »größter Sonnenfinsternis aller Zeiten« und zeitgleich massiver Störung der Erdgravitation sind starke Indizien für die 3-tägige Finsternis. Wenn Nostradamus für diese Zeit auch noch eine Umgestaltung der Länder im Zusammenhang mit dem »Überhandnehmen des neuen Babylons« voraussagt – was nur einen größeren Krieg meinen kann, denn wenn ein Staat »überhandnimmt«, zieht er in der Regel seine Nachbarstaaten in »Mitleidenschaft« –, sieht es insgesamt sehr danach aus, dass auch Nostradamus die 3-tägige Finsternis voraussagt.

Nostradamus' Bezug zur 3-tägigen Finsternis wird aber *noch* deutlicher:

* Tatsächlich findet sich in einem Nostradamus-Original von Benoist Rigaud von 1568 das Wort »holocauste«.

Die verwirrenden Grenzen und die treibende Kraft der Kriegspartei

Die Friedensepoche, die auf die größte Finsternis aller Zeiten folgen soll, beschreibt Nostradamus in dem Brief an seinen König folgendermaßen:

> *Dann wird aus dem Stamm jener, die so lange unfruchtbar war, der Mann hervorsprießen, geboren am 50. Breitengrad, der die ganze christliche Kirche erneuern wird.* ***Es wird zum großen Frieden kommen, zur Einigkeit und Eintracht der*** [europäischen] ***Kinder, die durch Grenzen verwirrt und getrennt gewesen sind****. Es wird jener Friede sein, in dem der Anstifter und* ***die treibende Kraft der Kriegspartei*** *und der religiösen Spaltung im tiefsten Abgrund angekettet bleibt.*[59]

Gehen wir den Text Punkt für Punkt durch: Mit dem *unfruchtbaren Stamm* meint Nostradamus wahrscheinlich ein europäisches Adelsgeschlecht, das im Zuge der Französischen Revolution oder im Zusammenhang mit dem Ersten Weltkrieg entmachtet worden ist und aus dem jener »Mann« kommt, der »die ganze christliche Kirche erneuern« soll. Der 50. Breitengrad verläuft in Europa von Nordfrankreich über Deutschland, die Tschechische Republik und Polen bis nach Russland.

Dass es in Europa nach Krieg und Finsternis eine christlich-monarchistische Renaissance gibt und eine Art moralischer Erneuerer auftaucht, sagen viele europäische Seher voraus. Nostradamus' Mann vom 50. Breitengrad passt damit sehr gut in das bestehende Gesamtbild.

Besonders interessant und aufschlussreich ist dann weiter, wie Nostradamus die politische Situation in Europa unmittelbar vor Ausbruch des »Dritten Weltkrieges« beschreibt. Nostradamus spricht im Hinblick auf Europa von »Kinder[n], die durch Grenzen verwirrt und getrennt gewesen sind«.

Diese verwirrenden Grenzen sind natürlich nicht einfach so vom Himmel gefallen. Vielmehr wurden sie von bestimmten Politikern mit bestimmten Absichten gezogen – und das vermutlich nicht schon im 16. oder im 18. Jahrhundert, sondern erst in letzter Zeit, sagen wir irgendwann nach dem Zweiten Weltkrieg.

Das eigentliche Problem sind aber nicht die Grenzen, sondern diejenigen, die diese Grenzen gezogen haben, und deren Absicht. Und diese Absicht dürfte, wenn man es sich recht überlegt, darin bestanden haben, genau jenen »großen Frieden« und jene »Einigkeit und Eintracht« zu verhindern, die Nostradamus in Europa für die Zeit nach der Finsternis und dem Überhandnehmen des neuen Babylons voraussagt.

Zur *weiteren* Klärung müssen wir dann wissen, welche größeren Grenz-*Ziehungs*projekte oder Grenz-*Änderungs*projekte es in letzter Zeit in Europa gegeben hat. Dazu finden sich im Wesentlichen nur zwei Projekte: zum einen die teilweise Aufhebung der Grenzen im Rahmen des europäischen Einigungsprozesses – Stichwort Schengener Abkommen, und zum anderen die politische Grenzziehung im Rahmen der NATO-Osterweiterung ab 1999. Beide Grenz-Ziehungsprojekte umfassen jeweils eine ganze Gruppe von Staaten.

Das EU-Grenz-Beseitigungsprojekt hat 2015 infolge der Flüchtlingskrise eine große Schlappe erlitten. Die NATO-Ostgrenze hingegen hat infolge der im Jahre 2014 eintretenden Ukraine-Krise und der »Annexion« der Krim durch Russland enorm an Bedeutung gewonnen. Die NATO-Russland-Grenze ist seit 2014 nicht nur eine politische Grenze, sondern entwickelt sich mehr und mehr zu einer echten militärischen Grenzlinie. Sowohl NATO als auch Russland sind inzwischen dabei, Stück für Stück mehr und mehr Truppen und Kriegswaffen an ihre gemeinsame Grenze zu verlegen.

Faktisch gibt es in Europa wieder eine echte politische Spaltung. Neue Feindbilder werden aufgebaut, kriegerische Zwischentöne sind nicht zu überhören. Der Kreml fühlt sich durch die NATO bedrängt und bedroht. Und so sehen das auch der Großteil der politischen Elite und offenbar auch ein Großteil des russischen Volkes. Dabei kann uns Mitteleuropäern letztlich egal sein, ob diese Sichtweise das Ergebnis einer Kreml-Propaganda ist oder nicht. Was am Ende zählt, ist, ob »der Russe« irgendwann zu den Waffen greift.

Fraglich ist gegenwärtig (Januar 2017) allerdings die zukünftige Russlandpolitik des neuen US-Präsidenten Donald Trump. Es darf jedoch bezweifelt werden, dass dieser zu einer Außenpolitik fähig ist, die den Interessen des industriell-militärischen Komplexes der USA grundsätzlich widerspricht.

Nostradamus' verwirrende Grenzen lassen sich also so deuten, dass die USA die Völker Europas, was deren ureigenste strategische Interessen betrifft, verwirren: Die USA sorgen dafür, dass die Europäer nicht mehr wissen, was sie wollen, nicht mehr wissen, was ihnen guttut und was ihnen schadet.

Nostradamus lässt sich so verstehen, dass in die europäische Völkerfamilie von außen eine feindlich gesinnte Kraft eindringt, die mit versteckten Methoden Zwietracht sät und die europäische Familie spaltet. Das europäische »Kind« Russland wird zum Feind erklärt, und seine westeuropäischen Geschwister misstrauen diesem neuen Feindes-Kind zutiefst. Die Verwirrung, in die die europäischen Kinder getrieben werden, besteht in einer geopolitisch völlig verfahrenen Weltlage, in der Russland nur noch die Wahl bleibt, sich entweder

- mittelfristig vom Westen wirtschaftlich, finanziell und teilweise auch technologisch strangulieren zu lassen oder
- einen Umsturz à la Ukraine im eigenen Lande zu riskieren oder aber
- frühzeitig einen militärischen »Befreiungsschlag« gegen die NATO-Einkreisung mit vollem Risiko (atomare Zerstörung) zu wagen, solange Russland militärisch noch stark genug ist.

Wichtig ist, dass Nostradamus den Begriff *Kinder* im familiären Sinn gebraucht, also in dem Sinne, dass die Kinder denselben Vater (~ den christlichen Gott) haben und nicht nur irgendeine zusammengewürfelte Kindertagesstättengruppe sind. Deshalb spricht der Seher im selben Atemzug auch von der späteren »Einigkeit und Eintracht der Kinder« nach der Überwindung der verwirrenden Grenzen.

Folgt man der These, dass die USA einen Krieg mit Russland provozieren – eine Gefahr, die inzwischen ziemlich viele Intellektuelle in Deutschland und Mitteleuropa sehen –, wäre es auch denkbar, dass mit dem »neuen Babylon« die USA gemeint sind, zumal auch die USA durch den Ersten und Zweiten Weltkrieg groß geworden sind. Nur auf welches Datum sollte man im Falle der USA die 73 Jahre und 7 Monate addieren? …

Manche Leser werden auch das EU-Projekt insgesamt als großes Verwirrungsobjekt betrachten. Und das wohl nicht ohne Grund, denn der frühere britische Premierminister Winston Churchill bekundete am 14. Mai 1947 in einer Rede in London:

> *Wir geben uns natürlich nicht der Täuschung hin, dass die Vereinigten Staaten von Europa die letzte und vollständige Lösung aller Probleme der internationalen Beziehungen darstellen. Die Schaffung einer autoritativen, allmächtigen Weltordnung ist das Endziel, das wir anzustreben haben. Wenn nicht eine wirksame Welt-Superregierung errichtet […] werden kann, bleiben die Aussichten auf Frieden und menschlichen Fortschritt düster und zweifelhaft. […]* ***Ohne ein Vereinigtes Europa keine sichere Aussicht auf eine Weltregierung.*** *Die Vereinigung Europas ist der unverzichtbare erste Schritt zur Verwirklichung dieses Zieles.*[60]

Der europäische Einigungsprozess wäre demnach das Testfeld für den Aufbau einer Weltregierung. Damit hätte man auch eine relativ plausible Erklärung dafür, warum die EU-Eliten in der aktuellen Euro-Krise so hart gegen notleidende europäische Völker wie die Griechen und gegen die jetzt wieder aufkeimende Nationalstaats-Befürwortung vorgehen. Es geht um sehr viel mehr als nur um Europa.

Der letzte Satz des Nostradamus-Zitates »Es wird jener Friede sein, in dem der Anstifter und die treibende Kraft der Kriegspartei und der religiösen Spaltung im tiefsten Abgrund angekettet bleibt«, unterstreicht dann noch einmal, dass die Herrschaft des Mannes vom 50. Breitengrad kein farbloses kurzes Friedensintermezzo sein kann, sondern Begriffe wie Friedensreich und Friedensepoche treffender sind.

Darüber hinaus deutet »treibende Kraft der Kriegspartei« leider schon wieder auf die USA, denn Russland steht der NATO derzeit ziemlich alleine gegenüber. Im Westen hat Russland zwar Weißrussland und Serbien als Verbündete, aber die beiden sind so schwach, dass sie für Russland praktisch keinerlei Hilfe darstellen. Im Osten hat Russland zwar China als Verbündeten, aber China ist zu weit weg von Europa, als dass es Russland dort unmittelbar helfen könnte.

Russland steht in Europa also ziemlich alleine da. Seine Situation charakterisiert sich keinesfalls dadurch, dass es Teil einer »Partei« ist. Und weil da keine »Partei« ist, kann Russland auch nicht die treibende Kraft einer solchen »Kriegspartei« sein.

Das bedeutet aber nicht zwingend, dass Nostradamus mit »treibende Kraft der Kriegspartei« die US-Regierung gemeint hat. Vielleicht meint er auch irgendwelche Finanzmächte, in deren Abhängigkeit sich das politische Establishment der USA befindet. Oder aber – auch das wäre denkbar – Nostradamus meint die City of London. »Im tiefsten Abgrund angekettet« könnte dann ein Hinweis darauf sein, dass die flacheren Teile Großbritanniens, so wie von Alois Irlmaier vorausgesagt, dauerhaft in den Fluten der Nordsee versinken. Vorausgesetzt, der bayerische Seher Alois Irlmaier wurde korrekt überliefert, müsste London nach Krieg und Polsprung etwa 200 Meter unter dem Meeresspiegel liegen. Dort, in 200 Metern Meerestiefe beginnt das sogenannte *Mesopelagial,* eine Meereszone, in die praktisch kein Sonnenlicht mehr vordringt und keine Photosynthese mehr möglich ist. Zwar wäre das noch nicht wirklich der tiefste Abgrund. Aber es wäre schon verdammt tief.

Abschließend zu Nostradamus ist der Vollständigkeit halber noch anzumerken, dass auch nach Nostradamus auf die vielgepriesene Friedenzeit irgendwann die Zeit des Antichristen folgt. Ebenfalls in der Vorrede an Heinrich II. heißt es:

> *Dann beginnt die große Herrschaft des Antichristen im Reich des Attila und Xerxes (Russland/Persien). In riesiger, unübersehbarer Zahl werden seine Anhänger heranstürmen. […] Man flieht vor den Gräueln des Antichristen. Er führt Krieg gegen den Königlichen, der zum großen Stellvertreter Jesu Christi wird* [wohl der Mann vom 50. Breitengrad, womit wir auch einen Hinweis auf die Dauer der Friedensepoche haben. Anm. d. Autors], *gegen seine Kirche* [die nach der 3 tägigen Finsternis erneuert wurde, Anm. d. Autors].[61]

Fazit: Nostradamus ist eindeutig eine Stütze der sonstigen Prophezeiungen zur 3-tägigen Finsternis. Zwar spricht er in der Vorrede an Heinrich II. nicht ausdrücklich von 3 Tagen und einer Staubwolke, aber seine Voraussage eines großen Krieges in Europa wenige Monate vor der größten Sonnenfinsternis aller Zeiten, eine Störung der Gravitation während der Finsternis und eine auf die Finsternis folgende Friedenszeit in Europa lassen kaum noch Zweifel zu.

1818 – Anna Maria Taigi, Italien

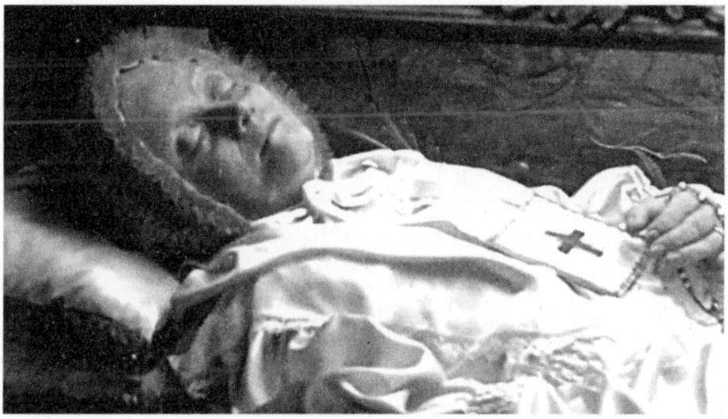

Abbildung 13: Der unverweste Leichnam Anna Maria Taigis in der Basilika San Crisogono in Rom

Wenn wir uns nun vom 16. Jahrhundert weiter Richtung Gegenwart vorarbeiten, kommt als nächste Quelle die Italienerin Anna Maria Taigi (1769–1837), eine »gewöhnliche« Familienmutter aus Rom, die übersinnliche Visionen hatte und wegen ihrer moralischen und spirituellen Qualitäten 1920 von der katholischen Kirche seliggesprochen wurde. Die Prüfung ihres Falles im Rahmen des Seligsprechungsverfahrens durch die katholische Kirche kann uns dann in erster Annäherung auch als Glaubwürdigkeitsindiz reichen.

Nicht zuletzt zeigt sich Anna Maria Taigis übernatürliche Qualität auch darin, dass ihr Leichnam seit 1837 kaum verwest ist, wovon man sich in Rom in der Basilika San Crisogono überzeugen kann. Dort liegt ihr unverwester Leichnam in einem Glassarg (siehe Abbildung 13).

Anna Maria Taigi gilt als christliche Mystikerin, auch sie hat die 3-tägige Finsternis vorausgesehen, und zwar in absolut eindeutiger Form.

Wie in der katholischen Kirche üblich, wurden im Rahmen von Anna Maria Taigis Seligsprechungsverfahren umfangreiche Untersuchungen angestellt und eine Reihe von Zeugen angehört. Der Priester Natali, dem die Seherin ihre Visionen mitgeteilt hat, und der damit zum Schlüsselzeugen im Seligsprechungsverfahren wurde, machte unter Eid folgende Aussage:

Die Selige sagte mir, die Bosheit werde triumphieren. Viele, die man für gut gehalten, würden ihre Maske ablegen. Gott wolle das Unkraut aufdecken, er wüsste auch dann, was er fortan damit zu machen habe. Die Verhältnisse würden sich so gestalten, dass der Mensch sie ***nicht mehr zu ordnen vermöchte.*** *Sein allmächtiger Arm aber würde alles wieder in Ordnung bringen.*[62]

Das liest sich fast so, als sei damit das Chaos in Europa und insbesondere in Italien unmittelbar vor dem Angriff der Russen gemeint. Kombiniert man dies mit »die Bosheit wird triumphieren. Viele, die man für gut gehalten, werden ihre Maske ablegen«, kann man daraus eine globalistisch denkende politische Elite in Europa herausdeuten, die die Basis ihrer Macht bedroht sieht und irgendwann ganz offen zu undemokratischen Mitteln greift.

Unmittelbar vor dem russischen Angriff soll mehreren Prophezeiungen nach in mehreren Staaten Europas ein Bürgerkrieg ausbrechen. Gottes »allmächtiger Arm«, der alles wieder in Ordnung bringt, korrespondiert dann wieder mit dem »Eingriff Gottes« .

Autor Albert Bessières ergänzt in seinem Buch *Anna Maria Taigi – Seherin und Prophetin* mit Blick auf Anna Maria Taigis Vision von 1818:

Sie sprach auch noch von einer Geißel, welche nicht durch die Menschen selber komme, sondern ***direkt von Gott*** *über die Erde verhängt werde. »Die irdische Geißel«, so sagte sie, »wird gemildert durch Gebet und Opfer* [damit dürfte in ersten Linie das Ausbleiben des Atomkrieges in Europa gemeint sein, das sich in unterschiedlicher Form in vielen Quellen findet.][63], *nicht aber die himmlische. Diese wird schrecklich, schauderhaft und allgemein sein. […]* ***Die Gottlosen werden dann vernichtet*** *[…].*[64]

Die Einschätzung, dass nach der 3-tägigen Finsternis alles Böse endgültig besiegt ist, findet sich in erstaunlich vielen christlichen Quellen.

Mag sein, dass es sich in der ersten Zeit tatsächlich so anfühlt. Die vielen Voraussagen zur Antichrist-Zeit stellen aber klar: Das war's noch nicht. Das eigentliche dicke Ende kommt erst mit dem Antichristen wenige Generationen nach der 3-tägigen Finsternis.

Sie sah […] Millionen und Millionen Menschen durch Krieg [… trotz Milderung?] *umkommen, andere Millionen eines unvorhergesehenen Todes sterben. Am Ende der Kriege, Revolutionen und anderer Heimsuchungen schaute*

> *sie ein gewaltig furchtbares Bild. Sie erblickte die Hand des Herrn, wie sie* ***den Himmel in Bewegung*** *setzte und die Menschen durch schreckliche* ***Meteore*** *in Verwirrung brachte, und wiederum sah sie Millionen sterben.*[65]

»Himmel in Bewegung setzen« ist wieder ein Indiz für den geografischen Polsprung/die Polwende, wobei natürlich nicht der Himmel, also die Lufthülle oder gar der Sternenhimmel in Bewegung gesetzt würde, sondern der Erdball. Werden im selben Atemzug Meteore erwähnt, haben wir einen möglichen indirekten Hinweis auf den Himmelskörper.

> *Von diesem Strafgericht, das über die Welt kommen soll, sprach sie sich in folgender Weise noch deutlicher aus: »Es wird über die ganze Erde eine dichte Finsternis kommen,* ***die 3 Tage und 3 Nächte*** *dauern wird. Diese Finsternis wird es ganz unmöglich machen, etwas zu sehen. Ferner wird die Finsternis mit einer* ***Verpestung der Luft*** *verbunden sein, die zwar nicht ausschließlich, aber hauptsächlich die Feinde der Religion hinwegrafft. Solange die Finsternis dauert, wird es unmöglich sein, Licht zu machen. Nur* ***geweihte Kerzen*** *werden sich anzünden lassen und Licht spenden.* ***Wer während dieser Finsternis aus Neugierde das Fenster öffnen und hinausschauen oder aus dem Hause gehen wird, wird auf der Stelle tot hinfallen.*** *In diesen 3 Tagen sollen die Leute vielmehr in ihren Häusern bleiben, den Rosenkranz beten und Gott um Barmherzigkeit anflehen.*[66]

Auch wenn nicht ausdrücklich gesagt wird, dass Krieg und Finsternis zeitgleich stattfinden, so ahnt man es, und es wird durch spätere Prophezeiungen auch bestätigt. Der für den »normalen« Bürger mit Abstand wichtigste Aspekt der 3-tägigen Finsternis wäre natürlich die Verpestung der Luft, da dieser Millionen von Menschen zum Opfer fallen sollen.

Was Anna Maria Taigis Handlungsanweisungen zur 3-tägigen Finsternis betrifft (nicht aus dem Fenster schauen, keine Fenster und Türen öffnen, geweihte Kerzen brennen lassen, Rosenkranz beten, Gott um Barmherzigkeit anflehen), so finden sich in späteren Quellen immer wieder gleichlautende Hinweise. Anna Maria Taigi ist die erste mir bekannte Quelle, die diese »Überlebenstipps« gibt.

Was die konkrete Ursache der Finsternis betrifft, so taucht diese bei Anna Maria Taigi nur diffus auf im »Strafgericht« das »vom Himmel« ausgeht und in den »Meteoren«. Doch letztlich ist auch das ein gar nicht so undeutlicher Hinweis auf eine kosmische Ursache – vorausgesetzt, man deutet das »vom Himmel« physikalisch und materiell, und nicht symbolisch im Sinne von »aus der geistigen Welt«.

Im Jahr 1931 liest man über Anna Maria Taigi:

> *An mehreren aufeinander folgenden Tagen sah die ehrwürdige Taigi eine große Finsternis sich über die Erde ausbreiten und dann das Zusammenstürzen der Mauern und Balken, als fiele ein großes Gebäude zusammen. […]*
>
> *Es wurde ihr aber auch gezeigt, dass die Kirche nachher einen so großartigen Triumph feiern wird, dass alle in Staunen geraten werden. Ganze Nationen werden zur kirchlichen Einheit zurückkehren und das Angesicht der Erde wird verändert werden.*[67]

»Das Angesicht der Erde wird verändert werden« lässt sich so deuten, dass sich infolge des Polsprungs die Küstenverläufe ändern werden (auftauchende und versinkende Landmassen) und dass in der Folgezeit komplett neue Landkarten erstellt werden müssen.

In obigen Buch von 1931 heißt es weiter:

> *Aus dem Munde verlässlicher Personen hat man folgende Äußerung der Anna Maria Taigi vernommen: […] Nach der Finsternis wird der hl. Erzengel Michael auf die Erde herabsteigen und den Teufel* ***bis zu den Zeiten des Antichrists*** [siehe Hildegard von Bingen und Nostradamus] *fesseln. In jener Zeit wird sich die Religion überall ausbreiten und es wird ein Hirt sein, unus pastor. Die* ***Russen*** [?] *bekehren sich, ebenso* ***England*** *und* ***China*** *und alles wird jubeln über den Triumph der Kirche. Nach der 3-tägigen Finsternis werden die Irrgläubigen zur kathol. Kirche übertreten und die Katholiken werden ein erbauliches Leben führen.*[68]

Eine Vereinigung der christlichen Kirchen wird von vielen europäischen Prophezeiungen vorausgesagt. Die spätere »Einheitskirche« ist eines der großen Themen für die Zeit nach Krieg und Finsternis.

Allerdings darf bezweifelt werden, dass Protestanten und Orthodoxe zum katholischen Glauben regelrecht übertreten. Wahrscheinlicher scheint mir eine echte Vereinigung der drei großen Kirchen, die auch begleitet ist von inneren Reformen – nicht zuletzt deshalb, weil auch die katholische Kirche in der Zeit bis zu den Katastrophen offenkundig von innerem Zerfall gezeichnet wäre. Man denke nur an die zahllosen Vorfälle sexueller Übergriffe katholischer Geistlicher in Europa und den USA. Zudem wird von etwas zu vielen seherischen Quellen ausdrücklich (!) ein blutiges Gemetzel (!) an den Priestern in Rom vorausgesagt – und zwar unmittelbar vor dem Angriff Russlands, als dass sich dieses Gemetzel noch überzeugend zum Wunschtraum irgendwelcher Kirchenhasser kleinreden ließe.[69]

Auch und besonders die katholische Kirche würde also laut europäischer Prophetie von der »Strafe Gottes« ereilt und stünde für gewisse Zeit für jedermann erkennbar ohne göttlichen Schutz da. Derart offenkundig vom Schicksal bestraft, gebeutelt, verletzt und besudelt, ist es schwer vorstellbar, dass es die katholische Kirche nach der Finsternis in kürzester Zeit schafft, innerhalb der Christenheit erfolgreich einen Anspruch auf »moralische Führerschaft« durchzusetzen.

Der Vereinigung der drei christlichen Kirchen ginge sicherlich auch ein Umbruch innerhalb der jeweiligen Kirchenhierarchien voraus, also ein Austausch vieler alter Führungspersönlichkeiten, ebenso wie zwischenkirchliche Gespräche und Verhandlungen, die auch einen eindeutigen politischen Charakter hätten. Am Ende des Kirchenvereinigungsprozesses stünde sicherlich ein Vertrag mit Unterschriften und Siegel. In jedem Fall wäre es etwas naiv, sich den Prozess der Vereinigung der christlichen Kirchen als puren Ausdruck einer religiösen Euphorie vorzustellen, jenseits aller juristischen Absicherung und machtpolitischer Ambitionen.

Folge einer neuen Einheitskirche und symbolisches Zeichen für einen echten Neubeginn könnte nebenbei bemerkt auch die Abschaffung des Amtes des Papstes sein, was nicht ausschließt, dass es dann ein neues christliches Oberhaupt gäbe, das aber anders definiert würde. In diesem Sinne würde die bekannte Malachias-Weissagung, die das »Ende der Päpste« voraussagt, keinesfalls das »Ende« der katholischen Kirche prophezeien, sondern deren Auflösung in einer Einheitskirche.

Die *Malachias-Weissagung* oder auch *Papstweissagung des heiligen Malachias* ist im 16. Jahrhundert aufgetaucht und umfasst eine Liste von 112 kurzen Sinnsprüchen, die jeweils einen Papst charakterisieren. Infolge ihrer thematischen Ausrichtung ist diese Weissagung in der katholischen Welt recht bekannt, und erstaunlich viele Kenner dieser Weissagung glauben, dass der

Charakterisierung der Päpste *nach* dem Erscheinungszeitpunkt 1595 tatsächlich eine hellseherische Fähigkeit zugrunde liegt. So wird inzwischen gemunkelt, dass Papst Franziskus der letzte Papst sei.

Ich selbst halte von solchen Spekulationen wenig, hauptsächlich deshalb, weil Franziskus Jahrgang 1936 ist und Krieg und Finsternis bereits kommen könnten, während dieser Papst noch bei guter Gesundheit ist. Mag sein, dass Franziskus tatsächlich der letzte Papst ist. Aber als Vorzeichen im Hinblick auf die Vorbereitung auf Weltkrieg und Finsternis ist die *Malachias-Weissagung* einfach zu grob und zu ungenau.

Dass die Engländer Katholiken werden, wäre meiner Ansicht nach auch unwahrscheinlich, da England (ohne Wales und Schottland) größtenteils im Meer versinken, oder von den Wassermassen verwüstet (und wohl auch entvölkert) werden soll.[70] Und China? China ist groß. Derzeit gibt es in China 150–200 Millionen Buddhisten, 25–35 Millionen protestantische Christen und 8,5–13 Millionen Katholiken. Bei einer aktuellen Bevölkerung von 1400 Millionen machen 45 Millionen Christen einen Prozentsatz von 3,2 aus. Mag sein, dass sich nach der Finsternis der Anteil der Christen in China vervielfacht. Aber das heißt noch lange nicht, dass ganz China christlich wird. Außerdem sagen buddhistische Prophezeiungen eine Renaissance des Buddhismus voraus! Kurzum: Man kann in Betracht ziehen, dass Anna Maria Taigi manche Einzelheiten etwas zu sehr aus ihrer zeittypischen katholisch-dogmatischen Perspektive heraus wahrgenommen hat.

Autor Albert Bessières ergänzt:

> *Dann […] wurde ihr gezeigt, wie ganze Nationen zur katholischen Kirche zurückkehrten, wie viele Heiden,* ***Türken*** *und* ***Juden*** *sich bekehrten und durch ihren Eifer selbst die Christen beschämten.*[71]

Glaubt man zwei griechischen Quellen aus dem 20. Jahrhundert, würde die Türkei infolge des großen Krieges als Staat komplett zerfallen.[72] Dass die Türkei von Anna Maria Taigi hervorgehoben wird, hängt sicherlich damit zusammen, dass das Osmanische Reich Anfang des 19. Jahrhunderts noch eine Großmacht und sehr viel größer als die heutige Türkei war.

Eine »Bekehrung« der Juden findet man in noch anderen europäischen Prophezeiungen. Es ist durchaus möglich, dass viele Juden, die ihren Glauben heute schon nicht mehr praktizieren, endgültig vom jüdischen Glauben abfallen, wenn sie sehen, dass am Ende des »Dritten Weltkrieges« Israel militärisch gescheitert und infolge ewiger, letztlich eben doch erfolgloser Kriege moralisch ziemlich bankrott dasteht.

Anna Maria Taigis Vision von der 3-tägigen Finsternis aus dem Jahr 1818 ist in Europa die früheste eindeutige Vision der 3-tägigen Finsternis überhaupt.[73] Die römische Familienmutter ist die Erste, die von *3 Tagen* spricht.

Insbesondere die umfangreichen Untersuchungen der katholischen Kirche im Rahmen ihres Seligsprechungsverfahrens sollten ausschließen, dass hier irgendeine Form von Täuschung vorliegt.

Nach Hepidannus von St. Gallen, Hildegard von Bingen und Nostradamus haben wir mit Anna Maria Taigi die vierte Quelle, bei der man mit an Sicherheit grenzender Wahrscheinlichkeit davon ausgehen kann, dass es sich um eine absolut eigenständige Quelle handelt, die unbeeinflusst ist von anderen Quellen vor ihrer Zeit.

Nach Anna Maria Taigi beziehungsweise nach Mitte des 19. Jahrhunderts sind dann in Europa vermehrt tatsächlich oder vermeintlich seherische Quellen aufgetaucht, die sich ähnlich deutlich wie die römische Familienmutter zur 3-tägigen Finsternis geäußert haben und die ausdrücklich von *3 Tagen* Finsternis sprechen.

Die Häufung von Quellen ab etwa Mitte des 19. Jahrhunderts, die ausdrücklich von einer 3-tägigen Finsternis sprechen, lässt sich damit erklären, dass das Ereignis inzwischen näher gekommen war, und deshalb von den Sehern leichter prophezeit werden konnte.

Andererseits kann man die in späterer Zeit gehäuft auftretenden Übereinstimmungen in den konkreten Aussagen zur 3-tägigen Finsternis auch so zu erklären versuchen, dass von Anna Maria Taigi abgeschrieben – sprich betrogen – wurde. Meiner Einschätzung nach findet sich bei den später folgenden Quellen aber kein überzeugender Anhaltspunkt für bewusste oder unbewusste Täuschung. Ja, bei eigentlich allen der nachfolgenden Quellen erscheint ein Betrugsvorwurf regelrecht an den Haaren herbeigezogen, sobald man sich die Lebensgeschichte der jeweiligen Quelle genauer ansieht.

1846 – Die Botschaft von La Salette, Frankreich

La Salette ist ein kleines Dorf in den südfranzösischen Alpen etwa 1800 Meter über dem Meeresspiegel in der Nähe von Grenoble. Am 19. September 1846 erschien dort zwei Hirtenkindern, Mélanie Calvat (15) und Maximin Giraud (11), die Jungfrau Maria und überbrachte eine endzeitliche Botschaft.

Abbildung 14: Die Hirtenkinder Maximin Giraud und Mélanie Calvat (1846)

In der sogenannten *Botschaft von La Salette* wird die gesellschaftliche Entwicklung in Europa von Mitte des 19. Jahrhunderts bis hin zum Ende der Antichrist-Zeit vorausgesagt. Die Botschaft enthält unter anderem Stellen, in denen der moralische Niedergang der katholischen Geistlichkeit unmissverständlich, ausführlich und auf Schärfste kritisiert wird.

Trotz dieser harschen Kritik an der Kirche wurde die Marienerscheinung nach einer 5-jährigen Untersuchung durch die katholische Kirche im Jahre 1851 offiziell anerkannt.

So veröffentlichte der zuständige Bischof von Grenoble, Philibert de Bruillard, im September 1851 einen Hirtenbrief, in dem es heißt, die Erscheinung von La Salette könne als »unzweifelhaft und sicher betrachtet« werden. Der Hirtenbrief des Bischofs soll dann auch noch von anderen französischen Bischöfen in ihren Pfarreien verlesen worden sein.[74]

Bischof Philibert de Bruillard regte sogar den Bau einer wuchtigen, ausladenden Basilika (Notre Dame de La Salette) am Ort der Erscheinung an. Diese Basilika wurde 1865 fertiggestellt, und steht dort wie ein Monument für die Glaubwürdigkeit der Marienerscheinung. La Salette ist heute einer der bekanntesten Marienwallfahrtsorte Europas.

In der Botschaft von La Salette finden sich eine Reihe konkreter Voraussagen zu einem Endzeitszenario, das sich anhand folgender Details eindeutig dem »Dritten Weltkrieg« zuordnen lässt:

1. Unmittelbar vor Ausbruch des großen Krieges soll es in Europa praktisch zeitgleich zu Revolutionen kommen, unter anderem in Italien und Frankreich.
2. Im Rahmen des großen Krieges sollen Paris und Marseille zerstört werden. Die nahezu völlige Zerstörung der französischen Hauptstadt ist ein sich aus mehreren anderen Quellen ableitender eindeutiger Hinweis auf den »Dritten Weltkrieg«. Von einem späteren Wiederaufbau der Seine-Metropole habe ich bisher nirgends etwas gelesen. Paris würde demnach nur einmal zerstört und nie wieder aufgebaut. Der Untergang dieser Stadt ist somit ein eindeutiges Erkennungsmerkmal für den »Dritten Weltkrieg«.

Im Hinblick auf die eigentliche 3-tägige Finsternis bleibt die Botschaft von La Salette allerdings ziemlich undeutlich und sagt nicht viel mehr, als dass die Erde danach einer Wüste gleicht.

Sehen wir uns zunächst ein paar Sequenzen aus der Botschaft von La Salette an, die nichts unmittelbar mit Weltkrieg und Finsternis zu tun haben, aber trotzdem aufschlussreich sind im Hinblick auf eine (vermutlich) echte übersinnliche Inspiration. Wohlgemerkt: Die folgenden Zeilen stammen aus dem Mund zweier Kinder, 11 und 15 Jahre alt:

> *Der Stellvertreter meines Sohnes* [der Papst] *wird viel zu leiden haben, da die Kirche eine Zeit lang schweren Verfolgungen ausgesetzt sein wird. Das wird die Zeit der Finsternisse sein.*

Eine Christenverfolgung zur Zeit des »Dritten Weltkrieges« wird auch von anderen Quellen vorausgesagt. »Zeit der Finsternisse« klingt wie ein Hinweis auf die *3-tägige Finsternis*, die Mehrzahl Finsternisse erlaubt natürlich noch andere Deutungen.

> *Die Kirche wird eine schreckliche Krise durchmachen. Da der heilige Glaube an Gott in Vergessenheit geraten ist, will jeder Einzelne sich selbst leiten und über seinesgleichen stehen* [Ich-AG lässt grüßen. Anm. d. Autors]. *Man wird die bürgerlichen und kirchlichen Gewalten abschaffen. Jede Ordnung und jede Gerechtigkeit wird mit Füßen getreten werden. Man wird nur Mord, Hass, Missgunst, Lüge und Zwietracht sehen,* ***ohne Liebe zum Vaterlande*** *und zur Familie.*[75]

Tatsächlich ist Westeuropa nach dem Zerfall der UdSSR in eine Phase eingetreten, in der die Nationalstaaten mehr und mehr geschwächt werden. Ja, die Idee und das ganze Konzept des Nationalstaates wird in den letzten Jahren von unseren meinungsmachenden Massenmedien (ARD, ZDF usw.) faktisch ideologisch bekämpft, unter anderem deshalb, weil man glaubt, die Nationalstaats-Idee sei die Hauptursache für den Ersten und Zeiten Weltkrieg gewesen, für Hitler und den Holocaust.

Die 1846 prophezeite Herauslösung der Nationalstaats-Idee aus dem europäischen Wertekanon rund 70 Jahre vor dem Beginn des Ersten Weltkrieges durch zwei »dumme« Hirtenkinder ist eine ganz beachtliche seherische Leistung!

Schließlich kam die Nationalstaatsidee erst infolge der beiden Weltkriege in totalen Misskredit. Man beachte: 1846, zum Zeitpunkt der Vision, gab es noch nicht einmal ein Deutsches Reich (1871 gegründet), keinen deutschen Kaiser, ganz zu schweigen vom »Führer«. Deutschland war seinerzeit noch zergliedert in die unabhängigen Königreiche Preußen, Hannover, Sachsen, Bayern, Württemberg, jede Menge kleinere Herzogtümer, Fürstentümer und die zwei freien Hansestädte Hamburg und Lübeck.

> *Der Heilige Vater wird viel leiden. […] Die Bösewichter werden mehrere Male seinem Leben nachstellen, ohne seinen Tagen schaden zu können. Aber weder er noch sein Nachfolger werden den Triumph der Kirche Gottes* [nach der 3-tägigen Finsternis] *sehen.*[76]

Auf Papst Pius IX. (1792–1878) gab es, soweit bekannt, keine Anschläge. Allerdings wurde am 15. November 1848 der Premierminister des Vatikans, Graf Rossi, erschossen, was eine Revolution im Kirchenstaat auslöste. Pius IX. musste aus dem Vatikan fliehen, und am 9. Februar 1849 wurde im Kirchenstaat die Republik ausgerufen. Diese wurde jedoch schon wieder im Juli desselben Jahres mit militärischer Hilfe Frankreichs und Spaniens niedergeschlagen. Der Kirchenstaat hatte seinerzeit noch etwa die Größe der heutigen Schweiz, reichte vom Mittelmeer bis zur Adria und hatte von Nord nach Süd eine Ausdehnung von rund 400 Kilometern.

> *Die bürgerlichen Regierungen werden alle dasselbe Ziel haben, das da ist,* ***die religiösen Grundsätze abzuschaffen*** *und verschwinden zu lassen, um für den Materialismus, Atheismus, Spiritismus und alle Arten von Lastern Platz zu schaffen.*[77]

Setzt man die »religiösen Grundsätze« – was für manche Leser eher nach Lebensregeln eines Klosters klingen mag – gleich mit »traditionellem christlichem Moral- und Wertekanon«, wird das Gemeinte verständlicher. Tatsächlich ist die Mehrheit der (west)europäischen Regierungen seit geraumer Zeit aktiv dabei, unter dem Banner der Toleranz auf breiter Front und mit Nachdruck einen Wertewandel voranzutreiben. Das zeigt sich vielleicht am deutlichsten in der Legalisierung der Homosexuellen-Ehe, die inzwischen in praktisch ganz Westeuropa umgesetzt worden ist, auch wenn die jeweils konkrete Rechtsform variiert.

Kommen wir nun zu der Sequenz in der Botschaft von La Salette, die sich auf den »Dritten Weltkrieg« und die 3-tägig Finsternis zu beziehen scheint:

> *Frankreich, Italien, Spanien und England werden im Kriege sein* [Bürgerkriege, siehe unten]. *Das Blut wird auf den Straßen fließen. Der Franzose wird mit dem Franzosen kämpfen, der Italiener mit dem Italiener.*

Der zeitgleiche Ausbruch von Bürgerkriegen in mehreren traditionell wirtschaftlich starken westeuropäischen Staaten ist, wie schon erwähnt, ein öfters prophezeites Vorzeichen für den »Dritten Weltkrieg«. Sicherlich wäre die Ursache für die gleichzeitigen Unruhen gesamteuropäisch, folglich könnte es sich um den finalen Euro-Crash handeln.

> *Schließlich wird es einen allgemeinen Krieg geben, der entsetzlich sein wird. Für eine Zeit lang wird Gott weder Italiens noch Frankreichs gedenken, weil das Evangelium Christi ganz in Vergessenheit geraten ist. Die Bösen werden ihre ganze Bosheit entfalten. Man wird sich töten, man wird sich morden bis in die Häuser hinein.*
>
> ***Auf den ersten Hieb seines*** [Gottes] ***Schwertes, das wie ein Blitz einschlagen wird, werden die Berge und die ganze Natur vor Entsetzen zittern,*** *weil*

die Unordnungen der Menschen und ihre Verbrechen das Himmelsgewölbe durchdringen.[78]

Der letzte fett gedruckte Teil kann sich eigentlich nur auf die kosmische Intervention beziehen. »Erster Hieb« klingt noch nicht nach dem letzten eigentlich vernichtenden Schlag der 3-tägigen Finsternis, könnte sich aber auf einen kleineren Impakt im Vorfeld der 3-tägigen Finsternis beziehen. Dass im Zusammenhang mit der Finsternis ein paar Dinge vom Himmel auf die Erde prasseln, wird in einer ganzen Reihe von Quellen erwähnt. Die Kombination von »Hieb«, »Blitz« und »Erdbeben«, noch dazu der Verweis auf das »Himmelsgewölbe« sind ziemlich deutliche Fingerzeige in Richtung *3-tägige Finsternis.*

Absolut eindeutig wird der Bezug zu »Drittem Weltkrieg« und 3-tägiger Finsternis, wenn in der Botschaft von La Salette die Zerstörung von Paris vorausgesagt wird:

Paris wird niedergebrannt und Marseille verschlungen werden. Mehrere große Städte werden niedergebrannt und durch Erdbeben verschlungen werden. Man wird glauben, alles sei verloren. Man wird nur Menschenmord sehen. Man wird nur Waffengetöse und Gotteslästerungen hören. Die Gerechten werden viel leiden; ihre Gebete, ihre Bußübungen und ihre Tränen werden zum Himmel emporsteigen und das ganze Gottesvolk wird um Verzeihung und Erbarmen flehen und meine [Marias] *Hilfe und meine Fürbitte anrufen.*

Dann wird Jesus Christus ***durch eine Tat*** *seiner Gerechtigkeit und seiner großen Barmherzigkeit für die Gerechten seinen Engeln befehlen, alle seine Feinde dem Tode zu überliefern.*

Plötzlich, *werden die Verfolger der Kirche Jesu Christi und alle der Sünde ergebenen Menschen zugrunde gehen, und* ***die Erde wird wie eine Wüste werden.***[79]

Der plötzliche Eingriff Jesu – die »Tat«, mit der er »alle seine Feinde dem Tode überliefert« – wird nicht weiter erläutert. Das ist eine bemerkenswerte, fast möchte man sagen *verdächtige* Lücke in der Botschaft von La Salette. Die plötzliche Ursache, die eine »Erde wie eine Wüste« hinterlässt, wird ausgespart und verschwiegen! Warum? Hat es damit zu tun, dass die Überbringer der Botschaft Kinder waren? Das könnte sein.

In der Botschaft geht es weiter:

Dann wird Friede, die Versöhnung Gottes mit den Menschen werden. Man wird Jesus Christus dienen, ihn anbeten und verherrlichen. Die Nächstenliebe wird überall aufblühen. Die neuen Könige werden der rechte Arm der heiligen Kirche sein, die stark, demütig, fromm, arm, eifrig und eine Nachahmerin der Tugenden Jesu Christi sein wird. Das Evangelium wird überall gepredigt werden und die Menschen werden große Fortschritte im Glauben machen, weil es ***Einigkeit unter den Arbeitern Jesu Christi*** *geben wird und die Menschen in der Furcht Gottes leben werden.*[80]

Auch wenn man die »*Einigkeit unter den Arbeitern Jesu Christi*« (siehe Nostradamus) im ersten Moment nur psychologisch, spirituell oder religiös deuten mag, dürften mit dieser Einigkeit auch politische Strukturen gemeint sein, die sich über ganz Europa erstrecken. Das Bewusstsein der Bevölkerung bildet sich eben früher oder später auch in politischen Strukturen und Staatsformen ab.

Fassen wir die Hauptaspekte zum Szenario der 3-tägigen Finsternis aus der Botschaft von La Salette zusammen:

- Bürgerkriege in Europa unmittelbar vor Ausbruch des großen Krieges, insbesondere in Italien und Frankreich
- der darauffolgende allgemeine Krieg in Europa
- Paris und Marseille werden in diesem Krieg zerstört
- wenn der Krieg gewisse Zeit tobt, erfolgt plötzlich der »göttliche Hieb«
- Christus besiegt seine Feinde
- unmittelbar danach ist die Erde »wie eine Wüste«
- darauf folgt die große Eintracht der Christenheit

Weiter heißt es in der Botschaft von La Salette:

Dieser Friede unter den Menschen wird aber nicht von langer Dauer sein. 25 Jahre reichlicher Ernten werden sie vergessen lassen, dass die Sünden der Menschen die Ursache aller Strafen sind, die über die Erde kommen.[81]

Genau genommen bedeuten diese Zeilen nicht, dass nach 25 Jahren in Europa schon wieder Chaos und Kriege um sich greifen, sondern »nur«, dass nach 25 Jahren ein geistiger Zustand erreicht ist, der später nachfolgendes Unheil heraufbeschwört.

> *Ein* ***Vorläufer des Antichrist*** *wird mit seinen Truppen aus vielen Völkern wider den wahren Christus, den alleinigen Retter der Welt, kämpfen. Er wird viel Blut vergießen und die Verehrung Gottes vernichten wollen, damit man ihn wie einen Gott ansehe.*[82]

Das muss wie gesagt nicht gleich im 26. Jahr sein, worauf ja auch Nostradamus hindeutet, der vom »großen Frieden« spricht. Vielleicht sind damit Kämpfe am äußersten Südostrand Europas gemeint, die noch keine echte Bedrohung Europas darstellen.

Abschließend lässt sich zur Botschaft von La Salette feststellen: Auch wenn dort wieder nichts von 3 Tagen Finsternis und einer Staubwolke zu lesen ist, ist klar, dass es sich um das Szenario »Dritter Weltkrieg« und 3-tägige Finsternis handeln muss. Gemäß der europäischen Prophetie sind die dem Weltkrieg unmittelbar vorausgehenden praktisch zeitgleichen Bürgerkriege in Frankreich und Italien und insbesondere die Zerstörung der französischen Hauptstadt Paris eindeutige Merkmale des »Dritten Weltkriegs«.[83]

Die Andeutungen der Botschaft von La Salette im Zusammenhang mit Vorgängen im erdnahen Kosmos sind zwar etwas undeutlich, doch im Zusammenhang mit anderen Prophezeiungen zur 3-tägigen Finsternis scheint eine physikalische, materielle Deutung mit dem Himmelskörper letztlich sinnvoller als eine symbolische. Zuletzt deutet auch die Kombination von »Erde wie Wüste« und »Hieb Gottes« auf die kosmische Intervention hin.

1851 – Jakob Lorber, Österreich

Abbildung 15: Jakob Lorber (1800–1864)

Der Musiker Jakob Lorber (1800–1864) arbeitete im März 1840 als Musiklehrer in Graz, als ihn eines Morgens plötzlich eine innere Stimme anwies, zu schreiben.

Diese innere Stimme diktierte ihm dann in den darauffolgenden 24 Jahren bis zu seinem Tod im Jahr 1864 über 10 000 Druckseiten, die in einer Reihe von Büchern zusammengefasst und veröffentlicht worden sind. Diese Bücher Jakob Lorbers sind ein einmaliger und herausragender Einzelfall auf dem Gebiet übersinnlich empfangener Informationen und seit Generationen ein fester Bestandteil der deutschsprachigen mystischen Literatur.

Nach Ansicht Lorbers war es die Stimme von Jesus Christus, die ihm aus der Herzgegend in der Brust diktierte. Ob es nun Jesus Christus war oder nicht – Lorbers 10 000 Seiten sind mit Sicherheit nicht alle seiner eigener Fantasie entsprungen.

Dafür sprechen unterschiedliche Voraussagen, die sich inzwischen erfüllt haben. Dazu gleich ein paar Beispiele aus dem Bereich der Technik: Zum einen gibt es von Jakob Lorber Voraussagen zur Erfolgsgeschichte der Dampfmaschine, was zunächst aber kaum erwähnenswert wäre, da sich diese Technologie schon Jahrzehnte vor seiner Geburt in einer Vielzahl von Prototypen durchzusetzen begann. Lorber sagt folglich nicht die Erfindung dieser Technologie voraus, sondern deren massenhafte Anwendung. Etwas verklausuliert spricht er von der »Lebenskraft des Wassers«:

Es wird dereinst die Zeit kommen, da die Menschen die Lebenskraft des Wassers nach Graden bestimmen und sie zu unglaublich schwerer Arbeit verwenden werden. Selbst vor die größten ***Wagen und Schiffe*** *werden sie die Dämpfe des Wassers spannen und damit schneller als ein Pfeil dahintreiben.* [Ab 1836 begann sich im Schiffsbau die Schiffsschraube durchzusetzen, die eine Hochseedampfschifffahrt praktikabel machte. Bisherige Raddampfer waren dazu nicht geeignet.] *Aber bald danach wird es für das Leben der Menschen sehr übel auszusehen anfangen. …*[84]

Parapsychologisch interessanter als obige Dampfmaschinen-Prophezeiung ist dann Lorbers Voraussage zu Verbrennungsmotoren (Benzin, Diesel, Öl) – erfunden in den Jahren 1876 (Otto-Motor) bis 1893 (Diesel-Motor) –, die Lorber nicht durch die Verwendung des Wassers charakterisiert, sondern durch die Verwendung des Feuers:

In derselben Zeit wird auch das ***natürliche Feuer*** *einen gewaltigen Dienst zu versehen bekommen. Es wird* ***Wagen und Schiffe*** *schneller als der Sturmwind* [schwerer Sturm, beziehungsweise Windgeschwindigkeit 10 entspricht etwa 100 km/h] *vorantreiben und die Menschen werden mit seiner Gewalt ohne Zugtiere über die Erde dahinfahren.*[85]

Der Otto-Motor wurde ab 1877 produziert, der Diesel-Motor wurde 1893 erfunden. Verbrennungsmotoren entwickelten sich also erst nach dem Tod Lorbers im Jahr 1864! Jakob Lorber weiter:

Ebenso werden sie auch den Blitz zu bannen verstehen und ihn zum schnellsten Überbringer ihrer Wünsche ***von einem Ende der Erde*** *zum anderen machen.*[86]

Das ist vom hellseherischen Aspekt wieder eher schwach. Erste Versuchstelegrafen testeten bereits im Jahre 1833 die telegrafische Nachrichtenübermittlung innerhalb des Göttinger Stadtgebietes. Um 1850 gab es in Deutschland schon so etwas wie ein Telegrafennetz. Das erste wirklich funktionierende Überseekabel von Europa nach Nordamerika (»von einem Ende der Erde zum anderen«) ging allerdings erst 1866 in Betrieb!

Und wenn die stolzen und habgierigen Herrscher Krieg miteinander führen, so wird ebenfalls das Feuer den entscheidendsten Dienst versehen. Denn durch

> *seine Gewalt werden eherne Massen von großer Schwere gegen den Feind und seine Städte geschleudert werden und damit größte Verheerungen anrichten.*[87]

Wohlgemerkt: Mit Kanonen wurde in Lorbers Lebenszeit bereits seit Jahrhunderten gekämpft, sowohl auf dem Lande als auch zur See. Zu einer echten technologischen Revolution im Artillerie-Krieg kam es erst, als das Dynamit erfunden wurde (1867 patentiert). Dynamit ist im Gegensatz zu Nitroglyzerin gefahrlos transportierbar, andererseits ist Dynamit sehr viel effektiver und kraftvoller als Schwarzpulver. Mit Dynamit können deutlich schwerere Geschosse über sehr viel größere Distanzen abgefeuert werden.

Kurzum: Dynamit, Otto- und Dieselmotoren gab es erst nach Jakob Lorbers Tod. Damit liegen starke Indizien für eine echte seherische Inspiration Lorbers vor.

Sehen wir uns nun an, was sich bei dem Grazer Musiker zur 3-tägigen Finsternis findet:

> *Wenn aber auch die Zahl der Reinen und Guten wie zu den Zeiten Noahs sich sehr verringern wird, dann soll die Erde abermals beschickt werden mit einem allgemeinen Gerichte, in welchem* ***weder der Menschen noch der Tiere und der Pflanzen geschont wird.***
>
> *Es werden da den stolzen Menschen nichts mehr nützen ihre feuer- und todspeienden Waffen, nichts ihre Burgen und ehernen Wege, auf denen sie mit der Schnelligkeit eines abgeschossenen Pfeiles dahinfahren werden; denn es wird* ***ein Feind aus den Lüften*** *angefahren kommen und wird sie alle verderben, die da allzeit Übles getan haben. Das wird sein eine wahre* ***Krämer- und Wechslerzeit.***[88]

Dass den Menschen ihre »feuer- und todspeienden Waffen« nichts gegen den »Feind aus den Lüften« nützen, lässt sich so verstehen, dass die Menschen zu diesem Zeitpunkt gerade dabei sind, Waffen einzusetzen – nur eben gegen sich selbst. Tatsächlich schreibt Jakob Lorber ein paar Zeilen weiter über den Himmelskörper: »Wahrlich, gegen den werden vergeblich kämpfen **alle die Heere der Erde**«, was vermutlich ein Hinweis auf einen zu diesem Zeitpunkt tobenden Weltkrieg ist.

Selbst wenn der »Feind aus den Lüften« zu einer Zeit auftauchen sollte, in der die Menschheit schon über effektive, weltraumgestützte Abwehrsysteme gegen anfliegende Kometen und Meteoriten/Asteroiden verfügt, bräuchte man zur Abwehr dieser kosmischen Geschosse nicht »alle die Heere der Erde«.

Fazit: Ein Weltkrieg bricht aus. Und kurz danach erscheint der Feind aus den Lüften.

»Wahre Krämer- und Wechslerzeit« wiederum deutet auf eine Epoche der totalen Ökonomisierung des Lebens hin, die wir heutzutage in immer mehr Bereichen erfahren. Ein passendes Beispiel ist die zunehmende Ökonomisierung des Gesundheitssystems, in deren Folge sich kaum noch eine Arztpraxis betreten lässt, ohne dass man den Verdacht hegt, der Arzt wolle einem Leistungen andrehen, die zwar seinem Konto, nicht aber der Gesundheit des Patienten nützen.

»Wechslerzeit« bedeutet »Zeit, in der die Geldwechsler die Macht haben«, also eine Zeit, die von Banken, Kapitalsammelstellen wie Hedgefonds und dem Großkapital ganz allgemein beherrscht wird. Lorbers Feind aus den Lüften erscheint also in der Phase des Spätkapitalismus, in der Geld zum alles beherrschenden Faktor geworden ist, zum einzig wahren real existierenden Wert.

Die »ehernen Wege(n), auf denen sie mit der Schnelligkeit eines abgeschossenen Pfeiles dahinfahren, meinen natürlich Eisenbahnen. Lorbers Buch *Das große Evangelium* entstand in den Jahren 1851–1864. Um 1850 gab es in Großbritannien – damals technologischer Vorreiter in Sachen Dampfloks – bereits ein Eisenbahnnetz von rund 8000 Kilometern Länge, auf dem die Züge mit einer Höchstgeschwindigkeit zwischen 50 und 60 km/h fuhren.

Nimmt man Lorbers »Pfeilgeschwindigkeit« wörtlich, so ergibt dies eine Geschwindigkeit deutlich über 100 km/h. Pfeile erreichen je nach Zugkraft des Bogens und der Bauart der Pfeile Geschwindigkeiten von bis zu 200 km/h und darüber hinaus. 60 km/h sind 16,6 Meter pro Sekunde (m/s) und wären für einen Pfeil eine absolut lahme, unbrauchbare Geschwindigkeit. Schon gewöhnliche Pferde bringen es im Galopp auf 40–50 km/h, Rennpferde auf bis zu 70 km/h. Pfeilschnell bedeutet also wesentlich schneller als ein Pferd im Galopp. Zum Vergleich: Der Benz Patent-Motorwagen Nummer 1 von 1886, das erste Auto aus Serienproduktion, erreichte anfangs eine Höchstgeschwindigkeit von mickrigen 16 km/h. So gesehen deutet Jakob Lorber eher auf Eisenbahnen im 20. Jahrhundert hin, die deutlich schneller als 100 km/h sind (ICE, TGV, Shinkansen – alle im Regelbetrieb 300 km/h oder etwas darüber).

Jakob Lorber weiter:

> *Aber was Ich* [Jesus] *erst jüngsthin einmal zu Jerusalem im Tempel den Wechslern und Taubenkrämern tat* [ihre Verkaufstische umgestoßen und sie aus dem Tempel vertrieben], *das werde ich dann im Großen tun* ***auf der ganzen Erde*** *und werde zerstören all die Kramläden und Wechselbuden durch den Feind, den ich aus den weiten* ***Lüfträumen*** *der Erde zusenden werde, wie einen dahinzuckenden Blitz mit großem Getöse und Gekrache.*[89]

Setzt man die »Wechselbuden« mit den Zentren der Weltfinanzwirtschaft gleich, kommen wir auf die Börsenstädte New York, London, Tokio, Hongkong und Shanghai, allesamt Hafenstädte, die ihren Aufstieg ihrer günstigen Verkehrslage verdanken. Alle diese Küstenstädte oder küstennahen Städte (London) wären vom »Feind aus den Lüften« und dem nachfolgenden Polsprung unmittelbar bedroht, nämlich durch gigantische Flutwellen!

> ***Wahrlich, gegen den werden vergeblich kämpfen alle die Heere der Erde;*** *aber meinen wenigen Freunden wird der große, unbesiegbare Feind kein Leid tun und wird sie verschonen für eine ganz neue Pflanzschule, aus der neue und bessere Menschen hervorgehen werden.*[90]

Da auch in Jakob Lorbers Text wieder nichts von Finsternis, 3 Tagen und einer Staubwolke steht, fragt sich, ob Jakob Lorber (oder »Jesus«?) die *3-tägige Finsternis* gemeint hat? Für einen Bezug zur 3-tägigen Finsternis spricht ganz klar der »Feind aus den Lüften«, den Gott der Erde »aus den weiten Lufträumen zusenden« soll, ausgerechnet dann, wenn »alle die Heere der Erde« am Kämpfen sind und die Menschheit beherrscht wird von den »Kramläden und Wechselbuden«.

Das klingt durchaus nach dem Szenario der 3-tägigen Finsternis.

1872 – Palma von Oria, Italien

Palma Maria Addolorata Matarelli (1825–1872), genannt Palma d'Oria, war eine einfache Bäuerin aus Oria in Tarent ganz im Süden Italiens. Schon in früher Jugend soll diese Seherin Visionen gehabt haben, und 1857 sollen sich bei ihr Stigmata, also die Wundmale Christi, gezeigt haben. Mit *Stigmata* sind blutende Wunden an Händen und Füßen gemeint, dort, wo die Nägel, mit denen Jesus ans Kreuz genagelt wurde, den Körper durchdrungen haben sollen. Noch vier weitere seherische Quellen in diesem Buch trugen Stigmata oder sollen diese gehabt haben (siehe unten). Seit 1865 soll Palma von Oria keine festen Speisen mehr zu sich genommen haben, später auch keine Flüssigkeiten mehr. Die Seherin wird wie folgt überliefert:

> *In Frankreich, Spanien und Italien wird die Republik ausgerufen. Darauf folgen Bürgerkriege, Pest und Hungersnot. Außergewöhnliche Zeichen erscheinen am Himmel.*[91]

Den praktisch gleichzeitigen Ausbruch von Bürgerkriegen in mehreren Staaten Europas unmittelbar vor dem großen Krieg kennen wir bereits aus der Botschaft von La Salette. Allerdings sind Frankreich, Spanien und Italien heutzutage schon länger Demokratien. Das Wörtchen »darauf« muss man aber auch nicht zwingend so verstehen, dass heute die Demokratie eingeführt wird und morgen schon die Fetzen fliegen. Die Sache ist wohl eher so zu verstehen, dass die Einführung der Demokratie (angeblich) ein Fehler war, und die Revolutionen Folge dieses Fehlers sind.

Ich zitiere weiter aus einem Buch von 1931:

> *Die stigmatisierte Schwester Palma Maria Addolorata Matarelli d'Oria […] war […] ohne Schulbildung, wurde aber von zarter Jugend auf durch beständige Offenbarungen unterrichtet. Sie erklärte:*

> *»Es wird eine 3-tägige Finsternis eintreten.* ***Nicht ein Dämon wird in der Hölle verbleiben:*** *Alle werden von dort hervorgehen, und die Luft wird von ihnen verpestet sein. Dies wird die letzte Plage sein. Dann wird* ***ein großes Kreuz am Himmel*** *erscheinen und der Triumph der Kirche wird ein solcher sein,* ***dass man sehr schnell all dies Unglück vergessen wird.****« Auch sie hat die* ***Wirksamkeit geweihter Kerzen*** *erwähnt.*[92]

Der überlieferte Text dieser Quelle ist recht knapp. Zum Krieg findet sich kein Hinweis. Zur Finsternis selbst heißt es nur, dass sie 3 Tage andauern wird und dass »Dämonen« auftauchen, die die Luft verpesten. Anderen Quellen nach wäre klar, dass die Verpestung der Luft indirekt durch den Himmelskörper verursacht wird, und nicht durch irgendwelche Dämonen. Meiner Einschätzung nach liegt hier ein typischer Deutungsfehler vor, der meiner Ansicht nach aber zu vernachlässigen ist. Auf die »Dämonen« kommen wir noch zurück, denn diese werden von den nachfolgenden Quellen immer wieder erwähnt.

1921 – Das Lied der Linde, Deutschland

Die Prophezeiung vom *Lied der Linde* wurde angeblich im Stamm einer alten Linde auf dem Friedhof in Staffelstein, ca. 20 Kilometer nördlich von Bamberg in Nordbayern gefunden.

Nach Ansicht einiger Autoren stammt das *Lied der Linde* etwa aus der Mitte des 19. Jahrhunderts, eine Datierung, die mich jedoch nicht überzeugt.

Fakt ist, dass der Prophezeiungstext erstmals im Jahr 1921 vom Autor Martin Hingerl im Büchlein *Staffelberg-Sagen und Der alten Linde Sang von der kommenden Zeit* veröffentlicht worden ist. Meine nachfolgende Analyse geht davon aus, dass die Prophezeiung aus dem Jahr 1921 stammt, beziehungsweise von Oktober 1920 (Datum des Vorwortes).

Das *Lied der Linde* zählt heute zu den bekanntesten Prophezeiungen aus dem deutschen Sprachraum. In der Hauptsache und den meisten Teilen scheint der Prophezeiungstext auf einen echten seherischen Kern zurückzugehen, der am Anfang des Prophezeiungstextes in einen literarischen Rahmen eingefügt worden ist.

Für die Echtheit der Prophezeiung sprechen mehrere Voraussagen, die man entweder als voll erfüllt betrachten kann oder die gegenwärtig dabei sind, sich zu erfüllen.

So sagt der Prophezeiungstext eine Art Hyperinflation voraus, die 2 Jahre nach dem Erscheinen von Martin Hingerls Büchlein tatsächlich eingetreten ist (siehe unten).

An einer anderen Stelle der Prophezeiung findet sich ein Hinweis auf gravierende Probleme mit in Deutschland lebenden »Fremden«. Dort heißt es – wohlgemerkt mit Bezug auf die Zeit erst *nach* dem »Dritten Weltkrieg«: »Bunter Fremdling, unwillkomm'ner Gast, flieh die Flur, die nicht gepflügt du hast!« (siehe auch Seite 302). Diese Aussage lässt sich so deuten, dass sich infolge von Chaos und Krieg zwischen Deutschen und Ausländern/Fremden gewaltige Gräben auftun.

Weiter spricht für die Echtheit dieser Prophezeiung, dass sie die erste Quelle ist, die die 3-tägige Finsternis in die *Winterzeit* eintreten sieht, was mehrere Jahrzehnte später durch die Französin Marie-Julie Jahenny und vor allem den Italiener Pater Pio »bestätigt« worden ist.[93] Dann tauchen noch andere Details erstmals im *Lied der Linde* auf, die später auch von anderen glaubwürdigen Quellen erwähnt werden.

Die betreffende Stelle im Lied der Linde zur Hyperinflation lautet:

Arme werden reich des Geldes rasch,
Doch der rasche Reichtum wird zu Asch.[94]

Im Jahr 1923, auf dem Höhepunkt der Hyperinflation in Deutschland, war die Inflation so aberwitzig hoch (siehe Abbildung 16 unten), dass Staat und Banken immer wieder komplett neue Geldscheine mit immer höheren Nennwerten drucken mussten. Irgendwann hatten einzelne Geldscheine einen Nennwert von Millionen und Milliarden (!) Reichsmark. Auf dem Höhepunkt der Hyperinflation im Herbst 1923 benötigte man bei größeren Zahlungen ganze Kofferladungen solcher Geldscheine! Auf dem Foto auf Seite 111, Abbildung 17 sieht man, was nach Ende der Hyperinflation mit dem alten, jetzt wertlosen Geld gemacht wurde: Es wanderte in den Ofen und wurde zu »Asch'« verbrannt.

Im Hinblick auf die Qualität und die Glaubwürdigkeit des Lindenliedes ist natürlich zu überlegen, ob in Deutschland schon im Oktober 1920 (Datum des Vorwortes) eine solch gigantische Inflation absehbar war.

Die Antwort lautet: Nein. Und ein historisches Vorbild für eine Hyperinflation diesen Ausmaßes gab es ebenso wenig, und zwar weltweit.

Sehen wir uns zu der Frage, ob im Oktober 1920 eine Hyperinflation absehbar war, in der Tabelle rechts die Preisentwicklung des Inlandbrief-Portos in Reichsmark in dieser Zeit an.[95] 1921, zum Zeitpunkt als das *Lied der Linde* veröffentlicht wurde, betrug die jährliche Inflation

Datum		Briefporto in Reichsmark
31. Januar	1918	0,15
31. Januar	1919	0,15
31. Januar	1920	0,20
31. Januar	1921	0,40
3. Oktober	1921	0,60
31. Januar	1922	2,00
21. Oktober	1922	6,00
31. Januar	1923	50,00
26. Juni	1923	100,00
8. August	1923	1.000,00
7. September	1923	75.000,00
3. Oktober	1923	2.000.000,00
11. Oktober	1923	5.000.000,00
22. Oktober	1923	10.000.000,00
3. November	1923	100.000.000,00
9. November	1923	1.000.000.000,00

Abbildung 16: Inflation in Deutschland 1918–1923

(bezogen auf das Briefporto) im Deutschen Reich etwa 100 Prozent im Jahr (hier 31. Januar 1921 bis 3. Oktober 1921 50 Prozent Inflation), was auf jeden Fall eine beachtliche Teuerung ist. Keine Frage. Dennoch bewegte sich diese Inflation noch insofern im Rahmen, als dass zu diesem Zeitpunkt noch keine komplett neuen Geldscheine mit neuem Nennwert gedruckt werden mussten.

Nach dem Erscheinen von Hingerls Büchlein mit dem *Lied der Linde* dauerte es noch etwa 2 Jahre, bevor die eigentliche Hyperinflation loslegte. Lag der Inlandbrief-Portopreis Anfang 1923 gegenüber Anfang 1922 »nur« um den Faktor 25 höher, war es am 9. November 1923 der Faktor **20 Millionen!**

Hyperinflation als Deutung für den raschen Geld-Reichtum der Armen ergibt sich aber auch noch aus einem anderen Blickwinkel:

Durchdenkt man die Aussage des Lindenliedes rein praktisch, können Arme unter normalen wirtschaftlichen Verhältnissen nur »reich« werden, wenn sie längere Zeit hart arbeiten. Nach und nach können sie sich dann neue Kleidung, Möbel, Autos und Immobilien kaufen.

Diese Form handfesten materiellen »Reichtums« kann sich aber nicht so einfach von heute auf morgen in Asche verwandeln, es sei denn, es gäbe einen großen Krieg, der in dem unmittelbaren Zusammenhang dieser Voraussage aber nicht erwähnt wird.

Der rasche Reichtum an Geld und die Asche sind also zwei Seiten derselben Medaille: Es ist Papiergeld! Die Asche ist Papiergeldasche!

Abbildung 17: Nach dem Ende der Hyperinflation und der Währungsreform im November 1923 in Deutschland wurde das Inflationsgeld verbrannt

Abbildung 18: Inflationsgeld

Abbildung 19: Kinder spielen mit Inflationsgeld

Ein Aspekt am Rande: Da die Währungsreform im November kam, der Winter vor der Tür stand und damals die meisten Deutschen noch mit Kohle heizten, also über einen eigenen Ofen in der Wohnung verfügten, lag es nahe, das alte Geld im Ofen zu verheizen, zumal sich das Geld ja schon in der Wohnung befand und nicht wie die Kohle im Keller. Das Geld zu verfeuern, war also sehr naheliegend, und wird von vielen Deutschen so gemacht worden sein, zumal es durchaus einen gewissen symbolischen Reiz hat, ein paar Milliarden zu verbrennen. Das macht man schließlich nicht alle Tage.

Abbildung 20: Inflationsgeld wird für Verbrennung vorbereitet

Sehen wir uns nun jene Sequenz im *Lied der Linde* an, die sich auf die 3-tägige Finsternis bezieht:

> ***Winter kommt, 3 Tage Finsternis,***
> ***Blitz und Donner*** *und der Erde Riß,*
> *Bet daheim, verlasse nicht das Haus,*
> *Auch am Fenster schaue nicht den Graus!*
> *Eine Kerz, die ganze Zeit allein,*
> *Gibt, wofern sie brennen will, dir Schein.*
> *Gift'ger Odem dringt aus* ***Staubesnacht:***
> *Schwarze Seuche, schlimmste Menschenschlacht!*[96]

Mit »Staubesnacht« haben wir in einer Prophezeiung erstmals einen direkten Hinweis auf die für viele Regionen entscheidende Gefahr während der 3-tägigen Finsternis: die Verpestung der Luft *mit Staub.*

Zwar findet sich schon bei Hildegard von Bingen ein Hinweis auf Staub, die Bingener Äbtissin beschreibt diesen Staub aber so, als beträfe er nur die Feinde der (west)europäischen Christen, so, als sei der Staub lediglich eine örtlich begrenzt eingesetzte Waffe gegen die angreifenden Feinde.

Zur Erinnerung Hildegard von Bingen:

*Dann wird ein **heftiger Wind** vom Norden her mit undurchdringlichem Nebel und **sehr dichtem Staub** kommen und [...] sein Stürmen gegen jene* [Feinde, Anm. d. Autors] *richten, sodass ihre Kehlen von dem Nebel und ihre Augen mit Staub gefüllt werden, dass sie ihre Wildheit ablegen und in großes Entsetzen gebracht werden.*[97]

Der »Riss der Erde« taucht meines Wissens ebenfalls erstmals im *Lied der Linde* auf.

Interessant ist weiter, dass »schlimmste Menschenschlacht« der einzige deutlichere Hinweis im Lindenlied auf den »Dritten Weltkrieg« überhaupt bleibt. Geht man von der These aus, das *Lied der Linde* sei eine Fälschung und der Autor habe sich aus anderen Prophezeiungen Einzelinformationen zusammengesucht, dann wäre eigentlich zu erwarten, dass der Weltkrieg in der gefälschten Prophezeiung sehr viel mehr Raum einnimmt und viel detaillierter ausgearbeitet ist. Der vermeintliche Fälscher hätte sich schließlich aus anderen Prophezeiungen alle möglichen Gruselszenen des Krieges zusammenklauben und einer sensationsgierigen Leserschaft einige saftige Brocken zum »Dritten Weltkrieg« auftischen können. Genau das aber hat er nicht getan.

Im Lied der Linde geht es weiter:

Gleiches allen Erdgebornen droht, [Polsprung?]
Doch die Guten sterben sel'gen Tod;
Viel Getreue bleiben wunderbar,
*Frei von **Atemkrampf** und Pestgefahr.*

*Eine große Stadt der **Schlamm verschlingt,***
Eine andere mit dem Feuer ringt.[98]

So seltsam es klingen mag, aber die Hervorhebung des Schicksals einzelner weniger Städte bei einer tendenziell gesamteuropäischen Perspektive der Prophezeiung ist so wie in der Botschaft von La Salette ein Indiz für einen letztlich doch begrenzten »Dritten Weltkrieg«. Würden Hunderte oder Tausende Städte im Rahmen des Krieges zerstört, hätte es keinen großen Sinn, die Vernichtung einzelner Städte hervorzuheben; ja, es wäre geradezu widersinnig.

Die beiden oben angesprochenen großen Städte sind vermutlich wieder Paris (Brand) und Marseille (im Schlamm versunken). Anhand des »Schlamms« und im Hinblick auf andere Prophezeiungen lässt sich Marseille ziemlich sicher identifizieren. Da es in der Botschaft von La Salette von 1846 heißt:

> *Paris wird niedergebrannt und Marseille verschlungen werden. Mehrere große Städte werden niedergebrannt und durch Erdbeben* ***verschlungen*** *werden.*[99]

... könnte man vermuten, der Autor des Lindenliedes habe dort abgeschrieben. Die Kombination von *Paris und Brand* und *Marseille und Verschlingen* (= Überflutung?) fällt tatsächlich auf. Das Problem ist nur, dass in der Botschaft von La Salette nichts von »Schlamm« steht, sondern nur, dass Marseille »verschlungen« wird. Wodurch, wird nicht gesagt. Heißt es aber direkt im Anschluss in der Botschaft, andere große Städte würden *»durch Erdbeben verschlungen«*, hätte ein potenzieller Lindenlied-Fälscher drei Möglichkeiten zur Auswahl gehabt: Verschlingen durch Wasser, Schlamm und Erdbeben.

Marseille liegt direkt am Mittelmeer, eingerahmt von etwa 700 Meter hohen Bergen. Der Schlamm könnte folglich so zustande kommen, dass vom Meer eine Flutwelle beziehungsweise ein Tsunami heranschießt, die Stadt überflutet, an den Bergflanken hochschießt, und dann beim Zurückfluten Erdmassen mitreißt. Regenfälle entsprechenden Ausmaßes kann man wohl ausschließen. Ebenso fehlt bei Marseille ein großer Strom, der schlammüberfrachtet über die Ufer treten könnte.

Beim Seher Franz Kugelbeer (1922) heißt es:

> *Brand von Paris, Marseille wird von der Finsternis von einer Meeresflut in einen tiefen Graben, der sich gebildet hat, geschwemmt.*[100]

Hat auch Franz Kugelbeer von der Botschaft aus La Salette »abgeschrieben«? Oder haben alle drei Quellen einfach dasselbe gesehen, und es gibt einen bisher nicht erkennbaren Zusammenhang, der es nahelegt, Paris und Marseille in einem Atemzug zu nennen? Sollten Paris und Marseille etwa am selben Tag untergehen?

Im *Lied der Linde* geht es weiter:

> *Alle Städte werden totenstill,*
> *Auf dem Wiener Stephansplatz wächst Dill.*[101]

Die Totenstille in den Städten wäre in der Hauptsache Folge fehlenden Stromes, fehlenden Diesels, Benzins und Öls, und nicht Folge eines speziellen »städtischen Massensterbens«. In den zahllosen großen und kleinen Städten außerhalb der Kriegs- und Überflutungsgebiete würden immer noch Menschen leben. Lediglich die Maschinen wären dort wohl allesamt ausnahmslos tot. Daher die Stille.

Zählst Du alle Menschen in der Welt,
Wirst Du finden, dass ein Drittel fehlt, –
Was noch übrig, – schau in jedes Land –
Hat zur Hälft' verloren den Verstand.

Wie im Sturm ein steuerloses Schiff,
Preisgegeben einem jeden Riff,
Schwankt herum der Eintagsherrscherschwarm,
Macht die Bürger ärmer noch als arm.

Denn des Elendes einz'ger Hoffnungsstern –
Eines bessern Tags – ist endlos fern.
»Heiland, sende, den Du senden musst«,
Tönt es angstvoll aus der Menschenbrust.[102]

Dass die Gesellschaft unmittelbar nach der 3-tägigen Finsternis erst einmal in kleine isolierte Einheiten zerfallen würde, leuchtet ein. Und wo die Ordnungsmacht fehlt, kommt es in Notzeiten innerhalb kürzester Zeit – mitunter innerhalb weniger Stunden – zu Plünderungen und Ähnlichem.

Im Anschluss folgt dann im *Lied der Linde* eine Stelle, die man erst versteht, wenn man auch spätere Prophezeiungstexte kennt, die diesbezüglich deutlicher sind:

Nimmt die ***Erde plötzlich einen andern Lauf?***
Steigt ein neuer ***Sonnenstern*** *herauf?*
»Alles ist verloren!« – hier noch klingt.
»Alles ist gerettet!« – Wien schon singt.[103]

Der »Sonnenstern«[104] scheint eine Anspielung auf den Himmelskörper zu sein. Dass nach der Finsternis noch einmal ein leuchtender Himmelskörper auftaucht, scheint fraglich. Vielleicht ist hier chronologisch etwas durcheinandergeraten.

Das »Nimmt die Erde plötzlich einen andern Lauf?« klingt zwar nach Polsprung und Himmelskörper, ist aber so undeutlich, dass es für spätere »gefälschte« Prophezeiungen als Vorlage unbrauchbar gewesen wäre.

Laut dem Lindenlied scheint demnach *nach* der Finsternis eine zweite Polverlagerung zu kommen. Auf diese Möglichkeit deuten sporadisch noch andere Quellen hin, die aber erst sehr viel später auftauchten.

Wenn Wien dann das Gröbste überstanden hat und schon wieder singt, kann es nicht ausgestorben sein. Das stärkt meine These, wonach die Stille in den Städten von fehlendem Strom und Treibstoff herrührt (Trotzdem sollten Einwohner Wiens hier nachschauen:[105]).

Ja von Osten kommt der starke Held,*
Ordnung bringend der verwirrten Welt,
– Weiße Blumen um das Herz des Herrn –
Seinem Rufe folgt der Wackre gern.[106]

(Hier folgen noch weitere Verse.)

Angesichts der Voraussage der Hyperinflation, angesichts des Hinweises auf offenbar irgendwann im Rahmen des Kriegschaos eskalierende Probleme mit »bunten Fremdlingen« und angesichts zweier Details, die sich erst in späteren Quellen wiederfinden (die 3-tägige Finsternis zum Spätherbst/Winteranfang und der »Riss« der Erde infolge der Finsternis, der nach Alois Irlmaier in Bayern nördlich der Donau liegen soll[107]), gehört das Lied der Linde eindeutig mit zu jenen Prophezeiungen, die man weiter im Auge behalten sollte. Eine echte seherische Inspiration scheint insgesamt wahrscheinlich.

* Berücksichtig man den geografischen Polsprung, könnte damit auch der Westen gemeint sein.

1922 – Franz Kugelbeer, Österreich

Franz Kugelbeer, auch »der Seher aus dem Vorarlberg« oder Josef Kugelbeer[108], war ein österreichischer Bauer (oder Flickschuster[109]) aus Lochau bei Bregenz am Bodensee. Der nachfolgende Prophezeiungstext stammt aus einer persönlichen Befragung des Sehers im Jahr 1922 durch den Benediktinerpater Winfried Ellerhorst. Ellerhorst lebte im Kloster Weingarten nördlich des Bodensees, etwa 30 Kilometer von Lochau entfernt. Veröffentlicht wurden die Visionen Franz Kugelbeers 1951 von Dr. H. Armand, der Zugang zum Nachlass des 1948 verstorbenen Winfried Ellerhorst hatte, woher auch die Hepidannus-Prophezeiung stammt.[110]

Finsternis von 3 Tagen und Nächten. ***Beginn mit einem furchtbaren Donnerschlag mit Erdbeben.*** *Kein Feuer brennt. Man kann weder essen noch schlafen, sondern nur beten. Nur geweihte Kerzen brennen.* ***Blitze*** *dringen in die Häuser,* ***grässliche Flüche von Teufeln*** [Dämonen] *sind zu hören.* ***Erdbeben, Donner, Meeresrauschen.*** *Wer neugierig zum Fenster hinausschaut, wird vom Tode getroffen. Man verehre das kostbare Blut Jesu und rufe Maria an. Die Teufel holen die Gottlosen bei lebendigem Leibe. Vergebens flehen diese um Verlängerung ihres Lebens.* ***Es herrscht die Pest,*** *große schwarze Flecken am Arm sieht man.* ***Schwefeldämpfe*** *erfüllen alles, als wenn die ganze Hölle los wäre.*

Ein Kreuz erscheint am Himmel. *Das ist das Ende der Finsternis. Die Erde ist ein Leichenfeld wie eine Wüste. Die Menschen kommen ganz erschrocken aus den Häusern. Die Leichen werden auf Wägen gesammelt und in Massengräbern beerdigt. Es fahren weder Eisenbahn, noch Schiffe, noch Autos* ***in der ersten Zeit.*** *Die Fabriken liegen still,* ***denn es gibt keine Leute zur Bedienung der Maschinen.*** *Das rasende Tempo früherer Zeit hat aufgehört.*[111]

Das »Meeresrauschen« könnte erneut ein Hinweis auf die gigantischen Überflutungen im Rahmen des geografischen Polsprungs sein.

Besonders interessant und ein Indiz für echte hellseherische Fähigkeiten des Franz Kugelbeer ist eine andere, hier nicht zitierte Prophezeiung des Sehers, gemäß dieser der *Pfänder*, ein kleinerer Berg direkt am Ostufer des Bodensees, unmittelbar nach Ausbruch des »Dritten Weltkrieges« von Flüchtlingen überflutet wird. Bei diesen Flüchtlingen kann es sich eigentlich nur um deutsche Flüchtlinge aus Baden-Württemberg und Bayern handeln, überwiegend von nördlich der Donau. In meinem Buch *Refugium – sichere Gebiete nach Alois Irlmaier und anderen Sehern* (2016) zeige ich auf, dass sich Kugelbeers diesbezügliche Voraussage in ein Gesamtbild einfügt, zu dem noch drei andere Hellseher Visionen hatten: Alois Irlmaier (1959, Südostbayern), Berta Zängeler (um 1950, Schweiz) und Katharina aus dem Ötztal (1951, Tirol).

Nach Kriegsausbruch müssten diesen Quellen zufolge Massen deutscher Flüchtlinge aus Südwestdeutschland Richtung Bodensee strömen, würden aber nicht in die Schweiz hineingelassen und drängten dann am Ostufer des Bodensees nach Österreich. Vermutlich beschreibt Franz Kugelbeer am Berg Pfänder eine Situation, die nur für wenige Tage unmittelbar nach Kriegsausbruch besteht; ein kurzes Zeitfenster, in welchem die Flüchtlinge innehalten, weil sie nicht in die Schweiz können, und kurzzeitig nicht wissen, wie es weitergeht. Die Schweiz soll laut Berta Zängeler die Grenze komplett dichtmachen. Wenig später – darauf deutet Katharina aus dem Ötztal hin – müssten die Flüchtlinge dann über die E60 beziehungsweise die A14 weiter nach Österreich vorstoßen.

Dass, wie Franz Kugelbeer sagt, »in der ersten Zeit« keine Autos und Eisenbahnen fahren, wäre letztlich ein positives Zeichen, denn es besagt indirekt, dass später ein technologischer Wiederaufstieg sehr wohl gelingt.

1931 – Bianca Beck-Rzikowsky, Österreich

Bei der nächsten Quelle handelt es sich um eine österreichische Adlige namens Bianca Gräfin Beck-Rzikowsky, auch Madame Sylvia genannt, gestorben im Jahr 1938 in Wien.

Bianca Beck-Rzikowskys Schwiegervater war Friedrich Graf von Beck-Rzikowsky, von 1881 bis 1906 Chef des Generalstabs des österreichisch-ungarischen Heeres und Vertrauter von Kaiser Franz Joseph I. Damit sei grob skizziert, zu welchen gesellschaftlichen Kreisen die Dame Zugang hatte.

Bezogen auf unser Thema war Gräfin Beck-Rzikowsky in der Hauptsache »nur« ein Trance-Medium, hatte angeblich aber auch seherische Fähigkeiten, die sich bereits in ihrer Kindheit gezeigt hatten. Im Erwachsenenalter hielt sie öfters Séancen ab.

Über ihre okkulten Erlebnisse und Erfahrungen schrieb die Gräfin drei Bücher:

1927: *Okkulte Erlebnisse,* unter dem Pseudonym *Madame Sylvia*
1931: *Das Buch der hundert Hände,* über das Handlesen
1936: *Trance-Gesichte über die politische, religiöse und wirtschaftliche Zukunft der Welt*

Ihr Buch *Okkulte Erlebnisse* wurde vom österreichischen Parapsychologen Wilhelm Wrchovszky herausgegeben. Dieser war unter anderem Gründungsmitglied der »Österreichischen Gesellschaft für Parapsychologie und Grenzbereiche der Wissenschaften«. Damit zeichnet sich ein sozialer Hintergrund Bianca Beck-Rzikowskys ab, der vorsätzliche Täuschung oder billige Effekthascherei ausschließen sollte.

Die nachfolgenden Aussagen Bianca Beck-Rzikowskys stammen aus ihrem Buch von 1936 und beziehen sich auf zwei Séancen im Jahre 1931.

21. September 1931:

Ich höre Schreien und Klagen. Und sehe Fliehen und Ringen. Und Flammen und Rauch. Und Trümmer und Furchtbares.
0 weh! ***Zwei Kolosse liegen am Boden.*** [vermutlich USA und Russland, Anm. d. Autors]
Weh, weh, weh! Mit den Trümmern. Wo ist das?
Wo ist die Sonne? Wo ist der Tag? Es ist so finster.
Wo ist die Hilfe? Wo ist Gott?
Nein, helft alle! Gebt euch die Hände,
Wünscht und formt die Gedanken. Die verzweifelt ringen!
0 gebt die Ruhe wieder, die entwichen ist!
Es ist die Hölle aufgetan, Die Hölle der Gedanken.
Und alles das, das sieht er an. Und schlägt's mit seinen Pranken,
Und mordet hin und tötet. Und Tränen überall und Klagen.
Die Welt ist ohne Stützen.

»Die Welt ist ohne Stützen« könnte eine Anspielung auf den Polsprung sein. Deutlichere Indizien für den Polsprung bei dieser Quelle folgen weiter unten.

Es glättet sich. Es wird beschwingt, Wenn auch die Tränen fließen.
Was ist das nur? Der Wandel ist's,
Den kann man nicht ermessen,
Wo Tod und Leben ineinander greifen. Dort kommt die neue Zeit.
Ach, Zeit, ein Wort nur. Nein –
Wir alle werden's fassen.
Es kommt der Tag, wo alle Hände eins, Und die Gedanken kreisen
In starker Eintracht dann erlöst.
Der Wandel nur, der ist so schmerzlich. Die Ruhe kommt, mit ihr der Tag,
Die Sonne auch so leuchtend.
Die Gegend nur, in der die Hitze war, die wird so kühl und so erfreuend.[112]

»Sonne so leuchtend« (in Mitteleuropa?) und heiße Gegenden, in denen es plötzlich kühl wird? Sind dies Hinweise auf die Verschiebung der Klimazonen?

Sollte Europa so wie nach Aussagen mancher Seher (siehe Seite 248) tatsächlich etwa 1000 Kilometer Richtung Äquator rutschen, müsste die von Bianca Beck-Rzikowsky erwähnte abgekühlte Region erst unterhalb des heutigen Äquators liegen. Zwar würden dann die südlichen Teile der Sahara in den

Bereich des äquatorialen Regengürtels rutschen *und ergrünen* – eine Sache von erheblicher symbolischer Bedeutung und damit definitiv erwähnenswert –, nur wäre es dann dort lediglich etwas kühler, aber nach mitteleuropäischem Verständnis noch nicht »so kühl«.

Doch langsam!
Die Hände reichen sich im Kranz. Und Worte werden nicht gesprochen; Die Augen treffen sich im Glanz;
Das Böse, das ist dann zerbrochen. Doch ist so schmerzlich alles das. Es brennt in meinem Herzen.
***Das Herz der Welt, es bricht entzwei.** Und doch ersteht es neu.*
Ich kann's nicht fassen. Es ist Gefühl nur, was ich sehe.[113]

Am 28. April 1931 äußerte sich die Gräfin wie folgt:

*Es kommen doch erst **die großen Erdumwälzungen,** vor denen wir zittern müssen, von denen wir noch keinen Begriff haben können, die furchtbar sind.*[114]

Daraufhin wurde sie von einem Baron Veltheim[115] gefragt: »Werden wir sie erleben?«Die Seherin antwortete:

*Alles bereitet sich vor, dass diese Umwälzungen in steter Bewegung im Laufe der nächsten Jahrzehnte reif werden. Der Beginn hat sich eingestellt. Die Bewegungen – **die Erde atmet, die Erde bewegt sich, wälzt sich um, und es werden Erdteile, Inseln vergrößert wieder erscheinen, nachdem unter furchtbaren Katastrophen andere Teile in sich zusammenfallen, weggeschwemmt, weggetragen werden.***[116]

Die zuletzt fett hervorgehobenen Zeilen klingen doch sehr nach Polsprung und Polwende.

Hier noch ein anderer Text des Mediums:

Und die Erde bebt und kracht in allen Fugen.
Und die Zeit, die Zeit, sie ist gekommen.
Wo die Menschen stöhnen auf
in Drangsal, Qual und Pein.

> ***Und die Tiere fliehen und wollen sich verbergen,***
> *Und die Berge wanken, und die Wälder stürzen, Und die Fluten,*
> *sie ergießen sich,*
> ***Und Ewigkeit bricht an.***[117]

Rein von der Logik her kann die Ewigkeit natürlich nicht anbrechen. Ewigkeit hat weder Anfang noch Ende. Mit Ewigkeit dürfte die totale Dunkelheit gemeint sein, also ein Hinweis auf die 3-tägige Finsternis. Siehe dazu Nostradamus zur 3-tägigen Finsternis (Seite 75):

> *... dass man glauben wird, die Schwerkraft der Erde hätte ihre natürliche Bewegung verloren und die Erde wäre hinausgeschleudert* ***in die ewige Finsternis.***[118]

Zu »die Tiere fliehen und wollen sich verbergen«: Erzählungen darüber, dass Tiere Naturkatastrophen wie Erdbeben vorausahnen, gibt es schon seit alters her. Doch erst in den letzten Jahren hat die Wissenschaft begonnen, solchen Phänomenen mehr Aufmerksamkeit zu schenken und sich eingehender mit ihnen zu befassen. Anlässe gibt es immer wieder: So wurde hinsichtlich des Tsunamis am 26. Dezember 2004 im Indischen Ozean bekannt, dass in Indonesien Elefanten vor dem Tsunami von der Küste ins Landesinnere geflohen sind.

Bei einer Langzeitstudie am Ätna hat man herausgefunden, dass sich dort lebende Ziegen etwa 6 Stunden vor einem Ausbruch des Vulkans aus der gefährdeten Zone zurückziehen. Bei einem schweren Erdbeben am 6. April 2009 in Italien (Stadt L'Aquila) fiel Forschern auf, dass sich dort lebende Erdkröten schon 5 Tage vor dem Beben ungewöhnlich verhielten, und ihr Laichverhalten einstellten.[119]

Der *Spiegel* schrieb anlässlich des Tsunamis vom 26. Dezember 2004:

> *Der Tsunami in Asien ließ Zehntausende menschliche Leichen zurück. Tiere aber scheinen auf geheimnisvolle Weise die Katastrophe geahnt zu haben. Das fast völlige Fehlen von Kadavern in den überfluteten Städten hat eine alte Debatte neu entfacht: Besitzen Tiere einen »sechsten Sinn« für Katastrophen?*
>
> *Als sich das Meerwasser aus dem Yala-Nationalpark zurückzog, kehrte Totenstille ein. Das größte Naturreservat Sri Lankas war vollkommen verwüstet. Als die Helfer endlich eintrafen, fanden sie die Leichen von rund 200 Menschen – aber keine Tierkadaver. Und das, obwohl das Reservat die Heimat von Krokodilen, Wildschweinen, Wasserbüffeln, Affen, Leoparden und 200 Ele-*

> *fanten ist. […] »Es gibt […] nicht einmal einen toten Hasen oder ein totes Kaninchen«, sagte H. D. Ratnayake, Vizedirektor der Naturschutzbehörde Sri Lankas. […]*[120]
>
> *Insbesondere erd- und höhlenlebende Tiere wie Mäuse, Ratten, Schlangen und Fledermäuse tauchen immer wieder in den Berichten* [Augenzeugenberichte zurückliegender Jahrhunderte] *auf. Auch Fischen, Rindern und Pferden werden Erdbeben-Vorahnungen nachgesagt. »Statistisch gesehen gibt es diese Phänomene rund 20 Stunden vor Erdbeben ab der Stärke 6,5 auf der Richterskala«, sagt Tributsch* [Professor für physikalische Chemie, FU Berlin]. *»Je näher das Beben rückt, desto deutlicher werden die Verhaltensänderungen.«*

Man kann wohl davon ausgehen, dass Meister Lampe (der Hase) und Konsorten im Falle einer drohenden Polsprungsflut, die um ein Zigfaches höher wäre als ein »normaler« Tsunami, noch wesentlich »hellhöriger« sind und noch deutlich früher aus der Todeszone weghoppeln. Meine Empfehlung: Hoppeln Sie mit! Seien Sie nicht dümmer als Meister Lampe!

Abschließend zu Bianca Beck-Rzikowsky in einer Tabelle zusammengestellt die Stellen dieser Quelle mit möglichem oder offenkundigem Bezug zu Krieg, Finsternis und Polsprung/Polwende:

Text/Zitat	Deutung
Zwei Kolosse liegen am Boden.	Krieg NATO/Russland
Wo ist die Sonne? Wo ist der Tag? ***Es ist so finster.***	3-tägige Finsternis
Die ***Welt ist ohne Stützen.***	Polsprung
Das Herz der Welt, es bricht entzwei, Und doch ersteht es neu,	Polsprung
Die ***großen Erdumwälzungen,*** von denen wir keinen Begriff haben	Polsprung

Text/Zitat	Deutung
Die Erde atmet, die Erde bewegt sich, wälzt sich um, und es werden Erdteile, Inseln vergrößert wieder erscheinen, nachdem unter furchtbaren Katastrophen andere Teile in sich zusammenfallen, weggeschwemmt, weggetragen werden.	Polsprung/Polwende
Und Ewigkeit bricht an.	3-tägige Finsternis

Auch wenn man sich bei Bianca Beck-Rzikowsky noch eindeutigere Aussagen wünschen könnte, sind ihre Hinweise auf einen Polsprung/eine Polwende ziemlich deutlich, – und indirekt damit auch die Hinweise auf die 3-tägige Finsternis.

1937 – Marie-Julie Jahenny, Frankreich

Abbildung 21: Marie-Julie Jahenny (1850–1941)

Geboren am 12. Februar 1850 in einer Wohnsiedlung namens La Fraudais unweit des bretonischen Dorfes Blain, lebte die Seherin Marie-Julie Jahenny in absolut ärmlichen Verhältnissen in einer kleinen Hütte, die angeblich nur gestampften Lehm als Fußboden hatte.

Im Jahre 1873 sollen sich bei Marie-Julie Jahenny Stigmata (die Wundmale Christi) gezeigt haben, und diese Stigmata soll sie 69 Jahre lang getragen haben.

Ab 1883 war sie dann bettlägerig und vom Hals abwärts gelähmt. (Also ist sie auf dem Foto rechts nicht aus eigener Kraft auf den Stuhl gelangt.) In diesem gelähmten Zustand hatte sie den Angaben nach immer freitags Ekstasen, und zudem Visionen von der Endzeit.

Laut Online-Angebot der französischen Nationalbibliothek stammt das erste Buch über Marie-Julie Jahenny in französischer Sprache aus dem Jahr 1940.[121]

Eine weitere Arbeit über die Seherin erschien 1941 von einem anderen Autor.[122] Danach geriet Marie-Julie Jahenny in Frankreich offenbar für mehrere Jahrzehnte in Vergessenheit, denn erst Anfang der 1970er-Jahre erschienen erneut Bücher über die bretonische Seherin. Laut Deutscher Nationalbibliothek stammt der erste deutsche Titel über Marie-Julie Jahenny aus dem Jahr

1978. Es ist die Übersetzung eines Werkes des Franzosen Pierre Roberdel von 1971.*

Die folgende Aussage Marie-Julie Jahennys soll aus den Jahren vor 1937 stammen. Dabei gibt die Seherin angeblich Worte von Jesus Christus wieder:

> *Ich werde über die sündige Welt in einem* ***großen Donnergrollen während einer kalten Winternacht*** *kommen. Ein heißer Wind wird diesem Sturm vorangehen, und schwere Hagelkörner* [vermutlich Meteoriten] *werden auf die Erde fallen.*
>
> *Aus einer* ***feuerroten Wolke*** *werden verheerende Blitze zucken und* ***alles entflammen und zu Asche werden lassen.***[123]

Das »alles entflammen« ist natürlich nicht wörtlich zu nehmen, da die Erde sonst als toter Ascheplanet enden würde. Die Formulierung bewegt sich aber noch im Rahmen dessen, was man Sehern als »persönliche Nuancierung« zugestehen sollte.

> *Die Luft wird sich füllen mit giftigen Gasen und tödlichen Dämpfen, die wie Zyklone die Werke der Kühnheit, des Größenwahns und des Machtwillens der ›Stadt der Nacht‹* [Paris?] *zerstören werden. Das Menschengeschlecht wird erkennen müssen, dass sich über ihm ein Wille befindet, der die kühnen Pläne seines Machtstrebens wie Kartenhäuser zusammenfallen lassen kann.*[124]
>
> *Wenn* ***während einer klaren*** [klar und kalt, siehe oben] ***Winternacht*** *der Donner grollt, dass die Berge erzittern, dann schließt eure Türen und Fenster. Eure Augen sollen das schreckliche Ereignis nicht mit neugierigen Blicken entweihen.*[125]

Die Abfolge von Donner und Erdbeben findet sich in vielen Prophezeiungen und deutet auf einen Impakt hin. In Quellen wie dem *Lied der Linde* wird ein mögliches Impaktszenario noch deutlicher, da dort eingangs auch noch der Blitz erwähnt wird, der entsteht, wenn ein Komet oder Meteorit in die Erdatmosphäre eintaucht und grell aufleuchtet. Zur Erinnerung das *Lied der Linde:*

* Insofern scheint es unwahrscheinlich, dass deutsche Seher wie Alois Irlmaier (Visionen um 1950) von Marie-Julie Jahenny beeinflusst sein können.

Winter kommt, 3 Tage Finsternis,
Blitz und Donner und der Erde Riß,[126]

Marie-Julie Jahenny weiter, die Worte Jesu Christi (?) wiedergebend:

Versammelt euch zum Gebet vor dem Kreuz. Stellt euch unter den Schutz meiner allerheiligsten Mutter. ***Lasst in euch keinen Zweifel aufkommen über euer Heil.*** *Je größer das Vertrauen ist, umso unangreifbarer ist der Wall, mit dem ich euch umgeben will. Zündet gesegnete Kerzen an, betet den Rosenkranz!* [Was immer ihr zu sehen oder hören bekommt, ist Blendwerk der Hölle, das euch nicht schaden kann.[127]]

Harret aus während 3 Tagen und zwei Nächten! In der folgenden Nacht wird der Schrecken sich beruhigen. Nach der fürchterlichen, langen Dunkelheit wird ***zu Beginn des*** [vierten] ***Tages die Sonne in ihrem vollen Licht*** [!] ***und ihrer Wärme sich wieder zeigen.***[128]

Eine interessante Stelle. Denn eigentlich wäre ja zu vermuten, dass auf die Finsternis zunächst eine Dämmerung folgt, die sich über Tage und Wochen hinzieht und in der sich die riesige, alles verdunkelnde Wolke verflüchtigt.

Selbst wenn man sich ausschließlich an Marie-Julie Jahenny orientiert, die zwar keine Staubwolke erwähnt, wohl aber davon spricht, dass »alles entflammen und zu Asche« wird, müsste es eine Übergangsphase geben, in der die Rauchwolken erst nach und nach durch Regenfälle aus der Atmosphäre ausgewaschen werden. Die Seherin sagt jedoch, dass es bereits in den Morgenstunden des ersten Tages wieder richtig hell ist.

Interessant auch: Spricht sie eingangs von einer »kalten Winternacht«, so heißt es bezüglich des Morgens des vierten Tages: »zu Beginn des Tages die Sonne in ihrem vollen Licht und ihrer **Wärme**«. Wintermorgen (!) sind ja nicht gerade bekannt für ihre Wärme, schon gar nicht, wenn es bereits zu Beginn der Winternacht kalt war und diese Nacht auch noch rund 72 Stunden gedauert hat, was »normalerweise« bedeutet, dass es gegen Ende dieser 3-tägigen kalten Winternacht absolut klirrend kalt sein müsste. Haben wir also auch hier einen versteckten Hinweis auf eine Verschiebung Europas Richtung Äquator?

Dafür, dass trotz des dichten Staubes in der Luft schon am ersten Tag nach der Finsternis die Sonne wieder scheint, praktisch ohne jede Trübung des Himmels, ist mir bisher aber keine befriedigende physikalische Erklärung bekannt. Das sei ganz klar festgestellt. Doch auch andere Seher sagen einen vierten Tag mit vollem Sonnenlicht voraus (siehe unten).

Es wird eine große Verwüstung sein. Ich, euer Gott, werde alles geläutert haben. Die Überlebenden sollen die allerheiligste Dreifaltigkeit für den ihnen gewährten Schutz lobpreisen. ***Mein Reich des Friedens wird herrlich werden*** *und mein Name wird von Sonnenaufgang bis zum Sonnenuntergang gepriesen und angerufen werden.*[129]

Wenn ihr ein Nordlicht aufscheinen seht, so wisset, dass dies das Zeichen eines baldigen ***Krieges*** *ist.*[130]

Dabei müsste es sich um ein Nordlicht handeln, dass in Europa weit in den Süden reicht und nicht wie üblich auf nördliche Regionen beschränkt ist.

Wenn ***das Licht*** [offenbar der Himmelskörper oder ein Komet, aber nicht die Sonne, siehe unten] ***wieder sichtbar wird,*** *wird meine Mutter aufrecht vor der untergehenden Sonne stehen* [demnach sieht man das Licht und die Sonne gleichzeitig], *um den Guten anzukündigen, dass die Zeit da ist. Die Bösen werden ein fürchterliches Tier sehen und erschreckt und verzweifelt aufschreien, doch zu spät! Ich werde viele, viele Seelen retten. […] Wenn die Welt sich in Sicherheit glauben wird, werde ich kommen wie ein Dieb in der Nacht …* ***Wie der Blitz*** *bin ich da! […]*[131]

Mit dem »Licht« im letzten Absatz kann eigentlich nicht die Sonne gemeint sein. Also müsste es sich um einen Himmelskörper oder einen Kometen handeln. Taucht dieses »Licht« wieder auf, muss es zuvor vorübergehend verschwunden sein. Für ein erstes Auftauchen des Himmelskörpers, für ein sich Wieder-Entfernen und ein Zurückkommen finden sich in anderen Quellen tatsächlich Anhaltspunkte (siehe Seite 271: »Das Kreuz am Himmel nach der Finsternis«), allerdings wird die Quellenbasis in diesem Punkt etwas dürftig.

Das Sichtbarwerden eines Himmelszeichens, das am Himmel steht, also irgendeine Form von Festkörper zu sein scheint, wird auch von Sepp Wudy (1870–1915), einem Seher aus dem deutsch-tschechischen Grenzgebiet, erwähnt.

In der Kirche spielen sie Tanzmusik, und der Pfarrer singt mit. Dann tanzen sie auch noch, aber draußen wird das Himmelszeichen stehen, das den Anfang vom Unheil ankündigt.[132]

Der in Rom lebende italienische Autor A. Voldben hat eine etwas anders lautende Aussage Marie-Julie Jahennys veröffentlicht, die vermutlich auf eine nur in Italien erschienene Publikation zurückgeht:

> *Es werden 3 Tage andauernder Finsternis kommen. Während dieser schrecklichen Finsternis werden nur die Kerzen aus geweihtem Wachs Licht spenden. Eine Kerze wird ausreichen für 3 Tage, aber in den Häusern der Gottlosen werden sie nicht brennen. Während dieser 3 Tage werden die* ***Dämonen*** *in fürchterlicher, abscheulicher Gestalt erscheinen, und die Luft wird widerhallen von ihren schrecklichen Flüchen.*[133]

Den »Dämonen« sind wir schon bei Palma von Oria (1872) und Franz Kugelbeer (1922) begegnet. Für eine eingehendere Deutung der Dämonen ist natürlich das Weltbild des jeweiligen Interpreten entscheidend. Glaubt er nicht an die Existenz einer ewigen, unsterblichen Seele, die sich auch in unsichtbaren Dimensionen aufhalten kann, können die Dämonen nur Fantasiegebilde sein, bestenfalls Halluzinationen.

Wären es aber keine Halluzinationen, sondern tatsächlich Dämonen, so könnte man deren plötzlich massenhaftes Auftauchen damit erklären, dass es während der 3-tägigen Finsternis zu einem vorübergehenden Zusammenbruch einer Art geistigen Schutzschildes kommt. Jedenfalls würde es nicht überraschen, wenn es im Rahmen des geografischen Polsprungs nicht nur zu einer magnetischen Umpolung der Erde, sondern auch zu ganz anderen Phänomenen kommt. Würde das Erdmagnetfeld zusammenbrechen, gäbe es beispielsweise an der freien Luft keinen Schutz mehr vor der kosmischen Strahlung.

> *Strahlen und Funken werden in die Häuser der Menschen eindringen, sie werden aber dem Licht der heiligen Kerzen nichts anhaben können, denn sie werden weder durch* ***Winde noch durch Stürme oder Erdbeben*** *ausgelöscht werden. Eine blutrote Wolke wird über den Himmel ziehen; das Rollen des Donners wird die Erde erbeben lassen.* ***Das Meer wird seine schaumgekrönten Wellen über die Erde ergießen*** [Polsprungsflut]. *Die Erde wird sich in einen riesenhaften Friedhof verwandeln. Die Leichen der Gottlosen wie der Gerechten werden den Erdboden bedecken. […] Die* ***ganze Vegetation*** *der Erde wird zerstört werden, und zerstört wird auch der* ***größte Teil des Menschengeschlechtes.*** *Die Krise wird für alle* ***plötzlich*** *kommen, und die Strafe wird allgemein sein.*[134]

»Die ganze Vegetation der Erde wird zerstört.« Das ist wieder eine Übertreibung. Andernfalls würden weltweit die Nahrungsketten zusammenbrechen und sämtliche Pflanzen- und Fleischfresser in wenigen Wochen aussterben, und damit auch der Mensch. Solche leicht zu durchschauenden Widersprüche wecken natürlich Zweifel, ob die Inspirationsquelle dieser Aussagen tatsächlich Jesus Christus (!) war. Möglicherweise gab es an dieser Stelle aber auch Fehler in der Überlieferung.

Die »ganze Vegetation« jedenfalls kann nicht zerstört werden, wenn die Menschen überleben sollen. Diese Stelle ist also eindeutig überdramatisiert. Entsprechend könnte auch »der größte Teil des Menschengeschlechtes« übertrieben sein, ähnlich wie es im Falle von »alles« wird »entflammt und zu Asche« mit Sicherheit ist. Bei den konkreten Formulierungen Marie-Julie Jahennys ist also gewisse Vorsicht angeraten.

Ansonsten taucht auch bei Marie-Julie Jahenny erstmals ein Detail auf, das sich in früheren Quellen nicht oder wenigstens nicht in so deutlicher Form findet: die Zeitpunktangabe »Winternacht«. Vom *Lied der Linde* scheint dies nicht abgeschrieben zu sein, denn dort heißt es ja »Winter kommt«. Von »Nacht« ist dort nichts zu lesen. *Das Lied der Linde* war zudem trotz seiner Veröffentlichung im Jahre 1921 selbst in Deutschland lange Zeit praktisch vollkommen unbekannt. Erst nach dem Zweiten Weltkrieg wurde diese Prophezeiung von anderen Autoren zitiert, und auch das zunächst nur in Bezug auf private Abschriften der Prophezeiung und nicht als Zitate aus Martin Hingerls Büchlein.

Was Marie-Julie Jahennys Zeitangabe Winter betrifft, bleibt festzuhalten, dass der Winter auf der Nordhalbkugel meteorologisch gesehen von Anfang Dezember bis Ende Februar dauert. Natürlich kann es schon vor dem 1. Dezember einen Wintereinbruch geben.

Die Zeitpunktangabe Winter lässt sich dann weiter kombinieren mit dem immer wieder von anderen Quellen vorausgesagten Kriegsausbruch in Europa zur Getreideernte (Ende Juli/Anfang August, siehe Abbildung 41, Seite 370), und der Kriegsdauer von etwa 3 Monaten (siehe Abbildung 42, Seite 371), die sich ebenfalls in den entsprechenden Prophezeiungen deutlich abzeichnet. Ende Juli/Anfang August plus 3 Monate ergibt Ende Oktober/Anfang November. Dann ist zwar meistens noch nicht Winter (siehe *Lied der Linde* »Winter kommt«), doch die Quellen lassen sich nicht exakt auf 3 Monate Kriegsdauer festnageln. Es könnten auch 3½ Monate sein. Kurzum: Marie-Julie Jahennys Winternacht passt gut in das bestehende Gesamtbild.

Auch Marie-Julie Jahennys Donner taucht im *Lied der Linde* auf. Die geweihten Kerzen werden von späteren Sehern immer wieder erwähnt, und auch der Sonnenschein am ersten Tag nach der Finsternis findet sich dort wieder.

Soweit hatten wir elf Quellen zum Szenario der 3-tägigen Finsternis, und zwar

Jahr	**Quelle**	**Bezug zur 3-tägigen Finsternis**
1081	Hepidannus von St. Gallen	Himmelskörper erscheint zur Zeit eines großen Krieges
1175	Hildegard von Bingen	großer Krieg in Europa, dann Eingriff Gottes
1566	Nostradamus	größte Sonnenfinsternis aller Zeiten …
1818	Anna Maria Taigi	eindeutig 3-tägige Finsternis
1846	Die Botschaft von La Salette	Bürgerkrieg, Krieg, dann Eingriff Gottes
1851	Jakob Lorber	Himmelskörper erscheint zur Zeit eines großen Krieges
1880	Palma von Oria	eindeutig 3-tägige Finsternis
1921	Das Lied der Linde	eindeutig 3-tägige Finsternis
1922	Franz Kugelbeer	eindeutig 3-tägige Finsternis
1931	Bianca Beck-Rzikowsky	Hinweise auf Finsternis und Polsprung
1938	Marie-Julie Jahenny	eindeutig 3-tägige Finsternis

Jede Einzelne dieser Quellen kann meiner Einschätzung nach mit Sicherheit oder doch wenigstens hoher Wahrscheinlichkeit als absolut eigenständig betrachtet werden. Keine dieser Quellen steht meiner Meinung nach im begründeten Verdacht, bei einer anderen Quelle abgeschrieben zu haben, oder von dieser beeinflusst worden zu sein.

In jedem Fall lohnt es sich jetzt anzusehen, wie in den Folgejahren, also in der Zeit nach dem Zweiten Weltkrieg, die 3-tägige Finsternis von den dann lebenden Sehern prophezeit und beschrieben wird.

1955 – Bertha Dudde, Deutschland

Abbildung 22: Bertha Dudde (1891–1965)

Bertha Dudde (1891–1965) aus Schlesien war von Beruf Schneiderin und nahm in sich seit 1937 – ähnlich wie Jakob Lorber – eine Stimme wahr, die ihr Botschaften überbrachte, sogenannte »Kundgaben«. So gesehen war Bertha Dudde ein Medium und keine echte Seherin. Die Stimme allerdings, die in ihr sprach, prophezeite sehr viel.

Die Botschaften der Stimme aus ihrem Inneren brachte Bertha Dudde zu Papier, und mit den Jahren sammelten sich so über 9000 Einzelkundgaben an. Die veröffentlichten Kundgaben behandeln im Prinzip den ganzen Zeitraum von den 1950er-Jahren bis hin zur Antichrist-Zeit und dem anschließenden Goldenen Zeitalter. Bemerkenswerterweise schneidet diese christliche Quelle schon in den 1950er-Jahren das Thema Außerirdische an, und zwar aus einer geistigen Perspektive.[135]

1953 verfasste Bertha Dudde folgenden Text über sich und ihre Fähigkeit:

Seit dem 15. Juni 1937 schreibe ich – durch das innere Wort – erhaltene Kundgaben nieder. […] Die Eltern gehörten unterschiedlichen Konfessionen an. Der Vater war protestantisch, die Mutter katholisch. Wir [sechs] *Kinder wurden im katholischen Glauben erzogen, erlebten aber niemals einen Druck oder Strenge […], sodass jedes Kind in späteren Tagen in völliger Freiheit die selbst gewählte Glaubensrichtung vertreten konnte. Ich selbst war religiös, konnte mich aber nicht in vollem Umfang dem katholischen Lehrsystem unterwerfen, obwohl ich die Kirche achtete. […] Beim Beten des Vaterunsers habe ich oft gefleht, dass der HERR mich doch sein Reich finden lassen möchte. Und dieses Gebet wurde erhört.*

Der Inhalt der Niederschriften ging über mein Wissen hinaus. Nie gehörte oder gelesene Ausdrücke, fremdsprachliche und wissenschaftliche Bezeichnungen und Hinweise flossen mir unaufhaltsam zu. […]

Die Übermittlung des »Wortes« geschieht wie folgt: nach innigem Gebet und kurzer Sammlung horche ich nach innen. Dort folgen jetzt die Gedanken klar herausgestellt, einzeln und deutlich fließen die Worte – immer drei bis vier hintereinander – ähnlich der Radiodurchsage beim Seewetterbericht zum Mitschreiben. […] Ich schreibe die Worte stenographisch nieder, wie nach einem Diktat, ohne gedanklich oder konstruktiv daran beteiligt zu sein. Ich bin dabei auch keineswegs in einem sogenannten Trancezustand […].

Nach Monaten [nachdem sie mit den Niederschriften begonnen hatte] *erst fand ich die Bestätigung des Empfangenen von anderer Seite: Ich bekam Literatur des steirischen Mystikers Jakob Lorber in die Hand. Niemand wird verstehen können, wie beglückt ich war bei der Lektüre der großen Werke Lorbers, des »Johannes-Evangelium« und der »Jugend Jesu«. Jetzt erst wusste ich, dass auch anderen Menschen das Wort des HERRN gegeben wurde, dass GOTT der HERR zu allen Zeiten zu Seinen Kindern gesprochen hat und auch weiter sprechen wird […].*[136]

Der Vollständigkeit halber muss festgestellt werden, dass wir Bertha Dudde in ihrer Einschätzung, die Kundgaben stammten von »Gott«, glauben können – oder eben nicht. Dass übersinnlich begabte Menschen, mitunter auch echte Seher (zum Beispiel Anton Johansson, Norwegen, 1907), Stimmen hören, ist nichts Ungewöhnliches, ebenso wie deren Einschätzung, es handle sich dabei um die Stimme Gottes, Jesu Christi oder der Jungfrau Maria.

Geht man jedoch aus von einem Weltbild, in dem es Geistwesen und ein Jenseits gibt, wird vorstellbar, dass sich manche Geister nur als Gott ausgeben, obwohl sie tatsächlich über ein gewisses eigenes Zukunftswissen verfügen.

Wie auch immer. Ich persönlich neige dazu, Bertha Dudde zu glauben, aber mir ist auch bewusst, dass ich nicht beurteilen kann, ob ihre »Stimme« von Gott stammt oder nicht.

Da es sich bei Bertha Dudde angesichts ihrer 9000 Kundgaben um eine gut dokumentierte Quelle handelt, findet sich bei ihr eine Fülle von Material zur

3-tägigen Finsternis. Sehen wir uns einige der von Bertha Dudde niedergeschriebenen Kundgaben an:

16. November 1957:

> *Und ob es euch auch scheinen mag,* ***als gehet ihr einer friedvollen Zeit entgegen,*** *so dürfet ihr euch doch nicht täuschen lassen. Es ist nur die Stille vor dem Sturm, und* ***schneller als ihr denkt,*** *wandelt sich das Gesicht derer,* ***die von Frieden sprechen und die Fackel schon zu werfen beginnen unter die Völker dieser Erde.***[137]

Der letzte fett gedruckte Teil erinnert an die weltpolitische Situation der letzten Jahre, in der westliche beziehungsweise NATO-Politiker öffentlich immer wieder lang und breit von Frieden reden, hier und dort aber bereits in kleinere Kriege verstrickt sind (zum Beispiel Ukraine und Syrien) – in Konflikte, die das Potenzial haben, der Zündfunken für das weltpolitische Pulverfass zu werden.

Die von Bertha Dudde umschriebene weltpolitische Situation vor Ausbruch des großen Krieges korrespondiert offenkundig mit den USA und ihren Verbündeten wie Großbritannien und Frankreich, die sich einerseits immer als Vorkämpfer für Menschenrechte und Demokratie inszenieren, aber seit 1991 (erster Irakkrieg) und spätestens seit dem 11. September 2001 ein Land nach dem anderen mit Krieg überziehen. Das absurdeste, ja himmelschreiendste Beispiel für diese Verlogenheit war US-Präsident Barack Obama, der im Dezember 2009, keine 12 Monate nach Beginn seiner ersten Amtszeit, den Friedensnobelpreis verliehen bekommen hat, aber persönlich verantwortlich ist für inzwischen mehrere Tausend Tote beim völkerrechtswidrigen Drohnenkrieg der USA in Pakistan, Afghanistan und anderswo. Zudem sind die USA nach Forschungen des Schweizer Friedensforschers Daniele Ganser maßgeblich an der Entstehung des Krieges in Syrien beteiligt, der inzwischen rund 400 000 Tote gefordert hat (Schätzung eines UN-Sondergesandten).

Bertha Dudde wieder:

> *Die Ruhe ist gefährlich für euch, weil ihr dadurch nur lau werdet, und euer Erdendasein nur irdisch auswertet. […] Die Wende wird plötzlich kommen, und dann sollet ihr alle vorbereitet sein und darum glauben, dass die Wende kommen wird.*[138]

Diese Kundgabe aus dem Jahre 1957 muss man im Zusammenhang sehen mit dem Untergang der UdSSR, dem Zerfall des Warschauer Paktes und der deutschen Wiedervereinigung.

Gerade die große politische Wende im Osten hat um 1990 bei vielen Menschen die Hoffnung geweckt, die »alten« Prophezeiungen stimmten nicht mehr und ein sanfter Übergang in eine bessere, friedliche Welt sei »dank Gorbatschow« geglückt. Michail Gorbatschow allerdings ist inzwischen einer der eindringlichsten Warner vor einem Dritten Weltkrieg zwischen NATO und Russland.[139] Und Gorbatschow spricht dabei wortwörtlich und ausdrücklich von einem »Dritten Weltkrieg« (siehe Seite 29). Nur seltsamerweise wird in unseren Medien fast überhaupt nicht über seine wiederholte Weltkriegswarnung berichtet. Und schon gar nicht wird es zugelassen, dass diese Weltkriegswarnungen und damit die reale Weltkriegsgefahr zum echten Medien-Thema werden.

Bertha Dudde fährt am 16. November 1957 fort:

> *... findet den Weg zu Mir* [Gott], *vertraut euch Mir an und bittet Mich um rechte Führung und Schutz und Erbarmen, und glaubet es, dass es einen Frieden nur gibt in Verbindung mit MIR, dass ihr* **betrogen** *werdet, wenn euch ein irdischer Friede versichert wird.*

Ein Friedensgerede, das unmittelbar vor Ausbruch des »Dritten Weltkriegs« seinen Höhepunkt erreicht, ist eines der Kernthemen der europäischen Prophetie. Dieses Friedensgerede steht exemplarisch für die Verlogenheit von Politik und Massenmedien und für den sträflich naiven Gutglauben viel zu großer Bevölkerungsteile.

Bertha Dudde bereits am 28. März 1941:

> *Denn die Welt ist in großer Not und kann nur noch gerettet werden durch jene Naturkatastrophe,* ***die unmittelbar der großen Entscheidungsschlacht folgen wird,*** *die also wirklich die Entscheidung bringen wird über ein gewaltiges Völkerringen [...]. Und es wird diesem Kampf ein Ende gesetzt werden durch höhere Gewalt und es wird kommen, wie es verkündet ist.*[140]

Gemäß europäischer Prophetie würde die »große Entscheidungsschlacht« etwa 3 Monate nach dem Kriegsausbruch im Raum Köln und am Nordostrand des Ruhrgebietes stattfinden.* Zuvor wären die russischen Truppen bis nach Frankreich und in die Niederlande vorgestoßen, würden sich von dort aus aber wieder nach Deutschland zurückziehen.

> *Euch wird die Kunde zugehen von* ***weltlichen Plänen und Maßnahmen.*** *Mein Wille wird diese zunichtemachen.*[141]

Damit sind vermutlich Kriegsvorbereitungen der Großmächte gemeint, die sich zwar in den Medien mitverfolgen lassen, von diesen aber nicht in ihrer eigentlichen Gefährlichkeit, nämlich der Weltkriegsgefahr klargestellt werden.

> ***Ihr werdet hören von erneuter Gefahr*** [Kriegsgefahr], *doch dann wisset,* ***dass eine andere*** *Gefahr im Anzug ist, und dass ihr die erstere nicht zu fürchten brauchet, und all euer Augenmerk nur richten sollet auf MICH und Mein Reich, und dass ihr euch MIR immer inniger anschließen müsset, um Kraft in vermehrtem Maße zu empfangen für die Stunden höchster Not.*[142]

Diese Kundgabe ist vom 20. Mai 1946, nur 12 Monate nach Ende des Zweiten Weltkrieges. Folglich liegt es nahe, »erneute Gefahr« im Sinne eines neuen Weltkrieges beziehungsweise eines neuen großen Krieges auf *deutschem* Boden zu verstehen. Dass die »andere Gefahr« aus dem Kosmos wesentlich schwerwiegender ist, deckt sich wieder mit anderen Quellen. Allerdings erscheint mir Bertha Dudde etwas »sorglos« zu sein, was den Krieg betrifft, denn andere Seher raten durchaus dazu, bestimmte Kriegsgebiete besser rechtzeitig zu verlassen, ganz zu schweigen von überflutungsbedrohten Küsten.

Beten oder flüchten?

Damit berühren wir eine Kernfrage der Endzeitprophetie: Sollte man sich in Sicherheit bringen? Oder sollte man sich stattdessen voll und ganz Gott anvertrauen und bleiben, wo man ist?

Eine ganze Reihe von Sehern – Alois Irlmaier (gestorben 1959), Sepp Wudy (gestorben 1915), Edward Korkowski (Gegenwart), manche buddhistische Quellen (siehe Seite 263: »Je höher man lebt, desto größer ist die Chance zu überleben«) – jedenfalls raten entweder ausdrücklich dazu, dieses oder jenes

* siehe mein Buch *Refugium*, Seite 46.

Gebiet zu verlassen, oder ihre Aussagen legen entsprechende Schlüsse dringend nahe.*

Es mag zwar richtig sein, dass man mit der falschen inneren Einstellung wenige Chancen hat, diese Zeit zu überstehen, egal, wo man sich befindet. Im Umkehrschluss bedeutet das aber nicht, dass man mit der »richtigen« Einstellung auch Naturgesetze außer Kraft setzen kann. Letzteres beträfe beispielsweise infolge des Polsprungs die weltweite Gefährdung der Küsten durch hohe Flutwellen, die weit ins Landesinnere vordringen.

17. Mai 1946:

> *Menschlicher Wille wird zuschanden werden durch Meinen Willen; was Menschen* [Politiker der Großmächte] *anstreben, wird durch meinen Eingriff verhindert werden, und jegliche Macht wird in Kürze* [im Grunde eine falsche Zeitpunktprognose] *eine Lockerung erfahren insofern, dass sie machtlos ist Meinem Willen gegenüber. [...] ICH lasse dem Geschehen seinen Lauf,* ***bis es deutlich erkennbar ist, welche Macht sich auf Erden durchsetzen will.*** *Doch dann zögere ICH nicht mehr und breche diese Macht,* ***wenn auch nur vorübergehend,*** *auf dass die Zeit vollendet werde.*[143]

Dies ist erneut ein wichtiger Punkt: Für einen kollektiven Erkenntnisgewinn ist es erforderlich, dass die Dinge in der äußeren, materiellen Welt deutlich sichtbar werden. Lüge und Wahrheit müssen für jedermann erkennbar werden, sodass kein Raum mehr bleibt für Diskussionen, Geschwafel und Verwirrung. Die Dinge müssen absolut klar werden. Für jeden!

Das nur vorübergehende Brechen der negativen Macht ist dann wieder ein indirekter Hinweis auf die Antichrist-Zeit im Anschluss an die Friedensepoche.

1. August 1965:

> *Und ihr sollt darum auch erfahren, dass es nur eines geringen Anstoßes bedarf, um eine Katastrophe auszulösen, die zuerst rein weltlich angesehen werden kann* [»Dritter Weltkrieg«], *die aber das Signal ist für die nun folgende Naturkatastrophe, die wohl durch keines Menschen Willen ausgelöst wird, die aber doch Folge ist des menschlichen Willens, und das insofern, als dieser*

* siehe dazu mein Buch *Refugium* – sichere Gebiete nach Alois Irlmaier und anderen Sehern.

> *einen **Weltenbrand** auslösen wird, dem nicht anders als durch Meinen Willen Einhalt geboten werden kann.*[144]

Für den »geringen Anstoß« zum großen Krieg braucht es natürlich in der Zeit davor schon eine insgesamt labile politische Weltlage. Die Paradebeispiele für einen solchen Auslöser sind die Ukraine und Syrien – Länder eben, in denen sich die geostrategischen Interessen der USA und Russlands überschneiden und wo bereits seit vielen Monaten geschossen und gestorben wird.

Teilweise verschonte Gebiete?

> *Und darum sollen auch alle Menschen Kenntnis erlangen von Meinem Eingriff, wenngleich dieser noch in Grenzen gehalten wird, **also nicht die ganze Erde betrifft.***[145]

Diese Stelle ist etwas unklar. Die Finsternis wäre weltweit, ebenso der Polsprung, wobei dieser global vor allem die Küsten beträfe, aber keine höher gelegenen Gebiete. Die tödliche Staubwolke würde der mir bekannten Quellenlage nach schwerpunktmäßig mindestens den Osten der USA, sicherlich ganz Europa und offenbar auch die Arabische Halbinsel und den Nahen Osten betreffen. Alle diese Gebiete liegen auf der Nordhalbkugel. Derzeit sind mir keine Quellen bekannt, die besagen, dass die Staubwolke in Bodennähe die Südhalbkugel betrifft. Das könnte aber an fehlenden Übersetzungen liegen. Hier wären weitere Forschungen erforderlich.

Noch an anderer Stelle heißt es bei Bertha Dudde, dass nicht alle Regionen in gleichem Maße betroffen sind; so am 25. September 1961:

> *… und kein Mensch wird unberührt davon bleiben, zumindest insofern, dass überallhin die Kunde dringen wird, wo Menschen wohnen, dass **jeder Einzelne** dann dazu gedanklich Stellung nehmen kann, dass **jeder Einzelne** sich persönlich angesprochen fühlen kann, weil das gleiche Geschehen auch sein Land und ihn selbst, noch betreffen kann, denn die Menschen werden eine Wiederholung befürchten […].*[146]

Am 5. November 1961 schrieb Bertha Dudde:

> *Es wird das Geschehen wohl* ***räumlich begrenzt*** *sein, doch von so ungeheurem Ausmaß, dass jeder erschrecken wird, selbst dann, wenn es ihm erst später zu Kenntnis gebracht wird. Denn anfangs wird jede Verbindung abgeschnitten sein, zu den Landesstrecken, die davon betroffen werden.*[147]

Das nächste Bertha Dudde-Zitat vom 5. September 1959 handelt von seltsamen Vorgängen im Sonnensystem, die die Katastrophenzeit ankündigen sollen:

> *Und so sollet ihr erfahren, dass sich auch im Universum* ***das nahe Ende der Erde**** *bemerkbar macht, dass sich* ***kosmische Veränderungen*** *ergeben, weil dies Gottes Wille ist, dass sich bei Beenden einer Erdperiode, in jeder Weise Anzeichen bemerkbar machen, die der Mensch sich nicht natürlich erklären kann, die ihm die Macht eines Schöpfers beweisen sollen, und die also auf jenen Schöpfer allerdeutlichst hinweisen. Und diese kosmischen Veränderungen betreffen zumeist* ***Abweichungen vom bisherigen Lauf der Gestirne, die eine andere Bahn einschlagen*** [vermutlich ausgelöst durch eine unsichtbare Gravitationskraft, also einen Himmelskörper], *und solche Vorgänge für die Menschen unerklärlich sind und bleiben, und doch nicht geleugnet werden können.*

Vergleiche dazu Pater Pio:

> *Achte auf die Sonne und den Mond und die Sterne am Himmel. Wenn sie unruhig und ruhelos erscheinen* ***und sich seltsam bewegen,*** *weißt du, dass der Tag nicht mehr fern ist.*[148]

Bertha Dudde wieder im Jahre 1959:

> *Je näher das Ende ist, desto häufiger werden die Menschen solche Vorgänge feststellen, zuerst wenig erkennbar, jedoch immer deutlicher hervortretend, sodass die Menschen in Wahrheit sagen können: »Die Kräfte des Himmels bewegen sich.*[149]

Diese Aussage bezieht sich meiner Einschätzung nach auf den gesamten Zeitraum von der 3-tägigen Finsternis bis zum Ende der Antichrist-Zeit.

* Auch hier ist mit »das nahe Ende der Erde« nicht die 3-tägige Finsternis gemeint, sondern die Antichrist-Zeit erst mehrere Jahrzehnte nach der Finsternis.

Im nächsten Absatz beschreibt Bertha Dudde die Zeit kurz vor der 3-tägigen Finsternis:

> ***Und so wird sich ein Stern lösen aus seiner gewohnten Bahn, und den Weg nehmen zur Erde*** *[…] weil die Erde eine Erschütterung* [Impakt oder Polsprung] *erdulden soll, zum Schaden, aber auch zum Wohl vieler Menschen auf ihr; und viele Menschen werden ihr Leben dabei verlieren, wie es verkündet ist lange Zeit zuvor.*
>
> *Denn* ***die Erde wird einen Stoß erleiden.*** [Siehe Pater Pio und andere: Die Finsternis beginnt mit einem Donner!] – *Niemand wird sich vorstellen können, in welch gefährliche Lage das* ***ganze Gestirn*** *kommen wird; doch zu einer völligen Zerstörung wird diese Naturkatastrophe nicht führen, aber doch von einem unvorstellbaren Ausmaß sein, dass für unzählige Menschen schon damit das Ende gekommen ist.*
>
> *Doch wer es überlebt, der geht* ***nicht lange danach*** *dem letzten Ende entgegen* [Vorsicht! Siehe unten] – *einem Zerstörungsakt, den menschlicher Wille heraufbeschwört – der wohl Zulassung Gottes, doch nicht Sein Wille ist – während erstere kosmische Katastrophe* [3-tägige Finsternis] *doch noch einen erlösenden Zweck hat, nämlich dass den ungläubigen Menschen noch ein letzter Hinweis gegeben werde, auf eine Macht, DIE alles lenkt, und also nichts willkürlich geschieht.*[150]

Mit »Wer es überlebt, der geht **nicht lange danach** dem letzten Ende entgegen.« bezieht sich Bertha Dudde grundsätzlich auf den gesamten Zeitraum zwischen 3-tägiger Finsternis und der Antichrist-Zeit, zu der sie sich noch öfters äußert.

Im deutlichen Gegensatz zu anderen Quellen, die zwischen Finsternis und Antichrist-Zeit noch eine neue kulturelle Blüte in Europa gesehen haben (siehe Nostradamus: »Es wird zum großen Frieden kommen, zur Einigkeit und Eintracht der Kinder …«), erscheint diese glückliche (!) Zwischenzeit bei Bertha Dudde in diesem Zitat eher kurz, trostlos und ohne Hoffnung. Ein paar Zeilen weiter unten zeigt sich aber, dass auch Bertha eine längere Periode gesehen hat, die auch positive Kräfte beinhaltet.

Hier die Quellenlage zur Länge der Friedensepoche:

Jahr	Quelle	Formulierung / Sinn	Seite
1081	H. v. St. Gallen	eine **Reihe von glücklichen Jahren**	55
1175	H. v. Bingen	mit all ihren Kräften und **all ihren Mitteln tapfer und großzügig** ausführen	62
1566	Nostradamus	**großer Frieden,** Einigkeit und Eintracht	79
1846	B. v. La Salette	[mindestens] **25 Jahre reichlicher Ernten**	98
1921	Lied der Linde	Wer die Zeit erlebt, ist hochbeglückt.	307
1955	Bertha Dudde	auf lange Zeit hinaus keine irdische Hilfe	143
1959	Alois Irlmaier	sogar Wein bei uns [in Bayern] [an-]gebaut und Südfrüchte	249
1982	E. Korkowski	**über lange Zeit**	190

Abbildung 23: Zitate zur Dauer und Art der Friedensepoche

Zum Erscheinen des Sterns äußert sich Bertha Dudde am 3. August 1955:

> *Ein sicheres Anzeichen des nahen Endes* [hier gemeint: die 3-tägige Finsternis] *ist **das Sichtbarwerden eines Sternes, der sich in der Richtung auf eure Erde zu bewegt,** und doch eine sonderbare Bahn einschlägt, der oft sich euren Blicken entziehen und dann plötzlich wieder auftauchen wird. Denn er ist von undurchdringlichen Nebeln begleitet, die sich ab und zu auflösen, um sich immer wieder aufs Neue zu verdichten.*[151]

Hier ist anzumerken, dass sich ein Teilgebiet der modernen Astronomie, nämlich die Infrarot-Astronomie, damit befasst, durch kosmische Staubwolken hindurchzusehen, um dahinter irgendwelche Wärmequellen wie Sterne aufzuspüren. Infrarot-Teleskope gibt es zum Beispiel auf dem Gipfel des Mauna-Kea auf Hawaii und in Chile (Europäische Südsternwarte). Seit den 1980er-Jahren gibt es auch Infrarot-Teleskope in Form von Satelliten im Erd-Orbit. Wikipedia listet sechs solcher Infrarot-Teleskope auf.[152] Die Infrarot-Technologie ist also inzwischen recht weitverbreitet verfügbar, sodass sich heutzutage die Frage, wohin der Stern plötzlich verschwunden sein kann, eigentlich erübrigen müsste; es sei denn, leistungsfähige Infrarot-Teleskope unterlägen zu dieser Zeit schon einer Nachrichtensperre, was natürlich möglich wäre.

Am 16. Juli 1955:

> *Denn sie* [die Wissenschaftler] *werden einen Stern entdecken, der ständig mehr in Erdnähe kommt, und scheinbar seinen Lauf in ungesetzlichen Bahnen nimmt. Sie werden auf immer neue Absonderlichkeiten aufmerksam, so sie seinen Lauf verfolgen. Und sie werden ihn dann als Gefahr für die Erde erkennen, und doch wiederum nicht glauben wollen an eine Zerstörung dieser, weil solches noch nie zuvor erlebt wurde.*[153]

10. Mai 1949:

> *Es wird nur ein kurzer Akt sein, doch überaus folgenschwer für alle Menschen, die es überleben werden, denn nun erst hebt eine irdische Not an, die alles Vorhergegangene übertriff. Es müssen die Menschen sich völlig umstellen in eine andere Lebensführung. Sie müssen sich alles zunutze machen, was ihnen noch geblieben ist. Sie sind auf sich selbst gestellt und können* ***auf lange Zeit hinaus keine irdische Hilfe erwarten,*** *weil sie abgeschnitten sind von der übrigen Welt und die Verbindung nicht so schnell wieder herzustellen ist.*[154]

Das »auf lange Zeit« ist ein weiterer Hinweis darauf, wie Bertha Dudde die Dauer der Friedensphase wahrgenommen hat. Einerseits spricht sie von »lange Zeit«, in der keine Hilfe von außen zu erwarten ist, dann spricht sie indirekt davon, dass die überregionale Infrastruktur später eben doch wieder aufgebaut wird. Damit relativiert sich der weiter oben von ihr erzeugte Eindruck, man stolpere von der 3-tägigen Finsternis sozusagen nahtlos gleich ins nächste Unglück.

Was die über lange Zeit fehlende Hilfe betrifft, so ist dies vor allem ein Problem für Völker mit zu wenig innerer Kraft, mit zu wenig wirtschaftlichem und organisatorischem Geschick. Das sollte jeder bedenken, der überlegt, den deutschen Sprachraum zu verlassen. Es ist wenig gewonnen, wenn man überlebt, aber danach ein Leben führt, das diesen Namen nicht verdient. Traditionell sind die Deutschen ja ganz begabt in Sachen Wiederaufbau.

> *Und es wird* [nach der 3-tägigen Finsternis beziehungsweise dem »Eingriff Gottes«] *die Zeit beginnen, da noch rechte Weinbergsarbeit geleistet werden muss, um allen denen zu Hilfe zu kommen, die noch schwach sind im Geist, und die Stärkung ihres Glaubens erfahren sollen. Denn dann folgt* ***die Zeit des letzten Glaubenskampfes*** [Antichrist-Zeit], *die noch eine letzte Entscheidung fordert von den Gläubigen. Doch wer ausharrt bis zum Ende, der wird selig werden.*[155]

Auch das deckt sich grundsätzlich mit anderen Quellen. Wieder geht es um die Antichrist-Zeit.

> *[…] Länder und Meere werden sich verändern. Ohne Ruhe werden sie* [die Überlebenden] *umherirren*, bis sich willensstarke Menschen finden, die Ordnung zu schaffen suchen und sich der schwachen Menschen annehmen.*
>
> *Es wird die Not so groß sein, dass nur allein die Liebe sie ertragen lässt. Und wo einer für den anderen tätig ist, wird auch bald Erleichterung und Hilfe zu spüren sein, die ihnen sichtlich von Oben zuteilwird. […] Not wird überall sein, wo Gott gesprochen hat, und sprechen wird ER dort, wo größte geistige Not ist, auf dass die Überlebenden ein Warnzeichen erhalten, damit die Zeit bis zum Ende genützt werden kann, und auch die Menschen der nicht betroffenen Länder zur Besinnung kommen, angesichts der Katastrophe, die zu gewaltig ist, um außer Acht gelassen werden zu können.*[156]
>
> *Diese Zustände aber werden eintreten nach einer gewaltigen Erderschütterung, die durch den Willen Gottes stattfinden wird, um ein Völkerringen zum Abschluss zu bringen, das menschlicher Wille nicht beendet.*[157]

Damit stellt Bertha Dudde noch einmal klar, dass – nicht nur aus ihrer Sicht – die 3-tägige Finsternis den »Dritten Weltkrieg« beendet, und zwar bevor es zu einem ausgewachsenen Atomkrieg kommen kann. Am 22. Juni 1958 notierte sie:

> *Denn es erfolgen nun in* ***einzelnen Gebieten*** *der Erde* ***Detonationen von größtem Ausmaß,*** *die den Menschen jede Denkfähigkeit nehmen, denen sich*

* siehe *Lied der Linde* (Seite 115).

> *dann* ***ein Wüten der Naturelemente anschließt*** [Damit dürften wieder Impakte gemeint sein.], *das unvorstellbar ist, und deren Folgen erst nachher von den Überlebenden übersehen werden kann. Und diese werden dann* ***geneigt sein zu glauben,*** *dass* ***menschliche Forschungsversuche*** *die Ursache waren zu jenem unfassbar großen Zerstörungswerk.*[158]

Bei den »Detonationen von größtem Ausmaß« müsste es sich um »kleinere« Impakte handeln. »Kleinere« insofern, als dass wohl jeweils nur »einzelne Gebiete« betroffen wären, und in gar keinem Fall ein Szenario zu erwarten wäre wie vor rund 65 Millionen Jahren, als die Dinosaurier ausstarben, weil ein einziger Asteroid den gesamten Planeten verwüstet hat.

Grundsätzlich ähneln sich Impakte und Atombombenexplosionen sehr in ihrer Erscheinungsform. Beide erzeugen zuerst einen Lichtblitz, dann einen Donner, dann folgen die Druckwelle (Sturm) und Erdbeben. Mit »menschliche Forschungsversuche« umschreibt Bertha Dudde Atomexplosionen, und stellt damit indirekt klar, dass es eben zu keinem alles vernichtenden Atomkrieg kommt.

Zum Abschluss der Abhandlung über Bertha Dudde noch eine Kundgabe von März 1955:

> *Ihr sollet euch keiner falschen Hoffnung hingeben und eine Wendung zum Guten auf dieser Erde erwarten, die darin besteht, dass die geistige Beschaffenheit der Menschen sich bessern könnte und wieder ein Leben im Glauben und in der Liebe auf Erden zu erkennen wäre. […] Wer […] glaubet und hoffet, dass sich die Menschen auf der Erde noch wandeln werden, dass eine andere Zeit anbricht auf dieser Erde, der irret gewaltig, und ihm ist auch der Heilsplan Gottes noch wenig bekannt, der mit einer Umwandlung der alten Erde noch andere Ziele verfolgt, als nur ein geistig hochstehendes Menschengeschlecht. […] Doch bei dem geistigen Tiefstand der Menschen der Jetztzeit* [1955!] *ist eine Wandlung dieser nicht mehr zu erwarten. Die Materie beherrscht sie völlig und ihrer geistigen Entwicklung gedenken sie nicht. […] Eine Lehre also, die eine geistige Wandlung noch auf dieser Erde vertritt, ist unrichtig, wenngleich eine geistige Wende bevorsteht.*[159]

Und im Dezember 1962:

> *Ihr sollt nicht denen glauben, die ein Ende leugnen* [wohlgemerkt erst im Zusammenhang mit der Antichrist-Zeit, vermutlich erst deutlich nach der

> Mitte des 21. Jahrhunderts] – *die in euch Menschen die Hoffnung erwecken wollen, an eine zum Guten sich wandelnde Zeit, an eine geistige Wende, die noch auf dieser Erde eintritt [...].*[160]

Die beiden letzten Zitate Bertha Duddes stammen von 1955 und 1962, also aus der Zeit noch vor den Jugendrevolten im Westen im Jahr 1968, noch lange vor dem Umbruch in Osteuropa (um 1989) und der Mayakalender-New-Age-Erwartung von 2012.

Man mag von Bertha Duddes Warnung vor einer verfrühten, einlullenden Hoffnung einer »geläuterten« Menschheit halten, was man will. Fakt ist und bleibt, dass das New-Age-Konzept vom »harmonischen Aufstieg« (unter anderem) von Bertha Dudde schon lange vor dessen Populärwerden in Mitteleuropa vorausgesagt worden ist. Folglich ist das New Age in seinem zentralen Glaubenssatz des »harmonischen Aufstiegs«, im Gegensatz zum »katastrophalen« Aufstieg der traditionellen Prophetie, keinesfalls new und steht auch nicht für eine neue revolutionäre Erkenntnis. Dieser New-Age-Glaube hat eher etwas von einem alten Irrtum, nur neu verpackt. Folglich kann das New Age gar nicht anders, als die »alte« Prophetie in Bausch und Bogen zu verwerfen.

Wohlgemerkt: Auch Bertha Dudde spricht vom Kommen einer echten »geistigen Wende«, nur sieht sie diese eben erst nach der Ankunft des Antichristen, so wie eigentlich alle christliche Quellen, deren Visionen so weit in die Zukunft reichen.

1959 – Alois Irlmaier, Deutschland

Abbildung 24: Alois Irlmaier (1894–1959)

Auch die nächste Quelle kommt aus Deutschland. Es handelt sich um den bayerischen Brunnenbauer Alois Irlmaier (1894–1959).
Alois Irlmaier ist ein sehr spezieller Fall. Und zwar aus folgenden drei Gründen:
Noch zu Lebzeiten des Sehers wurden seine weltpolitischen Prophezeiungen veröffentlicht. Mehrere Zeitungen schickten 1949/1950 Reporter zu Alois Irlmaier und druckten dann einiges aus den Interviews mit dem Seher ab. Aber auch ein paar private Autoren befragten ihn.
Aufgrund dieser soliden Quellenlage besteht weitestgehend Klarheit über das, was Irlmaier vorausgesagt hat und was nicht.

Der zweite Punkt ist, dass es an die hundert veröffentlichte Zeugenaussagen im Hinblick auf Irlmaiers hellseherische Treffsicherheit bei privaten Voraussagen gibt. Von 1946 bis 1950 wurde Alois Irlmaier von (privaten) Ratsuchenden regelrecht bestürmt.
Amtlichen Dokumenten nach standen zeitweise hundert und mehr Personen vor Irlmaiers Grundstück in Freilassing Schlange, um den Seher zu sprechen.[161] Ich selbst konnte zwischen 2008 und 2016 noch rund ein Dutzend Zeugen interviewen, die ihn nach eigenem Bekunden noch persönlich kennengelernt hatten. Bis auf einen Fall haben sich diese Zeugen alle positiv bis äußerst positiv über Irlmaiers Fähigkeiten geäußert.

Der dritte Punkt ist, dass Alois Irlmaier im Frühjahr 1946 wegen betrügerischer Hellseherei angeklagt worden ist, es im Sommer 1947 zum Prozess kam, der Hellseher aber freigesprochen wurde. Teile der Prozessakten existieren noch heute im Staatsarchiv München. Ausschlaggebend für Irlmaiers Freispruch waren dessen Warnungen im Frühjahr 1945 vor Bombenangriffen auf die südostbayerischen Städte Rosenheim, Bad Reichenhall und Freilassing in den letzten Tagen des Zweiten Weltkrieges. In Freilassing, Bad Reichenhall und Rosenheim hatte man sich im Frühjahr 1945 angesichts des absehbar baldigen Kriegsendes schon der Hoffnung hingegeben, den Krieg ohne größere Bombardements zu überstehen. In Irlmaiers Prozess sagten dann rund vierzig Personen überwiegend zugunsten des Sehers aus und bestätigten, dass er durch seine präzisen Warnungen zahlreichen Menschen das Leben gerettet hatte (schätzungsweise dreißig Personen).[162] Der prozessführende Richter hielt abschließend in der Urteilsbegründung fest:

> *Der Angeklagte ist nach wie vor seiner Berufsarbeit nachgegangen, nur am Wochenende hat er sich den Auskunftsuchenden gewidmet, ist dann aber dem Ansturm förmlich erlegen. Demnach gibt auch das Auftreten des Angeklagten keinen Hinweis dafür, dass er Gaukler* [Betrüger, Scharlatan] *sei.*
>
> *Er hat im Gegenteil vielen Menschen während des Krieges geholfen, die Nervenbelastung des Luftkrieges durchzustehen. Er hat ihnen uneigennützig in schwersten Stunden seelische Beruhigung verschafft, indem er* ***zutreffend vorhersagte,*** *welche Zeit besondere Gefahren mit sich bringe, welche Gegenden, ja welche Häuser besonders gefährdet seien und wie sich die Ratsuchenden verhalten sollten. Die Vernehmung der Zeugen* [hier stehen die Namen der Zeugen] *hat so verblüffende, mit den bisher bekannten Naturkräften kaum noch zu erklärende Zeugnisse für die Sehergabe des Angeklagten erbracht, dass dieser nicht als Gaukler bezeichnet werden kann.*[163]

Angesichts seiner Lebensgeschichte können wir also auch Alois Irlmaier als eigenständige Quelle betrachten. Irlmaiers echte seherische Fähigkeiten sind durch genügend Zeugenaussagen aus privatem Rahmen belegt.

Und inzwischen haben sich auch einige weltpolitische Voraussagen des Sehers erfüllt; mit Einzelheiten, die vor ihm kein anderer dokumentierter Seher erwähnt hat.

Inzwischen erfüllte weltpolitische Voraussagen Alois Irlmaiers

Schon 1949 sagte Alois Irlmaier den großen politischen Umbruch in Osteuropa voraus (Zerfall der UdSSR). Die Altbayerische Heimatpost vom 20. November 1949 zitiert den Seher:

> *Drüb'n* ***im Osten*** *gibts no an* ***großen Umschwung,*** *[...] Des geht no net so gschwind, und es wern allerhand Kämpf' vorausgehn, aber es kimmt. Wer amoi des Kreuz nimmer acht', der hat verspuit* [verspielt]. *Und der* ***Stalin*** *will mit'm Kreuz nix z'toa ham.*[164]

Auch wenn die Formulierung »großer Umschwung im Osten« zunächst etwas undeutlich ist, so stellt die Nennung Stalins zwei Sätze weiter unten klar, dass es sich um »Stalins Osten« handelt, also die UdSSR und den Warschauer Pakt.

Da Alois Irlmaier immer wieder Szenen aus dem »Dritten Weltkrieg« gesehen hat, aber auch Szenen aus der Zeit nach dem »Dritten Weltkrieg«, ist diesem Seher nach klar, dass der »große Umschwung im Osten« vor dem »Dritten Weltkrieg« stattfinden muss. Erst kommt der große Umschwung – dann der »Dritte Weltkrieg«.

In einem anderen Irlmaier-Text von offenbar Oktober 1945 (!), der aber erst im März 2002 an die Öffentlichkeit gelangt ist – der sogenannte *Kurier-Text* –, findet sich ein Hinweis darauf, dass die USA irgendwann einen schwarzen Präsidenten bekommen werden. Barack Obama wurde 2008 zum US-Präsidenten gewählt. Konkret heißt es im *Kurier-Text,* der selbst im Fälschungsfalle von spätestens März 2002 wäre, mit Blick auf die USA:

> *Die Schwarzen werden die Macht bekommen ...*[165]

Natürlich steht da nichts von einem schwarzen Präsidenten. Aber wenn »die Schwarzen« in den USA an der Macht wären, hätten sie natürlich auch einen schwarzen Präsidenten. Alles andere wäre wohl etwas komisch.

Jedenfalls wäre nicht zu erwarten, dass die schwarzen US-Bürger bei einem Bevölkerungsanteil von 13 Prozent das Land mit Gewalt übernehmen. Die Schwarzen werden in den USA nicht über einen Bürgerkrieg »an die Macht kommen«.

Wenn man sich vorstellt, wie Alois Irlmaier in den 1950er-Jahren (oder gar im Oktober 1945) einen schwarzen US-Präsidenten »gesehen« hat, wird die Formulierung »Die Schwarzen werden die Macht bekommen« durchaus nachvollziehbar: Denn in den ersten Jahren nach dem Zweiten Weltkrieg war die US-amerikanische Gesellschaft in vielen Bereichen noch stark von Rassentrennung und Rassismus geprägt. Erst der Civil Rights Act von 1964 hob in den USA – jedenfalls juristisch – die Rassentrennung in Restaurants, Kinos, Hotels, Bussen und Sportstadien auf.

Dem südostbayerischen Brunnenbauer dürfte seinerzeit also ganz einfach nicht in den Sinn gekommen sein, dass die nichtschwarze Bevölkerungsmehrheit der USA eines Tages einen Schwarzen zum Präsidenten wählen wird!

Weiter heißt es im sogenannten *Kurier-Text,* dass die Jugend von Paris die französische Hauptstadt in Brand stecken wird, was bereits im Herbst 2005 nicht nur »ansatzweise« passiert ist. Im Herbst 2005 gab es in ganz Frankreich, natürlich mit Schwerpunkt Paris, lang anhaltende Unruhen von frustrierten Jugendlichen, die zum Großteil einen Migrationshintergrund hatten, sprich: deren Eltern oder Großeltern aus früheren Kolonien in Afrika kamen. Zwischen dem 27. Oktober und 20. November 2005 wurden in Frankreich landesweit 10 300 Autos abgefackelt. Im *Kurier-Text* von Oktober 1945/März 2002 heißt es:

> *Zuerst wird die Stadt mit dem eisernen Turm sich selbst anzünden und* ***Revolte mit der Jugend*** *machen. Der Stunk geht um die Welt.*

Dass die Pariser ihre eigene Stadt anzünden, sagen mehrere Seher voraus, aber meines Wissens ist Alois Irlmaier europaweit der Einzige, der in dem Zusammenhang von der Pariser Jugend spricht.

Weiter heißt es im *Kurier-Text:*

> *Amerika wird im Osten dauernd Kriege führen und nie mehr siegen. Gott hat sich abgewandt.*[166]

Bis März 2002, als der *Kurier-Text* (die Fotokopien einer Handschrift) im Internet veröffentlicht wurde, hatten die USA »im Osten« bereits den Korea-Krieg verloren beziehungsweise nicht gewonnen (1953) und den Vietnam-Krieg definitiv verloren (1975). Zwei verlorene oder nicht gewonnene Kriege machen aber noch keine Serie.

Wäre der *Kurier-Text* eine Fälschung von März 2002, was er meiner eingehenden Analyse nach nicht ist[167], so müsste man dem Fälscher wenigstens zu seinem glücklichen Händchen gratulieren, denn der im September 2001 von den USA begonnene Afghanistan-Krieg hat bisher (Januar 2017) zu keinem »Sieg« geführt. Dasselbe gilt für den im Jahr 2003 geführten Krieg gegen den Irak. Diktator Saddam Hussein wurde zwar zur Strecke gebracht, aber auch im Irak konnten die USA keinen Sieg im eigentlichen Sinne verbuchen. Vielmehr wurde der Irak zur Brutstätte bisher nie da gewesenen Terrorismus', Stichwort: *Islamischer Staat.* Das militärische Eingreifen der USA und ihrer Kriegsgesellen im Irak hat die Probleme in der Region nicht wie versprochen gelöst, sondern vervielfacht.

Auch in Syrien zeichnet sich kein Sieg der USA ab. Syrien, Irak und Afghanistan liegen aus Sicht des bayerischen Sehers alle im Osten. Die obige Voraussage über die USA, die im Osten nie mehr siegen, ist also auch richtig im Hinblick darauf, wo die USA *keinen* Krieg führten (im Süden, Norden und Westen).

Alois Irlmaier zur Flüchtlingsthematik

Im Jahr 1992 wurde dann in einem kleinen Büchlein eine inzwischen recht bekannte Irlmaier-Aussage veröffentlicht, die sich möglicherweise auf die Flüchtlingswelle im Jahr 2015 und danach bezieht. Die Aussage beginnt mit einer Beschreibung der 1960er-Jahre in der Bundesrepublik Deutschland:

Zuerst kommt ein Wohlstand wie noch nie.
Dann folgt ein Glaubensabfall wie nie zuvor.
Darauf eine nie da gewesene Sittenverderbnis.
Alsdann kommt eine große Zahl Fremder ins Land.

Es herrscht eine hohe Inflation.
Das Geld verliert mehr und mehr an Wert.

Bald darauf folgt die Revolution [in Deutschland].
Dann überfallen die Russen über Nacht den Westen.[168]

Natürlich kommt eine »große Zahl Fremder« schon seit den 1950er-Jahren nach Deutschland und Bayern. Bisher gab es drei große Einwanderungswellen in die Bundesrepublik Deutschland und nach Bayern: zunächst im Zusammenhang mit dem Wirtschaftswunder (die sogenannten *Gastarbeiter*), dann im Zusammenhang mit dem Zerfall des Warschauer Paktes und der Wiedervereinigung, und dann ab 2015 im Zusammenhang mit dem gescheiterten »Arabischen Frühling«.

Dafür, dass Irlmaier die Zuwanderungswelle ab 2015 gemeint hat, spricht, dass noch zwei andere seherisch begabte Personen von 1960 (Deutschland) und 1968 (Norwegen) einen zeitlichen Zusammenhang gesehen haben zwischen dem Zustrom vieler Fremder nach Europa, einem bald darauf folgenden Wirtschaftseinbruch – und einen wiederum darauf folgenden Krieg.[169] Und sollte ab 2017 eine eindeutige Inflation kommen (wobei bei der offiziellen Statistik »geschummelt« werden könnte), wäre es noch wahrscheinlicher, dass Irlmaier die aktuelle Flüchtlingskrise gemeint hat.

Kurzum: Alois Irlmaier ist mit seinen Visionen nicht in den 1950er-Jahren »stecken geblieben«, sondern hat bis in das 1. und 2. Jahrzehnt des 21. Jahrhunderts wenigstens in wichtigen Punkten *richtig* vorausgesehen.

Alois Irlmaier zur 3-tägigen Finsternis

Kommen wir nun zu Irlmaiers Voraussagen zur 3-tägigen Finsternis. 2 Jahre nach dem Tode des Sehers schrieb der Verleger Conrad Adlmaier in *Blick in die Zukunft:*

> *In der letzten Unterredung mit Irlmaier, die im Frühjahr 1959 stattfand, sprach der Hellseher von diesem Phänomen* [3-tägige Finsternis] *ausführlich. Was er sagte, sei dem lieben Leser nicht verschwiegen:*
>
> *»Finster wird es werden* ***an einem Tag unterm Krieg.***[170] *Dann bricht ein Hagelschlag* [~ Meteoritenschauer] *aus mit* ***Blitz*** *und* ***Donner*** *und ein* ***Erdbeben*** *schüttelt die Erde. Dann geh nicht hinaus aus dem Haus. Die Lichter brennen nicht, außer Kerzenlicht, der Strom hört auf. Wer den* ***Staub*** *einschnauft, kriegt einen Krampf und stirbt.«*[171]

Rein sprachlich beziehungsweise von der Wortwahl her ähneln diese fünf kurzen Sätze des Sehers stark anderen Quellen zur 3-tägigen Finsternis. Denkt man allerdings an einen einfachen Mann wie Alois Irlmaier, der zuerst Bauer war und später als Wünschelrutengänger und Brunnenbauer arbeitete, ist eigentlich klar, dass dieser einfache Mann Erdbeben auch *Erdbeben* nennt, Blitze

Blitze und Donner *Donner.* Das bedeutet: Allein eine ähnliche Wortwahl ist in Fällen knapper, klarer Texte noch kein überzeugendes Indiz für eine Fremdbeeinflussung.

Spezifischer wird Alois Irlmaier dann mit seinen Überlebenstipps für die 3-tägige Finsternis:

> *Mach die Fenster nicht auf, häng sie mit* ***schwarzem Papier*** *zu. Alle* ***offenen Wasser werden giftig*** [vermutlich durch den Fallout der Staubwolke] *und alle* ***offenen Speisen,*** *die nicht in* ***verschlossenen Dosen*** *sind. Auch keine* ***Speisen in Gläsern,*** *die halten es nicht ab. Draußen geht der* ***Staubtod*** *um, es sterben sehr viele Menschen. Nach 72 Stunden ist alles wieder vorbei. Aber noch mal sage ich es: Geht nicht hinaus, schaut* nicht beim Fenster hinaus, laß* die geweihte Kerze oder den Wachsstock brennen und betet*. Über Nacht sterben mehr Menschen als in zwei Weltkriegen. […]*[172]
>
> *Auf die Frage, was sollen die Leute tun, um die große Finsternis und* ***den kosmischen Staub*** *zu überstehen, antwortete der Seher: »Kauft ein paar* ***verlötete Blechdosen*** *mit Reis und Hülsenfrüchten. Brot und Mehl hält sich, Feuchtes verdirbt, wie Fleisch, außer in blechernen Konservendosen.* ***Wasser aus der Leitung ist genießbar,*** *nicht aber Milch. Recht viel Hunger werden die Leute so nicht haben, während der Katastrophe und Finsternis. Das Feuer wird brennen, aber macht während der 72 Stunden kein Fenster auf.«*[173]

Alle fett gedruckten Stellen sind mir aus keiner Prophezeiung von vor Alois Irlmaier (1959 gestorben) bekannt.

Interessant – besser gesagt verdächtig – an diesem Text ist, dass Conrad Adlmaier eingangs zwar den Eindruck erweckt, Irlmaier habe jetzt etwas mitzuteilen, das er erst kürzlich »gesehen« hat (»In der letzten Unterredung mit Irlmaier«), es dann aber aus dem Seher geradezu heraussprudelt und Irlmaier auch noch sehr genaue Angaben macht. Allem Anschein nach beschreibt der Seher Dinge, die er schon öfter gesehen hat. Überhaupt irritiert es, dass Irlmaiers Aussagen zur 3-tägigen Finsternis von Conrad Adlmaier erst 2 Jahre nach Alois Irlmaiers Tod veröffentlicht worden sind.

Eine andere eigenartige Stelle im Text findet sich dort, wo Conrad Adlmaier in einer Frage an Irlmaier vom *»kosmischen Staub«* spricht, obwohl Irlmaier in Adlmaiers sonstigen Texten zur Herkunft des Staubes an keiner Stelle etwas sagt!

* Der Wechsel von Singular (»laß«) und Plural (»betet«) stammt aus Conrad Adlmaiers Buch.

Irlmaier redet zwar von Staub, aber er sagt nie, woher der Staub kommt und was dessen Ursache ist. Offenbar gibt Adlmaier in seinen Publikationen nur einen Teil dessen wieder, was Irlmaier ihm zur Finsternis gesagt hat. Conrad Adlmaier selbst sagt an einer Stelle, dass er nur einen Teil dessen veröffentlicht hat von dem, was Irlmaier insgesamt vorausgesagt hat.[174]

Warum hat Conrad Adlmaier Irlmaiers Aussagen zu all den kosmischen Zusammenhängen bis zum Tod des Sehers verschwiegen? War die sehr späte Veröffentlichung mit dem Seher abgesprochen?

Für ein bewusstes Zurückhalten einiger Irlmaier-Aussagen durch Conrad Adlmaier spricht auch eine Sequenz aus obigem *Kurier-Text,* wo es eindeutig um die 3-tägige Finsternis geht:

> *Schaut, dass eure Fenster und Türen gut schließen, denn man kann **seinen besten Freund** nicht einlassen, sonst geht der giftige Rauch und Atem herein.*[175]

Hier lesen wir nichts von Staub, stattdessen heißt es »der giftige Rauch und Atem«.

Abgesehen davon wird dem aufmerksamen Leser auffallen, dass der »beste Freund« bereits bei sich zu Hause tot umgefallen sein müsste, als er dort vor die Haustüre getreten ist. Im Klartext: Das da draußen vor der Türe *ist kein Freund!* … Was dann? … Die Lösung des Rätsels heben wir uns für später auf.

Der *Kurier-Text* über die 3-tägige Finsternis geht weiter:

> *Die Toten werden haufenweise davon auf den Straßen liegen. Die Bauernhäuser leer sein und das Vieh brüllen, da es niemand tränkt.*
>
> *In einer **eisigkalten Nacht** wird Donner ertönen, dann schließt Tür und Fenster, es bleibt **3 Tage finster** wie in der tiefsten Nacht, die **Kräfte des Himmels werden erschüttert sein.** Habe ein geweihtes Licht zur Hand. Alte und Todkranke werden ihre Gesundheit erlangen, wenn sie Gott entsprachen, die anderen sterben.*[176]

»Die Kräfte des Himmels werden erschüttert sein« erinnert an den Polsprung und den Himmelskörper. Irlmaiers Ratschläge hinsichtlich der Lebensmittel

(»Kauft ein paar verlötete Blechdosen mit Reis und Hülsenfrüchten. Brot und Mehl hält sich, Feuchtes verdirbt, wie Fleisch, außer in blechernen Konservendosen. Wasser aus der Leitung ist genießbar, nicht aber Milch«) sind aus den Quellen von vor 1961 nicht bekannt.

Warum feuchte Lebensmittel in Gläsern verderben sollen, weiß ich nicht. Handelt es sich dabei um irgendeine kosmische Strahlung während des Polsprungs? An dieser Frage kann, wer will, sich die Zähne ausbeißen. Oder man beherzigt einfach Irlmaiers Rat und kauft feuchte Lebensmittel nur in Dosen. Dasselbe gilt für die schwarze Pappe, mit der man die Fensterscheiben abdecken soll. Auch hier kann man rumrätseln, bis man grün ist, oder einfach ein paar Euro in schwarze Pappe investieren.

Was die offenen Wasser betrifft, die giftig werden sollen, so könnte die Ursache der Staub der Wolke sein, der sich am Erdboden abgesetzt hat. Wie lange die Giftwirkung im Wasser andauert, ist unklar. Bedenkt man aber Irlmaiers Bevorratungstipps für die 3-tägige Finsternis, dürfte die Giftwirkung im Wasser nicht allzu lange andauern, sonst hätte der Seher vermutlich dazu geraten, sich für die Finsternis und danach Wasservorräte anzulegen, was im Übrigen auch andere Seher eigentlich nie machen. Entweder wird der Giftstoff im offenen Wasser relativ schnell verdünnt oder er baut sich von alleine ab. Je tiefer ein Gewässer ist, desto eher dürfte sein Wasser wieder genießbar sein. Schwerer kalkulierbar wäre allerdings eine nachfolgende Vergiftung durch Fischkadaver. Möglicherweise nähmen die Fische aber auch Reißaus in tiefere, noch unvergiftete Wasserschichten. Eine Wasserpumpe mit Filter könnte in jedem Falle eine gute Investition sein.

Anfang der 1950er-Jahre wurde Alois Irlmaier von einem Privatmann namens Ernst Ladurner interviewt, der Irlmaiers Aussagen später in einem kleinen Heftchen veröffentlicht hat:

> *Lang wird der Krieg nicht dauern, aber es wird trotzdem reichen. In eineinhalb Mondlängen* [Monaten] *werden die Leut' den ersten Schrecken hinter sich haben* [nach der Kriegswende im Raum Lyon[177]]. *[...] Dann wird ein höheres Wesen die Bahn streichen und uns im Kriege helfen.«*[178]

Im Hinblick auf andere Prophezeiungen ergibt sich für »wird ein höheres Wesen die Bahn streichen und uns im Kriege helfen« folgende Deutung: Die »Bahn« ist die Erdumlaufbahn um die Sonne, und das »höhere Wesen« ist der leuchtende Himmelskörper, der der Erde sehr nahe kommt. Wie wir noch sehen werden, findet sich eine Assoziierung dieses Himmelskörpers mit göttlicher Energie auch noch in anderen Quellen.

Die Stellen mit dem »höheren Wesen« und Adlmaiers »kosmischer Staub« sind die einzigen mir aus der Literatur bekannten Hinweise Irlmaiers auf eine kosmische Ursache der Finsternis.

Im Jahre 1961 wird Alois Irlmaier von Verleger C. Adlmaier zitiert:

> *Bei diesem Geschehen* [dem »Dritten Weltkrieg«] *sehe ich ein großes Kreuz am Himmel stehen und ein Erdbeben wird unter Blitz und Donner sein, dass alles erschrickt und* ***die ganze Welt*** *aufschreit: »Es gibt einen Gott!« Welche Jahreszeit wird es sein? Das kann ich nur aus den Zeichen ablesen. Auf den Gipfeln der Berge liegt Schnee.* ***Es ist trüb und regnerisch und Schnee durcheinander*** *[…]. Herunten ist es aper* [~ im Tal liegt kein Schnee]. *Gelb schaut es her. […]. Während des Krieges kommt die große Finsternis, die 72 Stunden dauert.*[179]

Es hat geschneit, aber im Tal ist der Schnee schon wieder getaut. Das kann irgendwann im Winter sein oder aber ein Kälteeinbruch im Spätherbst. Die Jahreszeitangabe passt zum *Kurier-Text,* wo es »eisigkalte Nacht« heißt.

Fazit: Auch der bekannte bayerische Hellseher Alois Irlmaier sagt eine 3-tägige Finsternis voraus. Es finden sich in seinem Fall zudem genug positive Zeugenaussagen bei privaten Voraussagen. Und nicht nur in den Jahren 2005 bis 2015 sind einige seiner weltpolitischen Prophezeiungen vorsichtig formuliert mehr oder weniger eingetroffen.

Wer sich darüber hinaus für diesen Ausnahmeseher interessiert, dem sei mein Buch *Alois Irlmaier – ein Mann sagt, was er sieht* (2009/2014) empfohlen.

1965* – Pater Pio, Italien

Abbildung 25: Pater Pio (1887–1968)

Der Kapuzinerpater Pio (1887–1968), bürgerlich Francesco Forgione, lebte und wirkte im Kloster San Giovanni Rotondo in Apulien, Süditalien.

Auch Pater Pio trug die Wundmale Christi und hatte hellseherische Visionen. Darüber hinaus wurden ihm die Gabe des Heilens und andere übersinnliche Phänomene nachgesagt.

1999 wurde er von Papst Johannes Paul II. selig- und 3 Jahre darauf heiliggesprochen. Pater Pios Heiligsprechung erfolgte, verglichen mit andern Fällen der Kirchengeschichte, ziemlich bald nach dem Tod, was relativ ungewöhnlich ist und als Botschaft des Papstes an die Gläubigen verstanden werden kann. Heutzutage ist Pater Pio der populärste Heilige Italiens.

Vermutlich gab es im ganzen 20. Jahrhundert keinen katholischen Priester, dessen Bild in der Öffentlichkeit so stark von dessen übersinnlichen Fähigkeiten geprägt war wie im Falle Pater Pios.

Ich selbst erinnere einen Beitrag des Bayerischen Rundfunks vor einigen Jahren, in dem der Sender Pios Fähigkeit der *Bilokation* als Tatsache (!) hinstellte.

* Kurzer Hinweis zur Auswahl der Zahlen in den Überschriften: Teilweise ist etwas unklar, wann die entsprechenden Aussagen zur 3-tägigen Finsternis und kosmischen Intervention bei der jeweiligen Quelle erstmals gemacht und/oder veröffentlicht wurden. Bei Pater Pio sind entsprechende Voraussagen zur 3-tägigen Finsternis in Deutschland im Jahr 1965 veröffentlicht worden: *Großer Ruf*, Credo-Verlag, Wiesbaden, August-September-Ausgabe 1965.

Mit Bilokation bezeichnet man die Fähigkeit, gleichzeitig an mehreren Orten zu erscheinen. Es gibt wohl kein bizarreres übersinnliches Phänomen. Aber bei Pater Pio wird es immer wieder erwähnt (siehe unten).

Geboren im Jahr 1887, aufgewachsen als achtes Kind eines Bauern, trat Francesco Forgione mit 15 Jahren als Novize in den Kapuzinerorden in San Giovanni Rotondo ein. Im August 1910 wurde er zum Priester geweiht. Nachdem er 1915 als Sanitäter zum Militär einberufen worden war, dort aber oft krank war, wurde er 1916 aus dem Militärdienst entlassen und kam in das Kloster San Giovanni Rotondo, wo er bis zu seinem Tod blieb. Schon wenige Wochen nach der Priesterweihe sollen sich bei Pater Pio Stigmata gezeigt haben.

Mit den Jahren reisten immer mehr Pilger zu den Messen, die der Pater in San Giovanni Rotondo las. Gleichzeitig mehrten sich die Rufe der Kritiker, auch von innerhalb der Kirche, die behaupteten, seine Stigmata seien simpler Betrug mit irgendwelchen chemischen Substanzen.

Was die große Verehrung betrifft, die Pater Pio vom italienischen Volk zuteilwurde und auch heute noch wird, werfen wir kurz einen Blick auf zwei Beispiele: *Die Süddeutsche Zeitung* vom 17. Mai 2010 schrieb über Pater Pios Beisetzung:

> *Als er 81-jährig starb, strömten etwa 100 000 Menschen zu seinem Begräbnis. Bei seiner Seligsprechung im Mai 1999 war der Petersplatz* [im Vatikan] *zu klein, um alle Gläubigen aufzunehmen.*

Das zweite Beispiel: 2008 wurde Pater Pios Leichnam exhumiert, und heute befindet er sich in einem gläsernen Reliquienschrein – durchaus einem Schneewittchensarg vergleichbar – in der Wallfahrtsbasilika in San Giovanni Rotondo. Diese »Reliquie des heiligen Pater Pio« wurde im Jahre 2016 sogar an den Petersdom im Vatikan »ausgeliehen«, um dort von Gläubigen in Augenschein genommen werden zu können. Mehr Wertschätzung durch die katholische Kirche ist wohl kaum denkbar.

Bezüglich der 3-tägigen Finsternis sind von Pater Pio folgende Aussagen überliefert, wobei deren Echtheit aus dem kirchlichen Umfeld bestritten wird. Entsprechende Kritiken muss man sich aber sehr genau ansehen, da es hier durchaus etwas doppelbödig wird (siehe unten).

23. Januar 1950:

Das Maß der Sünden ist voll! ***Der Tag der Rache, mit seinen erschreckenden Ereignissen ist nahe – näher, als du dir vorstellst!*** *Und die Welt wiegt sich in falscher Sicherheit! Das göttliche Gericht wird einschlagen* ***wie ein Blitzschlag!***[180]

Das ist starker Tobak. Aber der starke Tobak entkräftet sich umgehend dadurch, dass der Pater eine falsche Datumsprognose beigefügt hat. Wie wollte man es schließlich anders bewerten, wenn der hellsehende Pater im Jahr 1950 sagt: »Der Tag der Rache ist nahe – näher, als du dir vorstellst!«, und dann mindestens 66 Jahre lang »nichts« passiert? Wohlgemerkt: Auch die besten Seher haben immer wieder ihre Schwierigkeiten, zutreffend Zeitpunkte oder Zeiträume vorauszusagen. Pios »näher, als du dir vorstellst« sollte man also nicht überbewerten.

Ähnliches gilt für den »Tag der Rache«. Ein Rachegott – erlauben Sie mir die flapsige Formulierung – ist bei genauerer Betrachtung ziemlich uncool. *Rachegott* geht gar nicht. Denn wenn es im ganzen Universum nur noch ein einziges Wesen gäbe, das cool bleibt und ein Lächeln auf den Lippen trägt, dann ist das selbstverständlich Gott. Wer bitte sonst?

Ein Rachegott ist ein vermenschlichter Gott und damit ein heruntergeregelter Gott. Und wer will schon einen Gott, der auf Sparflamme brennt und irgendwie an der Kette liegt? So überrascht es nicht wirklich, dass man über die Jahrhunderte hin des alttestamentarischen Rachegottes überdrüssig wurde und aus ihm irgendwann einen »lieben Gott« machte. Dieser »liebe Gott« aber ist nur ein noch weiter heruntergeregelter Gott, ein noch weiter entmachteter Gott, der jetzt, da er pflegeleicht genug ist, nur noch darauf wartet, vollends abgeschafft zu werden. Erst wird er heruntergeregelt, dann wird er abgeschaltet. Solch ein Gott war nie ein wirklicher Gott.

Was die »sündige Welt« betrifft, noch diese Anmerkung: Die Klage über die sündige Welt findet sich nicht nur im Christentum, sondern auch in anderen Religionen (zum Beispiel im Buddhismus), ja sogar bei Naturvölkern. Diese Klage ist beileibe nicht speziell katholisch.

Darüber hinaus muss man meiner Ansicht nach unterscheiden zwischen der Sünde auf individueller und auf kollektiver, letztlich auf globaler Ebene. Einem Individuum kann man noch persönlich ins Gewissen reden, aber nicht der ganzen Menschheit. Wenn die gesamte Menschheit in Sünde versinkt, ändert sich der Blickwinkel. Denn die Menschheit lässt sich nicht von Gott trennen. Wenn das »Projekt Menschheit« in solch katastrophaler Form scheitert, fällt das ohne jeden Zweifel auf Gott zurück, schließlich ist Gott der oberste »Teamchef«.

Wenn die Menschheit das alles entscheidende große Endspiel versemmelt hat, was soll dann Gott vor laufenden Kameras sagen, wenn ihm die Mikrofone unter die Nase gehalten werden? Er kann nicht sagen, das sei »nicht sein Team« und er habe nichts damit zu tun. Blödsinn! *Natürlich* ist es *»sein Team«*.

Aus einer Menschheit, die versagt, folgt auch ein Gott, der versagt. So jedenfalls eine nachvollziehbare Logik. Oder anders betrachtet: Der Rachegott ist Ausdruck eines falschen Gottesbildes und eines falschen Menschenbildes. Rache ist eine absolut falsche Fährte. Aber gut, vielleicht lege ich die hier überlieferten Worte auch zu sehr auf die Goldwaage. Vielleicht hatte der Pater einfach nur einen schlechten Tag.

Sehen wir uns noch weitere überlieferte Aussagen Pater Pios zur 3-tägigen Finsternis an. Kurzer Hinweis: In den nachfolgenden Zitaten kommt es bisweilen zu Wiederholungen, aber eine Kürzung der betreffenden Stellen hätte den Zitaten meiner Ansicht nach nicht gutgetan. Im Jahr 1949 soll Pater Pio gesagt haben:

> *Bete zu mir* [Jesus]. *Ermahne andere dasselbe zu tun, denn* ***die Zeit ist nahe,*** *wo ich meine ungläubigen Menschen besuche, die die Zeit der Gnade verachteten.* ***Verharre im Gebet,*** *sodass deine Widersacher keine Gewalt über dich bekommen. Sag meinen Leuten, sie sollen vorbereitet sein alle Zeit, weil mein Gericht* ***plötzlich*** *über sie kommen wird, wenn sie es nicht erwarten […].*
>
> ***Achte auf die Sonne und den Mond und die Sterne am Himmel. Wenn sie unruhig und ruhelos erscheinen und sich seltsam bewegen, weißt du, dass der Tag nicht mehr fern ist.*** [siehe Bertha Dudde, Seite 140] *[…] Betet, dass diese Tage abgekürzt werden.«*[181]

Das nächste Pio-Zitat stammt aus dem Jahre 1965 und wurde im selben Jahr auch in Deutschland veröffentlicht. Darin ist erstmals von 3 Tagen Finsternis die Rede.

> *Aus den Wolken werden Orkane von Feuerströmen sich über die Erde verbreiten.* ***Sturm*** *und Unwetter,* ***Donnerschläge*** *und* ***Erdbeben*** *werden einander folgen,* ***unaufhörlich wird der Feuerregen*** [vermutlich kleine Meteoriten] *niedergehen. Der Wind wird Gift und Gas mit sich führen, das* ***sich auf der ganzen Erde*** *verbreitet.*[182]

Ob wirklich »auf der ganzen Welt«, lassen wir einmal dahingestellt. Vielleicht hat Pater Pio Europa mit der ganzen Welt gleichgesetzt. Tatsächlich deuten – wie wir schon bei Bertha Dudde gesehen haben – einige Quellen darauf hin, dass bestimmte Gebiete auf der Erde weniger von »Gift und Gas« betroffen sind. Pater Pio im Jahr 1965 weiter:

> *Damit ihr euch auf das Ereignis vorbereiten könnt, gebe ich euch folgendes Zeichen:* ***Die Nacht ist sehr kalt,*** *der Wind braust, und nach einiger Zeit wird der* ***Donner*** *einsetzen. Dann* ***versperrt alle Türen und Fenster*** *und sprecht mit niemandem außerhalb des Hauses. Kniet euch nieder vor dem Kreuz und bereut eure Sünden. Bittet meine Mutter um ihren Schutz.* [Bittet Gott um Schutz.*] *Während die Erde bebt,* ***schaut nicht hinaus,*** *denn der Zorn meines Vaters ist heilig.* [Wer diesem Ratschlag nicht nachkommt, wird augenblicklich zugrunde gehen … *] ***In der dritten Nacht*** *werden Erdbeben und Feuer aufhören, und am folgenden Tag wird die Sonne wieder scheinen.* [Ein Drittel der Menschheit wird umkommen.*][183]

So wie schon im *Lied der Linde* (Nordbayern), bei Julie-Marie Jahenny (Bretagne) und Alois Irlmaier (Südostbayern) findet sich bei Pater Pio der Hinweis auf die kalte Jahreszeit, vermutlich Winter (»Die Nacht ist sehr kalt«). Sturm und Erdbeben sind wieder die typischen Indizien für den Polsprung. Der »unaufhörliche Feuerregen« dürfte eine Art Meteoritenschauer sein. Allerdings ist unklar, wie groß die Meteoriten wären und ob und in welcher Anzahl sie noch glühend den Erdboden erreichen.

28. Januar 1950:

> *Haltet eure Fenster geschlossen. Seht nicht hinaus. Brennt eine gesegnete Kerze an, sie wird für viele Tage reichen. Betet. […].* ***Betet mit ausgestreckten Armen oder werft euch zu Boden, damit vielleicht viele Seelen gerettet werden.*** *Geht nicht aus dem Haus.* ***Versorgt euch mit ausreichend Essen.*** *Die Kräfte der Natur werden im Gange sein und ein Feuerregen wird die Leute zittern lassen vor Angst.* ***Habt Mut!*** *Ich bin mitten unter euch …* ***Bedeckt eure Fenster sorgfältig.*** *Meine Auserwählten sollen meinen Zorn nicht sehen. Habt Vertrauen zu mir und ich werde euer Schutz sein.*[184]

* Die Einschübe sind aus: http://www.j-lorber.de/proph/seher/pio.htm

Auf die »Überlebenstipps« für die 3-tägige Finsternis kommen wir noch zurück (siehe Seite 328).

7. Februar 1950:

> ***»Gebt Acht auf die Tiere in diesen Tagen.*** *Ich bin der Schöpfer und Beschützer der Tiere als auch der Menschen. Ich werde euch vorher einige Zeichen geben, zu welcher Zeit ihr mehr Futter für sie unterbringen sollt.*[185]
>
> ***Hurrikane des Feuers werden ausströmen aus den Wolken und sich über die ganze Erde verbreiten!*** [Auch hier: Wäre es wirklich die ganze Erde?] *Stürme, Unwetter, Blitze und Erdbeben werden die Erde bedecken für 2 Tage.* ***Ein ununterbrochener Feuerregen wird niedergehen! Es wird beginnen während einer sehr kalten Nacht.*** *[…] Die, die auf mich* [Jesus] *hoffen und meinen Worten glauben, haben nichts zu befürchten, weil ich sie nicht im Stich lassen werde, auch die nicht, die meine Botschaft verbreiten. Damit ihr vorbereitet seid auf diese Heimsuchungen, werde ich euch die folgenden Zeichen und Anweisungen geben: Die Nacht wird sehr kalt sein.* ***Der Wind wird heulen.*** *Nach einiger Zeit wird man* ***Blitze hören.***[186] ***Das Licht der Morgensonne wird ersetzt werden durch schwarze Dunkelheit!*** *Niemand soll das Haus verlassen oder aus dem Fenster sehen von diesem Moment an.*[187]
>
> *An den Tagen der Dunkelheit sollen meine Auserwählten nicht schlafen. Sie sollen unaufhörlich beten und sollen nicht von mir enttäuscht sein. Ich werde meine Auserwählten sammeln. […] Schließt alle Türen und Fenster.* ***Sprecht mit niemandem außerhalb des Hauses.***[188]

Wie schon erwähnt: Draußen wäre man eigentlich schon nach dem ersten Atemzug tot. Da wäre also niemand, mit dem man noch sprechen kann. Höchst mysteriös …

> *Kniet nieder vor einem Kreuz, bereut eure Sünden und bittet* [meine Mutter] *um Schutz. Seht nicht heraus während des* ***Erdbebens*** [lokale Erdbeben in Italien?], *weil der Ärger Gottes heilig ist!*
>
> *Diejenigen, die diesen Rat nicht beachten, werden augenblicklich getötet.* ***Der Wind wird die Giftgase über die ganze Erde verteilen.*** *Die, die leiden und unschuldig sterben, werden Märtyrer sein und sie werden mit mir in mein Himmelreich einziehen. […]*
>
> *Die Dunkelheit wird einen Tag dauern und eine Nacht, gefolgt von einem weiteren Tag und einer Nacht und noch einem Tag;* ***aber in der folgenden***

Nacht werden die Sterne wieder scheinen und am nächsten Morgen wird die Sonne wieder aufgehen und es wird Frühling sein![189]

Gerade Pater Pios Aussage zu den wieder sichtbaren Sternen in den letzten Nachtstunden spricht – wenn sie denn echt ist – dafür, dass die Finsternis tatsächlich nur 3 Tage dauert und es auch keine Dämmerungs-Übergangsphase gibt. Interessant ist hierbei: Auch nach Marie-Julie Jahenny (vor 1938) würden sich die Katastrophen in der letzten Nacht schon ein paar Stunden vor dem Sonnenaufgang beruhigen: »In der folgenden Nacht wird der Schrecken sich beruhigen.«[190] Ansonsten sind diese Zitate von Pater Pio und Marie-Julie Jahenny wichtig für jene Leser, die spekulieren, die Finsternis könne länger dauern, als nur 3 Tage.

Im Zusammenhang mit der (angeblich) schon am Morgen des vierten Tages vollkommen verschwundenen Wolke sei zwischendurch eine deutsche Quelle von 1949 zitiert:

Johannes Friede: *Wenn am vierten Tage, zur Zeit des Sonnenaufganges euer Tagesgestirn wieder im **vollsten Glanze** erstrahlen wird, dann wird auf Erden eine Aschendecke liegen wie bei Neuschnee im Winter* [Fallout der Wolke], *nur mit dem Unterschiede, dass diese Asche schwefelfarben ist. Vom Erdboden werden Nebel aufsteigen wie von feurigem Gase erfülltes Licht. …*[191]

Zurück zu Pater Pio: Der Wechsel von »Die Nacht ist sehr kalt« zu 3 Tage später »Es wird Frühling sein« erklärt sich vermutlich durch die Klimazonenverschiebung infolge des Polsprungs. »Übersetzt« man »sehr kalt« mit minus 10 Grad und »Frühling« mit plus 15 Grad, liegt hier ein Temperaturanstieg von 25 Grad innerhalb von 3 Tagen vor. Eigentlich müsste die Differenz aber noch größer sein, denn wenn eine 72-stündige Nacht schon sehr kalt beginnt, müsste es im Laufe der Nacht noch deutlich kälter werden. Ein Temperaturanstieg von 35 Grad in sagen wir 12 Stunden ist dann nicht mehr so einfach zu erklären, es sei denn mit einem Polsprung.

Ich [Jesus] *selbst werde kommen mitten in Blitz und Donner. […] Es wird eine große Verwirrung sein, wegen dieser **totalen Dunkelheit, die die ganze Erde umzieht** und viele, viele werden sterben aus Furcht und Verzweiflung. […] Die auf Mich hoffen, und **an Mich glauben,** haben nichts zu befürchten […].*[192]

Geht man davon aus, dass auch etliche Millionen Muslime, Buddhisten, Hindus usw. die Finsternis überleben, kann man das Schicksal der Ungläubigen, die aus Furcht und Verzweiflung sterben, dahingehend deuten, dass es sich um Menschen handelt, die an gar nichts glauben und deren Weltbild absolut materialistisch ist.

Fassen wir Pater Pios Aussagen zur 3-tägigen Finsternis zusammen: Die Finsternis wird mit Veränderungen am Sternenhimmel angekündigt. Die Finsternis selbst beginnt in einer sehr kalten Nacht mit einem Donner, dauert 3 Tage und ist mit einer Art Meteoritenschauer verbunden, ebenso wie mit Erdbeben und der Verpestung der Luft außerhalb der Häuser. Man soll im Haus bleiben und Fenster sowie Türen geschlossen halten. Mit Nachdruck fordert Pater Pio dazu auf, zu beten und seine Sünden zu bereuen.

Zur Glaubwürdigkeit von Pater Pios Aussagen

Angesichts von Pater Pios Bekanntheitsgrad, der großen Verehrung durch die Gläubigen und der Wertschätzung durch die (heutige) katholische Kirche, sollte man eigentlich annehmen, dass es seitens der Kirche eine offizielle Stellungnahme zu Pater Pios Prophezeiung zur 3-tägigen Finsternis gibt. Schließlich geht es in dem Szenario um die Rettung der menschlichen Seelen und die Erhaltung ihres physischen Lebens. Eine solche Stellungnahme seitens der katholischen Kirche habe ich bisher aber nirgends entdeckt. Wohl aber liegen aus dem kirchlichen Umfeld Stellungnahmen vor, die die Echtheit der Aussagen bestreiten (siehe unten).

Letztlich liegen also nur überlieferte (angebliche) Zeugenaussagen über Pater Pios Prophezeiungen vor, die nicht weiter überprüfbar scheinen*, da Namen und Adressen der jeweiligen Zeugen nicht bekannt sind. Doch selbst, wenn man die Zeugen befragen könnte, hätte man mit deren Aussagen alleine noch keinen Beweis dafür, dass Pater Pio diese Dinge tatsächlich vorausgesagt hat.

* Natürlich ist immer eine inhaltliche Analyse möglich. Vergleicht man die konkreten Details zur 3-tägigen Finsternis in den überlieferten (angeblichen) Aussagen von Pater Pio mit anderen Prophezeiungen, so finden sich keine inhaltlichen Ausreißer. Sollte es sich um eine Fälschung handeln, dann müsste sie meiner Einschätzung nach von jemandem stammen, der zuvor die europäische Prophetie eingehend studiert hat, und zwar auf Basis der bis 1965 (wahrscheinlich nur in Italien) bekannten Quellen.

Diese unklare Quellenlage wirft folglich die Frage auf, ob diese Prophezeiungen eine Erfindung oder Fälschung sind.

Zur Beantwortung dieser Frage ist es zunächst ganz hilfreich zu wissen, dass die katholische Kirche Pater Pio rund 2 Jahrzehnte lang wie einen inneren Feind behandelt hat, in seiner Arbeit behindert und vor allem versucht hat, ihn von seinen Verehrern und Anhängern zu isolieren (siehe unten).

Zeitweise wurde der Pater regelrecht überwacht, und in seinem Besprechungszimmer fanden sich sogar elektronische Abhöranlagen. Informationstechnisch gesprochen hat die katholische Kirche über viele Jahre hinweg den Informationsfluss zwischen Pater Pio und seiner Umgebung abgewürgt. Daher fragt es sich, ob und wie sich das auf die Publikation von Pios »apokalyptischen« Visionen ausgewirkt haben könnte.

Das Fehlen einer klaren, wirklich eindeutigen Stellungnahme seitens der Kirche muss jedenfalls bei einem Teil der Kirchengläubigen – und der Glaube an die Kirche ist schließlich Teil des katholischen Glaubensbekenntnisses – nicht nur Zweifel an Pios (angeblichen) Prophezeiungen zur 3-tägigen Finsternis geweckt haben, sondern auch Zweifel daran, dass Pater Pio überhaupt Zukunftsvisionen hatte.

Dass Pater Pio Zukunftsvisionen hatte, wird immerhin von (fast) höchster Stelle bestätigt, nämlich von Gabriele Amorth, dem Exorzisten der Diözese Rom und Präsident der Internationalen Vereinigung der Exorzisten – wenn man so will, dem »Weltpräsident aller Exorzisten« –, gestorben 2016.

Über einen Zeitraum von 26 Jahren hat Gabriele Amorth Pater Pio immer wieder besucht und nach dessen Tod ein Buch über den Pater geschrieben. Die deutsche Ausgabe trägt den Titel *Pater Pio – Lebensgeschichte eines Heiligen*, erschienen 2003 und – jetzt kommt der springende Punkt – mit kirchlicher Druckerlaubnis. Das bedeutet faktisch, dass die katholische Kirche dem Inhalt des Buches und seinen Aussagen im Wesentlichen nicht widerspricht.

Aus diesem Buch will ich zunächst zusammenfassen, was Gabriele Amorth über den Kampf der Kirche gegen Pater Pio berichtet. Im Grunde genommen war es kein Kampf (Amorth schreibt von »Attacken«[193]) gegen Pater Pio selbst, sondern dagegen, dass der Pater den Gläubigen Kraft gab und ihren Glauben stärkte, was bei manchen Pio-Verehrern zugegebenermaßen auch in Fanatismus ausartete und gelegentlich chaotische Zustände hervorrief. Mit der Zeit hatte Pater Pio einfach zu viele Verehrer – und es drohten noch mehr zu werden.

Der Kleinkrieg der Kirche gegen das Phänomen Pater Pio erstreckte sich über 2 Jahrzehnte: von 1923 bis 1933 und von 1952 bis 1962. Der Kampf flammte gewissermaßen immer auf, wenn die Gegner Pios in der Kirche an Macht gewannen, und flaute ab, wenn sich Befürworter des Paters durchsetzten.

Angefangen hatte alles damit, dass man Pater Pio im Jahr 1922 jeglichen Kontakt mit seinem »geistlichen Vater«, Pater Benedetto, verbot. Am 31. Mai 1923 erklärte das Heilige Offizium (auch Kongregation für die Glaubenslehre = Zentralbehörde der katholische Kirche zum Schutz der Glaubenslehre und zur Bekämpfung der Ketzerei) nach einer Untersuchung der Pater Pio zugeschriebenen Ereignisse, »dass dieselben nichts Übernatürliches enthalten«. Damit wurden Pater Pios Stigmata faktisch für Betrug erklärt, und er galt faktisch als Betrüger.

Dann ordnete man die Versetzung Pater Pios in ein anderes Kloster an und verbot ihm, Messen in der Öffentlichkeit zu lesen. Nach empörten Protesten aus der Bevölkerung wurde die Versetzung aber nicht durchgeführt, und bald konnte der Pater auch wieder Messen in der Öffentlichkeit lesen. Allerdings forderte das Heilige Offizium die Gläubigen auf, Pater Pio auf keinen Fall mehr aufzusuchen und ihm zu schreiben. Im April 1926 erklärte das Heilige Offizium ein Buch über Pater Pio für »verboten«. Publicity war in Pater Pios Fall absolut unerwünscht.

Im Juli 1926 verurteilte das Heilige Offizium erneut ein Buch über Pater Pio und wiederholte die Mahnung an die Gläubigen, sich vom Pater fernzuhalten. Im Mai 1931 wurde vom Heiligen Offizium ein weiteres Buch über den Pater verurteilt, und die Gläubigen wurden nochmals ermahnt, den Pater nicht zu besuchen und ihm nicht zu schreiben! Am 31. Mai 1931 wurden Pater Pio dann sogar die priesterlichen Vollmachten entzogen: Man verbot ihm, die Messe in der Öffentlichkeit zu lesen. Vor allem aber wurde ihm verboten, die Beichte abzunehmen, wofür sehr viele Gläubige zu ihm gekommen waren. Im Prinzip hatte Pater Pio jetzt Berufsverbot.

Die öffentliche Empörung über Pater Pios Behandlung war inzwischen aber auch angewachsen. Auch die italienische Presse fragte nach den Gründen für die angeordneten Zwangsmaßnahmen. Die Kirche aber schwieg.

Es wurden Gerüchte gestreut, Pio hätte Spendengelder veruntreut. Auch Frauengeschichten machten die Runde. Dann verbreitete der Bischof von Manfredonia, Monsignore Pasquale Gagliardi, über Pater Pio üble Nachrede und sorgte damit dafür, dass Papst Pius XI. (1922–1939) eine schlechte Meinung über den Pater hatte. (Nochmals: All diese Informationen stammen vom »Chef-Exorzisten« Gabriele Amorth und wurden mit kirchlicher Druckerlaubnis veröffentlicht!)

Dann wendete sich das Blatt, und wachsender Einfluss von Pater Pios Fürsprechern sorgte dafür, dass die Pater Pio betreffenden Verbote bis Mitte 1934 nach und nach aufgehoben wurden.

Im Jahr 1952 dann wurden erneut Bucherscheinungen über Pater Pio verboten, diesmal gleich acht. Im selben Jahr und in nachfolgenden Jahren wurde den Ordensangehörigen untersagt, Schriften über Pater Pio oder Bilder von ihm zu verbreiten; ebenso wurde ihnen verboten, Pilgerfahrten nach San Giovanni zu organisieren. 1960 wurde dem Pater ohne Nennung von Gründen untersagt, Frauen außerhalb des Beichtstuhls zu empfangen. Wieder gab es Gerüchte über veruntreute Gelder. Erst Papst Paul VI., der 1963 zum Papst gewählt worden war, sorgte dafür, dass Pater Pio wieder volle Freiheiten zugestanden wurden.[194]

Diese Informationen über Pater Pios »kleines Problem« mit der katholischen Kirche sollten Sie – lieber Leser – bedenken, wenn Sie in sich eine gewisse Unzufriedenheit darüber spüren, dass Pater Pios Vision von der 3-tägigen Finsternis vonseiten der Kirche angezweifelt wird.

Über Pater Pios mystische Begabung schreibt Gabriele Amorth:

> *Ganz außergewöhnlich […] ist die Tatsache, dass das Kind schon sehr früh,* ***vom vierten Lebensjahr an,*** *mit himmlischen Visionen* [Hier bleibt unklar, ob schon Zukunftsvisionen, Anm. d. Autors] *ausgezeichnet wurde und bereits gegen den Teufel kämpfen musste, der sich ihm oft sichtbar, in bedrängender und Schrecken erregender Weise manifestierte.*[195]

Schon auf dem Buchumschlag von Gabriele Amorths Buch erfährt man:

> *Pater Pio hatte als* ***15-jähriger*** [im Jahre 1902] *zwei Visionen: Er wurde aufgefordert, als tapferer Krieger gegen einen Riesen zu kämpfen, der so groß war, dass er mit seiner Stirn die Wolken erreichte. Er hatte Angst und lehnte ab, aber der Engel drängte ihn: »Beginne den Kampf mit Vertrauen, kämpfe mutig, ich werde dir zur Seite stehen.« Der Zusammenprall war furchtbar, aber der Riese wurde besiegt. […] In einer zweiten Vision wurde ihm »eine große*

> *Sendung« verheißen, vermutlich die Stigmata, die von ihm gegründeten Gebetsgruppen und sein Krankenhaus* [das Krankenhaus Casa Sollievo della Sofferenza in San Giovanni Rotondo].[196]

An anderer Stelle heißt es bei Gabriele Amorth:

> *Außer den Stigmata gab es viele weitere Zeichen: übernatürliche Phänomene wie den Duft* [den Pio gelegentlich ausströmte], *die Bilokation, die Herzensschau,* ***die Prophezeiungen,*** *die Heilungen, die Bekehrungen ...*[197] *Sicher [...] ist, dass Pater Pio* [Papst] *Paul VI. das Pontifikat vorausgesagt hat. Als Monsignore Giovanni Battista Montini Substitut im Staatssekretariat war, sagte Pater Pio zu Angelo Battisti: »Sag ihm, er werde Papst und solle sich darauf einstellen.«*[198]

Zur 3-tägigen Finsternis findet sich aber nichts in Gabriele Amorths Buch. Allerdings schreibt der Autor, dass Pater Pio praktisch sein ganzes Leben über Visionen hatte, auch hellseherische, und die drei konkreten vom Amorth erwähnten hellseherischen Visionen beziehen sich jeweils auf Schlüsselereignisse, sowohl für Pater Pios eigenes Schicksal als auch für das Schicksal der Welt (Papstwahl).

Wie wahrscheinlich scheint es da, dass der stigmatisierte Pater in über 60 Jahren keine Visionen von der 3-tägigen Finsternis gehabt hat? Nach allem, was bisher bekannt ist, scheint es deutlich wahrscheinlicher, dass man sich seitens der katholischen Kirche bemüht hat, in einer breiten Öffentlichkeit keinen Zusammenhang erkennbar werden zu lassen zwischen Pater Pio und der Prophezeiung zur 3-tägigen Finsternis.

Warum? Ein Argument ist sicherlich, dass eine kirchliche »Anerkennung« der Prophezeiung von Pater Pio bei der weltweiten Breitenwirkung der katholischen Kirche zu gewissen Panikauswüchsen geführt hätte. Pater Pio war einfach zu bekannt.

In gewissem Sinne befindet sich die katholische Kirche – das kann man ihr zugestehen – mit ihrer Informationspolitik auch im Würgegriff ihrer Klientel: Bei über einer Milliarde Katholiken gibt es eben zu viele Leichtgläubige und Verwirrte, aber natürlich auch schutzbedürftige Kinder und Jugendliche, die harmlos formuliert mit entsprechenden Informationen zur 3-tägigen Finsternis nicht umgehen können. Das gilt jedoch auch für andere Religionen, Sekten usw., wenn diese eine gewisse Größe überschreiten: Man kann dann nicht mehr allen alles sagen.

Nur fragt sich eben, wie sich jene, denen man glaubt, nicht alles sagen zu können, verhalten werden, wenn sie infolge der prophezeiten Katastrophen massiv zu Schaden kommen und überleben. Diese Menschen werden sich dann ziemlich belogen und verraten fühlen. Und sie werden fragen: »Warum habt ihr uns nichts gesagt?«

Wer wird dann die Kaltschnäuzigkeit aufbringen und es riskieren zu sagen: »Weil wir wussten, dass es besser für euch ist«?

Lassen Sie mich dieses Kapitel abschließen mit einer Quelle, die den Standpunkt vertritt, dass obige Voraussagen zur 3-tägigen Finsternis *nicht* von Pater Pio stammen – also eine Fälschung sind. Dazu zitiere ich aus dem 1993 erschienenen Buch *Pater Pio aus Pietrelcina* von Frère Arni Decorte. Arni Decorte, ein Kapuzinermönch, schreibt im Vorwort, er habe Pater Pio »nahegestanden«, habe an seinen Messen teilgenommen und sei bei ihm zur Beichte gegangen. Im Kapitel »Warnung« listet der Autor sechs Punkte auf, die (angeblich) für die Fälschung der obigen Prophezeiungen Pater Pios zur 3-tägigen Finsternis sprechen:

Die Sprache der Kirche ist klar. Geben wir also Acht, dass unsere Gläubigkeit nicht in Aberglauben absinkt; die Kirche warnt uns davor. Es ist gut, hier einige Anhaltspunkte festzuhalten:

1. *Pater Pio hat* ***niemals öffentliche*** *oder* ***offizielle Prophezeiungen*** *die großen Weltereignisse betreffend gemacht.*
2. *Niemals hat er Schriften mit Prophezeiungen oder Botschaften herausgegeben oder herausgeben lassen. Bezüglich der Prophezeiungen sagte er:* ***»Wenn sie von Menschen kommen, kündigen sie lediglich Strafgerichte an. Wenn jedoch eine Prophezeiung von Gott kommt, spricht sie nur von Liebe und Erbarmen.«***
3. *Über Erscheinungen und Seher befragt, gab er immer zur Antwort: »****Das ist nicht meine Angelegenheit.*** *Gehorcht den kirchlichen Obrigkeiten; an ihnen ist es, darüber zu entscheiden.«*
4. *Bezüglich der Entscheidungen der kirchlichen Obrigkeiten gab Pater Pio immer den Rat: »Die Gläubigen sollen gehorchen.« Er selbst war ein erbauliches Beispiel für diesen Gehorsam.*

5. *Nach 1924* [Pio starb 1968!] *angeblich von ihm geschriebene Briefe müssen als Fälschungen betrachtet werden, denn Pater Pio hat im Gehorsam peinlich genau den Anordnungen seiner Oberen Folge geleistet, nicht zu schreiben.*
6. *Pater Pio riet zur frommen Hingabe an Jesus, Maria und den heiligen Josef. Er empfahl vor allem das Rosenkranzgebet. Einem geistigen Sohn, der ihn fragte: »Pater, welchen letzten Rat geben Sie mir?«, gab er zur Antwort: »Liebe Maria und bete den Rosenkranz!«*[199]

Gehen wir diese sechs Punkte im Einzelnen durch:

Punkt 1 bezieht sich nur auf »öffentliche« und »offizielle« Äußerungen Pater Pios. Das lässt selbstverständlich die Möglichkeit zu, dass Pater Pio seine (angeblichen) Voraussagen zur 3-tägigen Finsternis in privatem Kreise verlauten ließ. Punkt 1 ist also keinesfalls überzeugend. Es wäre aufrichtiger gewesen, gleichzeitig darauf hinzuweisen, dass man über mögliche private Äußerungen nichts sagen kann und dass sich Pater Pio in privatem Rahmen eben *doch* entsprechend geäußert haben könnte.

Im Falle von öffentlichen oder offiziellen Äußerungen hätte Pio sich sicherlich mächtigen Ärger eingehandelt. Das ist klar. Aber es braucht wahrlich keine große Lebenserfahrung, um zu erahnen, dass Pater Pio solche Dinge dann einfach im privaten Rahmen mitgeteilt haben könnte.

Am besten, einfachsten, naheliegendsten und effektivsten wäre es natürlich gewesen, den Pater noch zu dessen Lebzeiten zu fragen, ob die unter anderem im Jahr 1965* veröffentlichten Voraussagen von ihm stammen. Notfalls hätte dies ein Bischof befehlen können, und der gehorsame Pater hätte Auskunft gegeben. Ein 20-Sekunden andauerndes Interview vor laufender Kamera hätte gereicht. Warum gibt es dieses Interview nicht? Wir bemühen unsere grauen Hirnzellen und kommen zu dem Ergebnis …

Punkt 2: Die (angebliche) Aussage Pater Pios »Wenn sie [die Prophezeiungen] von Menschen kommen, kündigen sie lediglich Strafgerichte an« (ohne genaue Quellenangabe) ist inhaltlich und faktisch falsch und zudem leicht zu überprüfen, siehe beispielsweise die Voraussagen Alois Irlmaiers, aber auch etlicher anderer Quellen. Diese Quellen sagen immer wieder sehr positive Dinge voraus, beispielsweise die friedliche Zeit nach Krieg und Finsternis. Eine solche Aussage wäre bestenfalls »überzeugend« für Personen, die von dem

* *Großer Ruf*, Wiesbaden, Credo-Verlag, August-September 1965.

Thema keine Ahnung haben. Nochmals: Die Aussage ist so, wie sie abgedruckt ist, faktisch falsch!

Natürlich kann man jetzt anfangen, an diesem (angeblichen) Satz des Paters herumzudeuteln. Selbst dann muss man sich aber fragen: Konnte Autor Arni Decorte die Sache nicht so darlegen, dass man eben nicht herumdeuteln muss? Oder wollte der Autor es nicht?

Auch bei dem Satz »Wenn jedoch eine Prophezeiung von Gott kommt, spricht sie nur von Liebe und Erbarmen« fehlt zunächst ein Hinweis darauf, wo und wann Pater Pio diesen tatsächlich gesagt hat! Nun gut. Das entscheidende Argument ist jedoch: Schon in der *Bibel* finden sich haufenweise Schreckensprophezeiungen, sodass auch diese zweite (angebliche) Aussage des Paters keinesfalls überzeugt. Und da eigentlich jeder Katholik diesen Widerspruch zu etlichen *Bibel*stellen sofort erkennen müsste, fragt sich, welchen IQ der Autor eigentlich seinem Leser zubilligt? Man denke nur an entsprechende »Schreckensvoraussagen« aus der Botschaft von La Salette, von Hildegard von Bingen und anderen.

Erst einmal misstrauisch geworden, könnte man hier sogar zu dem Schluss kommen, dass mit dem Satz »*Wenn eine Prophezeiung von Gott kommt, spricht* ***sie <u>nur</u> von Liebe und Erbarmen***« eine gewisse geistige Verwandtschaft zum New Age vorliegt Denn auch das New Age will ja nichts wissen von »schrecklichen Prophezeiungen« und verortet deren Urheber im Dunstkreis destruktiver geistiger Mächte.

Punkt 3: Auch hier fehlt zunächst eine überprüfbare Quellenangabe. Nun gut. Dann klingt die Aussage »*Das ist nicht meine Angelegenheit. Gehorcht den kirchlichen Obrigkeiten; an ihnen ist es, darüber zu entscheiden*« wie eine typisch diplomatische Aussage von jemandem, der keinen Ärger mit der Kirchenobrigkeit will.

Der Appell zum Gehorsam gegenüber der Kirche mag grundsätzlich oder unter idealen Bedingungen richtig sein, wird aber in Zeiten, in denen sich viel zu viele Priester in Europa und den USA jahrelang an ihren Schutzbefohlenen sexuell vergangen haben und es überall innerhalb der Kirche Seilschaften des Schweigens gegeben hat, problematisch. Kann man jetzt einwenden, zu Pater Pios Zeiten habe es das noch nicht gegeben? Leider nein! Sexuelles Fehlverhalten der Priesterschaft wird schon in der Botschaft von La Salette Mitte des 19. Jahrhunderts angeklagt. Und wenn so etwas seit bald 200 Jahren läuft, ist es systemimmanent!

Punkt 4 ist im Hinblick auf obige Prophezeiungen irrelevant.

Punkt 5: Das überzeugt auch nicht. In Anbetracht der Tragweite des Themas wären hier wenigstens in Einzelfällen grafologische Gutachten angebracht.

Punkt 6 ist im Hinblick auf obige Prophezeiungen ebenfalls irrelevant.

Kurzum: Diese sechs Punkte sind keinesfalls überzeugende Argumente für die These, obige Voraussagen stammten nicht von Pater Pio und seien eine Fälschung. Die Mehrzahl der Punkte wirken aus meiner Sicht wie reine Füllmasse, nur damit der Autor eine etwas längere Liste zusammenbekommt. Und im entscheidenden Punkt krankt die Liste an genau derselben Unzulänglichkeit, wie die obigen (angeblichen) Prophezeiungen Pater Pios zur 3-tägigen Finsternis: Die Sache funktioniert nur, wenn es der Leser glaubt; und zwar nicht dem Pater, sondern dem jeweiligen Autor!

Mein misstrauischer Unterton speist sich unter anderem aus einer Recherche zu meinem Buch *Prophezeiungen zur Zukunft Europas* (2007), im Zusammenhang mit dem sogenannten *»dritten Geheimnis von Fatima«* (1917), einer der bekanntesten katholischen Endzeit-Prophezeiungen. Diese wurde jahrzehntelang von der katholischen Kirche geheim gehalten, was auch allgemein bekannt war und ist.

Im Jahr 2000, nach 83 Jahren »Sperrfrist«, hat dann Kardinal Ratzinger, der spätere Papst Benedikt XVI. auf der Homepage des Vatikans den (angeblichen) Originaltext dieser Prophezeiung veröffentlicht. Jahrzehnte zuvor wurde aber schon eine »diplomatische« Version des dritten Geheimnisses von Fatima veröffentlicht, die sozusagen an der offiziellen Nachrichtensperre des Vatikans vorbeigesickert war. Und diese »diplomatische« Version war quite shocking. So ist dort die Rede von Millionen von Toten.

Um die Leser der Vatikan-Homepage – also die gläubigen Katholiken – davon zu überzeugen, dass die dort veröffentlichte wesentlich harmlosere Version des dritten Geheimnisses echt ist, betrieb der Vatikan einen gewissen Aufwand: So sah man (und sieht man noch heute!) auf der Vatikan-Homepage das Foto der (angeblichen) handschriftlichen Notiz des dritten Geheimnisses, die 1917 von Lucia, einem der Seherkinder, angefertigt worden war.

Lucia war inzwischen eine hochbetagte Nonne, man legte ihr im Jahre 2000 das (angebliche) Schreiben vor, Schwester Lucia nahm es in die Hand, sah es sich an und sagt laut Vatikan-Homepage: »Es ist mein Papier«, und: »Es ist meine Schrift.«[200]

Fehler erkannt? … Der Fehler besteht darin, dass Schwester Lucia nicht explizit sagt, dass sie es geschrieben hat! Und sie wird auch nicht explizit danach gefragt. Das aber ist die entscheidende Frage: »Hast du das geschrieben?«

In einem Gerichtsprozess würde hier jeder Richter und Anwalt sofort nachhaken. Diese Stelle auf der Vatikan-Homepage ist also auf Deutsch gesagt Kinderkram. Denn: Man könnte ja altes Papier nehmen und die Schrift fälschen.

Wir stoßen hier also auf genau dasselbe Herumeiern um das absolut Naheliegendste wie oben im Falle von Pater Pio/Arni Decorte, wo der Pater nie offiziell auf diesen Punkt hin befragt wurde!

Nebenbei eine persönliche Frage: Würden Sie, lieber Leser, nach geschlagenen 83 Jahren (!) ein Papier wiedererkennen, auf dem Sie seinerzeit etwas niedergeschrieben haben? Hand aufs Herz: Das dürfte Ihnen nur gelingen, wenn Sie einer alten Papierfabrikantendynastie entstammen, in der sie das Geschäft von der Pike auf gelernt haben. Ich gehe jede Wette ein: In einem Gerichtsprozess, in dem eine 93 Jahre alte Dame (*Lucia dos Santos* wurde am 22. März 1907 geboren) aussagt, sie erkenne ein Stück Papier – und wohlgemerkt nur das Papier – wieder, das sie vor 83 Jahren beschrieben hat, dürfte ein deutlich vernehmbares Grummeln durch die Zuschauerreihen gehen. Und wenn es dabei um ein wichtiges Beweisstück geht, dürften sich die Juristen wie Geier auf die Glaubwürdigkeit dieser Aussage der alten Dame stürzen.

Übertreibe ich? Mag sein. Der springende Punkt hierbei ist natürlich Vertrauen. Man kann glauben, was da auf der Vatikan-Homepage steht, oder eben nicht. Geht man an die Veröffentlichung auf der Vatikan-Homepage jedoch mit gewisser kriminalistischer Skepsis heran, so kann alles wie ein Versuch wirken, den Leser in die Irre zu führen, ohne aber Schwester Lucia zu tief in die Sache mit hineinzuziehen: Ein ähnliches Papier ließe sich irgendwo auftreiben. Und die Schrift? Na ja … Eine Vorlage hatte man ja. Und die Schwester musste gehorchen. So wie der Pater.

Da sich der Vatikan, ähnlich wie Juristen, mit kaum etwas so gut auskennt wie mit Sprache und Suggestion, ja diesbezüglich über die Jahrhunderte hin in seinen Reihen zahllose Hochbegabte gehabt hat, die ihr Wissen für nachfolgende Generationen auch dokumentiert haben, ist davon auszugehen, dass der Satz »Das habe ich geschrieben«, mit voller Absicht fehlt. Schlamperei kann man ausschließen, denn der obige Text findet sich auf der Vatikan-Homepage seit inzwischen geschlagenen 18 Jahren.

Bitte missverstehen Sie all das aber nicht als Kritik an der Kirche an sich. Es ist eine Kritik an der Kirche in der Endzeit.

Zurück zu Autor Arni Decorte. Im Kapitel »Voraussagen und Heilungen« schreibt er:

> *Hinsichtlich der von Pater Pio gemachten Voraussagen, wollen wir uns kurz fassen. Die, welche ihn freilich näher kannten, stimmen in dem Urteil überein, dass* ***sein ganzes Leben*** *vom »Prophetischen« gekennzeichnet war. Er hat immer* ***genau*** *vorausgesagt:* ***italienische und internationale Ereignisse,*** *sogar* ***wirtschaftliche Konstellationen,*** *...* [201]

Zwischenbemerkung: Oben in seiner Sechspunkteliste schreibt Arni Decorte, Pater Pio habe nie etwas offiziell zu »großen Weltereignissen« vorausgesagt. Hier jedoch spricht der Autor davon, dass Pater Pio »internationale Ereignisse« »immer **genau** vorausgesagt« hat. Humorvoll formuliert: Dem Leser stellt sich damit die etwas knifflige Aufgabe, den genauen Unterschied zwischen »großen Weltereignissen« und »internationalen Ereignissen« herauszufinden. Im Ernst: Arni Decortes Versuch, einerseits Pater Pio im Licht des Übersinnlichen erstrahlen zu lassen, dieses Licht aber nicht bis zu dessen (angeblichen) Endzeitprophezeiungen reichen zu lassen, erscheint doch etwas misslungen. Der Autor weiter:

> [Er hat immer **genau** vorausgesagt] ... *den Zusammenbruch gewisser Mythen, Krankheitsverläufe, private Unfälle, Gedeihen oder Scheitern von Angelegenheiten, die diese oder jene betrafen* [Also zutreffende Voraussagen sowohl für private als auch Kollektivschicksale; siehe Alois Irlmaier.]. *Er hat auch ganz genau die gegen ihn ergriffenen Maßnahmen vorausgesagt. Die abrollenden Ereignisse haben ihn niemals überrascht. Das sagen die, die in seiner Nähe lebten. Er sah zum Beispiel die Mini-Mode voraus.*[202]

Dann listet der Autor noch weitere Fälle auf. Offenkundig war Pater Pio also ein sehr guter Seher, der – etwas übertrieben ausgedrückt – »gesehen« hat, wo er ging und stand. Wird er dann auch etwas von der nach Nostradamus' Worten *größten Sonnenfinsternis aller Zeiten* gesehen haben? Vermutlich. Es sei denn, es ging mit dem Teufel zu (kleiner Scherz). Wenn Pater Pio nichts zur Finsternis gesehen hat, wäre das in etwa so, als würde man im Wald all die Blümchen und all die kleinen Käfer sehen, aber nicht die Bäume. Wer bitte soll das glauben?

Und dann soll Pater Pio sein Leben lang über seine Visionen zur 3-tägigen Finsternis geschwiegen haben? Oder hat der Pater es nur allerengsten Vertrauten gesagt, die er noch zusätzlich dadurch belastet hat, dass er ihnen das Versprechen abrang, es niemandem zu sagen? Das erscheint doch alles ziemlich unwahrscheinlich.

Wenn ich mir jedenfalls die obigen (angeblichen) Prophezeiungen des Paters genauer ansehe, erkenne ich darin nichts, was den Betrugsverdacht auch nur im Ansatz plausibel erscheinen lässt. Die Aussagen der (angeblichen) Prophezeiungen bewegen sich präzise im Rahmen dessen, was man auch aus anderen Quellen zur 3-tägigen Finsternis her kennt.

Aus parapsychologischer Sicht ist anzufügen: Ein so begabter Seher wie Pater Pio, der schon bei kleinsten Kleinigkeiten richtig lag – Kleinigkeiten, auf die er sich nur kurz fokussieren musste –, *muss* in all den Jahrzehnten immer wieder etwas zur 3-tägigen Finsternis gesehen haben. Aus parapsychologischer Sicht ist definitiv davon auszugehen, dass er sie gesehen hat.

Was also ist hier Wahrheit, und was ist Lüge?

Dass Pater Pio innerhalb der Kirche einige Gegner und Feinde hatte, ist belegt – siehe Gabriele Amorth. Der Anlass für diese Spannungen waren nicht irgendwelche »privaten« Zwistigkeiten, sondern weltanschauliche Gründe.

Und? Haben diese weltanschaulichen Gegner Pater Pios jetzt ihre Waffen gestreckt? Oder wühlen sie im Untergrund weiter?

Die katholische Kirche hat doch offenkundig das Problem, dass aus ihren Reihen gerade im 20. Jahrhundert viel zu viele Personen hervorgetreten sind, die das Vertrauen der Gläubigen massiv geschädigt haben (Stichwort Sexualdelikte), und dass die Kirche dennoch – so als sei nichts geschehen – Glauben einfordert. Aber was sollte sie stattdessen tun?

In dieser Welt der Lüge ist es eine bekannte Tatsache, dass eine bestimmte Kategorie von Lügnern rotzfrech betont, die Wahrheit zu sagen, und von der Masse einfordert, ihnen zu glauben.

Was soll man da tun? Sein Leben lang von einem zum anderen rennen in der Hoffnung, irgendwann den Richtigen zu finden, dem man glauben kann und der einen nicht belügt? Oder begibt man sich irgendwann selbst auf Wahrheitssuche und lernt jenseits des Geplärres der äußeren Welt, in sich einen stillen Ort zu finden, wo man die Wahrheit entdeckt – auch wenn man weiß, dass es da ein paar Dinge gibt, die man glauben muss und nie wissen kann?

Das Problem ist nicht dieser Mix aus Wahrheit und Lüge. Das Problem ist, dass wir nicht ernsthaft versuchen, in dieses Chaos aus Lüge und Wahrheit etwas Ordnung zu bringen.

Was die angebliche Prophezeiung von Pater Pio betrifft, wie auch die Behauptung, bei dieser handle es sich lediglich um eine Fälschung, sei noch folgende abschließende Anmerkung beigefügt: Bei der 3-tägigen Finsternis geht es den Quellen nach nicht um irgendeine x-beliebige Katastrophe, sondern um eine absolute Ausnahmesituation ohne bisheriges Vorbild. Das bedeutet: *Niemand,* der die entsprechenden Prophezeiungen *nicht* kennt, wird wissen können, wie er sich in diesen 3 Tagen zu verhalten hat. Konkret betrifft dieses gefährliche Nichtwissen die folgenden vier Punkte:

1. Er oder sie wird nicht wissen, dass die Sache nach 3 Tagen vorüber ist.
2. Er oder sie wird nicht wissen, dass selbst nur ein kurzes Öffnen der Tür den Tod bedeutet!
3. Er oder sie wird nicht wissen, dass man die Fenster zuhängen muss.
4. Er oder sie wird nicht wissen, dass es Stimmen von außerhalb des Hauses geben wird, auf deren Ansprache man nicht reagieren darf (siehe Seite 338).

Auf diese physischen und seelischen Gefahren kann ihn oder sie nichts und niemand aufmerksam machen – außer die entsprechenden Prophezeiungen!

Muss man in diesem Zusammenhang wirklich den Umweg über buddhistische Quellen nehmen (siehe Seite 269), um zu verdeutlichen, dass ein Zurückhalten oder nur ein halbherziges Weitergeben entsprechender Informationen über diese Gefahren absolut desaströs, ja vernichtend sein muss? Der mir bekannten Literatur nach ist buddhistischen Quellen sehr viel bewusster, dass gewisse geistige Kräfte – seien sie physisch oder nichtphysisch – die Verbreitung entsprechender Informationen zu konkreten Geschehnissen und Umweltbedingungen in der Endzeit verhindern wollen. Natürlich erwähnen buddhistische Quellen (soweit mir bekannt) in Verbindung mit gewissen Katastrophen in der Endzeit auch immer bestimmte Gebetsformeln oder andere spirituelle Techniken. Es geht also stets um beides: Gefahr und Schutz! Nur: Um sich die Gefahr bewusst zu machen, muss man sie klar benennen.

1972 – Veronica Lueken, USA

Abbildung 26: Veronica Lueken (1923–1995)

Veronica Lueken (1923–1995) war eine katholische Hausfrau, die im New Yorker Stadtteil Bayside lebte und daher auch als Veronica von der Bayside bekannt ist.

Von 1970 bis zu ihrem Tod hatte Veronica Lueken endzeitliche Visionen, in denen ihr die Jungfrau Maria, Jesus Christus und einige andere katholische Heilige erschienen sein sollen.

Die entsprechenden Visionen hatte Veronica Lueken in der Öffentlichkeit, unter anderem vor einer New Yorker Kirche und einem anderen Kirchengebäude der Stadt.[203]

Eine Überprüfung ihrer Erscheinungen durch die katholische Kirche kam jedoch zu dem Ergebnis, dass ihren Visionen »jeglicher Beweis für eine Echtheit fehlt«.[204] Betreffende Untersuchungen der katholischen Kirche, die in der Regel von örtlichen Bischöfen geleitet werden, hier vom Brooklyner Bischof Francis J. Mugavero, sind für Außenstehende natürlich schwer einzuschätzen.

Mitunter – siehe der Fall Pater Pio – fließen in die Beurteilung einer potenziell übersinnlichen Erscheinung auch machtpolitische Motive von Kirchenvertretern ein. Veronica Lueken selbst soll sich freiwillig von einem Psychologen untersucht haben lassen, um nicht für geistesgestört gehalten zu werden.

Von dieser New Yorker Seherin sind mehrere Visionen zur 3-tägigen Finsternis überliefert, wobei die Seherin die Situation mehr aus der Perspektive der

USA beschreibt und sich auch etwas näher mit dem leuchtenden Himmelskö-per befasst, den sie »Kugel der Erlösung« oder auch »Ball der Erlösung« nennt.

Erscheinung vom 6. Oktober 1976, die Jungfrau Maria sagt:

> *Es wird* ***viele Zeichen vom Himmel*** *geben, um den Menschen aufzuwecken vor dem Kommen des* ***Balles der Erlösung.*** *Herzen werden in Furcht erschaudern, Menschen werden vor Schreck hinsinken,* ***so groß wird die Überraschung sein.***[205]

Die große Überraschung würde rein praktisch bedeuten, dass die Bevölkerung von Politik und Massenmedien in keiner Weise vorbereitet worden ist. Ob mit eiskalter Absicht oder weil es im Zusammenhang mit den Bürgerkriegen und dem Krieg schon völlig drunter und drüber geht, lassen wir dahingestellt.

Erscheinung vom 12. Juni 1976:

> *Alle erhalten eine gerechte Warnung, und dann kommt das Schwert. Wie der Tag der Nacht folgt, wird die Warnung bald eintreten.* [Inzwischen sind 40 Jahre verstrichen; das altbekannte Datierungsproblem.] *Schaut nicht auf zum Himmel, hütet euch vor dem Aufblitzen. Schließt eure Fenster, zieht die Vorhänge vor, bleibt im Hause. Wenn ihr euch vor eure Türen hinauswagt, werdet ihr nicht mehr zurückkehren.* ***Betet.*** *Werft euch auf den Boden nieder,* ***betet*** *mit ausgebreiteten Armen* [siehe Pater Pio, Seite 161] *und bittet euren Vater um Barmherzigkeit.*[206]

Eigentlich rufen alle christlichen Quelle dazu auf, während der 3-tägigen Finsternis zu beten und um Vergebung zu bitten. Gelegentlich habe ich solche Aufrufe etwas gekürzt. Das habe ich aber nicht getan, weil ich anderer Ansicht bin, sondern weil ich nicht glaube, dass ein paar gedruckte Zeilen im vorliegenden Buch irgendjemanden zum Beten »bekehren« werden. Auch möchte ich einen allzu christlichen Duktus vermeiden, weil ich glaube, dass sich die 3-tägige Finsternis auf einer geistigen Ebene abzeichnet, die bisweilen klarer und transparenter ist, als sie in vielen christlichen Quellen erscheint. Anders gesagt: Für mich liegt das Eigentliche oder die Seele des »christlichen Sehers« zunächst darin, »sehen« zu können, und nicht darin, Christ zu sein.

Erscheinung vom 18. März 1973:

> [Die Jungfrau] *Maria: »Es wird über die Erde eine große Finsternis kommen, die Luft* [außerhalb der Häuser] *wird zum Ersticken sein. Es wird kein Licht geben, nur wenige Kerzen werden brennen* [geweihte Kerzen!]. *Ihr werdet vor dem Nahen des Strafgerichts gewarnt werden, eine Zeit vorher. Dann wird die Buße für viele zu spät kommen:* ***der Vater hat die Kugel auf den Weg zu euch gesandt.****«*[207]

In einer Erscheinung vom 10. Februar 1973 sieht Veronica Lueken dann, was während der Finsternis passiert:

> *Unsere Frau* [Maria, Mutter Jesu] *zeigt Veronica einen Globus und weist auf die Gebiete Asien – Ägypten – Afrika hin. Ein fürchterlicher Krieg ist im Gange, viele sterben, viele unvorbereitete Seelen sind darunter.*
>
> *Dann wird die Aufmerksamkeit Veronicas auf die andere Seite des Globus gelenkt* [Nordamerika, siehe unten]; *da schwebt eine gewaltige Himmelskugel,* ***wie eine glühende Sonne,*** *über dem Land, sie zieht hinter sich einen* ***Feuerschweif,*** *wirbelt über den Himmel und der Erde zu, unerträgliche Hitze verbreitend. Städte beginnen in loderndem Feuer zu brennen, Menschen rennen um ihr Leben, stürzen hin, die Luft ist erstickend, überall Mangel an Sauerstoff. Die Kugel dreht sich in rasender Schnelligkeit,* ***speit riesige Staubwolken*** *aus (Veronica fällt in erstickende Hustenkrämpfe), der Staub senkt sich herab …* [208]

Veronica Lueken ist nach dem *Lied der Linde* und Alois Irlmaier die dritte Quelle, die Luftverpestung in Verbindung bringt mit Staub. Rechnet man Irlmaier mit, ist sie die zweite Quelle, die den Staub als nicht irdischen Ursprungs bezeichnet.

> *…* ***Felsbrocken fallen,*** *die Leute laufen nach allen Richtungen, es gibt keinen Ort, wohin man sich retten kann. Es erheben sich Wellen in einem Gestade, riesenhoch, überfluten das Land, New York.*[209]

Der New Yorker Seherin nach müsste die Mini-Sonne der Erde also über Nordamerika am nächsten kommen.

Erscheinung vom 30. Dezember 1972:

Veronica fiel fast in Ohnmacht beim Anblick der ankommenden Kugel der Erlösung. Es folgt eine Zusammenfassung ihrer visionären Schau: Gebäude, die einstürzen – Stimmen, die kreischen – große sengende Hitze – Feuerblitz, dann Finsternis – ***die Welt scheint stillzustehen, die Erde sich nicht mehr zu drehen*** *– Leute, die hin und her rennen ziellos im Dunkeln. – Da ist ein Haus, in dem eine Kerze brennt – wie Tiere klammern sich die Menschen an die Eingänge, die Türen, um hineinzukommen – ein anderes Haus hat brettervernagelte Fenster – auch darin brennt eine Kerze – keine Tür wird geöffnet – Staub und Felsbrocken beginnen auf die Leute zu fallen – überall Blut – Schreie um Barmherzigkeit – in einer Versenkung ein Mann, er hält ein Kreuz heraus – eine Stimme schreit:* ***3 Tage, 3 Tage.***[210]

Dass sich die Erde plötzlich nicht mehr um ihre eigene Achse dreht, halte ich persönlich für etwas unwahrscheinlich. Eine Änderung der Drehrichtung wäre noch verhältnismäßig leicht zu erklären. Bei einer kompletten Abbremsung der Erdrotation fragt sich aber, wo die ganze Drehenergie hingehen soll? Im übertragenen Sinn müssten die »Bremsscheiben« der Erde bei einer Vollbremsung bis zur Weißglut erhitzen. Das ist doch ziemlich schwer vorstellbar.

Andererseits soll sich die Erde – glaubt man den Prophezeiungen – nach 3 Tagen wieder in einer ruhigen und stabilen Lage befinden. Der ursprüngliche Dreh-Energie-Impuls von außen aus dem Kosmos müsste also sehr wohl irgendwie neutralisiert werden. Nur fragt sich, wie?

Erscheinung vom 18. Juni 1974:

Maria: »Ja, mein Kind, es wird einen großen Krieg geben und ein großes Wunder und dann die große Reinigung [die 3-tägige Finsternis]. *Die große Reinigung wird eine große Feuertaufe sein. In deinem Land, mein Kind, gibt es Gebiete, die in die größte Katastrophe fallen werden.«*

Auch hier haben wir einen indirekten Hinweis auf teilweise verschonte Gebiete. »*Größte Katastrophe*« müsste bezogen auf eine rein materielle Zerstörung bedeuten, dass in dem betreffenden Gebiet absolut niemand überlebt. Das wäre der Fall, versänke ein Teil Kaliforniens komplett im Meer. Auf genau dieses Szenario schwenkt die Seherin jetzt ein:

> *O may, oh, ich sehe große Wellen, sie schlagen an die Strände überall entlang der Küstenlinie. Es gibt da wunderschöne Häuser an der Küste, wohlhabend und kostspielig, groß und weiß, wie Landsitze, sie sind alle auf einen Hügel gebaut. Und ich sehe, du meine Güte, das Land gleitet in das Wasser hinein und die Häuser gehen alle unter! Und ich kann Leute laufen sehen; sie versuchen, von dem Boden wegzukommen, der beginnt, sich zu spalten und der im Wasser versinkt. Oh nein, ich sehe ... ich weiß jetzt wo es ist, es ist* ***Kalifornien.*** *Jetzt kommt unsere Frau heran und sagt: »Mein Kind, das ist nicht das einzige Gebiet, das großer Zerstörung entgegengeht.«*
>
> *Unsere Frau zeigt auf die andere Seite* [der USA, also die Ostküste, siehe unten] *hinüber; es ist, als würde man auf eine Landkarte blicken, und da ist eine andere Küstenlinie, die ich selbst kenne, die Ostküste, ich erkenne* ***New York*** *und Long Island, die zum Wasser hin sich erstrecken. Oh, ich sehe einen großen Blitz, einen Ausbruch von Feuer, und das Wasser erhebt sich riesenhoch, und auch diese Küste löst sich auf und versinkt im Wasser. Unsere Liebe Frau zeigt nach oben,* ***da zeigt sich ein riesengroßer Ball, er kommt mit großer Schnelligkeit über den Himmel, man sieht seinen ganzen Umfang, er ist orangefarben und glühend und sehr heiß.***[211]

Sollte der Himmelskörper der Erde tatsächlich über Nordamerika am nächsten kommen, so müsste es über Nordamerika einen durch diesen Himmelskörper ausgelösten Tidenhub geben, der noch nichts mit der nachfolgenden Polwende zu tun hätte.

Wenn Veronica den Himmelskörper über dem Himmel in Kalifornien nicht sieht, könnte dies bedeuten, dass der Himmelskörper deutlich kleiner ist als der Mond und sich hinter der Erdkrümmung (US-Westküste/US-Ostküste) verbirgt.

1981 – Baba Wanga, Bulgarien

Abbildung 27: Baba Wanga (1911–1996)

Baba Wanga – etwa »Großmutter Wanga«, bürgerlich Ewangelia Pandewa Guschterowa, auch »die Seherin von Petritsch« – gestorben 1996, war eine bulgarische Seherin, die in ihrer Heimat sehr berühmt war, und dies auch heute noch ist. Nach ihrem Tod gelangte sie auch im Westen zu einiger Bekanntheit.
1911 in Mazedonien (damals noch Teil des Osmanischen Reiches) geboren, wurde sie im Alter von 13 Jahren bei einem Sturm schwer verletzt und verlor anschließend nach und nach ihr Augenlicht, bis sie 3 Jahre später vollends erblindete.

Der Beginn ihres geistigen Sehens wird in Verbindung zu dieser physischen Erblindung gesehen. Nach Angaben ihrer Nichte Krasimira Stojanowa wurde man auf Wanga im Jahr 1941 im Zusammenhang mit ihren Voraussagen zum Angriff der deutschen Wehrmacht auf Jugoslawien aufmerksam.[212] 1943 soll sie vom bulgarischen König Boris III. aufgesucht worden sein, dem sie angeblich seinen vorzeitigen Tod prophezeite.

Nach dem Ende des Zweiten Weltkrieges wurde die blinde Seherin von Ratsuchenden aus ganz Bulgarien aufgesucht. In dem Buch *Wanga – Das Phänomen: Die Seherin von Petritsch* (2004) von Krasimira Stojanowa erfährt man weiter, dass Wanga ab 1967 Staatsangestellte am Institut für Suggestologie der bulgarischen Akademie der Wissenschaften war. Während der letzten Jahre des Kommunismus – so liest man auf Wikipedia – gehörte es vor allem für die Parteielite, die Intelligenzija und Persönlichkeiten aus der Hauptstadt zum guten Ton, sich mit Wanga in der Öffentlichkeit zu zeigen.

Ich habe diese Angaben zwar nicht selbst überprüft, im Falle von Alois Irlmaier sind Kontakte mit Vertretern der Elite aber aktenkundig, und es gibt dazu Zeugenaussagen.[213] Ein ähnlich gelagerter Fall ist der der bekannten rheinischen Seherin Buchela (1899–1986), von der es heißt, sie habe ganze »Bonner Politikergenerationen« beraten.

Trotz des im ach so aufgeklärten Europa vorherrschenden öffentlichen Naserümpfens über Hellseherei (und Astrologie) gibt es innerhalb der europäischen Eliten seit vielen Generationen eine relativ große Gruppe, die den Rat von Hellsehern und Astrologen beansprucht. Bekannte Fälle der letzten Jahrzehnte sind Kanzler Konrad Adenauer, Frankreichs Staatschef François Mitterand, aber auch US-Präsident Ronald Reagan. Diese (und andere) Fälle behandle ich in meinem Buch *Hellseher und Astrologen im Dienste der Macht* (2013).

Andererseits werden Hellseher, kaum dass sie »berühmt« sind, gerne von den Massenmedien verwurstet und vor den Karren der Volksunterhaltung gespannt. Das geschieht inzwischen auch mit Wanga. So werden ihr in großen deutschen Zeitungen Prophezeiungen zugeschrieben, die sich nicht auf konkrete Quellen zurückführen lassen. Der *Focus* etwa meldete Ende Juni 2016, Wanga habe den Austritt Großbritanniens aus der EU vorausgesagt: »Die berühmte Baba Wanga: Blinde Prophetin sagte Großbritannien für 2016 den Brexit voraus«.[214]

Quellenangabe? Ich bitte Sie. Wo denken Sie hin? Natürlich Fehlanzeige! … Ich selbst habe das Buch von Wangas Nichte komplett eingescannt. Durchforstet man es mit den Suchbegriffen *England* und *Großbritannien,* findet man absolut nichts. Dasselbe gilt für *brit* (zwei irrelevante Treffer) und *engl* (ein irrelevanter Treffer).

Dennoch finden sich in obigem Buch von 2004 ein paar interessante Dinge. Zitat Wanga:

> *Die Erde tritt in einen neuen Zeitabschnitt ein. Der Zustand des Planeten hängt* ***nicht*** *von uns ab. Er tritt unabhängig davon ein, ob wir ihn herbeiwünschen oder nicht. Die neue Zeit erfordert ein neues Denken, ein anderes Bewusstsein, qualitativ neue Menschen. Das sind Notwendigkeiten, um das* ***Gleichgewicht im Weltall*** *nicht zu zerstören. […] Jetzt ist es an der Zeit, dass sich das Bewusstsein der Menschen dem Tugendhaften zuwendet.*[215]

In ganz ähnlicher Weise äußert sich der deutsche Traumvisionär Edward Korkowski (siehe nächstes Kapitel). Die Menschheit befindet sich nach Korkowski in einer Art Beziehungsgeflecht mit außerirdischen Spezies. Im ersten Moment klingt das natürlich ziemlich abstrus. Doch sollte es diese Außerirdischen tatsächlich gegeben, muss man auch davon ausgehen, dass wir nicht »zufällig« in einem Kosmos mit anderen Zivilisationen leben. Es wird da irgendeine Form von Beziehung und Wechselwirkung geben. Die kosmischen Nachbarn werden nicht einfach zufällig da sein. Wanga weiter:

> *Ein solcher Umschwung ist nicht leicht, darum* ***werden diese Prozesse sehr dramatisch*** *ablaufen, aber wir müssen diesen Umschwung als eine Notwendigkeit begreifen, denn* ***wir haben keine andere Wahl.*** *Wir müssen* ***mit den Prozessen im Weltall im Einklang sein.*** *Wenn wir das nicht begreifen, werden* ***die unerbittlichen Gesetze des Kosmos es mit Gewalt durchsetzen.*** *Dann wird es aber zu spät sein. Hier, ich sehe dieses Bild: Eine nackte, verbrannte Erde und auf ihr bewegt sich, wie Schatten ihrer selbst, eine Hand voll Menschen.*[216]

Zunächst sagt Wanga, dass »diese Prozesse sehr dramatisch ablaufen ***werden***«. Damit wird die Sache als unumgänglich suggeriert. Dann jedoch heißt es: »Wenn wir das nicht begreifen … «, was den Leser hoffen lässt, dass das »unerbittliche Gesetze des Kosmos« eben doch nicht mit Gewalt durchgesetzt wird.

Was die »Hand voll Menschen« betrifft, die hier im Worst Case überleben sollen, so sei darauf verwiesen, dass der Mehrheit der relevanten Prophezeiungen nach zwischen einem und zwei Dritteln der Menschen überleben sollen. Das wären global betrachtet immer noch mindestens 2,5 Milliarden (siehe dazu die Abhandlung »Prophezeite Opferzahlen«, Seite 275), das ist wahrlich etwas anderes als »eine Hand voll Menschen«.

Wenn Syrien fällt …

Den Aussagen ihrer Nichte nach ließ Baba Wanga im Jahr 1980 verlauten:

> *Die Welt wird noch dramatische Veränderungen über sich ergehen lassen müssen. Es wird auf- und niedergehen.*

Damit dürfte die zunächst hoffnungsvolle Phase im Zusammenhang mit dem Zerfall des Ostblocks gemeint sein und der sich dann ab 1999 mit dem Machtantritt Wladimir Putins wieder zusammenbrauende neue Kalte Krieg.

> *»Und das Gleichgewicht wird auf der Erde erst eintreten, wenn die* ***Abgesandten des Himmels*** *anfangen, mit den Menschen in Kontakt zu treten.* [vermutlich offiziell eingestandene UFO-Kontakte, Anm. d. Autors] *[…] Bis dahin wird die Menschheit viele Naturkatastrophen und gesellschaftliche Kataklysmen* [große, alles zerstörende Katastrophen] *erleben. Nach und nach wird sich das menschliche Bewusstsein wandeln. Schwere Zeiten werden kommen. Die Menschen werden sich dem Glauben nach in Gruppen teilen. Die älteste Lehre wird auf die Erde zurückkehren.«*
>
> *Befragt, ob diese Zeit bald anbrechen wird, antwortete Wanga: »Nein, nicht bald.* ***Noch ist Syrien nicht gefallen!****«*[217]

1980 war in Syrien Diktator Hafiz al-Assad an der Macht. Geboren im Jahr 1930 war er für einen nahöstlichen Despoten noch relativ jung, regierte mit harter Hand nach innen, und auch nach außen hin war Syrien militärisch stark genug – nicht zuletzt wegen seiner Chemiewaffen. Außerdem war Syrien schon im Kalten Krieg mit Russland verbündet. 1980 konnte keine Rede davon sein, dass Syrien fällt. Hafiz al-Assad starb dann im Jahr 2000. Seitdem regiert sein Sohn *Baschar al-Assad.*

Heute (Januar 2017) ist die Lage Syriens vollkommen anders. Dank der russischen Militärunterstützung scheint die aktuelle syrische Regierung zwar im – je nach Betrachtungsweise – Bürgerkrieg oder Stellvertreterkrieg die Oberhand zu gewinnen. Wie dieser Krieg in Syrien aber letztlich endet, steht in den Sternen.

Solange Russland aber an der Seite Syriens bleibt, scheint ein Fall Syriens äußerst unwahrscheinlich. Denn aus heutiger Sicht wäre dies auch für Russland eine schwere strategische Niederlage. Wahrscheinlicher scheint, dass über den Konflikt in Syrien der »Dritte Weltkrieg« ausbricht – eine Gefahr, die inzwischen viele Beobachter erkannt haben.

Ich persönlich würde nicht darauf warten, dass Syrien »fällt«. Hier könnte durchaus eine Deutung der Seherin Baba Wanga vorliegen (oder eine unsaubere Übersetzung).

Entscheidend ist wohl eher Wangas Hinweis auf die Möglichkeit eines Regierungssturzes in Syrien unmittelbar vor Ausbruch des Dritten Weltkrieges.

Ihren Hinweis auf Syrien sollte man wohl so verstehen:

Wenn es ernst wird – achtet auf Syrien! Seht euch genau an, was dort passiert. Und wenn ihr dort genau hinschaut, werdet ihr jene Kräfte erkennen, die auch den ganz großen Krieg anzetteln werden.

Die blinde Seherin wird nicht zufällig auf Syrien verwiesen haben. Seher in diesem hohen Alter (rund 70 Jahre) wählen ihre Worte mit Bedacht. Schon oft sind sie den schmalen Grad gewandert zwischen dem, was man besser nicht sagt, und dem, was unbedingt gesagt werden muss.

Fazit: Auch bei Baba Wanga finden wir das Grundmuster einer globalen Krise, mit (Welt-)Krieg und einer kosmischen Intervention:

Wenn wir das nicht begreifen, werden die unerbittlichen Gesetze des Kosmos es mit Gewalt durchsetzen.

1982 – Edward Korkowski, Deutschland

Edward Korkowski (geboren 1931) lebt zurzeit im Kölner Raum westlich des Rheins, arbeitete früher als Chemiearbeiter und hat nach eigenen Angaben seit 70 Jahren Visionen. Seit 1947!

In den Jahren 1982 und 1989 konnte Edward Korkowski zwei Bücher mit seinen Visionen veröffentlichen, beide unter dem Haupttitel *Kampf der Dimensionen.*[218]

27 Jahre später, im September 2016 erschien dann von ihm ein drittes Buch zur selben Thematik unter dem Titel: *Und es gibt ihn doch den lieben Gott – aber auch die außerirdischen Menschheiten.*

Die Einmischung außerirdischer Mächte – konkret Aliens – zur Endzeit in die Geschehnisse auf der Erde ist eines der Hauptthemen in Edward Korkowskis Visionen. Er selbst beschreibt seine Visionen als *Traumvisionen;* folglich ist er kein Seher im herkömmlichen Sinne, also einer, der eigenständig sieht.[219] Zudem schreibt Edward Korkowski immer wieder, dass ihm seine Visionen von bestimmten Wesenheiten gezeigt wurden, etwa von seinem Schutzengel oder auch von Jesus Christus (siehe unten). Darüber hinaus weisen seine Visionen gelegentlich symbolische, vereinfachende Darstellungen auf, wie sie für Träume typisch sind. Insofern unterliegen Edward Korkowskis Visionen gewissen Einschränkungen, was aber durch die Fülle seiner Visionen und deren inzwischen etwa 30 Jahre zurückliegende Dokumentation durchaus wettgemacht wird.

Zur 3-tägigen Finsternis findet sich bei Edward Korkowski unter anderen folgende Vision von 1947:

> ***Es war dunkle Nacht.*** *Doch auf der Erde war es durch die vielen schrecklichen Blitze taghell. […*[220]*]* ***Die Erde bewegte sich, wie ein Meer im Sturm.*** *Als die ersten Blitze vor meinen Füßen waren, sagte mein Schutzengel: »Es wird sich jetzt eine Öffnung bilden, damit du sehen kannst, was noch übrig bleibt, und wie das Leben weitergehen wird.« Nun entstand eine Öffnung. Es war, als ob eine Tür durch die Feuerwand führte. Ich ging einige Schritte durch und sah, dass es weiter hinten immer heller wurde.*[221]

Anschließend beschreibt der Seher die Situation unmittelbar nach der (3-tägigen) Finsternis aus einer erdbodennahen und damit lokalen Perspektive: einer Perspektive, die sich nicht automatisch auf andere Gebiete Europas und der Welt übertragen lässt:

> *Die Erde dampfte, als ob sie warm wäre, und die Sonne kam nach einiger Zeit langsam durch. Nirgends waren Bäume oder Ruinen von Häusern zu sehen. Man sah nur frische Erde. […] Als so die Sonne wieder klar am Himmel erschien, und die Dämpfe sich verzogen hatten, sah ich plötzlich, wie hier und da einige Menschen zum Vorschein kamen.* [Also müssen doch eine paar Ruinen stehen geblieben sein. – Eine Traumvision eben.] *Man fragte sich, wie man sich gerettet hätte, und sie fingen an zu arbeiten. Die Erde grünte wieder* [Zeitraffer] *und hier und da zwitscherte sogar ein Vogel. Selbst einige* [vierbeinige] *Tiere kamen zum Vorschein.*
>
> *Als ich zum Himmel aufsah, bemerkte ich eine weiße Treppe, die zur Erde führte, und Christus kam wie ein weißer Schatten herunter und weilte unter den Menschen. Er machte sie froh und glücklich.*
>
> *Ich dachte, er kommt doch nicht wirklich als Mensch wieder zu den Menschen? Da wandte er* [Jesus Christus] *sich in meine Richtung um und sagte: »Nein, was du hier siehst, ist dir symbolisch gezeigt. Ich komme nicht als Mensch, aber die Menschen werden mit* **mir im Geiste leben über lange Zeit** *und mit mir verbunden sein. Sie werden nach meiner Lehre leben, nach den Gesetzen der Liebe. Darum und dadurch werden ich und der Himmel mit ihnen Eins.«*
>
> *Dann wandte ich mich wieder meinem Schutzengel zu. Er sagte: »Ich sage dir nur noch, dass der Krieg mit der Katastrophe noch in dieser* [deiner?] *Lebenszeit geschieht.« Dann verschwand er* [Edward Korkowski ist Jahrgang 1931].
>
> *Dies war meine erste große Vision von der kosmischen Naturkatastrophe, die sich während eines zukünftigen* ***Atomkrieges*** *ereignen wird.*[222]

Das mit dem »zukünftigen Atomkrieg« beträfe wenn, dann in beschränktem Maße nur die USA und Russland. In Europa käme es der europäischen Prophetie zufolge definitiv zu keinem Atomkrieg im eigentlichen Sinne.*

Edward Korkowski selbst sah in einer anderen Vision (siehe unten), dass in Europa keine Atombomben zur Detonation kommen und in den USA und Russland nur eine begrenzte Anzahl.

Grundsätzlich ist hier zu bedenken: Bei einem totalen Atomkrieg wäre das Konzept vom »Eingriff Gottes« vollkommen sinnlos. Wo läge der Sinn eines »göttlichen Eingriffes«, wenn dieser erst nach dem totalen Atomkrieg erfolgt?

Was das Territorium der USA und Russlands betrifft, so wäre auch dort kein totaler Atomkrieg zu erwarten. Auch diese Länder sollen überleben. Orientiert man sich an Japan und dessen zwei Atomexplosionen im Zweiten Weltkrieg – einem Land, das eine Fläche von rund 400 000 km^2 umfasst –, dann sollten die USA mit ihrem rund 25fach größeren Staatsgebiet mit einer entsprechend größeren Anzahl von Atomexplosionen »klarkommen«, so grausam und zynisch dies klingt.

Sehen wir uns nun an, wie Edward Korkowski in einer Traumvision vom 23. März 1984 die Verhinderung des totalen Atomkrieges über Europa sah:

> *Es war heller Tag, Vormittag. Plötzlich gab es fünf oder sechsmal Erderschütterungen in Abständen von etwa einer Minute. Nach einigen Minuten sah ich drei oder vier Atompilze im* ***Westen*** *und auch im* ***Osten*** [offenbar symbolisch für USA und Russland, siehe unten]. *In wenigen Minuten war der ganze Westen und Osten eine Feuerwand. Sie stieg am Horizont immer höher* [auch das klingt für mich eher symbolisch]. *Plötzlich entstanden am Himmel Turbulenzen, pechschwarze Wolken und Feuerwirbel durcheinander. Die Sonne, die Helligkeit verschwand.* ***Die Erde fing an zu beben.***[223]

Diese zuletzt genannten Erdbeben nach Beginn der Finsternis hätten nichts mit den Atomexplosionen zu tun, da diese Erdbeben erst später erfolgen.

> *Dann sah ich Raketen von Westen und ebenso von Osten kommen; die meisten von Osten; aber auch Flugzeuge oder etwas, was bei dieser Dämmerung nur als sich bewegende Lichter zu sehen war* [UFOs?].

* Wer sich bezüglich Europas für nähere Details interessiert, dem sei meine Untersuchung zu diesem Thema in *Prophezeiung – alte Nachricht in neuer Zeit* (2001) empfohlen.

Als Nächstes erschienen irgendwelche Zeichen, wie Runenzeichen oder Schriften, ***vom Süden bis zum Norden über Europa.*** *Als diese Zeichen da waren, kamen keine Raketen oder sonstige Waffen mehr durch. Das heißt, ich sah, dass die Raketen an der vorderen Spitze plötzlich qualmten oder Funken sprühten. Dann purzelten sie herunter. Die Flugzeuge explodierten alle, sobald sie in die Nähe der Zeichen am Himmel kamen.* ***Über Europa waren noch keine Bomben oder sonst etwas gefallen.***[224]

»Über Europa waren noch keine Bomben oder sonst etwas gefallen« ist wohl symbolisch zu verstehen, da anderen Quellen zufolge schon seit Wochen der konventionelle Krieg in Europa toben müsste. »Bomben oder sonst etwas« dürfte sich also schwerpunktmäßig auf Atombomben in Europa beziehen.

Nur die Erde schüttelte sich und es war ziemlich dunkel. Der Westen und der Osten wurden feuerrot. Über Europa kam als Nächstes ***Sturm.*** *Die schwarzen Wolken bewegten sich schnell von Westen in Richtung Osten.*

Ich war plötzlich in einer gewissen Höhe und sah solches ***über ganz Europa.*** *Als Nächstes sah ich auch das Wasser der Nordsee in* ***hohen Wellen*** *kommen.*[225]

Sturm und hohe Wellen sind wie gehabt Indikatoren für den jetzt einsetzenden Polsprung.

Von Alien-Herrschern und galaktischen Hinterhöfen

Die Verhinderung des totalen Atomkrieges bringt Edward Korkowski dann in Zusammenhang mit Außerirdischen, die der Menschheit wohlgesonnen sind: Am 16. Juli 1983 empfing der Traumvisionär eine Botschaft von einem »Herrscher der Dimensionen«, einem – sagen wir einmal – höheren Wesen einer außerirdischen Herrschaftselite. Dieser »Herrscher der Dimensionen« sagt zu Edward Korkowski:

Wer sich wirklich nur schützen wollte, dem wird es [im Kriege] *milder ergehen. Es ist* [von diesen Außerirdischen, Anm. d. Autors] *berechnet, wo und welche Waffen einige Minuten vor ihrer Wirkung, vor ihrem Gebrauch unschädlich gemacht werden. – Doch mehr oder weniger Schmerzliches wird den europäischen wie auch anderen Völkern zukommen, weil einige mehr oder weniger mit zu dem Schlagabtausch angetreten sind* [zum Beispiel Großbritannien], *auf der einen wie auf der anderen Seite der Zwischenvölker.*

Wir, die Kosmischen, die wir gegen totale Vernichtungen oder Ungerechtigkeiten sind, haben die Übersicht [bis] *ins kleinste Detail über alle Waffen und Absichten – irdisch wie überirdisch gesehen.*[226]

Bei nicht wenigen Lesern werden Botschaften von irgendwelchen außerirdischen Herrschern, erhebliches Stirnrunzeln auslösen. Manch ein Leser wird jetzt sogar bereuen, für dieses Buch Geld ausgegeben zu haben …

Wer sich allerdings etwas eingehender mit dem Kornkreis- und UFO-Phänomen beschäftigt hat, womöglich selbst einmal in einem Kornkreis herum gegangen ist (wie ich 1991 bei Grasdorf in der Nähe von Hildesheim), und wer in unseren Massenmedien beim Thema Kornkreise seit Jahren eine Mischung aus dümmlicher Besserwisserei und das Verschweigen von Fakten beobachtet, der hat beim Thema UFO womöglich eine differenziertere Meinung. Auf jeden Fall macht es an dieser Stelle Sinn, die UFO-Thematik etwas auf gewisse Vorurteile und voreilige Denkschlüsse abzuklopfen.

Sollte es tatsächlich Außerirdische geben, die technologisch so fortgeschritten sind, dass sie schneller als Licht reisen können, müssen wir davon ausgehen, dass wir es nicht nur mit einer einzigen Alien-Art zu tun haben, sondern gleich mit mehreren. Wenn Überlicht-Technologie bei Aliens zum Standard gehört, dürfte es in unserer Galaxie gleich mehrere Alien-Rassen geben, die »mal kurz bei uns vorbeischauen« können. Unsere Galaxie, die Milchstraße, umfasst geschätzte 200–300 Milliarden Sonnen. Jüngsten Schätzungen nach hat im Schnitt jede Sonne mindestens einen Planeten, und zu 10 Milliarden Sonnen könnte ein erdähnlicher Planet mit flüssigem Wasser gehören.[227] Auf den Punkt gebracht: Wo *ein* Alien ist, da sind gleich mehrere.

Wohlgemerkt sprechen wir hier von Aliens und nicht von »Marsmenschen«. Wir sprechen von Aliens, die mindestens aus anderen Sonnensystemen der Milchstraße kommen, wenn nicht gar aus anderen Galaxien. Und je fortschrittlicher die Technologie dieser Aliens wäre, umso komplexer wäre auch deren Gesellschaftsform, und umso wahrscheinlicher wäre es, dass sich hierarchische Strukturen mit dazugehörigen Oberhäuptern entwickeln.

Zugegeben: »Herrscher der Dimensionen« klingt auch für meinen Geschmack etwas albern, doch die Idee des Alien-Herrschers per se ergibt sich direkt aus der Idee hocharbeitsteiliger außerirdischer Zivilisationen.

Das eigentliche Problem sind nicht irgendwelche Alien-Herrscher oder deren alberne Titel, das Problem sind Aliens, die schneller als Licht reisen können.

Zur Verdeutlichung des Problems: Unser nächstes Nachbarsonnensystem *Alpha-Centauri* ist bereits rund 4½ Lichtjahre von der Erde entfernt, also eine 4½ Jahre lange Reise mit Lichtgeschwindigkeit – one way.

Mit einer Technologie, die gerade einmal maximal Lichtgeschwindigkeit erreicht, könnten wir Menschen höchstens ein paar unmittelbare Nachbarsonnen besuchen. Und auch das nur zu besonderen Anlässen. Motto: Wir beweisen, dass wir grundsätzlich dazu in der Lage sind. Aber dann lassen wir es auch wieder. Denn es ist viel zu aufwendig und ineffektiv.

Ohne Überlicht-Technologie sind wir Menschen festgenagelt auf ein klitzekleines Eckchen in unserer Heimatgalaxie Milchstraße. Eingesperrt in einer Art galaktischer Hinterhof. Und das auf immer und ewig.

Der eigentlich springende Punkt bei der ganzen UFO-Thematik ist unser Glaube, nichts könne schneller als Licht sein. Dieser Glaubenssatz bindet uns geistig an die Erde, ist faktisch eine geistige Schranke vor der Entwicklung eines kosmischen Bewusstseins. Unser Glaube an die Lichtgeschwindigkeits-Begrenzung ist, wenn man so will, eine späte Mutationsform des geozentrischen Weltbildes, eines Weltbildes, in dem sich letztlich alles um die Erde und den Menschen dreht. Ohne Überlichttechnologie bleibt der Mensch auf Deutsch gesagt zu Hause bei Mutti – bei Mutter Erde. Ob das der Plan ist? Ich glaube nicht.

In *Kampf der Dimensionen – Visionen in das 3. Jahrtausend* von 1982 fasst Korkowski seine Visionen zusammen:

> *Nun, letztlich wird [...] alles doch nicht so zustande kommen, wie es sich die Negativen vorgenommen haben, wurde mir gesagt. Denn es werden auf der Erde unvorhergesehene Umwälzungen eintreten, die den negativen Mächten gründlich das Konzept verderben. An einem oder zwei Tiefpunkten des Völkerschicksals* [das korrespondiert mit der 3-tägigen Finsternis UND der Katastrophenhäufung zur Antichrist-Zeit!] *drohen gewaltige Naturkatastrophen. Wenn wir nicht fähig seien, in den nächsten Jahren von unserer Brutalität abzulassen,* ***werde die Erde umgedreht,*** *und dabei würden sich die Pole verlagern. Ähnliches hat sich schon mehrere oder sogar viele Male mit unserer Erde zugetragen, was Wissenschaftler auch beweisen können.*

> ***So wird die Erde wiederum umgewälzt*** [siehe Bianca Beck-Rzikowsky, Seite 121: »die Erde bewegt sich, wälzt sich um«], *bis nichts von Brutalität mehr übrig bleibt. […] Lieber Leser, nehmen Sie dies ernsthaft auf, denn mir wurde gesagt, dass in dem schrecklichen Geschehen dem Menschen keine Technik, keine Waffen der Erde irgendwelchen Schutz geben können,* ***sondern nur der Glaube, dass es schöpferische Kräfte gibt, die mächtiger als jede Gewalt sind*** *[…].*
>
> *Es werden dämonische, chaotische Zustände herrschen, in denen* ***Wesen anderer Dimensionen*** *sichtbar werden, in Wirkung treten, und die Menschen, die ein ungläubiges, verbrecherisches Leben führen, um den Verstand bringen.*[228]

Mit den »Wesen anderer Dimensionen« sind wir wieder bei den Dämonen aus den katholischen Quellen. Edward Korkowski weiter zum Polsprung beziehungsweise zur Polwende:

> *Schon 1947 hatte ich meine erste Vision über eine große Naturkatastrophe […]. In späteren Jahren hatte ich wiederholt ähnliche Erlebnisse. Meistens ging es dabei um die Begleitumstände und Folgen einer zukünftigen Polverlagerung. Im Jahre 1973 sah ich in einer derartigen Vision, dass die Sonne nicht im Osten, sondern in nordwestlicher Richtung aufging. Als ich mich fragte, was denn jetzt passiert ist, hörte ich über mir eine laute Stimme: »Die Sonne wird in naher Zukunft dort aufgehen, und zwar um 35° nördlicher. Eure Wissenschaftler können jetzt ausrechnen, wo sich das Klima verändern wird und* ***somit vielen Menschen das Leben retten.***
>
> *Danach sah ich nur einige Sekunden lang mit geistigem Auge, wie sich von der Ost- und Nordsee das Wasser über Holland,* [Nord-]*Deutschland und noch weiter ergoss. Riesige Wellen bedeckten das Land, aber das Wasser zog sich gleich wieder zurück und nahm alles mit sich. Über Ostpolen und teilweise auch Russland schien sich das Wasser jedoch zu sammeln. Mehr habe ich damals nicht zu sehen bekommen. Ich möchte betonen, dass ich damals noch keine Polsprungliteratur gelesen hatte.*[229]

Den Gedanken der Frühwarnung greift Edward Korkowski auch mit Folgendem auf:

> *Schließlich wird man aus den* ***Scharen von fremden Vögeln*** *schließen können, dass sehr wahrscheinlich solches kurz vor Großkatastrophen geschehen*

wird, dass nämlich ***einige Tage vorher*** *schon diese Tiere fliehen werden. So ähnlich wird sich eine kommende Katastrophe ankündigen. Rechtzeitig erkannt, könnte man noch Millionen Menschen retten.*[230]

Entsprechendes Verhalten von Tieren hatte ich schon thematisiert (siehe Seite 122).

Abschließend lässt sich zu Edward Korkowski sagen, dass auch er einen kleinen sonnenähnlichen Himmelskörper gesehen hat (siehe unten), und dass seine jahrzehntelange Beschäftigung mit dem Thema Endzeit und Prophetie, seine drei Bücher und seine langjährige Zusammenarbeit und Freundschaft mit dem Polsprung- und Endzeitforscher Hans. J. Andersen für seine Glaubwürdigkeit sprechen.

1982 – Garcilaso de la Vega, Deutschland

Garcilaso de la Vega (nicht zu verwechseln mit dem spanischen Dichter) war ein stigmatisierter Pater aus Argentinien, dessen Visionen erstmals vom Autor Michael Hesemann veröffentlicht wurden. Hesemanns Quellen nach hatte Garcilaso de la Vega zwischen 1980 und 1982 in der Eifel in der Nähe von Maria Laach drei Visionen. De la Vegas Visionen wurden von Geistlichen aus Düsseldorf geprüft und in mehreren Geleitbriefen veröffentlicht. Dort liest man:

> ***Die große Erschütterung und die 3 finsteren Tage.*** *Die Erdachse verschiebt sich und* ***die Sonne verändert ihren Himmelslauf.*** *Riesige Wasser bedrohen die Küste, im Inneren aber herrscht tödliche Dürre. Neue Wüsten werden entstehen und die alten Wüsten wachsen weiter. […] Vulkane tun im Boden sich auf und Asche bedeckt das zerschundene Land. Und blutig rot schaut böse der Mond, und die Gestirne halten ihren Schein zurück.*[231]

Den Beginn der Finsternis mit einer großen Erschütterung beziehungsweise einem Donner kennen wir schon aus anderen Quellen. Donner plus Erdbeben zu Beginn der Finsternis deuten auf einen Impakt in Europa hin, dessen Einschlagsdonner zwar europaweit hörbar ist, der meiner Einschätzung nach aber nicht die eigentliche Ursache der Finsternis wäre. Die kosmische Wolke scheint also einige größere Brocken mit sich zu führen.

Ansonsten ist der obige de la Vega-Text die Zusammenfassung von Vorgängen, die noch weit über die 3 Tage hinausreichen. Wüsten beispielsweise entstehen nicht von heute auf morgen, obwohl im Rahmen des »Dritten Weltkrieges« und der Finsternis anderen Quellen nach (Irlmaier, Seher aus dem Waldviertel, Bauer aus Selb[232]) nördlich der Donau, etwa zwischen Regensburg und Wien, mit dem Entstehen einer Wüste zu rechnen wäre, jedoch nicht infolge einer Dürre!

Dass im Rahmen des Polsprungs schlafende Vulkane ausbrechen, scheint ansonsten recht wahrscheinlich. Dies dürfte insbesondere für den Laacher-See-Vulkan gelten, der zuletzt vor 12 900 Jahren ausgebrochen ist und in dessen unmittelbarer Nähe Garcilaso de la Vega ein paar Jahre verbracht haben soll.

Auch der gerade behandelte Edward Korkowski sah Vulkanausbrüche:

> *... gewaltige Vulkanausbrüche wird es nicht nur in Europa, sondern in vielen Gegenden der Erde geben. Sie können als Folge einer kommenden Polverlagerung verstanden werden ...* [233]

1987 – Rajneesh/Osho, Indien

Um das Gesamtbild der behandelten Voraussagen zur 3-tägigen Finsternis abzurunden, möchte ich jetzt eine Quelle zitieren, die etwas aus dem bisherigen Rahmen herausfällt. Bei der betreffenden Quelle handelt es sich um den seit den 1970er-Jahren in Europa und den USA recht bekannten indischen Guru Bhagwan Shree Rajneesh (1931–1990), der kurz vor seinem Tod den Namen Osho annahm.

Abbildung 28: Die Rajneesh Times, 14. August 1987
»Bhagwans Kommentar zu den Weltmeditationstagen: ... ein absolutes Fiasko / Über die Zeitenwende am 16./17. August«

Rajneesh/Osho hatte weltweit mehrere zehntausend Schüler, die sich Sannyasins* nannten und sich stets in rötliche oder orange Farben kleideten, darunter alleine 30 000 bis 40 000 Deutsche.[234]

Aus westlichen Boulevard-Medien ist Rajneesh/Osho auch als »Sex-Guru« bekannt, der mehrere Dutzend Rolls Royce besaß. Letzteres entsprach durchaus den Tatsachen. Er nannte etwa 90 dieser Luxuskarossen sein Eigen. Auch die Sache mit dem Sex-Guru war alles andere als aus der Luft gegriffen, denn in der Sannyas-Bewegung galt guter Sex als Zeichen seelischer Gesundheit – was ja auch nicht völlig aus der Luft gegriffen ist.

Sich selbst bezeichnete Osho als erleuchtet, der östlichen Tradition nach ein Bewusstseinszustand, den man mit »Einssein mit Gott« übersetzen kann. Gemäß östlicher Weltanschauung bedeutet Erleuchtung natürlich auch, dass man nicht mehr wiedergeboren werden muss.

* angelehnt an Sanskrit für ›Entsagung, aufgeben‹.

Von Rajneesh/Osho gibt es nun eine Aussage, in der er eine globale Katastrophe prophezeit – eine globale Katastrophe, in der es zu einer geistig-seelischen Prüfung der gesamten Menschheit kommt. Veröffentlicht wurde diese Aussage Oshos am 14. August 1987 auf der Titelseite von *Die Rajneesh Times,* der deutschen Ausgabe der Zeitung der Sannyas-Bewegung.

Vor einem »Dritten Weltkrieg« hatte Osho in jener Zeit ebenfalls gewarnt, und das tat er nicht etwa im Kreise weniger ausgesuchter Schüler, sondern im Rahmen eines öffentlichen Vortrages.[235] Als Osho nach dem Vortrag merkte, dass seine Schüler seine Weltkriegswarnung und Weltkriegsankündigung nicht ernst nehmen und stattdessen für einen Trick halten, der sie »nur« zum Meditieren anzuspornen soll, stellte er tags darauf ebenfalls öffentlich klar, dass diese Warnung sehr wohl ernst gemeint war und dass seiner Überzeugung nach der »Dritte Weltkrieg« *definitiv* kommt und nicht nur *möglicherweise.* Um Zweifel auszuräumen, erklärte er sogar an einem konkreten Beispiel, wie es ihm möglich sei, in die Zukunft zu sehen, und dass es für einen Erleuchteten sozusagen normal sei, in die Zukunft zu sehen.

Nach Oshos Tod im Januar 1990 orientierten sich große Teile seiner Anhänger weltanschaulich Richtung New Age und wollen nun – was schon im Jahr 1987 deutlich geworden war – nichts mehr von Oshos beunruhigenden Prophezeiungen wissen. Dies war und ist ihnen einfach zu negativ.

Osho: »Wenn es wirklich so weit ist, glaubt keiner mehr daran.«

Der konkrete Anlass für Oshos Aussage vom August 1987 war eine in jenen Tagen unter seinen Schülern Kreise ziehende Hoffnung, eine bestimmte Planetenkonstellation im August 1987 werde einen positiven Bewusstseinssprung der Menschheit auslösen. Osho kommentierte:

> *Ich bin völlig sicher, dass sich an diesem 16. und 17. August* [1987] *rein gar nichts ereignen wird. Die Leute befinden sich im Irrtum. [...*]* ***All diese***

* An der gekürzten Stelle steht: »Wenn irgendetwas geschehen wird, dann im Jahre **1999 bis 2000.**«
Ich buche diese falsche Datumsprognose Oshos als »üblichen« Datumsfehler ab. Falsche Datumsprognosen kommen auch bei sehr begabten Sehern immer wieder vor, sodass es schwierig ist, eine falsche Datumsprognose zum Ausschlusskriterium für eine Quelle insgesamt zu machen.

> ***Dinge sind gefährlich:*** *Sie erweisen sich als Blödsinn, und* ***wenn es wirklich so weit ist, glaubt keiner mehr daran.*** *Das ist die ganze Strategie, die dahintersteckt. […]*[236]

Mit »*wenn es wirklich so weit ist*« bezieht sich Osho allem Anschein nach auf ein relativ kleines Zeitfenster, in dem »es« passiert. Das »wenn es so weit« lässt sich gewissermaßen als »Zeitpunkt der Erfüllung« deuten. Und ausgerechnet in dieser Zeit der Erfüllung – so Osho – glauben die Menschen nicht mehr daran, dass es überhaupt so etwas wie eine Zeit der Erfüllung geben kann! Sie wollen auch nicht glauben, dass sie selbst in dieser Zeit der Erfüllung leben.

Mit »All diese Dinge sind gefährlich« bezieht Osho eindeutig Position: Er hält es für angeraten, dass die Menschen, die in der Zeit der Erfüllung leben, auch wissen, dass sie in dieser Zeit leben. Mehr noch: Osho hält einen Unglauben in dieser Hinsicht sogar für gefährlich und suggeriert zudem mit »*Das ist die ganze Strategie, die dahintersteckt*«, es gäbe negative Menschenmächte, die den Glauben an eine Zeit der Erfüllung planmäßig untergraben.

Bezogen auf unser Thema *Krieg/Finsternis/Polsprung* ist es ebenfalls interessant, dass Osho sich indirekt für die Echtheit traditioneller Prophezeiungen auszusprechen scheint, wenn er sagt: »Wenn es wirklich so weit ist, glaubt keiner mehr **daran.**« Was meint Osho mit »daran«? Irgendwelche New-Age-Prophezeiungen, die sich auf irgendwelche Planetenkonstellationen verlassen? Glauben Sie das? Ich nicht.

Stünde uns im Sinne des New Age irgendwann tatsächlich ein positiver geistiger Wandel ohne Nebenwirkungen, böse Schlaglöcher und Kollateralschäden bevor, wäre es egal, ob man an diesen positiven Wandel glaubt oder ihn schlichtweg verschläft.

Der sanfte positive Wandel käme so oder so, ganz von alleine, und ganz ohne Probleme, so wie die Wärme im Frühling. Auf einen solchen Wandel muss sich niemand vorbereiten. Schließlich droht keine Gefahr.

Der Glaube an einen Wandel wäre aber sehr wohl entscheidend, wenn dieser Wandel in höchst dramatischer Form abläuft. Dann gälte es sehr wohl, vorbereitet zu sein. Und dazu müsste man die Menschen natürlich auch warnen.

Weiter sollte hellhörig stimmen, dass es aus Oshos Sicht Interessengruppen gibt, die danach trachten, den Glauben an »alte«, traditionelle Prophezeiungen abzuwürgen, so dass »keiner mehr daran« glaubt, »wenn es wirklich so weit ist«. Ob nun zutreffend oder nicht: Damit steht der Gedanke im Raum, dass die Lächerlichmachung, die pseudo-wissenschaftliche und pseudo-esoterische

»Widerlegung« und das Totschweigen der »alten« Prophetie das Ziel verfolgen, möglichst viele Menschen völlig unvorbereitet in die prophezeiten Szenarien stolpern zu lassen.

Und wozu? Etwa um sich an der Energie der Unvorbereiteten schadlos zu halten, wenn diese angesichts »ungeahnter« Gefahren plötzlich aus ihrem Zentrum gerissen werden? … Für manche Leser mag es schwer nachvollziehbar sein, aber Osho spricht wörtlich von »Strategie«. Da fragt sich, ob dieser Strategie eher politische oder okkulte Interessen zugrunde liegen?

Osho weiter:

> *Ob* [die] *Transformation des menschlichen Bewusstseins geschieht, hängt von keiner Sternenkonstellation ab. Aber sie wird irgendwann zwischen 1999 und dem Jahre 2000 geschehen* [siehe Fußnote Seite 203].
>
> ***Die Transformation wird dann eintreten, wenn die Menschheit vor der Wahl stehen wird: zwischen globalem Selbstmord oder einem Quantensprung von alten Strukturen zu einer neuen menschlichen Gesellschaft.*** *Für die Transformation des Bewusstseins ist eine* ***solch dringliche Situation notwendig,*** *wie die, in der man zwischen dem Tod und einem neuen Menschen zu wählen hat, und in der es sonst keinen Ausweg gibt.*[237]

»Globaler Selbstmord« können wir ruhigen Gewissens und völlig problemlos mit »Dritter Weltkrieg« übersetzen. Oder hätten Sie, lieber Leser, einen besseren Vorschlag? Umweltverschmutzung vielleicht? Na gut. Aber das dauert nicht Minuten, sondern Jahrzehnte. Besonders dringlich wäre das nicht.

Ein Problem mit der von Osho skizzierten Entscheidungssituation ist allerdings, dass die ganz persönliche Kriegserfahrung eines Menschen noch lange keinen Bewusstseinswandel der hier zu vermutenden Art auslöst. Selbst der jahrelange Fronteinsatz der Soldaten im Ersten und Zweiten Weltkrieg hat bekanntermaßen bei der Masse der Soldaten zu keinem kollektiven positiven Bewusstseinswandel geführt. Im Gegenteil: Sinnbildlich gesprochen ist unser aller Oberdämon Adolf H. aus B. ja gerade aus den Schlachtfeldern an der Westfront des Ersten Weltkrieges hervorgekrochen. Das Ergebnis des Ersten Weltkrieges war keine geistige Erleuchtung oder eine von Pazifismus beseelte Jugend, sondern nach heutiger Überzeugung eine gesteigerte geistige Verfinsterung, Hitlerjugend und vormilitärischer Drill.

Selbst Jahre voller Angst, den eigenen Tod stets vor Augen, haben in den letzten beiden Weltkriegen bei den Soldaten zu keiner »spirituellen Revolution«

geführt. Osho dürfte sich also mitnichten auf die unmittelbare Kriegserfahrung der Soldaten an der Front beziehen. Es geht hier nicht um »Erleuchtung« im Stahlgewitter oder um Bewusstseinssprünge im Minengürtel. Oshos Worte sind folglich an Zivilisten gerichtet, an Menschen wie du und ich; an die überwiegende Mehrheit der Bevölkerung, die sich auch im »Dritten Weltkrieg« eben nicht im unmittelbaren Kampfgebiet befände; die überwiegende Mehrheit eben, die sich in Ländern befände, in denen – laut der mir bekannten Prophetie – überhaupt kein Krieg wäre; Länder und Regionen wie ganz Lateinamerika, ein Großteil Afrikas, Indien, Thailand usw.

Was würde der Weltkrieg für die weltweit geschätzten 7,2 Milliarden Zivilisten* bedeuten, die fernab des Kanonendonners immer noch jeden Tag zur Arbeit gehen und abends ihre Kinder ins Bett bringen?

Im ersten Moment, wenn diese Zivilisten vom Kriegsausbruch zwischen NATO und Russland erfahren, würden sie natürlich einen fürchterlichen Schrecken bekommen. Dann würden ein paar Tage folgen, in denen diese Zivilisten jeden Moment mit einem weltweiten Atomkrieg rechnen. Bleibt dieser aber ein paar Wochen lang aus – so wie von den betreffenden europäischen Quellen prophezeit – wird sich bei den meisten Zivilisten weltweit die Gemütslage einpendeln zwischen Verdrängung und der Hoffnung, wenigstens man selbst käme noch mit dem Schrecken davon. Oder man stürzt sich jetzt ganz besonders ins Leben: der klassische Tanz auf dem Vulkan – Party, Sex und Drogen.

Ich kann nicht erkennen, wie im Falle eines im Großen und Ganzen noch konventionell laufenden »Dritten Weltkrieges«, der in geografisch begrenzten Kampfzonen abläuft, für die relativ unbeteiligten Zivilisten überall auf der Welt die von Osho erwähnte »dringliche Situation« entstehen soll.

Aus meiner Sicht ist es plausibler, dass sich auch Osho auf der Grundlinie bewegt, die sich aus der europäischen Prophetie ergibt: Der Weltkrieg bricht zunächst konventionell aus und betrifft mit den effektiven Kampfhandlungen nur einen relativ kleinen Teil der Welt. Die Welt insgesamt aber begreift: Jetzt sind die Tage ernsthaft gezählt. Jetzt geht es um die Wurst, und alles hängt am seidenen Faden.

Nach dem ersten großen Schrecken läuft der Krieg zunächst ein paar Wochen konventionell weiter, und die Völker – insbesondere in Europa, Russland und Nordamerika – werden quasi über mehrere Wochen hin durch ihre wie-

* Bei geschätzten 200 Millionen Soldaten, von denen aber wohl nur geschätzte 20 Millionen unmittelbar an der Front wären.

derkehrende Angst vor einem weltweiten Atomkrieg regelrecht weichgekocht. Auf dem Höhepunkt dieser tief greifenden emotionalen Verunsicherung käme dann die 3-tägige Finsternis mit der Polwende. Und viele Menschen weltweit würden dann natürlich glauben, die Finsternis sei eine direkte Folge des Krieges, also menschengemacht; also der globale Atomkrieg.

Die 3-tägige Finsternis mit dem Polsprung wäre für absolut jeden Einzelnen weltweit körperlich intensiv spürbar. Man würde mit Gleichgewichtssinn, Augen, Ohren, Geruchs- und Tastsinn in einen vollkommen neuen Erfahrungsraum hineingestoßen, wo es praktisch keinerlei Orientierung mehr gibt. Es sei denn, der- oder diejenige ist spirituell-religiös bestens verankert, verfügt über eine außergewöhnliche Intuition oder weiß, dass diese Sache schon seit Jahrhunderten prophezeit worden ist und trotz allem eben doch nicht in einem Weltuntergang, doch nicht in einem menschengemachten alles vernichtenden Atomkrieg enden soll.

Dem einzelnen Individuum dürfte sich meiner Ansicht nach während der 3-tägigen Finsternis nicht so sehr die Wahl stellen zwischen »Selbstmord und Quantensprung«, aber jeder einzelne Mensch würde wohl in einen Zustand umfassender Orientierungslosigkeit geraten, den er nur erträgt oder aus dem er nur herausfindet, wenn er sich für einen inneren, seelischen Halt entscheidet. Das heißt: Der Mensch muss in diesem Ereignis irgendeinen Sinn erkennen und diesen Sinn in Bezug zu seiner eigenen Seele setzen.

Kann der Mensch keinen Sinn in diesem Szenario und seinen eigenen Erfahrungen in dieser Zeit erkennen, glaubt er gar, dass es sich um ein menschenverursachtes Szenario (einen weltweiten Atomkrieg) handelt. Hat dieser Mensch keine Hoffnung und erlebt er das Szenario sogar als Beweis für die Verwerflichkeit der ganzen Menschheit und die Sinnlosigkeit des Daseins, wäre der Todeswunsch sicher nicht mehr fern. Denn was um Himmels willen sollte man noch in einer solchen Welt?

Insofern haben wir hier durchaus eine Selbstmord-Analogie. Was hinter dem Selbstmord steht, ist die Frage, woran man glaubt – ob man daran glaubt, dass die Zukunft (trotz allem) gut wird.

Auch bei Osho also, einer Quelle, die nichts mit den traditionellen Religionen und auch nichts mit New Age zu tun hat, finden wir das sattsam bekannte Grundmuster, nach dem uns eine für jeden einzelnen Menschen intensiv spürbare globale Großkatastrophe zu einer seelisch-geistigen Entscheidung zwingt.

Meiner persönlichen Ansicht nach hätte der »Dritte Weltkrieg« trotz all seiner Schrecken noch nicht das Potenzial, die Menschen an den springenden Bewusstseinspunkt zu führen. Die von Osho angesprochene Dringlichkeit gäbe es auf alleiniger Basis des Krieges »bestenfalls« in Deutschland und anderswo in Mitteleuropa, aber sicherlich nicht in Kanada, Mittel- und Südamerika, in weiten Teilen Afrikas, in Australien, Neuseeland usw. Der Krieg alleine wäre global betrachtet sicherlich nicht in der Lage, die von Osho beschriebene Dringlichkeit für jeden einzelnen auf dem Planeten lebenden Menschen herbeizuführen. Dazu bräuchte es vermutlich die 3-tägige Finsternis und den Polsprung. Dieses Szenario wäre im Gegensatz zum Krieg tatsächlich weltweit für jedermann – selbst im tiefsten Bunker – intensiv spürbar.

Nebenbei bemerkt korrespondiert die von Osho angesprochene »gefühlte Nähe zum Selbstmord« mit einer Stelle aus der Botschaft von La Salette, wo es im Zusammenhang mit der 3-tägigen Finsternis heißt: »Man wird glauben, alles sei verloren.«[238] Glaubt man genau das wirklich, dann führt dies natürlich zur betonplattenschweren großen Depression und dem Wunsch nach dem eigenen Ende.

Warum Osho sich nicht eingehender zu Finsternis und Polsprung geäußert hat, weiß ich nicht*. Vermutlich wollte er einer endlosen Debatte über die physikalischen Aspekte und konkreten Gefahren des Szenarios aus dem Weg gehen. Wie sicherlich die meisten spirituellen Lehrer wollte er wohl die Aufmerksamkeit seiner Schüler auf der eigenen Seelenarbeit belassen.

Hätte Osho öffentlich konkrete materielle Aspekte des Szenarios benannt, etwa die Staubwolke, den Himmelskörper, den Polsprung oder den Krieg mit Schwerpunkt Europa, hätte er bereits nach wenigen Halbsätzen eine geistige Brücke zu den altbekannten Prophezeiungen geschlagen; eine Brücke, die nicht mehr zu beseitigen gewesen wäre. Bei einem Teil seiner Schülerschaft wäre daraufhin die materielle Vorbereitung auf die Katastrophen zum Dauerthema geworden. Bald wäre es in diesem Teil der Schülerschaft nur noch darum gegangen, wo es sicher ist und wo nicht, wer einen sicheren Platz hat und wer nicht, und wer sich einen sicheren Platz finanziell leisten kann und wer nicht. Über kurz oder lang wäre die Frage nach dem sicheren Platz zum permanenten Quell bösen Blutes geworden, für Gefühle von Neid, falschen Freundschaften, Verrat, Heimlichtuerei und Missgunst.

* Es ist gut möglich, dass sich Osho dazu an anderer Stelle geäußert hat, ich aber nichts davon weiß.

Quellen zwischen 1990 und 2016

Soweit haben wir neunzehn Quellen zur 3-tägigen Finsternis aus den letzten rund tausend Jahren mit überwiegend christlich-westlichem Hintergrund.

Natürlich sind nach 1987 weiterhin neue (vermutlich) seherische Quellen aufgetaucht. Bei potenziell seherischen Quellen jüngeren Datums besteht jedoch das grundsätzliche Problem, dass Irrtum, Täuschung und Betrug deutlich schwerer zu erkennen sind als bei älteren Quellen. Echte seherische Fähigkeit lässt sich nun einmal nur anhand eingetroffener prophezeiter Ereignisse nachweisen, obwohl man selbst dann immer noch von »Zufall« sprechen kann, sofern man an den »Gott des Zufalls« glaubt.

Die entsprechenden Prophezeiungen müssen zudem frühzeitig in physischer Form publiziert werden, also in Büchern oder Zeitschriften, und diese sollten auch in die jeweiligen Nationalbibliotheken aufgenommen werden, damit die Dokumentation möglichst solide ist.

Genau hier aber hakt es bei den allermeisten jüngeren Quellen. Bei diesen Quellen ist einfach zu wenig Zeit vergangen, als dass sich die zuvor in gedruckter Form veröffentlichten Voraussagen erfüllt haben könnten.

Das Internet ist in diesem Zusammenhang faktisch eine so gut wie völlig unbrauchbare Primärquelle, weil sich jede Publikation im Internet allzu leicht rückdatieren lässt. Eine echte Beweisführung hinsichtlich eines tatsächlichen Erscheinungsdatums im Internet ist so gut wie unmöglich, wenn sämtliche Quellenangaben aus dem Internet kommen und nie etwas in gedruckter Form erschienen ist. Veröffentlichungen in gedruckter Form sind also nach wie vor absolut unerlässlich. Alles andere öffnet Irrtum und Betrug Tür und Tor.

Was New-Age-Publikationen nach 1987 betrifft, so habe ich diese nur sporadisch untersucht (zum Beispiel Diana Cooper, Drunvalo Melchizedek, James Redfield). Ein Großteil dieser Quellen stammt aus dem angelsächsischen Raum, insbesondere den USA, also sind diese Quellen schon von daher für die konkrete detaillierte Zukunft Europas, Deutschlands, Österreichs und der

Schweiz ein Quellentyp zweiter oder dritter Wahl, da man im Fall des Falles immer die lokalen Quellen bevorzugen sollte.

Nicht unerwähnt bleiben darf in dem Zusammenhang, dass ich alle paar Monate Zuschriften von Lesern erhalte, die mir von eigenen Visionen und (vermeintlichen) seherischen Träumen berichten. Diese Quellen bestätigen im Großen und Ganzen das, was aus der traditionellen europäischen Prophetie bekannt ist. Dasselbe gilt für Hellseher, mit denen ich sporadisch in Kontakt stehe. Diese Dinge veröffentliche ich aber nur in Ausnahmefällen, da mir die Qualitätsbeurteilung vorerst meistens zu unsicher ist.

Nicht-westliche Quellen

Von Rajneesh/Osho abgesehen stammen sämtliche bisher zitierte Quellen aus dem westlichen Kulturkreis. Abgesehen von Rajneesh/Osho (Indien), Veronica Lueken (USA) und Garcilaso de la Vega (Argentinien, zeitweise Deutschland) stammen sogar alle bisher zitierten Quellen aus Europa. Sollten diese europäischen Quellen mit der 3-tägigen Finsternis wirklich ein globales Szenario gesehen haben, müsste es natürlich auch Quellen aus dem nicht-europäischen und nicht-christlichen Kulturraum geben, die ebenfalls die Finsternis und die Polwende gesehen und beschrieben haben – Quellen aus der Welt des Islam, Quellen aus Asien usw. Die westlich-christlichen Quellen müssen also zur Überprüfung ihrer Glaubwürdigkeit (Stichwort Abschreibethese) mit nicht-westlichen Quellen gegengeprüft werden. Selbstverständlich habe ich eine solche Gegenprüfung im Rahmen meiner Möglichkeiten unternommen, und das Ergebnis dieser Gegenprüfung lautet:

> *Die westlichen Quellen werden tatsächlich durch nicht-westliche Quellen bestätigt.*

Diese Bestätigungen der westlichen Quellen durch nicht-westliche wird im folgenden Teil des Buches immer wieder zur Sprache kommen.

Da in den Zitaten der bisherigen Quellen immer wieder Einzelaspekte des Szenarios der 3-tägigen Finsternis vorausgesagt werden, man von Quelle zu Quelle aber etwas den Überblick verliert, werden wir uns im jetzt folgenden Teil des Buches noch einmal die jeweiligen Hauptaspekte im Einzelnen ansehen – also die Voraussagen zum leuchtenden Himmelskörper, zum Ablauf der Finsternis, zur geografischen Polwende, zur Staubwolke in Bodennähe und zu Überlebenstipps während der Finsternis.

Einzelaspekte der 3-tägigen Finsternis

Der Zeitpunkt der Finsternis

Glaubt man den betreffenden Prophezeiungen, müsste der »Dritte Weltkrieg« in Mitteleuropa in einem Jahr X zur Getreideernte ausbrechen, also Ende Juli/Anfang August. Der Zeitpunkt Getreideernte hat sich über die Jahre, seit ich an dem Thema dran bin (seit Mitte der 1980er-Jahre) immer wieder bestätigt. Die 3-tägige Finsternis soll dann etwa 3 Monate später folgen.

Das genaue Jahresdatum des Krieges lässt sich meiner Erfahrung und Einschätzung nach nicht schon Jahre im Voraus ermitteln. In den behandelten Quellen hatten wir ja schon genügend Beispiele für falsche, mehr oder weniger datumsbezogene Zeitangaben (zum Beispiel Bertha Dudde, Pater Pio, Veronica Lueken, Rajneesh/Osho).

Mithilfe der prophezeiten *Vorzeichen* sollte es allerdings sehr wohl möglich sein, wenige Monate vor Kriegsausbruch sicher zu erkennen, dass der Krieg jetzt mit hoher Wahrscheinlichkeit tatsächlich bevorsteht. Diese Erkenntnis des unmittelbar herannahenden Krieges könnte schon im April des Jahres X vorliegen, sodass noch genug Zeit für entsprechende Vorkehrungen bliebe.

Wie schon erwähnt habe ich 2015 die wichtigsten Vorzeichen für den »Dritten Weltkrieg« im Buch *Countdown Weltkrieg 3.0* zusammengefasst. Dieses Buch befasst sich mit jenen Vorzeichen, die entweder von mehreren Sehern vorausgesagt worden sind oder von einzelnen besonders glaubwürdigen.* Wer sich eingehender für die Vorzeichen interessiert, dem sei obiges Buch wärmstens empfohlen.

* ... wobei bei der Glaubwürdigkeit natürlich subjektive Einschätzungen meinerseits einfließen.

Vier der wichtigsten Vorzeichen für den »Dritten Weltkrieg« in Mitteleuropa sind:

1. Ein dramatischer **Wirtschaftseinbruch,** der sämtliche Staaten Westeuropas betrifft einschließlich Deutschland, die Schweiz und Österreich. Verbrieftes Geldvermögen wie Sparfonds, Kapitallebensversicherungen, Staatsanleihen usw. würden in dieser Krise nahezu vollkommen entwertet. Vereinfachend gesagt: Das ganze Geld, das man *nicht* bei sich zu Hause in bar oder Edelmetall liegen hat, ist dann futsch.
2. Bald darauf folgende **Unruhen und bürgerkriegsähnliche Zustände** in vielen Staaten Europas, speziell in Frankreich und Italien, spätestens ab Kriegsausbruch auch in Deutschland.
3. Zunehmende **Spannungen zwischen der NATO und Russland.**
4. Die **Zuspitzung eines oder mehrerer Nahostkonflikte** und eine dort drohende direkte militärische Konfrontation zwischen Russland und der NATO.

Vor dem Hintergrund der aktuellen weltpolitischen Entwicklung mögen manche Leser die Auflistung dieser vier Hauptvorzeichen für auch ohne Hellseher erahnbar und daher für billige »Sensationsmache« halten. Doch wenn Sie wollen, können Sie das alles auch in meinem Buch *Prophezeiung – alte Nachricht in neuer Zeit* von 2001 nachlesen oder in Büchern anderer Autoren aus den 1970er- oder 1950er-Jahren oder aus noch früherer Zeit. Nur wird es bei den älteren Büchern etwas mühsam, sich all diese Voraussagen zusammenzusuchen.

Wenn der Winter kommt

Wenn wir auf den prophezeiten Kriegsausbruchszeitpunkt Ende Juli/Anfang August (siehe Seite 370, Abbildung 41 »Voraussagen zur Jahreszeit bei Kriegsausbruch«) die »mittlere« prophezeite Kriegsdauer von 3 beziehungsweise 3½ Monaten (siehe Seite 371, Abbildung 42 »Voraussagen zur Kriegsdauer«) addieren, so gelangen wir zu Ende Oktober/Anfang November oder zu Mitte/Ende November, also zum Spätherbst, kurz bevor der Winter beginnt. Tatsächlich heißt es im *Lied der Linde* von 1921:

Winter kommt, *3 Tage Finsternis,*
Blitz und Donner und der Erde Riß,

Bet daheim, verlasse nicht das Haus,
Auch am Fenster schaue nicht den Graus! [239]

Zu »Winter kommt« ist anzumerken – ich hatte es schon erwähnt –, dass es meines Wissens keine Quelle von vor 1921 gibt, die einen Zeitpunkt der Finsternis in Bezug zur Jahreszeit nennt*. Nach der Veröffentlichung des Lindenliedes hat es dann noch einmal 20 und 40 Jahre gedauert, bis sich drei weitere Quellen zur Jahreszeit beziehungsweise den Witterungsbedingungen zum Zeitpunkt der Finsternis geäußert haben.

Im ersten Fall handelt es sich um die Französin Marie-Julie Jahenny, die 1941 mit »in Nacht der kalten Wintermonate«[240] überliefert wurde, und im zweiten Fall um Pater Pio, von dem eine entsprechende Aussage von 1965 überliefert ist, in der es heißt: »Die Nacht ist sehr kalt.«[241] Der dritte Fall ist Alois Irlmaier mit seinem schon erwähnten Hinweis auf den jahreszeitlichen Zeitpunkt der Finsternis:

Welche Jahreszeit wird es sein? Das kann ich nur aus den Zeichen ablesen. Auf den Gipfeln der Berge liegt Schnee. Es ist trüb und regnerisch und Schnee durcheinander […]. Herunten ist es aper [schneefrei, offene Flächen, nachdem es getaut hat]. *Gelb schaut es her. […]. Während der Kriegs kommt die große Finsternis, die 72 Stunden dauert.*[242]

An anderer Stelle spricht Irlmaier von einer »eisigkalten Nacht«. Auch das fügt sich in das bestehende Gesamtbild.[243]

Dann wäre natürlich noch Nostradamus' »Oktober« zu erwähnen, der infolge der Kalenderumstellung in das erste Drittel des Novembers reichen könnte. Zählt man Nostradamus mit, dann haben wir fünf Quellen, die sich alle auf dasselbe Zeitfenster beziehen.

Zwar ergibt sich allein auf Basis dieser fünf Quellen immer noch eine mögliche Deutungsbandbreite für den Zeitpunkt der Finsternis von Spätherbst (Ende Oktober/Anfang November; »Winter kommt«) bis Mitte, ja Ende Winter, also auch Ende Februar (»kalter Wintermonat«), doch mithilfe des größten gemeinsamen Nenners der Quellen beim Kriegsausbruchsmonat und bei der

* Natürlich mit Ausnahme von Nostradamus, aber dessen diesbezügliche Aussage in der Vorrede an Heinrich II. ist mit dieser Deutung ziemlich unbekannt.

Kriegsdauer klärt sich die Sache doch ziemlich gut: Die 3-tägige Finsternis wäre von der zweiten Oktoberhälfte bis zur ersten Novemberhälfte zu erwarten.

Zur Veranschaulichung folgende Tabelle:

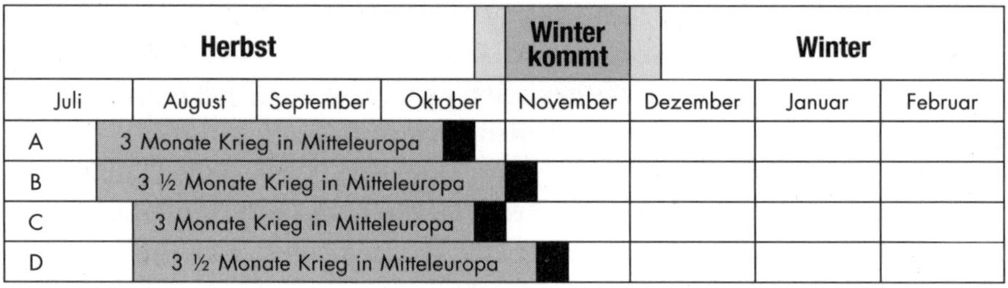

A = Kriegsausbruch Ende Juli + 3 Monate Kriegsdauer
B = Kriegsausbruch Ende Juli + 3 ½ Monate Kriegsdauer
C = Kriegsausbruch Anfang August + 3 Monate Kriegsdauer
D = Kriegsausbruch Anfang August + 3 ½ Monate Kriegsdauer
Bitte beachten Sie, dass hier Abweichungen von etwa 1-2 Wochen möglich sind.

Abbildung 29: Schematische Darstellung der möglichen Kombination von Voraussagen zum Kriegsausbruchszeitpunkt, zur Kriegsdauer und zum Zeitpunkt der 3-tägigen Finsternis (schwarzes Kästchen)

Der Eintritt der Finsternis zur Endschlacht in Nordrhein-Westfalen

Wem die Schwankungsbreite zwischen zweiter Oktoberhälfte und erster Novemberhälfte immer noch zu ungenau ist, dem bietet sich folgende Datierungshilfe an: Laut mitteleuropäischer Prophetie würde die 3-tägige Finsternis erst auf dem Höhepunkt des in Europa überwiegend noch konventionellen Krieges stattfinden. Der Höhepunkt des konventionellen Krieges wäre die »Endschlacht« in Norddeutschland am Nord- beziehungsweise Nordostrand des Ruhrgebietes an der Grenze des früheren Herzogtums Westfalen (siehe mein 2016 erschienenes Buch *Refugium,* Seite 48). Für dieses Gebiet wird von einer ganzen Reihe von Quellen eine gewaltige Endschlacht vorausgesagt, einmal mit einem Schwerpunkt direkt bei Köln und dann nachfolgend mit einem Schwerpunkt nördlich und nordöstlich des Ruhrgebietes.

Die Prophezeiungen zur Endschlacht am Nordostrand des Ruhrgebietes, die sogenannte »Schlacht am Birkenbaum«, sind schon seit langer Zeit bekannt. Ein Standardwerk dazu erschien bereits im Jahr 1914 (*Die Völkerschlacht der Zukunft am Birkenbaum* von Prof. Dr. Friedrich zur Bonsen) und dürfte der Anzahl der Nachdrucke nach etwa eine Gesamtauflage von mindestens 20 000 Stück erreicht haben.

Diese Endschlacht soll stattfinden, wenn sich die östlichen Armeen schon längere Zeit auf dem Rückzug befinden. Beginnen würde der Rückzug der Russen etwa 6 Wochen nach Kriegsausbruch in Frankreich im Raum Lyon und würde sich dann über die Burgundische Pforte südwestlich von Freiburg fortsetzen. Danach käme den entsprechenden Quellen nach eine Schlacht im Großraum Ulm, und dann würden sich die östlichen Truppen Richtung Norden nach Köln/Westfalen zurückziehen. Gleichzeitig würden die russischen Truppen nördlich des Ruhrgebietes aus dem Raum Belgien/Holland an den Nordrand des Ruhrgebietes zurückfluten.

Falls alles tatsächlich so käme wie prophezeit, könnte man dank dieser ziemlich großen Anzahl von Prophezeiungen zur Endschlacht anhand des konkreten Kriegsverlaufes in Deutschland den Zeitpunkt der Finsternis »nachjustieren«.

Quellenmäßig klar wäre auch, dass es bis zur Endschlacht in Nordrhein-Westfalen dort keine oder keine nennenswerten Kämpfe gibt. Es ist also auszuschließen, dass in Nordrhein-Westfalen über die gesamte Dauer des Krieges solch heftige Kämpfe toben. In der Vormarschphase, in der die östlichen Truppen bis in die Niederlande vordringen, scheint es in Nordrhein-Westfalen so gut wie gar keine Kämpfe zu geben. Allerdings dürfte das Gebiet östlich des Rheins über die gesamte Kriegsdauer ziemlich eingekesselt sein, mit entsprechenden Folgen für die Lebensmittelversorgung, Plünderungen, explodierender Kriminalität usw.

Was den Krieg als Vorzeichen der Finsternis betrifft, so zeigt sich, dass die einzelnen Quellen umso eher einen Zusammenhang zwischen Krieg und Finsternis herstellen, je detaillierter sie sich zum Szenario der 3-tägigen Finsternis äußern. Das finden Sie verdeutlicht in den Tabellen auf Seite 217, Abbildung 30 (Ausschnitt) und Seite 367, Abbildung 39 (Gesamttabelle). Zwar gibt es einige Quellen, die im Zusammenhang mit der 3-tägigen Finsternis *keinen* Krieg erwähnen, aber diese Quellen sind meistens auch vom Umfang her sehr begrenzt.

Abschließend zum Krieg als Vorzeichen noch dieses: Die eigentliche Deadline für Vorsorgemaßnahmen wäre natürlich nicht der Kriegsausbruch, sondern der Wirtschaftscrash, der zunächst Bankguthaben, Kapitallebensversicherungen und dergleichen vernichten und damit größere Investitionen erheblich erschweren oder gänzlich unmöglich machen würde.

In den Wochen und Monaten nach dem Crash würde dann nach und nach ein Wirtschaftsbereich nach dem anderen in Mitleidenschaft gezogen, die Arbeitslosigkeit würde steigen, die Kriminalität nähme zu, und es käme zu Versorgungsproblemen bei immer mehr Produkten, insbesondere bei jenen, die interessant sind für die Krisen-Vorsorge. Letztere könnten in wenigen Tagen vergriffen sein (»Praktische Vorsorge« siehe Seite 341).

In der Restzeit zwischen Wirtschaftscrash und Kriegsausbruch noch machbar wäre die Vorbereitung eines Ausweichquartiers im privaten Umfeld, sofern man in Gebieten wohnt, die laut Prophetie von Krieg, Überflutungen oder Bürgerkriegsszenarien bedroht sein sollen (siehe mein Buch *Refugium – sichere Gebiete nach Alois Irlmaier und anderen Sehern*).

Nicht wenige Menschen, die bisher nichts vom Thema europäische Prophetie wissen wollten, würden nach dem Crash natürlich »aufwachen«. Vorausgesetzt, die Prophezeiungen würden sich tatsächlich zur Gänze erfüllen, würden so oder so noch eine ganze Menge Leute den wahren Ernst der Lage erkennen – aus dem einfachen Grund, dass viele Menschen erst dann aufgerüttelt werden, wenn sie persönlich unmittelbar betroffen sind oder die »Einschläge« bereits so dicht in ihrem ganz persönlichen Umfeld erfolgen, dass sie befürchten müssen, als Nächste dran zu sein.

Es würden also noch viele Menschen »aufwachen«. Und das würde in vielen Fällen die Kommunikation und die Zusammenarbeit im Hinblick auf das Thema Vorsorge erleichtern. Seien Sie aber auch darauf vorbereitet, dass Menschen, die Ihnen am Herzen liegen, den Ernst der Lage bis ganz zuletzt nicht erkennen wollen. Von einer solchen unüberwindlichen Ignoranz selbst im privatesten Umfeld schreiben mir Leser seit über 20 Jahren.

Quellen zur 3-tägigen Finsternis

	Quellen	Zeit	Q	3-tägige Finsternis	Krieg	Literatur*
1	Irlmaier	1959	I			30/134
2	Biernacki	1984	IV			8/289
3	Seher v. Waldviert.	1959	II			12/262
4	Dixon	1970	IV			5/147
5	Kugelbeer	1922	III			15/101
6	Luecken	1972	III			8/231
7	Stockert	1948	III			12/221
8	Smith, T.H.	1991	III			71/68
9	Elena Aiello	1955	II			10/161
10	Zönnchen	1988	III			85/143
11	Lindenlied	1850	II			7/374
12	Uriella	1993	IV			209/17
13	De la Vega	1982	III			16/214
14	M. J. Jahenny	1938	III			8/208
15	Böhmischer Seher	1940	III			8/46
16	Pater Pio	1961	I			8/151
17	Taigi	1837	II			8/132
18	Zängeler, Berta	1950	II			51
19	Quelle aus Hadith	~800	II			99/94
20	Heilige Ottilie	720	II			14/75
21	Ashtar Sheran	1997	III			PaB
22	Palma v.Oria	1872	III			24/53
23	M.Bergadieu	1875	III			88/315
24	Johannes Friede	1948	II			46/84
25	Baourdi	1878	III			10/154
26	Schweiz. Neuoff.	1856	III			14/107
27	Henle	1890	III			8/275
28	J. d. la Faudaise	1819	III			4/170
29	Gr.d.Kongr.v.k.Bl	1837	III			10/155
30	Heroldsbach	1949	III			8/275

Q = Qualität der Quelle nach dt. Schulnoten / * siehe Literatur-Codes im Anhang / PaB = Privatarchiv Berndt / Der Seher aus dem Waldviertel gibt eine etwas längere Dauer der Finsternis an, bezieht dies aber auf seine Heimat.

Abbildung 30: Quellen zur 3-tägigen Finsternis (Ausschnitt), siehe Gesamttabelle zur 3-tägigen Finsternis, Seite 367, Abbildung 39

In der Tabelle oben habe ich alle mir bekannten Quellen aufgelistet, die sich definitiv auf die 3-tägige Finsternis beziehen. Nicht enthalten sind noch weitere 27 Quellen, die sich sicher oder wahrscheinlich auf die 3-tägige Finsternis beziehen, jedoch nichts ausdrücklich zur Dauer von 3 Tagen sagen (siehe Seite 367, Abbildung 39).

Sortiert sind die Quellen der Tabelle nach der Anzahl der Einzelaussagen, die ich in einer Datenbank erfasst habe. Je weiter oben die Quellen aufgelistet sind, umso mehr Daten habe ich in der Datenbank erfasst.

In der Spalte »Krieg« sieht man, dass ein Zusammenhang mit dem Krieg umso häufiger erwähnt wird, je umfangreicher die jeweilige Quelle ist.

Der Donnerschlag zu Beginn der Finsternis

Die 3-tägige Finsternis müsste den überlieferten Quellen nach also in einer kalten Nacht zwischen Mitte Oktober und Mitte November in Europa durch einen gewaltigen Donnerschlag beginnen, vermutlich durch einen kleinen Impakt. Wo, ist nicht klar, in Deutschland, aber *nicht* südlich der Donau und *nicht* westlich des Rheins (siehe unten). Der bekannten Quellenlage nach finden sich für Europa Hinweise auf zwei mögliche größere Impakte. Zum einen ein Impakt, der zu Beginn der Finsternis den Donnerschlag auslöst, gefolgt von einem Erdbeben – siehe *Lied der Linde* (1921, Nordbayern), Franz Kugelbeer (1922, West-Österreich), Marie-Julie Jahenny (1941, Bretagne), Alois Irlmaier (1959, Südbayern), Pater Pio (1965, Mittelitalien).

Da man diesen (vermuteten) Impakt zu Beginn der Finsternis offenbar in der Bretagne, Bayern, und Mittelitalien (Apulien) hört, dürfte es ein ganz ordentlicher Rumms sein.

Hinweise auf einen möglichen zweiten Impakt beziehen sich auf Mitteleuropa während des Krieges, und zwar direkt im Kriegsgebiet. Auch wenn hier die Quellenbasis sehr schmal ist, findet sich in der bekannten, vom deutschen Parapsychologen Hans Bender (1907–1991) eingehend untersuchten und in ihrer Glaubwürdigkeit von niemandem bestrittenen *Feldpostbriefe-Prophezeiung* von 1914 folgende denkwürdige Aussage:

> *Am Schluss kommt noch Russland und fällt über Deutschland her, wird aber zurückgeschlagen,* ***weil die Natur eingreift,*** *und da wird in* ***Süddeutschland*** [nicht in Norddeutschland!] *ein* ***Platz*** *sein, wo* ***<u>das Ereignis</u>*** *sein sollte,* ***wo die Leute*** [nach dem Kriege] ***von der ganzen Welt hinreisen,*** *um zu schauen.*[244]

Demnach gibt es in Süddeutschland einen Ort, an dem eine bleibende Spur von dem »Eingriff der Natur« bleibt. Aus meiner Sicht kann diese Spur nur ein Impaktkrater sein. Würde dieser Impakt während des Krieges zu einem Zeitpunkt erfolgen, der es erlaubt, den Impakt als »göttliche« Kampfunterstützung aufseiten der westeuropäischen Verteidiger zu sehen (siehe Hildegard von

Bingen), hätten wir eine plausible Erklärung dafür, dass der Einschlagsort in späteren Jahren zur Pilgerstätte wird.

Dass dieser Impakt in Süddeutschland *nördlich der Donau, nicht im Schwarzwaldgebiet* und *östlich des Rheins* erfolgen müsste, ergibt sich aus der Gesamtheit der betreffenden Prophezeiungen (siehe *Refugium,* Seite 79, *Ein Impakt in Süddeutschland?*).

Sollte der Impaktkrater in späterer Zeit tatsächlich eine Art Pilgerziel oder doch wenigsten das Ziel für Touristen aus der ganzen Welt (oder ganz Europa) werden, würde dies zum einen bedeuten, dass es in Europa keinen vergleichbaren Krater gibt, es also zu keinen gleichgroßen Impakten kommt, und zum anderen würde es bedeuten, dass die Menschen einige Zeit nach den Katastrophen wieder Zeit und Geld genug zum Reisen haben.

Der kosmische Impulsgeber

Abgesehen von den kriegerischen Ereignissen würden alle Katastrophen im Rahmen der 3-tägigen Finsternis durch den besagten Himmelskörper ausgelöst werden, der sich aus den Weiten des Alls zu uns auf den Weg gemacht hat und zuletzt ganz dicht an der Erde vorbeiziehen soll.

Auch wenn dessen konkrete Beschreibungen etwas voneinander abweichen, so ergibt sich insgesamt das Bild eines leuchtenden Himmelsköpers, vergleichbar einer kleinen Sonne. Aus heutiger wissenschaftlicher Sicht könnte es sich dabei um einen Kometen handeln (leuchtet sehr hell, hat einen Staubschweif), den seherischen Quellen nach scheint es aber eher ein Himmelskörper zu sein, der aus seinem Inneren heraus brennt, also eine Art »Mini-Sonne«; obwohl eine solche kleine Sonne aus wissenschaftlicher Sicht natürlich viel zu klein wäre, als dass es in ihrem Inneren zur Kernfusion kommen könnte.

Glaubt man den Quellen, so wäre diese kleine Sonne begleitet von kleineren kosmischen Trümmern, die zum Teil in Form kleinerer Meteoritenschauer auf die Erde prasseln, in Einzelfällen aber auch in Form größerer Brocken. Diese größeren Brocken würden sich dann, wenn sie in die Erdatmosphäre eintreten, durch ein sehr helles Aufblitzen bemerkbar machen. Von daher kann es leicht zu Verwechslungen mit der kleinen Sonne kommen. Letztere würde die Erde jedoch *nicht* treffen und an ihr vorbeiziehen.

Oskar Ernst Bernhardt (1875–1941), ein deutscher Kaufmann, der nach einer längeren Orientreise (1900/1901) eine spirituelle Lehrtätigkeit begann, und seine spirituellen Erfahrungen unter dem Namen Abd-ru-shin in drei Büchern *(Im Lichte der Wahrheit)* zusammengefasst hat, spricht im Zusammenhang mit der kleinen Sonne von einem »Stern«.

Der betreffende Text von 1931 trägt zwar die Überschrift »Der große Komet«, doch im Text selbst ist überwiegend von einem »Stern« die Rede. Aus dem Inhalt geht zudem klar hervor, dass es sich um keinen Kometen handeln kann, also um einen Himmelskörper aus Eis, Gestein und Staub; auch nicht um einen Meteoriten/Asteroiden (aus Stein und Metall). Der Text selbst scheint eine Mischung aus eigenen Visionen und Visionen anderer Quellen zu sein.

Abbildung 31: Oskar Ernst Bernhardt alias Abd-ru-shin (1875–1941)

Der große Komet

Wissende sprechen schon seit Jahren von dem Kommen dieses besonders bedeutungsvollen ***Sternes.*** *[…] Man will wissen, dass er Umwälzungen bringt von einschneidender Art. Doch dieser Stern bedeutet mehr.*

Bethlehemstern *kann er genannt werden, weil er von ganz gleicher Art ist, wie dieser es war. Seine Kraft* ***saugt Wasser hoch empor,*** *bringt Wetterkatastrophen und noch mehr. Die Erde bebt, wenn seine Strahlen sie umfängt.*

Seit dem Geschehen in Bethlehem ist gleiches nicht da gewesen. Wie der Bethlehemstern löste sich auch dieser von dem ewigen Reiche des reinen Geistigen zu einer Zeit, dass er auf dieser Erde genau zum Wirken kommt, wenn die Jahre geistiger Erleuchtung über alle Menschen gehen sollen. […][245]

Weiter unten ergänzt Abd-ru-shin, dass dieser Prozess der »Erleuchtung« erst abgeschlossen sein wird, wenn der Stern sich schon wieder weit von der Erde entfernt hat. Das korrespondiert mit den Voraussagen zur Antichrist-Zeit, der eine zentrale und notwendige Rolle im Reifungsprozess der Menschheit zukommt.

Entfernt sich der Stern wieder von der Erde, dann schlägt er natürlich nicht in sie ein. Damit haben wir ein eindeutiges Unterscheidungskriterium bezüglich kleinerer Impakte, die in den Quellen mit »Blitz, Donner und Erdbeben« beschrieben werden.

Sein Kern ist mit hoher geistiger Kraft gefüllt; er umhüllt sich mit der Stofflichkeit und wird dadurch auch den Erdenmenschen sichtbar werden.

*Sicher und unentwegt verfolgt der **Komet** seine Bahn und wird zu rechter Stunde auf dem Plane sein, wie schon **Jahrtausende vorher** bestimmt gewesen ist.*[246]

Ob nun zutreffend oder nicht, doch alleine der Gedanke einer Vorherbestimmung solcher Ereignisse schon Jahrtausende zuvor provoziert bei vielen Menschen eine erstaunlich starke Abwehr, die sich heutzutage natürlich aus dem Glauben an den ach so »freien Willen« des Menschen erklärt.

Die ersten, unmittelbaren Einwirkungen haben in den letzten Jahren (um 1930) bereits begonnen. […] Doch da die Strahlen nach und nach die ganze Erde mit umfassen, so hat es keinen Zweck, ausführlicher darüber zu berichten. Es dauert Jahre bis zu diesem Punkt [der größten Annäherung an die Erde] *und Jahre, **ehe er die Erde wieder aus dem Einflusse entlässt.***

*Und dann ist sie gereinigt und erfrischt in jeglicher Beziehung, zum Segen und zur Freude der Bewohner. Nie war sie schöner, als sie dann sein wird. Deshalb soll jeder **Gläubige** mit ruhigem Vertrauen in die Zukunft blicken, nicht erschrecken, was auch in den nächsten Jahren kommen mag. Wenn er vertrauensvoll zu Gott aufblicken kann, wird ihm kein Leid geschehen.*[247]

Auch hier also finden wir den Zusammenhang zwischen einer kosmischen Einwirkung und einer spirituellen Reinigung oder geistigen Transformation der Menschheit. Bemerkenswert auch: Mit »Gläubige« scheinen nicht Anhänger des Christentums oder anderer Religionen gemeint zu sein, sondern Menschen, die an eine höhere kosmische Ordnung glauben, die jenseits menschlicher Einflussmöglichkeit das weitere geistig-seelische Wachstum der Menschen garantiert, egal, welche Fehler die Menschheit begeht, und egal, welche negativen Kräfte durch die Menschen wirken.

Am Rande: Oskar Ernst Bernhardt war insofern Christ, als dass er an Jesus Christus als höchststehende Seele glaubte – höherstehend als Buddha –, andererseits glaubte Oskar Ernst Bernhardt alias Abd-ru-shin aber auch an die Wiedergeburt.

Was den göttlichen Aspekt von Abd-ru-shins »Stern« betrifft, so zitiert Alice Sárközi, eine ungarische Forscherin, in ihrem Buch über mongolische Prophezeiungen aus dem 17. bis 20. Jahrhundert eine mongolische Quelle:

> *... In jenem Zeitalter der Katastrophe*[248] *wird ein Stern aufsteigen, genannt der* ***Stern der Götter. Er wird im Osten aufgehen und im Westen untergehen.*** *Er wird so groß sein wie ein Hühnerei* [wohl am ausgestreckten Arm], *und wird wundervoll hell scheinen. Man wird ihn in der ganzen Welt sehen.*[249]

Im Buch *Political Prophecies in Mongolia in the 17–20th Century* schreibt die Autorin weiter zum inhaltlichen Vergleich der mongolischen Prophezeiungen:

> *Lang anhaltende Finsternis, oder gerade das Gegenteil, das Erscheinen mehrerer Sonnen können eine globale Katastrophe ankündigen. [...] acht Sterne* [Kometen, Meteoriten?] *werden von Khan Khormusta* [Titel eines mongolischen Khans] *zur Erde gesandt, als Zeichen,* ***dass jetzt die Zeit gekommen ist, in der die Menschheit gereinigt werden soll.*** *Der positive Wandel der Himmelsphänomene bringt die glückliche Epoche. »****Die Sonne und der Mond werden wieder hell*** [nach der Finsternis wieder sichtbar?], *und das glückliche Zeitalter beginnt.«*[250]

In Italien, in San Damiano unweit von Piacenza in der Poebene bei Mailand, hatte eine gewisse Mamma Rosa, eine ungebildete alte Frau, endzeitliche Visionen, in denen ebenfalls ein »Stern« auftauchte. Der nachfolgende Text wurde aus Visionsinhalten aus der Zeit von 1966 bis 1967 zusammengesetzt:

> *[...] ich* [die Jungfrau Maria] *werde allen die Augen öffnen, mit einem* ***ganz starken Licht auf der ganzen Welt*** [also vermutlich nicht in Wolkenhöhe, sondern im erdnahen Weltraum]. *[...]* ***Es werden zahlreiche Zeichen am Himmel erscheinen,*** *Tag und Nacht* [darunter also auch leuchtende Objekte, die auch nachts zu sehen sind], *bevor die Heimsuchungen kommen werden. [...] Es sind keine Zeichen der Erde, sondern Zeichen des Himmels [...] Zeichen der Vorbereitung von oben, die Jesus gegeben hat, um die Seelen auf meine Ankunft vorzubereiten. Wenn ihr ein* ***großes Zeichen*** *am Himmel sehen werdet, wird der schreckliche Augenblick voll Angst und Weinen da sein [...]*

> ***Ein Stern wird am Himmel erscheinen*** *[…] Ich werde mit diesem Stern zu Euch kommen. […] Schaut zum Himmel, schaut oft hinauf: Dort ist* ***ein hell leuchtender Stern mit einer langen Spur*** [mit einem Staubschweif, Anm. d. Autors] *[…] Betet […] denn* ***ich werde mit einem großen Licht kommen*** *und auf der ganzen Welt triumphieren und mein Sohn Jesus wird mit einem neuen Reich kommen und den Herzen Friede und Liebe, Freude und Ruhe bringen. […]*
>
> ***Die Wolke rückt von allen Teilen der Welt vor,*** *und die Seelen, die kein Licht haben, werden zugrunde gehen, und es wird der Schrecken der Völker sein, die in einem tiefen »Schlaf« leben. […] Wenn ihr* ***die Wolken der göttlichen Rache*** *seht, betet und ruft meinen Namen an, der Gewalt hat über die Seelen guten Willens. […]* ***Die Auflösung der Völker*** *wird herzzerreißend sein, unbegreiflich für menschliche Augen. Der Vatikan wird mit Schimpf und Schande bedeckt sein.*[251]

Die »Auflösung der Völker« ist wieder überdramatisiert. Gemeint sind wohl der physische Untergang und das restlose Verschwinden einzelner, vermutlich in flachen Küstenregionen lebender Völker.

So wie in der Botschaft von La Salette wird auch in der Botschaft von San Damiano die katholische Kirche scharf kritisiert – und das nicht zu Unrecht, schließlich trägt die katholische Kirche durch den sittlichen und spirituellen Verfall ihres »Betriebspersonals« eine erhebliche Mitschuld, wenn nicht gar die Hauptschuld daran, dass sich viele Menschen vom christlichen Glauben abgewendet haben.

Diese vom christlichen Glauben »abgefallenen« Menschen sind nicht in der Lage, zwischen dem eigentlichen Christentum und der Amtskirche zu unterscheiden. Etwas überspitzt formuliert: Der Teufel hat die Kirche inzwischen erfolgreich zersetzt und benutzt diese jetzt, um die Menschen von Gott zu entfernen: jene Menschen, die wiederum »dank« jahrhundertelanger Kirchenpropaganda nicht auf den Gedanken kommen, Gott außerhalb der Kirche zu suchen; jene Menschen, die lauthals über den Zustand der Kirche klagen, in Wahrheit aber kein Interesse an einer echten Wahrheitssuche haben.

Ein Zusammenhang zwischen der geistigen Welt und dem Himmelskörper findet sich dann auch bei der bereits behandelten Veronica Lueken aus New York City. Am 17. April 1976 hatte diese Seherin eine Vision, in der ihr (angeblich) die Jungfrau Maria und Jesus Christus erschienen:

> *Jungfrau Maria: »Die Kugel der Erlösung schwebt näher auf eure Erde zu;* ***sie ist kein gewöhnlicher Himmelsstern,*** *Mein Kind, sie ist eine übernatürliche Offenbarung des Vaters.«*
> *Jesus: »[…] Nur dank der Barmherzigkeit eines Ewigen Vaters habt ihr die Kugel noch nicht empfangen,* ***aber sie ist im Kommen*** [1976]. *Die Gebete der Getreuen haben euch mehrere Gnadenfristen erwirkt, aber die Waage sinkt schwer nach links.«*[252]

Im Zusammenhang mit dem »göttlichen« Himmelskörper will ich an dieser Stelle an Alois Irlmaiers »codierten« Hinweis auf den Himmelskörper erinnern:

> *Dann wird ein höheres Wesen die Bahn streichen und uns im Kriege helfen.*[253]

Zuletzt sei zum Himmelskörper noch ein Teil aus einer Zukunftsvision Edward Korkowskis zitiert:

> *Soeben kam die Nachricht, dass die Astronomen* ***ganz nahe neben der Sonne einen rotleuchtenden kleinen Stern,*** *einen fremden Himmelskörper also, entdeckt haben.*[254]

Käme der Himmelskörper aus Richtung Sonne, würde er lange Zeit vom Sonnenlicht überstrahlt und erste wenige Monate, vielleicht nur wenige Wochen vor seiner Ankunft sichtbar werden.

> ***Er war rot wie eine kleine Sonne,*** *gab jedoch* [zunächst] *kein Licht von sich, also der Himmel um ihn herum blieb dunkel. Nach einer Weile* [offenbar als er sich dem inneren Sonnensystem näherte] *blitzte, leuchtete es um ihn herum auf und der Himmelskörper* ***hatte einen Schweif hinter sich, wie ein Komet.*** *In Richtung Westen glitt er, in Richtung Süden war der Schweif, der aber nicht hellweiß leuchtete, sondern* ***dunkelrot.***[255]

Also eine kleine Sonne mit Staubschweif. Zur Farbe: Bei Korkowski ist der Schweif »dunkelrot«, während Veronica Lueken sagt: »Er ist orangefarben.«[256] Edward Korkowski weiter:

> *Dieser Schweif wurde ganz schnell immer größer, bis er den ganzen Sternenbereich verdeckte. Ich sah nicht nur einen rötlichen Schein, sondern bemerkte*

innerhalb des Schweifes Turbulenzen, Explosionen, Staub, Nebel, Gas und Dampfschwaden.

So glitt dieser Himmelskörper weiter in Richtung Westen [siehe die mongolische Quelle auf Seite 222 »*Er wird im Osten aufgehen und im Westen untergehen*«]. *Inzwischen war der ganze Himmelsbereich in dem turbulenten Schweif verschwunden, samt allen Sternen. Über dem Kopf hatte ich noch einen klaren wolkenlosen, mit Sternen bedeckten Himmel. Doch plötzlich schlugen sichtbare und hörbare Blitze aus dem wolkenlosen Himmel.*[257]

Er ist** urplötzlich da, **kaum sichtbar schlägt er schon mit furchtbarer Gewalt zu.[258]

Nun nochmals zu diesem Himmelskörper: Es ist dieser – wie du richtig sagtest – der Gerufene [siehe Jakob Lorber und Abd-ru-shin]. *Da sich die meisten Menschen darunter sowieso keine Vorstellung machen können, werden wir jetzt es so aussprechen: Dieser Himmelskörper kommt immer wieder, wenn die Erde sich in Gefahr befindet; und weil die Erde auch ein Lebewesen ihrer Dimension ist, schreit sie, sendet sie eine Art Impulse in den Weltraum – Hilferufe – und ein Himmelskörper, der dafür geschaffen ist, empfängt diese Impulse, und nimmt nachfolgend die Richtung auf den Sender, also die Erde auf.*[259]

Der bereits erwähnte Sepp Wudy (1870–1915), ein Seher aus dem deutsch-tschechischen Grenzgebiet, beschreibt, wie der Himmelskörper der Erde noch vor Kriegsausbruch so nahe kommt, dass man ihn mit bloßem Auge am Himmel sehen kann. Zur Erinnerung:

*In der Kirche spielen sie Tanzmusik, und der Pfarrer singt mit. Dann tanzen sie auch noch, aber draußen wird das **Himmelszeichen** stehen, das den Anfang vom Unheil ankündigt.*[260]

Es ist kaum anzunehmen, dass die Pfarrer auch noch während des Krieges in den Kirchen tanzen. Selbst für heutige dekadente Verhältnisse wäre das zu bizarr. Also spielt die beschriebene Szene noch zur Friedenszeit. Und offensichtlich glauben die Menschen zu diesem Zeitpunkt auch noch, der Himmelskörper bedeute für sie keine Gefahr. Folglich muss man das Volk vorher mit falschen Kursberechnungen versorgt haben. Denn das wäre ja die Frage, die alle interessiert: »Wird uns das Ding treffen? Oder wird es uns verfehlen?«

Also wird es auf diese Frage auch eine Antwort geben, und vermutlich wird es die Antwort sein, die alle hören wollen. Motto: »Die Welt will betrogen sein, also betrüge man sie.«

Hier ein Überblick über die Beschreibung des Himmelskörpers in den Quellen:

Jahr	Quelle	Typ	Formulierung / Bezeichnung
1081	Hepidannus	?	Licht
~1700	mongol. Quellen	Stern	**Stern**
1915	Sepp Wudy	?	Himmelszeichen
1921	Lied der Linde	Stern	Sonnen**stern** (deutungsabhängig)
1936	Abd-ru-shin	Stern	**Stern,** (Komet)
1955	B. Dudde	Stern	**Stern**
1959	A. Irlmaier	?	höheres Wesen, das die (Erd-)Bahn streicht
1972	V. Lueken	Stern	Himmels**stern**, glühende **Sonne**
1966	San Damiano	Stern	hell leuchtender **Stern** mit einer langen Spur (Staubschweif)
1982	E. Korkowski	Stern	rot leuchtender kleiner **Stern**, Schweif hinter sich

Abbildung 32: Bezeichnungen des Himmelskörpers

Der größte gemeinsame Nenner ist eindeutig die Bezeichnung des Himmelskörpers als *Stern*. Der Vollständigkeit halber sei aber noch angemerkt, dass die Quellen anfangen, voneinander abzuweichen, wenn es darum geht, den Himmelskörper *genau* zu beschreiben. Meiner Ansicht nach ist das aber eher ein Ansporn für weitere Recherchen als ein Indiz für die Unglaubwürdigkeit der soweit bekannten Voraussagen.

Nibiru is coming!

Wenn Sie sich im Internet auf die Suche nach Quellen zu einem herannahenden Himmelskörper begeben, werden Sie auf eine Fülle von Material stoßen. In der Hauptsache geht es dabei aber nicht um eine kleine Sonne, sondern um einen bisher nicht entdeckten riesigen Planeten in unserem Sonnensystem, der *Planet X, 12. Planet,* oder *Nibiru* genannt wird. Bei etwas genauerem Hinsehen sind diese beiden Himmelskörper also nicht zu verwechseln: Der eine ist eine kleine Sonne, der andere ein riesiger Planet.

Informiert man sich selbst jedoch *nicht* eingehender über den Himmelskörper und orientiert man sich stattdessen nur an Gerüchten à la »Hast du schon gehört …?« kann eine ziemliche Verwirrung über die Art des Himmelskörpers entstehen. Deshalb will ich die Sache mit dem angeblichen, bisher noch nicht entdeckten Planeten etwas eingehender behandeln: Dabei werden wir uns dem riesigen Planeten auf indirektem Wege, sozusagen über die Bande nähern, nämlich über unsere kleine Sonne:

Angenommen, es gäbe diesen von den Hellsehern prophezeiten sonnenähnlichen Himmelskörper tatsächlich, und er wäre auf dem Weg zu uns, wären zunächst zwei Dinge wahrscheinlich:

Geheimhaltung

Zum einen würden die Regierungen der hochtechnisierten Staaten als Erstes vom Herannahen der Mini-Sonne erfahren. Entsprechende Astronomen würden sich nach der Entdeckung umgehend an zuständige Regierungsstellen wenden – oft genug die Finanziers der Teleskope –, und die jeweilige Regierung würde diese Information sofort unter höchste Geheimhaltung stellen, um selbst zu entscheiden, wann man die Bevölkerung über diesen Himmelskörper in Kenntnis setzt.

Unmittelbar nach der Entdeckung würde man dann seitens der Regierung Konzepte ausarbeiten, wie mit der Information umzugehen ist, welche Vorbereitungen zu treffen sind und wann und wie man die Bevölkerung warnt. Dreh- und Angelpunkt bei der ganzen Sache wären natürlich die exakten Bahndaten des Himmelskörpers, also die Frage, ob er die Erde trifft, und wenn nicht, wie nahe er ihr kommt.

Was mögliche Strategien zur Geheimhaltung betrifft, so wäre es den jeweiligen Geheimdiensten wohl möglich, Hinweise auf den Himmelskörper bereits *innerhalb der Teleskope-Systeme* abzufangen, nämlich dann, wenn die eigentliche Beobachtung des Sternenhimmels nicht direkt mit dem Auge des Astronomen am Okular des Teleskops erfolgt, sondern über Computerbildschirme. In dem Fall ließen sich ungewünschte Himmelskörper ganz einfach mit einer recht simplen Manipulationssoftware aus dem Datenstrom herausfiltern. Der Himmelskörper würde gar nicht erst auf den Bildschirmen der Astronomen auftauchen. Simsalabim – weg ist er.

Grenzen der Geheimhaltung

Der zweite grundlegende Punkt ist, dass sich das Auftauchen dieses Himmelskörpers natürlich nicht endlos geheim halten ließe, schließlich würde man ihn irgendwann mit bloßem Auge am Himmel erkennen können. Doch selbst in dieser Situation hätten Regierung und Massenmedien immer noch Möglichkeiten, um die Bevölkerung wenigstens eine gewisse Zeit über die wahre Bahn des Himmelskörpers zu täuschen.

Geht man nun weiter davon aus, dass es politische Mächte auf diesem Planeten gibt oder geben kann, die das Leben von 100 Millionen Menschen oder mehr zu opfern bereit sind, erkennt man die theoretisch mögliche Existenz von Mächten, die diesen Himmelskörper in ihre bereits bestehenden Pläne einbinden.

Für einige Leser mag das äußerst verschwörungstheoretisch klingen, doch wer den Willen zur absoluten Macht hat, wird selbstverständlich prüfen, ob dieser Himmelskörper in bestehende Pläne eingebunden werden kann. Geistige Verirrungen dieser apokalyptischen Dimension kennen wir vom Grundsatz her ja aus der Endzeit des Hitler-Regimes.

Es wäre also ziemlich naiv zu glauben, dass die hier unterstellten wahren »Supermächtigen« plötzlich von ihren Plänen ablassen und nur noch an das Wohl der Menschheit denken, nur weil sie vom Herannahen einer kleinen Sonne erfahren haben.

Sobald man in den Sphären dieser hohen Macht halbwegs abgeklärt hätte, wie man seine eigenen Schäfchen ins Trockene bringt, würde also die Idee heranreifen, den Himmelskörper für seine eigenen Pläne zu nutzen.

Natürlich werden diese Überlegungen vielen Lesern bizarr, pervers und völlig unglaubwürdig erscheinen. Aber Supermächtige dieser Dimension wären nicht dort, wo sie sind, wenn sie nicht gelernt hätten, ihren Geist dahingehend zu schärfen, wirklich jede Situation und jedes Phänomen – egal was es ist – für ihre Zwecke zu nutzen. Diese Leute verfügen deshalb über ein so gewaltiges Potenzial, weil sie einen hervorragenden Instinkt für Potenziale haben.

Die Frage, die sich aus dieser hohen Machtperspektive stellt, lautet: »Warnen wir die Menschen? Oder nicht?« ... Wird *nicht* gewarnt, oder auffallend ungenügend, kann man in Betracht ziehen, dass ein globales Massensterben in Kauf genommen wird.

Andererseits müssten die Regierungen natürlich irgendwann Stellung beziehen, denn irgendwann würden auch Otto und die Normalverbraucher das

»Ding« am Himmel sehen. Und zu diesem Zeitpunkt wäre der Öffentlichkeit auch bewusst, dass Regierungen und Wissenschaftler schon seit geraumer Zeit von dem herannahenden Himmelskörper gewusst haben müssen. Dass entsprechende Früherkennungsdaten irgendwelcher Hochleistungsteleskope der obersten Geheimhaltung unterliegen, dürfte auch den meisten Bürgern klar sein. Kurzum: Irgendwann taucht das »Ding« am Himmel auf, die Gefahr ist noch nicht akut, und aus den Massenmedien tönt es: »Keine Sorge. Nicht so schlimm!«

Natürlich würde es auch Menschen geben, die zu diesem Zeitpunkt sehr wohl die eigentliche Gefahr erkannt haben. Doch wahrscheinlich wären diese »Wissenden« nicht in der Lage, entsprechende Information so effektiv zu verbreiten, dass sich noch viele Millionen Menschen in Sicherheit bringen könnten.

Systemanalytisch betrachtet bräuchte das »System« also Strukturen, die sicherstellen, dass sich eben nicht in der Breite der Bevölkerung herumspricht, dass der herannahende Himmelskörper eine existenzielle Bedrohung für die Menschheit ist.

Zu Strukturen, die den Fluss der Informationen abbremsen, gehören natürlich auch Verwirrungsstrategien – Stichwort *Desinformation.* Diesbezüglich besteht eine Möglichkeit darin, dass man die breite Masse, noch bevor sich ein entsprechendes Ereignis überhaupt abzeichnet, auf bestimmte Deutungsmuster eicht. Das heißt: Man verbreitet in der Zeit vor dem allgemeinen »Erkennbar-Werden« der Gefahr in den Massenmedien immer wieder Bilder und Geschichten, die sich bei der Masse tief einprägen und die dann, wenn »plötzlich« etwas im Sonnensystem passiert, aus der Erinnerung hervorgekramt werden. Man bringt den Leuten frühzeitig bei, wie sie die Sache zu verstehen haben, wenn es dann so weit ist. Genau gesagt: Man bringt den Leuten bei, das Phänomen *falsch* zu verstehen und eben *nicht* genau hinzusehen, wenn sich dort oben am Himmel etwas tut.

All das ist natürlich ohne Frage eine Verschwörungstheorie, und eine besonders saftige dazu. Aber diese Verschwörungstheorie ist letztlich nicht besonders kompliziert. Der Kern der These besagt einfach: Diejenigen, die absolute Macht haben, haben diese absolute Macht nicht per Zufall, sondern weil sie über entsprechende geistige Fähigkeiten verfügen. Dazu gehört, stets und überall zu erkennen, ob und wie einem eine Sache nützt, selbst dann, wenn einem genau diese Sache im ersten Moment einen gehörigen Schrecken einjagt.

Planet X, den 12. Planet oder Nibiru kann man unter diesem Gesichtspunkt einer vorprogrammierten Fehldeutung verstehen. Man lenkt die Leute frühzeitig auf eine völlig falsche Fährte, auf der sie kostbare Zeit verplempern.

Wie gesagt: eine Verschwörungstheorie. Ich empfehle auch nicht, diese Theorie zu glauben. Aber im Hinblick auf den prophezeiten Himmelskörper und die Tatsache, dass er nicht ewig verschwiegen werden könnte, ist im schlimmsten Fall davon auszugehen, dass vorsätzlich darauf hingearbeitet wird, dass möglichst wenige Menschen rechtzeitig erkennen, was da eigentlich vor sich geht, weil man sie lange genug auf eine bestimmte falsche Fährte gelockt hat. Der Trick ist immer derselbe. Man nutzt die Tatsache, dass die breite Masse der Bevölkerung nie die Wahrheit sucht, nie *genau* hinschaut, sondern begierig jeden Unfug glaubt.

Werfen wir nun einen Blick auf das, was sich in unseren Medien bezüglich des »12. Planeten«, »Planet X« und »Nibiru« findet:

1976 erschien in den USA von dem dort lebenden Autor Zecharia Sitchin (1920–2010) das Buch *The 12. Planet* (deutsche Ausgabe *Der zwölfte Planet*). Der Inhalt dieses Buches rankt sich um die These, die alten Sumerer, ein Volk, das im 3. Jahrtausend v. Chr. zwischen Euphrat und Tigris auf dem Gebiet des heutigen Irak lebte, hätten von einem bis heute der Wissenschaft unbekannten recht großen Planeten in unserem Sonnensystem gewusst, der in einer stark elliptischen Bahn einmal in 3600 Jahren um unsere Sonne kreist und der Erde alle 3600 Jahre sehr nahekommt.

Natürlich wäre dieser Planet nicht der zwölfte Planet gewesen, sondern der zehnte, denn in unserem Sonnensystem sind bisher nur neun Planeten bekannt, Pluto mitgerechnet (inzwischen gilt Pluto aber nicht mehr als Planet). Zecharia Sitchin kam deshalb auf zwölf Planeten, weil er sich an der sumerischen Kosmologie orientierte, die Sonne und Mond wie Planeten behandelt.

Nichtsdestotrotz begann die ganze Sache so gesehen im ersten Moment bereits beim Buchtitel mit einem Verwirrspiel, wobei ich Sitchin aber nicht unterstellen will, Teil einer Verschwörung zu sein.

Laut Sitchin bewegt sich der zwölfte Planet auf einer Bahn, die weit über den Rand unseres Sonnensystems hinausreicht, und ist infolge seines extrem langen Umlaufs um die Sonne ein so seltener Gast bei uns im inneren Sonnensystem, dass er relativ schnell wieder in Vergessenheit geraten ist, wenn er einmal da war.

Darüber hinaus – so Sitchin – ist dieser zwölfte Planet von einer außerirdischen Zivilisation bevölkert, die zudem auch noch die Erschaffer der heutigen Menschheit sind.

Es ist fast schon überflüssig, darauf hinzuweisen, dass Sitchins These vom zwölften Planeten von etablierten Wissenschaftlern angegriffen wird.

Sitchins These allerdings ist extrem populär. Seine Bücher wurden seit 1976 in 25 Sprachen übersetzt und weltweit in Millionenauflagen verkauft. Sitchin ist damit das US-amerikanische Gegenstück zum Schweizer Autor Erich von Däniken (geboren 1935). Zudem ist Sitchins Idee nach wie vor sehr populär, was sich äußerst gut im Internet verfolgen lässt. Dazu ein paar Beispiele:

Auf der Internet-Plattform YouTube wurde im April 2009 ein Video hochgeladen, Titel: *Nibiru 2032 – The end of the World.* Dieser Film wurde bisher (Stichtag 8. September 2016) – man lese und staune – stolze 25 Millionen Mal angeklickt, und bei einer Dauer von nur gut 8 Minuten dürften sich die meisten YouTube-Nutzer den Film auch komplett angesehen haben. 25 Millionen Klicks auf 7 Jahre und rund 5 Monate macht rund 9000 pro Tag. Das ist ganz ordentlich.

Daneben gibt es auf YouTube noch andere Nibiru-Filme, die über eine Million Mal angesehen wurden. Ein 5-minütiger Nibiru-Film in italienischer Sprache beispielsweise, der im März 2016 auf YouTube hochgeladen worden ist, kam bis zum 8. September 2016 auf 1,7 Millionen Klicks. 1,7 Millionen Klicks in 6 Monaten sind bei rund 65 Millionen italienisch Sprechenden weltweit ebenfalls ganz ordentlich.

Das Interesse an Planet X ist im Westen also ganz beachtlich und dürfte auch in den nächsten Jahren kaum abklingen, zumal Sitchins These inzwischen vonseiten etablierter Wissenschaftler nicht zu unterschätzende Unterstützung erfahren hat:

Denn am 20. Januar 2016 erschien im US-amerikanischen Fachblatt *Astronomical Journal* ein Artikel zweier Astrophysiker der Technischen Hochschule Kalifornien namens Konstantin Batygin und Michael E. Brown, in dem von ernst zu nehmenden Indizien für die Existenz eines großen Planeten am äußersten Rand unseres Sonnensystems berichtet wird, Überschrift: »Beweise für einen weit entfernten gigantischen Planeten im Sonnensystem«.

Auch wenn die Überschrift des Artikels ein kleines bisschen reißerisch war, – ein echter Beweis liegt bis dato nicht vor –, so sind die Indizien für die Existenz eines »zehnten Planeten« am äußersten Rand des Sonnensystems durchaus ernst zu nehmen. Deshalb wurde die Sache Anfang 2016 auch von der *New York Times,* der *Washington Post* und anderen bekannten Medien aufgegriffen.

Der betreffende Artikel im *Astronomical Journal* berichtet davon, dass in den letzten Jahren eine Reihe kleiner planetenähnlicher Himmelskörper im Kuiper-Gürtel jenseits der Neptun-Umlaufbahn entdeckt worden ist, deren Umlaufbahnen stark elliptisch sind und extrem aus dem Sonnensystem herausreichen. Diese auffälligen Bahnabweichungen bei einer Anzahl kleinerer Himmelskörper deuten auf eine bisher unbekannte Gravitationskraft am äußersten Rand unseres Sonnensystems hin, welche die ursprünglich kreisrunden Bahnen der kleinen Objekte zu Ellipsen verzerrt hat. Kurz: Da draußen muss etwas sein, und es muss auch ziemlich groß sein.

Nach Berechnungen von Batygin und Brown müsste dieser Himmelskörper etwa die zehnfache Erdmasse und eine Sonnenumlaufzeit zwischen 10 000 und 20 000 Jahren haben. Zum Vergleich: Pluto hat eine Umlaufzeit von rund 248 Jahren.

Die Umlaufbahn dieses von den beiden Forschern sinnigerweise auf den Namen »*Planet Nine*« getauften Himmelskörpers (Pluto gilt seit 2006 nicht mehr als Planet) soll zwanzigmal so weit von der Sonne entfernt sein wie die Neptuns. Neptun ist rund 4,5 Milliarden Kilometer von der Sonne entfernt; macht für Planet Nine eine Entfernung von 90 Milliarden Kilometern.

Pluto wurde im August 2006 die Klassifizierung als Planet aberkannt, nachdem man jenseits von Pluto noch weitere Miniplaneten entdeckt hatte, die nicht viel kleiner als Pluto sind (Pluto hat einen Durchmesser von 2370 Kilometern).

»Zufälligerweise« war es Michael E. Brown, der im Jahr 2005 den nächstgrößten Zwergplaneten namens Eris entdeckt hatte, Durchmesser 2326 Kilometer. Michael E. Brown, der Mitentdecker von Planet Nine, ist also nicht irgendwer. Darüber hinaus hat man inzwischen noch rund zwei Dutzend anderer Kleinstplaneten am Rand unseres Sonnensystems entdeckt, jeweils mit Durchmessern von etwa 400 bis 1500 Kilometern; alle entdeckt in der Zeit von 2000 bis 2012.

Da draußen im Sonnensystem tut sich also etwas. Nur kann es sich eben nicht um den prophezeiten kleinen sonnenähnlichen Himmelskörper handeln. Eines von mehreren gewichtigen Argumenten (abgesehen von der Entfernung) dabei lautet: Planet Nine wäre viel zu groß. Würde er der Erde tatsächlich so nahe kommen, wie es der prophezeite Himmelskörper tun soll, dann dürfte er die Erdumlaufbahn erheblich und dauerhaft stören. Eine solche dauerhafte Veränderung der Erdumlaufbahn ist aber aus den mir bekannten Prophezeiungen nicht ersichtlich.

Beide, sowohl Wissenschaft als auch Prophetie, sagen also: »Irgendetwas Ungewöhnliches tut sich da weit draußen im All.« Nur wäre es eben ganz und gar nicht dasselbe. Und sollte es im Zusammenhang damit zur Verwirrung kommen, wird dies manchen Menschen schaden, und anderen – wird es nützen.

Der geografische Polsprung / Die Polwende

In vielen der bereits erwähnten Visionen und Prophezeiungen finden sich Hinweise, und in Einzelfällen auch eindeutige Aussagen dazu, dass der gesamte Erdball im Rahmen der 3-tägigen Finsternis eine unnatürliche Drehbewegung in nordsüdlicher Richtung vollzieht und sich infolge dieser Drehbewegung die Lage der Kontinente in Bezug auf den Äquator und die Pole ändert; dies geht so weit, bis geografischer Nord- und Südpol die Plätze tauschen – die bereits mehrfach angesprochene Polwende.

Der magnetische Polsprung

Auch wenn sich einige Außenseiter des Wissenschaftsbetriebs schon vor vielen Jahren intensiv mit einem geografischen Polsprung und einer Polwende beschäftigt haben, erklärt uns die etablierte Wissenschaft: Einen geografischen Polsprung kann es nicht geben!

Was die Wissenschaft allerdings nicht nur für möglich hält, sondern hieb- und stichfest nachgewiesen hat, ist, dass es alle paar Hunderttausend Jahre zu einer Umpolung des Erdmagnetfeldes kommt. Das Hauptproblem bei einer solchen Umpolung ist, dass kurzzeitig ein Zusammenbruch des Erdmagnetfeldes entsteht und infolgedessen die kosmische Strahlung und der Sonnenwind, die normalerweise vom Erdmagnetfeld abgefangen werden, bis zum Erdboden vordringen können. Eine Folge davon wären massive Störungen in allen möglichen elektronischen Systemen. Befürchtungen gehen so weit, dass wir uns danach auf einer Art Steinzeitniveau wiederfinden, weil praktisch nichts mehr funktioniert, was mit elektrischem Strom betrieben wird.

Die Wissenschaft weiß: Eine Umpolung des Erdmagnetfeldes geschieht etwa alle 500 000 Jahre, und die letzte hat vor 700 000 Jahren stattgefunden. Also ist die nächste Umpolung überfällig. Allerdings weiß (angeblich) niemand, ob die Umpolung nun in 100 Jahren oder erst in 100 000 Jahren kommt. Soweit die Darstellung des Problems, wie es seit einigen Jahren in den Massenmedien kommuniziert wird.

Dass die Sache jedoch etwas differenzierter zu betrachten ist, zeigte sich im Oktober 2016 in einer neuen Dokumentation zum Thema magnetischer Polsprung, die unter dem Titel *Risiko Polsprung* vom ZDF produziert und unter anderem auf 3Sat ausgestrahlt worden ist.[261] *Risiko Polsprung* beginnt zunächst mit der beruhigenden Mitteilung, dass eine Umpolung alle paar Hunderttausend Jahre zu erwarten ist und keiner genau weiß, wann. Dann zeigt die Dokumentation, dass sich der magnetische Nordpol schon seit längerer Zeit auf Wanderschaft befindet, zurzeit pro Jahr etwa 50 Kilometer Richtung Sibirien zurücklegt und dabei immer schneller wird.

Auch andere aktuelle Veränderungen des Erdmagnetfeldes werden von *Risiko Polsprung* angesprochen, so etwa die ebenfalls seit Längerem bekannte zunehmende Schwächung des Erdmagnetfeldes über Südamerika und dem Südatlantik und die dort zunehmende kosmische Strahlung.

Ab dem zweiten Drittel von *Risiko Polsprung* mehren sich dann Indizien darauf, dass eine Umpolung eher früher als später eintreten könnte. So sagt die Wissenschaftlerin Elisabeth Schnepp von der Montanuniversität (Leoben/Österreich), die das Erdmagnetfeld seit mehr als 30 Jahren erforscht, bei Minute 29 wortwörtlich:

> *Ich will da kein Orakel sein, aber – äh – ich glaube nicht, dass – äh – WIR noch eine wirkliche Polumkehr erleben werden* [Elisabeth Schnepp ist etwa 60 Jahre alt]. ***Wenn aber tatsächlich eine käme*** [noch in ihrer Lebenszeit!], ***würde ich mich auch nicht wundern.*** *Aber ob das jetzt morgen kommt oder in hundert oder tausend Jahren kommt oder noch später, kann man nicht sagen.*

Bei Minute 32 der Dokumentation heißt es dann plötzlich, vor etwa 40 000 Jahren habe es eine sehr schnelle Umpolung des Erdmagnetfeldes gegeben, und die Neandertaler hätten diese noch miterlebt.

In völligem Widerspruch zur anfänglichen Erklärung, die letzte Umpolung habe vor 700 000 Jahren stattgefunden, wird dem Zuschauer dann (bei 33:33 Min.) der Begriff eines anderen Umpolungstyps aufgetischt und untergejubelt – nämlich eine »vorübergehende Polumkehr«, die »normalerweise« einfach nicht richtig mitgezählt wird, weil sie nur ein paar Jahrhunderte andauert. Soso, aha.

Der semantische Salto Mortale, den die Macher von *Risiko Polsprung* an dieser Stelle vollführen, ist so aberwitzig und hirnwindungsbrechend, dass man ihn in einem Bild verdeutlichen muss: Stellen Sie sich vor, ein seit 10 Jahren verheiratetes und seit 5 Jahren zerstrittenes Ehepaar findet sich vor dem Scheidungsrichter ein. Der Hauptscheidungsgrund ist ein Ehebruch, den der Mann vor einem Jahr mit einer Berufskollegin begangen hat. Das gibt der Ehemann auch unumwunden zu. Im Lauf der Verhandlung kommt dann aber auch noch raus, dass der Ehemann bereits zwei Jahre nach der Hochzeit ein anderes Verhältnis hatte. Die Ehefrau allerdings winkt in diesem Fall ganz entspannt ab und sagt: »Das zählt nicht.«

Das verdutzte Gesicht des Richters können Sie sich vorstellen.

Kurz vor Ende der Dokumentation werden dann noch andere Wissenschaftler interviewt, die kürzlich sozusagen brandfrisch herausgefunden haben, dass eine Polumkehr sehr viel schneller ablaufen kann als bisher angenommen, nämlich in nur 10–15 Jahren:

> *Bisher dachten die Wissenschaftler, eine komplette Polumkehr dauert mindestens ein Jahrhundert.*

Der Hinweis auf eine mögliche extrem schnelle Umpolung des Erdmagnetfelds ist natürlich deshalb so bemerkenswert, weil die Sendung die ganze Zeit davor eine Art Beruhigungsstrategie verfolgt. Nach Aussage dieser weiß man einerseits nicht, wann diese Umpolung stattfindet, würde man es wissen, so hätte man andererseits noch genügend Zeit, sich darauf einzustellen, weil es quasi Jahrhunderte dauert, bis es ernst wird.

Letztendlich vermittelt die Dokumentation *Risiko Polsprung* den Eindruck, dass sich das Risiko einer magnetischen Umpolung infolge zukünftiger Forschung noch als wesentlich größer erweisen könnte als noch vor Kurzem gedacht.

Insofern ergibt sich auch beim wissenschaftlich belastbaren Thema magnetischer Polsprung eine »gefühlte Nähe« zu dem, was uns die Prophezeiungen zum geografischen Polsprung sagen. Es ist also denkbar, dass das schwächelnde Erdmagnetfeld zum Zeitpunkt der größten Annäherung des Himmelskörpers ein wichtiger Faktor für den prophezeiten geografischen Polsprung ist.

Wissenschaftliche Außenseiter, die sich mit der Möglichkeit eines geografischen Polsprungs beschäftigt haben, sind unter anderem der deutsche Endzeitforscher Hans J. Andersen (1922–2003), der zwischen 1983 und 1998 vier

Bücher über seine Polsprung-Forschungen veröffentlicht hat und wie schon erwähnt mit dem Traumvisionär Edward Korkowski befreundet war.[262]

International bekannter sind die Arbeiten des US-Amerikaners Charles Hutchins Hapgood (1904–1982), dessen Auffassung nach es unter bestimmten Bedingungen – ähnlich wie bei Andersen – zu einer plötzlichen Verschiebung der Erdkruste kommen kann, die ja gewissermaßen auf flüssigen tieferen Erdschichten schwimmt. Diese Theorie machte Hapgood 1958 in seinem Buch *Earth's Shifting Crust* publik. In den Jahren zuvor hatte Hapgood für seine Theorie das Interesse des Physiknobelpreisträgers Albert Einstein geweckt. Beide standen längere Zeit in brieflichem Kontakt, und in der heute noch im Albert Einstein Archiv (Universität Jerusalem) einsehbaren Hapgood-Einstein-Korrespondenz ist nachlesbar, wie sehr Einstein Hapgood bei der Entwicklung seiner Theorie unterstützt hat.[263] So verwendet Charles Hapgood auch eine Stellungnahme Einsteins zu seiner Theorie als Vorwort in seinem 1958 erschienenen Buch.

Im hier vorliegenden Werk werde ich verständlicherweise nicht in die betreffende wissenschaftliche Diskussion einsteigen, da dies den Rahmen des Buches sprengen würde. Grundsätzlich gilt aber, dass Polsprung und Polwende umso wahrscheinlicher würden, je größer ein äußerer Impulsgeber wäre, eben ein Himmelskörper, der sich der Erde nähert. Je mehr Masse dieser Himmelskörper hätte, je näher er der Erde käme und je instabiler gleichzeitig das Erdmagnetfeld wäre, desto denkbarer wären außergewöhnliche Drehbewegungen der Erde.

Die Erde wälzt sich um

Wie schon angesprochen schlägt sich der Polsprung in den Quellen in unterschiedlicher Deutlichkeit nieder. Quellen, die in erkennbarer Form die irreguläre Drehung der Erde beschreiben, sind aber eher selten. Hier zunächst die bereits beschriebene österreichische Gräfin Bianca von Beck-Rzikowsky am 10. Januar 1931:

> *Es kommen [...] die großen* ***Erdumwälzungen,*** *vor denen wir zittern müssen, von denen wir noch keinen Begriff haben können, die furchtbar sind. [...] Alles bereitet sich vor, dass diese Umwälzungen in steter Bewegung im Laufe der nächsten Jahrzehnte reif werden. [...] Die Bewegungen –* ***die Erde atmet, die***

> ***Erde bewegt sich, wälzt sich um,*** *und es werden Erdteile, Inseln vergrößert wieder erscheinen* [Atlantis, siehe Alois Irlmaier[264]], *nachdem unter furchtbaren Katastrophen andere Teile in sich zusammenfallen, weggeschwemmt, weggetragen werden* [England, Teile Kaliforniens, Japan, Anm. d. Autors].[265]

»Die Erde atmet« lässt sich so deuten, dass sich die Erdkruste im Rahmen der Polwende hebt und senkt. Dreht sich die Erdkruste um den Erdkern herum, müsste es infolge der Äquatorwulst, der Ausbeulung der Erde am Äquator, zu einer Hebung der Erdkruste kommen, wenn diese die Äquatorwulst* passiert. In welcher Höhe eine solche Hebung erfolgen würde, ist mir allerdings völlig unklar. Doch selbst wenn diese Hebung nur minimal wäre, könnte schnell das Gefühl entstehen, sich in einem Fahrstuhl zu befinden (kleines Rechenbeispiel: Bei völlig hypothetischen (!) 20 Kilometern Hub über 2 Stunden ergäbe sich ein Hub von rund 3 Metern pro Sekunde. Das wäre zunächst zwar körperlich spürbar, aber nicht dramatisch.).

Ein Hopi-Medizinmann zur 3-tägigen Finsternis?

Etwa aus dem Jahr 1920 stammt die folgende Prophezeiung eines Hopi-Indianers (Nordamerika), in der es heißt, die Erde würde sich eines Tages »umkehren« und »überschlagen«. Überliefert wurde die Prophezeiung 1969 vom Sohn des Medizinmannes:

> *Als ich ein Junge war […] sagte mein Vater zu mir, eines Tages würde die Erde sich umkehren, würde sich* **überschlagen.** *Wenn das geschehe, sagte er, das sei der Tag der Reinigung.* ***Der Himmel werde dunkel werden,*** *und wir würden* ***herumkriechen wie Ameisen, die nicht sehen können.*** *Dann würden* ***jene Dinge*** *kommen, so wie Haufen von Flugzeugen* [im Westen der USA?], ***und sie würden die Sonne verdunkeln*** *und eine Menge Dinge auf die Erde fallen lassen, so wie Regen.*
>
> *Diese vier Dinge werde es geben: Regen, die Erde würde sich überschlagen,* ***der Ozean würde aufwogen*** *und Donner – und es werde auf der ganzen Erde geschehen, allen Völkern.*[266]

Die Hopi leben auf dem Colorado-Plateau im Südwesten der USA. Bei manchen Details des Zitates ist nicht ganz klar, ob sie nur den Westen der USA

* Die Äquatorwulst der Erde beträgt rund 43 Kilometer.

oder die ganze Welt betreffen. Fraglich ist weiter, ob die Erinnerung des Medizinmannsohnes manches verwischt hat und ob sein Vater seinerzeit manches dem Auffassungsvermögen seines Sohnes angepasst hat. Der Text liest sich jedenfalls so, als sei der Sohn damals etwa 12 Jahre alt gewesen, noch nicht wirklich in der Pubertät (»Als ich ein Junge war«).

Der Passus *»herumkriechen wie Ameisen«* dürfte etwas mit dem Polsprung und den Erdbeben zu tun haben.

Dass Flugzeuge Bomben wie Regentropfen abwerfen, ergibt wohl keinen rechten Sinn. Bomben solch kleiner Bauart hätten nur minimale Sprengkraft und wären nichts weiter als bessere Knallfrösche, ohne jede effektive Wirkung gegen irgendwelche Panzerungen, Bunkerdächer usw.

Das Bild von Flugzeugen, beziehungsweise »Dinge wie Haufen von Flugzeugen«, die in sehr großer Zahl den Himmel verdunkeln, taucht interessanterweise auch beim bayerischen Hellseher Alois Irlmaier auf: Irlmaier hat sich immer wieder auf gigantische Flugzeugschwärme bezogen, die unmittelbar nach Kriegsausbruch aus dem arabisch-afrikanischen Raum aufsteigen – den Formulierungen nach mehrere Tausend Flugzeuge –, um zwischen Prag und der deutschen Küste einen Landstrich mit chemischen Kampfstoffen zu verseuchen.[267] Über Südostbayern sah Irlmaier, wie sich der Himmel wegen der vielen Flugzeuge verdunkelt, die sich auf ihrem Flug nach Norden zu ihrem Einsatzgebiet befinden.[268]

Insgesamt verblüfft, wie nahe Irlmaier obiger Hopi-Prophezeiung kommt (» […] so wie Haufen von Flugzeugen, und sie würden die Sonne verdunkeln und eine Menge Dinge auf die Erde fallen lassen, so wie Regen.«). Allerdings sah Irlmaier, wie die Flugzeuge kleine Kästen mit einer Kantenlänge von 25 cm abwerfen, aus denen wiederum *grüngelber* Staub heraustritt (nicht zu verwechseln mit dem Staub der 3-tägigen Finsternis, der eher weißgräulich wäre).

Nebenbei bemerkt: Wer jetzt einwendet, der NATO fehlten zu einem so ausgreifenden Luftwaffeneinsatz die erforderlichen mehreren Tausend Piloten, dem sei gesagt: Sein Argument sticht.

Nur: Alois Irlmaier wird im sogenannten *Kurier-Text* so überliefert, dass in den Flugzeugen niemand sitzt. In diesem Fall wären es also Kampfdrohnen. Einem Irlmaier-Freund gegenüber, den ich 2014 noch selbst interviewen konnte, legte der Freilassinger Seher Wert auf die Feststellung, dass es sich bei diesen Fliegern um »keine Flugzeuge« handelt.[269]

Die zeitgleiche Kombination im Text der obigen Hopi-Prophezeiung von

1. Überschlagen der Erde,
2. verdunkeltem Himmel,
3. wogendem Ozean,
4. Krieg,
5. und all das als globales Szenario unter dem Begriff »Tag der Reinigung«

lässt eigentlich nur den Schluss zu, dass auch der Hopi-Medizinmann die 3-tägige Finsternis gesehen hat. Fraglich wäre allerdings, ob auch das Land der Hopi beziehungsweise der Südwesten der USA von der Staubwolke am Erdboden betroffen wäre, die so oft von den europäischen Quellen vorausgesagt wird, und von der New Yorkerin Veronica Lueken zumindest für die Ostküste der USA.

Der Sonnenaufgang im Westen

Mehrere Quellen sagen einen Sonnenaufgang im Westen voraus. Würde sich die Erde um etwa 180 Grad überschlagen, dabei aber ihre ursprüngliche Drehbewegung beibehalten, so könnte man denken, dass die Sonne danach im Westen aufgeht. Das aber wäre ein Irrtum. (Ein Irrtum, dem ich nebenbei gesagt vorzeiten selbst erlegen bin.[270]) Zur Veranschaulichung die folgende Grafik:

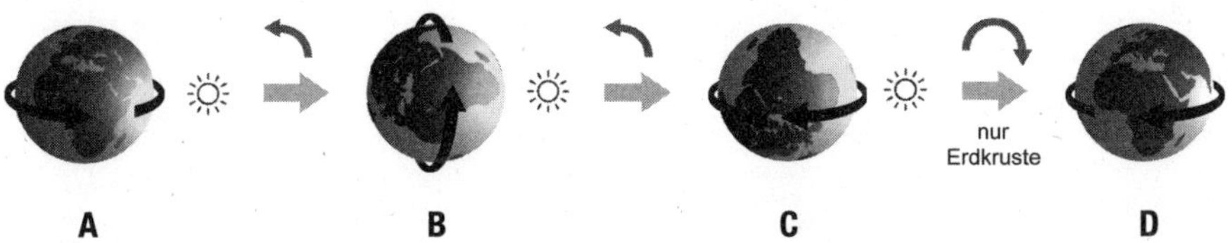

Abbildung 33: Schematische Darstellung eines geografischen Polsprungs (laut Prophetie)

Wenn Sie auf Bild C schauen, auf dem sich die Erde »überschlagen« hat, dann würde sich Europa nach einer weiteren halben Erddrehung (schwarzer Pfeil am Äquator) mit Osteuropa beginnend der Sonne zudrehen. Die Sonne ginge also nach wie vor im Osten auf.

Was es für einen Sonnenaufgang im Westen bräuchte, wäre eine zusätzliche Verschiebung der Erdkruste, also der Kontinente und Ozeanböden in Bezug zum Erdkern (Bild D).

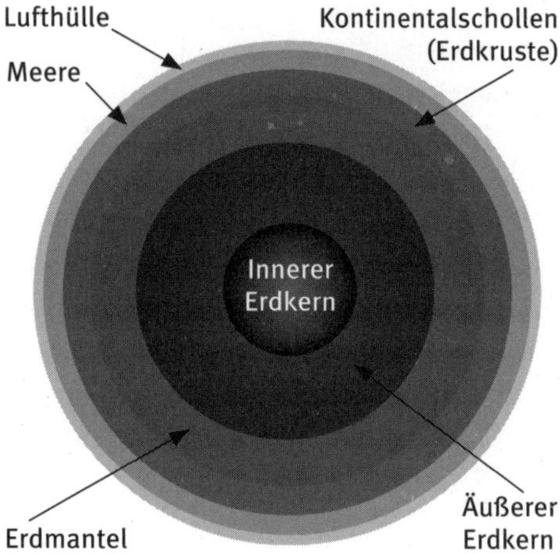

Abbildung 34: Schematischer Aufbau der Erde

Ein solcher Vorgang lässt sich folgendermaßen erklären: Das eigentliche Schwere- und Gravitationszentrum der Erde befindet sich im eisernen Erdkern (innerer und äußerer Erdkern). Dieser hat einen Durchmesser von rund 7000 Kilometern (Erddurchmesser = rund 13 000 km) und besteht aus angenommenen 80 Prozent Eisen und 20 Prozent Nickel.[271] Dabei ist der Erdkern so heiß, dass das Metall im äußeren Erdkern (rund 2000 km dick) so flüssig wie Wasser ist. Der innere Erdkern aber ist fest, da hier ein gigantischer Druck das heiße Metall in kristalline Strukturen presst.

Der dünnflüssige äußere Erdkern könnte also die Voraussetzung dafür bieten, dass sich Erdkruste plus Erdmantel nicht synchron mit dem Erdkern bewegen. Die über dem Erdkern liegenden Schichten, also Erdmantel plus Erdkruste, Ozeane und Lufthülle, würden auf die Bewegung des Erdkerns mit jeweils zunehmender Verzögerung reagieren. Daraus folgen Stürme, Fluten und Erdbeben. So wird vorstellbar, dass sich die Erdkruste, die auf dem zähflüssigen Erdmantel schwimmt, in Bezug zum Erdkern komplett verschiebt (Bild D).

Es muss nicht besonders betont werden, dass mit einem Sonnenaufgang im Westen für viele Zeitgenossen endgültig eine Grenze überschritten wird, bis zu dieser sie einem Hellseher noch zu glauben bereit sind.

Mit dem Sonnenaufgang im Westen geraten wir folglich in einen Bereich, wo auch der eine oder andere Hellseher lieber geschwiegen haben wird, um nicht endgültig als kompletter Spinner dazustehen. Die Vorsicht der Hellseher in Fällen völlig unglaublicher Vorhersagen ist ein Punkt, der im Allgemeinen vollkommen unterschätzt wird. Man ist zwar sehr schnell bereit, solche Leute als »Spinner« abzustempeln, aber kaum einem kommt der Gedanke, dass diese »Spinner« irgendwann naheliegenderweise anfangen, sich gegen diskriminierende Behandlungen zu schützen. Das geht am einfachsten, indem man genau das verschweigt, was einen am ehesten als »Spinner« aussehen lässt.

In angeblich »modernen« und »toleranten« Gesellschaften, die echte Hellseherei im Grunde nur noch im privaten Rahmen toleriert und im öffentlichen Raum inzwischen komplett verschweigt, wenn es um Weltpolitik und Weltschicksal geht, befinden sich hellsehende Menschen mehr oder weniger immer in der Defensive und machen sich umso angreifbarer, je unglaublicher ihre Vorhersagen sind. Gerade aber das Unglaubliche vorherzusagen, ist das jahrtausendealte Vorrecht jeder echten Prophetie!

Die erste Quelle zum Sonnenaufgang im Westen, die ich zitieren möchte, kommt aus dem arabischen Raum aus der Zeit um das Jahr 800. In dieser arabischen Quelle ist ausdrücklich von einer 3-tägigen Finsternis die Rede, und das Gesamtszenario wird ebenso wie in den christlichen Quellen, wie bei Rajneesh/Osho und wie in obiger Hopi-Prophezeiung, in Bezug gesetzt zu einer geistig-spirituellen Reinigung der ganzen Menschheit.

Der Prophezeiungstext stammt aus dem *Hadith,* der Sammlung mündlicher Überlieferungen von Worten und Taten des Propheten Mohammed, zusammengetragen in der Zeit vom 8. bis 9. Jahrhundert. Also können wir auch hier davon ausgehen, dass es sich mit hoher Wahrscheinlichkeit um eine vollkommen eigenständige Quelle handelt.

Das Tor der Reue

Als ein Engel Gottes einst mit dem gesegneten Propheten Ibrahim über die Erde flog, waren sie auch an einen Ort gelangt, wo vor Ibrahim kein Mensch hingekommen war.

Er sah vor sich ein Tor, das sich vom Osten nach Westen erstreckte und dessen Ausmaße ohne Anfang und Ende zu sein schienen. Entlang der ganzen Breite des Tores befanden sich kunstvolle und kostbare Verzierungen und Einlegearbeiten, es war mit Gold und Silber beschlagen und mit Juwelen bestückt. Das Tor war weit geöffnet.

»Was ist dies für ein Tor?«, fragte Ibrahim den ihn begleitenden Engel. »Es ist dies das Tor der Reue …«, antwortete der Engel, »… das offen bleiben wird, ***bis dass die Sonne im Westen aufgeht.*** *« »Wann geht die Sonne im Westen auf?«, verwunderte sich Ibrahim, Friede sei auf ihm. »Es wird eine Zeit kommen, da die Sonne im Westen aufgeht und das Tor der Reue geschlossen wird.* ***Dann ist das Ende nahe.*** *[…]*[272]

Zu »Dann ist das Ende nahe.«: Aus einer Perspektive von vor etwa 1200 Jahren ist diese Sichtweise akzeptabel, denn was sich heutzutage zeitlich klar auseinanderhalten lässt, könnte seinerzeit als ein einziges großes Szenario erschienen sein. Aus heutiger Sicht muss man hinzufügen: Nach der 3-tägigen Finsternis erfolgt eine längere Friedens-, ja Blütephase in Europa, selbst wenn es sich dabei noch nicht um das goldene Zeitalter handeln sollte. Auch im Islam wäre die 3-tägige Finsternis nicht das »Ende«. Falls das Ende überhaupt käme, dann erst dann, wenn Jesus Christus den Antichristen besiegt. Wie schon erwähnt, taucht auch im Islam die Figur des Antichristen auf, dort *Dajjal* genannt.

Der Text geht weiter:

> *Da schwor Allah bei seiner Allmacht, dass der Jüngste Tag nicht eher eintreten soll, als bis die Sonne im Westen aufgegangen sei. […] Bis zu jenen Tagen wird das Tor der Reue offen bleiben.* ***Wenn die letzten Tage gekommen sind, wird die Sonne 3 Tage lang nicht mehr aufgehen.*** *3 Tage lang wird sie nicht aufgehen, und die, die zur Zeit des Tahadjjud-Gebets* [Nachtgebet] *wach sind, werden lange auf den Sonnenaufgang warten und sich fragen, wo nur die Dämmerung bleibt. Sie werden denken, dass sie einen Fehler gemacht und sich verrechnet hätten. Keine Vogelstimme, kein Hahnenschrei wird die Dämmerung verkünden, bis 3 volle Tage vergangen sind.*
>
> *Die Frommen aber, die sich in der Nacht ihrer Andacht hingeben, wissen, dass die Zeit gekommen ist, da sich das Tor der Reue schließt. Sie werden versuchen, ihre achtlos schlafenden Gefährten aufzuwecken, aber keiner, der nicht schon wach ist, wird dann mehr erwachen, sie werden daliegen im Schlaf, als wären sie Tote.*
>
> ***3 Tage dauert es, bis das Tor der Reue sich geschlossen hat;*** *und diejenigen, denen Wissen gegeben ist, werden weinen um ihre Brüder und zum Herrn um Gnade flehen.* ***Wenn 3 Tage vergangen sind, wird die Sonne im Westen aufgehen,*** *und die Zeit der Reue ist unwiderruflich vorbei.« So sprach der Engel.*[273]

Da heutzutage viele Mitteleuropäer zu den Begriffen *Reue, Schuld* und *Sünde* ein nicht gerade entspanntes Verhältnis haben, will ich kurz versuchen, zu diesen Begriffen einen eventuell neuen Zugang aufzuzeigen:

Zunächst einmal kennen wir alle den Gegensatz von Wirklichkeit und Ideal, den Gegensatz von dem, was ist, und dem, was sein könnte oder sollte. Das betrifft zum einen unsere Umwelt und die Welt insgesamt, aber es betrifft auch uns selbst. Reue kann nur funktionieren, wenn wir unterscheiden können zwischen dem, was wir sind, und dem, was wir sein könnten.

Dann haben wir alle ein Ego, also eine Vorstellung und ein Bild von uns selbst, mit dem wir uns in unserem sozialen Umfeld abgrenzen und unsere Position in der Gesellschaft definieren. Je größer unser Ego ist, desto größer ist der Anteil am Energiefluss (Aufmerksamkeit, Geld, Macht) innerhalb der Gemeinschaft, den wir beanspruchen. Je größer unser Ego, desto mehr Raum beanspruchen wir auf Kosten anderer.

Bis zu einem gewissen Grad kann dieser Anspruch auf mehr Raum und Energie natürlich gerechtfertigt sein, beispielsweise bei begabten Künstlern auf einer Bühne oder Fußballstars im Stadion. Im Extremfall aber resultiert aus übergroßen Egos Unterdrückung, Ausbeutung und Sklaverei. Geistige Grundlage jeder Ausbeutung wiederum ist die Überzeugung, der Ausgebeutete sei weniger wert, ja, er habe es im Prinzip sogar verdient, ausgebeutet zu werden, und er sei selbst schuld an seinem Los.

Neben *Ideal* und *Ego* ist die dritte Komponente für einen möglichen neuen Zugang zum Thema Reue das *Unbewusste.* Unbewusstheit bedeutet, dass wir in einzelnen Momenten, aber auch in bestimmten Momenten, die das ganze Leben über wiederkehren, nicht wissen, was wir tun, warum wir es tun und welche Folgen es für uns und andere hat.

Das »Tor der Reue« steht nun – jedenfalls nach meinem Verständnis – für eine Situation, in der sich die übliche Schranke zwischen normalem Bewusstsein und Unbewusstsein hebt, und wir erkennen, dass wir nicht ganz der oder die sind, für den oder die wir uns gehalten haben. Man erkennt plötzlich, dass man von anderen Menschen mehr beansprucht hat, als einem zusteht, man mehr genommen hat, als man gegeben hat, dass man selbst nicht genug gegeben hat, oder eben das Falsche gegeben hat.

Diese »unausgeglichene Energiebilanz« alleine wäre aber noch nicht das Problem, schließlich liegt es in der Natur des Menschen, Fehler zu begehen, und zwar nicht nur kleine, sondern auch große. Wir Menschen scheinen dazu bestimmt, Fehler zu begehen. Ja, wir begehen einfach zu viele Fehler, als dass unsere Fehlerhaftigkeit ein Fehler sein kann.

Folglich sind wir fehlbar, weil wir nur über den »Kunstgriff« der Fehlbarkeit eine seelische Stufe erreichen, auf welcher der springende Punkt die Vergebung ist. Vergebung ist aber nur möglich, wenn wir unsererseits anderen vergeben können. Die Reue also kennzeichnet den Moment, in dem wir erkennen, dass nicht andere Menschen oder allgemein gesprochen »die Welt« das Problem ist, sondern wir selbst.

Der eigentlich springende Punkt sind nicht unsere Fehler oder Sünden, sondern unsere Fehler und Sünden bringen uns an einen bestimmten Erkenntnispunkt. Diesen Punkt verpassen wir aber, je größer unser Ego ist und je mehr wir davon überzeugt sind, auf die eine oder andere Art ein Mensch zu sein, der besser und mehr wert ist als andere Menschen. Es geht also letztlich nicht so sehr darum, ob man »gut« oder »böse« ist, sondern darum, einen Bewusstseinszustand zulassen zu können, der Vergebung ermöglicht. Eher unmöglich wird Vergebung allerdings, wenn man sich zu sehr an dem Bild festhält, das man sich von sich selbst zusammengebastelt hat, wenn man zu sehr davon überzeugt ist, mehr wert zu sein als andere Menschen.

Übertragen auf das Tor der Reue bedeutet das: Es gibt keinen Nebeneingang, keinen Schleichweg, keinen Weg drum herum. Alle Seelen müssen durch dieses Tor der Selbsterkenntnis. Niemand kann sich vor dieser Prüfung drücken.

Das Tor der Reue an sich ist kein Monument für eine alles dominierende Gut-Böse-Ideologie. Es steht vielmehr für eine große Chance der menschlichen Seelen. Deshalb ist das Tor der Reue in der Vision auch aus edelsten Materialien gefertigt, aus Gold, Silber und Juwelen.

Dass im Text *Tor der Reue* wenigstens manche Aspekte der 3-tägigen Finsternis ausgespart werden, obwohl sie auch die Arabische Halbinsel betreffen müssten, erkennt man daran, dass zwar der Sonnenaufgang im Westen vorausgesagt wird, sich jedoch nirgends ein Hinweis auf Polsprung und Polwende findet. Diese Lücken lassen sich damit erklären, dass es sich um einen spirituellen Text handelt, in dem das Schicksal der menschlichen Seelen im Vordergrund steht und nicht die materielle äußere Welt und deren Einzelheiten.

Der Sonnenaufgang im Westen wird aber auch noch in einem anderen Hadith erwähnt, nämlich einem Hadith von Abu Hureira, von mir etwas frei aus dem Englischen übersetzt:

> *Allahs Apostel* [also diesmal kein Engel …] *sagte: »Die Zeit wird sich nicht eher erfüllen, als bis* ***die Sonne von Westen aufgeht.*** *Und wer bis zu diesem Zeitpunkt nicht gelernt hat, zu glauben und zu vertrauen, der wird es nicht mehr können.«*[274]

Und wie es der »Zufall« so wollte, erreichte mich im Januar 2017 kurz vor der Manuskriptabgabe dieses Buches die E-Mail einer muslimischen Leserin aus Berlin. Sie schrieb:

Aus schiitischer und sunnitischer Überlieferung sind mir Warnungen ähnlicher Art bekannt, deshalb gehe ich davon aus, dass es kein ausschließlich europäisches Phänomen sein wird.

Mohammed sagte: »Wenn ***ihr eine Art Schrei im*** [Monat] ***Ramadan*** *hört, dann wird es große Unruhe im* [folgenden Monat] *Shawwal geben und die* [offenbar arabischen] *Stämme werden sich alsdann im* [Monat] *Dhu-l-Qa'da gruppieren, und im* [Monat] *Dhu-l-Hiddscha* ***wird dann das Blut fließen.*** [Das könnte sich auf einen Krieg beziehen, der sich zunächst noch auf den Nahen Osten beschränkt. Anm. d. Autors.]

Am schlimmsten wird es im [Monat] *Muharram. Oh, unsagbar schlimm wird es in diesem heiligen Monat werden,* **Massaker überall.***«*

Die Leute fragten Mohammed: »Was ist dieser Schrei?«

Er antwortete: »Das wird in der Mitte des Ramadans an einem Freitag geschehen, wenn der Ramdan an einem Freitag beginnt. Da wird ein mächtiges, ***hämmerndes Geräusch*** *sein, das jeden* ***aus seinem Schlaf aufweckt*** *und sogar die jungen Mädchen aus ihren Zimmern stürzen lässt, es wird* ***Freitag nachts*** *sein* ***in einem Jahr vieler Erdbeben und Kälte.****«*

Das »*hämmernde Geräusch*« mitten in der Nacht erinnert schon einmal stark an den Donner in der kalten Nacht bei den christlichen Quellen. Dasselbe gilt für den Krieg (offenbar) unmittelbar davor.

Der eigentliche Hammer aus der E-Mail kommt aber jetzt:

»Wenn also Ramadan an einem Freitag beginnt und du das Morgengebet in der Mitte von Ramadan ebenfalls an einem Freitag gebetet hast, dann begib dich in dein Haus, ***schließe die Türen, überdecke die Fenster,*** *deck dich selbst zu und* ***verstopfe deine Ohren.*** *Sobald du das Geräusch wahrnimmst, begib dich auf den Boden in Gebetshaltung (Stirn auf den Boden) und sage: ›Subhanal-Quddus, subhanal-Quddus, rabbunal-Quddus‹. Ehre sei dem (Aller)Heilig(st)en, Ehre sei dem (Aller)Heiligsten, Unser Herr ist der Allerheiligste. Wer immer das tut, wird überleben, und wer nicht, wird sterben.«*[275]

Hier wird sehr schön erkennbar – und weiter unten wird dies auch in buddhistischen Quellen deutlich –, wie in jeder Religion eine Stimme durchdringt, die sich aufrichtig um die Seelen der Menschen sorgt. Hier geht es um ein globales spirituelles Szenario, das von jeder Religion gemäß ihrer Tradition »gedeutet« wird. … Die Muslima aus Berlin weiter:

Und ich erinnere mich, dass in einem Buch über alle Vorzeichen (in Arabisch) etwas über 3 Tage stand. Die gute Botschaft ist, dass alle Menschen, die die 3 Tage überstanden haben, sich danach in absolutem Frieden und unbeschreiblichem Glücksgefühl befinden werden.

Auf jeden Fall steht jedoch ***an mehreren Stellen*** [!], ***dass man Türen und Fenster schließen soll, auf keinen Fall das Haus verlassen, sich so wenig wie möglich bewegen und auf den Boden legen oder eben in Gebetsstellung gehen soll.***

Diese Überlieferungen sind mir seit Jahrzehnten bekannt, und ich konnte mir bisher nicht wirklich vorstellen, was sie zu bedeuten haben. Mit der Beschäftigung der europäischen Prophezeiungen vervollkommnet sich das Bild.

Es gibt noch andere Übereinstimmungen (zum Beispiel die Röte »Blut am Himmel« [siehe Jahenny, »feuerroten Wolke«, Seite 126 und Voltago, »Rot des Himmels«, Seite 273], *und nachdem ich diese Prophezeiungen einige Jahre vergessen hatte, ist jetzt eine Dringlichkeit in mir erwacht, die ich nicht ignorieren kann und möchte. Es wäre so wichtig, die Menschen noch stärker vorzubereiten, und ich danke Ihnen ganz herzlich für Ihren Anteil daran und für Ihr Buch.*

Möge der Schöpfer Erbarmen mit uns haben!

Mit freundlichen Grüßen (noch) aus Berlin.

Frage: Wie kann es sein, dass dieser hohe Übereinstimmungsgrad zwischen christlicher und islamischer Prophetie bei einem so überaus wichtigen Szenario wie der 3-tägigen Finsternis in Europa dermaßen unbekannt ist? Sicher, ein entscheidender Faktor wird die Sprache sein. Es fehlen Übersetzungen. Aber dieses Argument gilt nur für den »normalen« Bürger. Einigen Islamwissenschaftlern und vergleichenden Religionswissenschaftlern wird die große Ähnlichkeit dieser Prophezeiungen sehr wohl schon vor langer Zeit aufgefallen sein; vermutlich schon vor Jahrzehnten. Aber da die meisten unserer Wissenschaftler ganz besoffen sind von ihrer »aufgeklärten« Ignoranz, wird man derlei wohl nicht veröffentlicht haben.[276]

Nun gut. Letztlich kommt es darauf an, dass die islamischen Quellen so etwas wie eine strategische Bedeutung haben, was die Bestätigung der Glaubwürdigkeit der christlich-europäischen Quellen betrifft. Jedes Geschwafel von »Abschreiberei« findet hier sein Ende. Es wird entlarvt als ein in Wahrheit weltanschaulich motiviertes Geschwätz, dessen geistige Quelle wir im Glauben an den »Triumph des Willens« finden.

Doch zurück zum Sonnenaufgang im Westen. Was mitteleuropäische Quellen betrifft, so kenne ich nur vier Quellen, die einen Sonnenaufgang im Westen oder wenigstens einen veränderten Sonnenumlauf erwähnen.

Die erste dieser Quellen ist ein Bauer aus Selb aus dem Fichtelgebirge nahe der deutsch-tschechischen Grenze, der ganz konkret von einem Sonnenaufgang im Westen spricht. Zu diesem Herrn habe ich persönlich Kontakt und werde weiter unten noch auf ihn zurückkommen.

Beim zweiten Fall handelt es sich um Alois Irlmaier. Zwar taucht in der bisherigen Literatur kein entsprechender Hinweis auf, aber 2016 habe ich von zwei Zeugen, die Irlmaier noch persönlich erlebt haben, die sich untereinander aber nicht kennen, erfahren, dass auch Alois Irlmaier einen Sonnenaufgang im Westen vorausgesehen hat. Bezeichnenderweise äußerte einer der beiden Zeugen die Befürchtung, ich würde ihn für verrückt halten, wenn er mir das erzählt.[277]

Der dritte Fall ist Edward Korkowski. In seinem Buch *Polsprung – Prophezeiungen und wissenschaftliche Analysen* erzählt Hans J. Andersen (gestorben 2003), wie er Edward Korkowski kennenlernte:

> *So drückte* [mir] *[…] nach einem Vortrag in München* [ca. 1980] *[…] ein Zuhörer mit folgenden Worten einige beschriebene Blätter in die Hand: »Was Sie da erzählt haben über die kommenden Umwälzungen der Erde, das habe ich alles auch schon erlebt. Ich habe auch schon gesehen,* ***wie die Sonne im Westen aufgeht!****«*[278]

Hans J. Andersen bat Edward Korkowski dann, seine Visionen aufzuschreiben, und daraus entstanden die zwei Bücher mit dem Titel *Kampf der Dimensionen* Band I und Band II.

Die vierte westliche Quelle zu einem drastisch veränderten Sonnenlauf über den Erdhorizont ist der stigmatisierte Pater Garcilaso de la Vega, der zwischen 1980 und 1982 mehrere Visionen hatte, als er sich in der Eifel aufhielt, womöglich im Kloster Maria Laach:

> *Die große Erschütterung und die 3 finsteren Tage. Die Erdachse verschiebt sich, und* ***die Sonne ändert ihren Himmelslauf.***[279]

Die Verschiebung der Klimazonen

Prophezeiungen zu plötzlich drastisch veränderten Klimabedingungen sind neben dem Sonnenaufgang im Westen weitere Indikatoren für den Polsprung.

Mehrere europäische Quellen sagen übereinstimmend voraus, dass es nach der 3-tägigen Finsternis in Mitteleuropa schlagartig deutlich wärmer wird. Wohlgemerkt *schlagartig* – nicht *nach und nach.* Offenbar würde es in Europa schon mit dem ersten Tag nach er Finsternis deutlich wärmer.

Leser, die beim prophezeiten Klimawandel dennoch einen Zusammenhang mit dem Verbrauch fossiler Brennstoffe vermuten, also die »normale« Erderwärmung, seien daran erinnert, dass die Weltbevölkerung nach der 3-tägigen Finsternis drastisch dezimiert sein soll und dass infolge des technologischen Rückfalls die internationalen Handelsbeziehungen erst einmal zum Erliegen kämen. Folglich würde nach der 3-tägigen Finsternis der Verbrauch fossiler Brennstoffe für lange Zeit auf einen minimalen Bruchteil des heutigen Niveaus zusammenschrumpfen! Für die Fortsetzung der »normalen« Erderwärmung würde ganz einfach der Treibstoff fehlen!

In wirklich eindeutiger Form taucht die Vorhersage des Klimawandels der mir bekannten Quellenlage nach erst relativ spät auf. Die deutlichsten Vorhersagen finden sich wieder beim bayerischen Hellseher Alois Irlmaier. Erstmals wird Irlmaier diesbezüglich im November 1949 von der *Altbayerischen Heimatpost* zitiert.

> *Zum Schluss erzählte uns der Mann aus Freilassing noch, dass »in der glücklichen Zeit« in Bayern, namentlich im südlichen Teil »eine Temperatur herrschen werde, die so ist wie in Italien. Wir werden* ***Wein*** *ernten können und sogar* ***Feigen*** *auch im Oberland, und die fleißigen Bauern werden es auf* ***zwei Ernten*** *bringen.*[280]

Ökonomisch bedeutenden Feigenanbau gibt es in Europa derzeit nur im Mittelmeerraum. Im April 1950 zitierte die Landshuter Zeitung den Seher:

> *Aber nachher kimmt a guate Zeit, a anders Klima kriag'n mia a.* ***Koan' Winter*** *wird's mehr geb'n bei uns und wachs'n tuat grad gnua.*[281]

Hier muss man wissen, dass der Bayer mit »*grad gnua*« nicht etwa »*gerade (einmal) genug*« meint, sondern »*mehr als genug*«, so viel eben, dass es für zwei Ernten pro Jahr reicht.

Ebenfalls im Jahr 1950 wurde Irlmaier in einer anderen Publikation zitiert:

> *Auch von einem Klimawechsel sprach er, dass es bei uns* ***viel wärmer*** *würde, sogar Wein werde bei uns* [an-]*gebaut und Südfrüchte.*
> *»Ich sehe in späterer Zeit Weinberge und Südfrüchte bei uns wachsen, ob ihr es glaubt oder nicht.*[282]

Nachdem 2009 mein Buch über Alois Irlmaier erschienen war, kontaktierten mich ein paar Leser, die den Freilassinger Seher noch persönlich kennengelernt hatten*. Eine Frau, deren Familie in den 1950er-Jahren in Piding lebte, keine 10 Kilometer entfernt von Irlmaiers Wohnort Freilassing, die öfters Besuch vom Seher bekam, und wo man die Erinnerung an ihn lebendig gehalten hat, teilte mir folgende Aussage Irlmaiers über die Zeit nach den Katastrophen mit:

> *Drift ma an andan Meschn, freit ma si. Ma huift* [hilft] *sich gegenseitig. De Leid* [Leute] *san wieder gottesfürchtig. Wenst a Kuh findst, derfst ihr a goidnes Glekerl* [goldenes Glöckchen] *umhenga. So an Wert hot si. Es is wie vor hundert Jahr* [~1850]. *A Zeidl* [Zeit lang] *is recht miasam, aber dann keman mitm Schiff Lebensmittel die Donau rauf. Ois* [alles] *schaut andas aus* [vermutlich die Vegetation]. *Warm is' bei uns. In Bichlbruck* [Ortsteil von Piding in Südostbayern] *wachsen* ***Zitronen*** *und* ***Orangen.***[283]

Die heutigen europäischen Anbaugebiete für Orangen liegen schwerpunktmäßig im Süden Südeuropas. Demnach wäre es später in Südostbayern nicht so warm wie in Norditalien, sondern eher wie in Süditalien. Das ergäbe eine Verschiebung der Klimazonen in Mitteleuropa um etwa 800 Kilometer, eventuell noch mehr, wobei sich Bayern wohl etwas mehr aufheizen dürfte als das meerumspülte Italien, da ein abkühlendes Meer (Nordsee) weiter weg läge. Klar wäre in jedem Fall, dass die Niederschlagsmenge in Südostbayern im Wesentlichen konstant bleiben müsste, da Orangen ungefähr die heutigen dort üblichen Niederschlagsmengen brauchen.

* ... oder dies wenigstens überzeugend darlegten. In Einzelfällen kann man von sehr starken Indizien für einen tatsächlichen Kontakt mit dem Seher sprechen, nämlich wenn sich in Befragungen durch mich spezielles Wissen der Zeugen offenbarte, das die Zeugen eigentlich nur von Alois Irlmaier selbst gehabt haben konnten, da es meines Wissens nirgends veröffentlicht worden ist und sich mit anderen von mir nicht veröffentlichten Aussagen anderer von mir interviewter Irlmaier-Zeugen deckt.

Den Anbau von Zitronen, konkret für die Bodenseeregion, sah Ende der 1990er-Jahre übrigens auch eine mir persönlich bekannte Seherin.

Weitreichende Schlussfolgerungen aus einer Orange in Piding

Geht man davon aus, dass Alois Irlmaier die zukünftigen Klimabedingungen in Mitteleuropa richtig vorausgesehen hat, so kann man alleine auf Basis einer in Südostbayern in Piding heranreifenden einzelnen Orange auch das Klima in anderen Regionen Europas »hochrechnen«, was besonders interessant ist für den hohen Norden Europas, wo derzeit keine oder nur sehr eingeschränkte Landwirtschaft möglich ist. Dabei denke ich vor allem an flache und nicht gebirgige riesige Gebiete in Russland.

Dazu findet sich eine sehr interessante Aussage von der bekannten Berliner Wahrsagerin Gabriele Hoffmann. Diese arbeitet inzwischen seit rund 40 Jahren in Berlin als gewerbliche Wahrsagerin. Zu ihrer Kundschaft zähl(t)en neben bekannten Künstlern wie Lou van Burg, Helga Feddersen, Udo Lindenberg, Gunter Gabriel, Hildegard Knef, Curd Jürgens, Ivan Rebroff, Rudi Carrell, Howard Carpendale und Klausjürgen Wussow eigenen Angaben nach auch Manager und Politiker, und man kann Gabriele Hoffmann guten Gewissens als die derzeit bekannteste Wahrsagerin Deutschlands bezeichnen.[284]

Ich selbst habe die Dame im April 2010 interviewt. Dabei sagte sie mir, dass sie im Wesentlichen nur private Schicksale voraussehen kann, erwähnte dann aber »drei prägnante Dinge«, die sie im Zeitraum von 1972 bis 1978 gesehen hat und die das Schicksal Deutschlands und Europas betreffen.

Ob Gabriele Hoffmann in der Hauptsache wirklich nur private Schicksale sehen kann oder ob sie vorsichtshalber in der Öffentlichkeit das Feld der politischen Prophetie meidet – wie inzwischen eigentlich alle bekannten Hellseher –, lassen wir einmal dahingestellt. Auf jeden Fall war die erste prägnante Sache, die Gabriele Hoffmann gesehen haben will, der Fall der Berliner Mauer. Die zweite Sache war, dass »wir nach dem Fall der Mauer anderes Geld in Deutschland bekommen, was alle in Europa haben, nur die Schweiz nicht [der Euro also]«.[285]

Und weiter:

Ich habe gesehen, dass das Geld, was wir bekommen […] 2006 bis 2008 in eine ganz große Krise kommt, wo wir glauben, am Abgrund vorbeigeschlittert

> *zu sein, aber der eigentliche Crash kommt ungefähr um die Zeit 2013* [... noch eine falsche Datumsprognose]. *Ich habe Bilder gehabt, woraus ich den Schluss ziehe, dass die* ***Bundesregierung*** *in ganz kurzer Zeit, eine uneinheitliche Abwertung des Geldes beschließt, »uneinheitlich« – damit ist gemeint, dass wenn der Euro in Deutschland nur noch 60 Cent wert ist, dann ist der Euro in Frankreich 70 Cent, in Italien 30 Cent.*[286]

Eine de facto Euro-Abschaffung auf alleinigem Betreiben der Berliner Regierung ginge natürlich nicht. Wenn, dann müsste diese Entscheidung von den jeweiligen Regierungen der Euro-Staaten zusammen gefällt werden.

> *Und ich hab auch damals, als dann der Euro eingeführt wurde, mich an die Geldvisionen erinnert, und dann natürlich auch gesagt: »Aha, DAS ist wahrscheinlich das Geld, was alle in Europa haben, was ich gemeint hab.«*
>
> *Und ich habe bei den Menschen, die zu mir kommen, die aus der Politik oder auch aus der Wirtschaft sind,* ***in der Sitzung gesehen,*** *dass Länder, die in dieses System involviert sind, wie zum Beispiel Griechenland, oder Länder die – ja – eigentlich sehr arm sind, und mit der Wirtschaft anders umgehen, dass die diese Europasache auf einem Boden bauen,* ***wo sie schummeln,*** *wo Löcher sind. Und ich habe* ***immer*** *gesagt, auf einem Boden,* ***der geschummelt ist,*** *der Löcher hat, kann man kein festes Haus bauen.*
>
> *Dann habe ich noch eine dritte Sache gesehen, die mir auch sehr unlogisch ist, wo ich trotzdem sage: Ich habe gesehen, dass in etwa 18 bis 20 Jahren von jetzt an* [also 2028/2030] *in Russland eine Situation einsetzt, politisch und wirtschaftlich,* ***wo dieses Land einen Aufschwung macht, fast wie ein Einwanderungsland, wie Amerika zur Zeit der Jahrhundertwende,*** *wo aus Deutschland, aus Irland, von überall her Menschen nach Amerika gegangen sind, um ihr Glück zu machen.*[287]

Bitte sehen Sie mir hier meinen subjektiven Tonfall nach, aber ist dies nicht eine wunderbare Stelle? Ob wollend oder nicht: Indirekt bestätigt Gabriele Hoffmann damit Nostradamus' Aussage:

> *Es wird zum großen Frieden kommen, zur Einigkeit und Eintracht der Kinder, die durch Grenzen verwirrt und getrennt gewesen sind.*[288]

Gabriele Hoffmann weiter:

> *Und wenn ich mir überlege, dass das Land* [Russland] *sehr große Bodenschätze hat, ist es logisch vorstellbar. Aber Russland ist ein dicker, brauner, schwerfälliger Bär, und vom Logischen her bin ich ganz unsicher und denke: Wie sollen die Menschen in dieses Land einwandern und ihr Glück machen und einen Aufschwung bringen, wenn das Land in der Struktur so starr ist?*[289]

Geostrategisch betrachtet beschreibt Gabriele Hoffmann mit dem boomenden und plötzlich sperrangelweit »weltoffenen« Russland eine Situation, in der es keine politische Spaltung Europas mehr gibt.

Manch einer mag da in die Hände klatschen und sich freuen, dass Russland endlich Teil des westlichen Blocks geworden ist. Doch solche Leute verstehen eher selten etwas von Geostrategie und sollten sich einmal anhören, was der bekannte US-Geostratege George Friedman Anfang 2015 im renommierten US-Thinktank Chicago Council offenherzig zum Besten gab: George Friedman sagte dort in atemverschlagender Offenheit, dass das Hauptproblem der US-Politik seit Anfang des 20. Jahrhunderts nicht etwa der deutsche Kaiser war, nicht Adolf Hitler, nicht Josef Stalin, nicht irgendwelche nachfolgenden KPdSU-Chefs und auch nicht die russischen Atomwaffen. Das Hauptproblem war und ist – so George Friedman – die Gefahr eines stabilen, dauerhaften und fruchtbaren Bündnisses zwischen Deutschland und Russland. Denn nur diese beiden Staaten zusammen hätten das Potenzial, die USA global gesehen auf das Niveau einer zweitrangigen Macht zurückzustufen.

Sehen wir uns an, was George Friedman am 2. Februar 2015 im Chicago Council konkret gesagt hat:

> ***Das primäre Interesse*** *der Vereinigten Staaten über Jahrhunderte hin, in denen wir Krieg führten, im Ersten* [Weltkrieg], *Zweiten* [Weltkrieg] *und im Kalten Krieg, waren die* ***Beziehungen zwischen Deutschland und Russland.***
>
> *Denn vereinigt sind sie die einzige Macht, die uns* [ernsthaft] *bedrohen könnte [...] Die USA haben ein fundamentales Interesse: Sie kontrollieren alle Ozeane der Welt. Keine andere Macht hat das bisher geschafft. Aus diesem Grund sind wir in der Lage, andere Ländern zu überfallen* [!], *aber sie können das nicht bei uns. [...] Die Grundlage unserer Macht ist* [die Fähigkeit] *die Kontrolle über die Ozeane und den Weltraum aufrechtzuerhalten.*
>
> *Der beste Weg, eine feindliche Flotte zu besiegen, ist zu verhindern, dass diese überhaupt gebaut wird. Die Briten haben* [im Rahmen des Ersten Weltkrieges] *sichergestellt, dass keine andere europäische Macht* [nämlich Deutsch-

> land!] *eine Flotte baut, indem sie sichergestellt haben, dass die Europäer sich gegenseitig an die Kehle gehen. […]*
>
> *Darauf kommt es an: Die Vereinigten Staaten sind nicht in der Lage,* ***Eurasien*** [also Deutschland und Russland] *zu erobern. In dem Moment, in dem wir den ersten Stiefel* [in Eurasien] *auf den Boden setzten, wären wir allein schon demografisch vollkommen unterlegen. Wir können* [zwar] *eine Armee besiegen, wir sind aber nicht in der Lage, ein ganzes Land wie den Irak* [dauerhaft] *zu besetzen. […] Aber wir haben die Möglichkeit – erstens – verschiedene Kräfte zu unterstützen, mit politischer Unterstützung, etwas wirtschaftlicher Unterstützung, militärische Unterstützung, Berater – und im Extremfall das zu tun, was wir in Japan gemacht haben, in Vietnam, im Irak und in Afghanistan […].*
>
> *Niemand hat Russland bisher dauerhaft besetzen können. Aber Russland hat sich immer Richtung Westen bewegt. […] Die Frage, die sich für die Russen momentan* [Februar 2015] *am dringendsten stellt, ist, kann es* [gegen die NATO] *eine Pufferzone aufrechterhalten, die wenigstens neutral ist, oder wird sich der Westen so weit in der Ukraine einmischen, sodass es* [für die NATO] *nur noch wenige Meilen bis Leningrad*[290] *sind, und nur noch 300 Meilen bis Moskau?* ***Für Russland ist die*** [derzeitige] ***Lage in der Ukraine eine existenzielle Bedrohung.***[291]

Soweit ein paar Ausschnitte aus der inzwischen legendären Rede George Friedmans vor dem Chicago Council im Februar 2015. George Friedman ist zudem nicht der erste angelsächsische Geostratege, dem das zentrale »Problem« mit Deutschland und Russland aufgefallen ist (zum Beispiel Halford Mackinder und Zbigniew Brzeziński).

Regierungen kommen und gehen. Die Völker bleiben, und vor allem deren wirtschaftliches und damit militärisches Potenzial. Strategisch betrachtet ist das eigentliche Problem nicht die Regierung eines potenziellen starken Rivalen, sondern das Potenzial des Landes an sich. Der Sieg über die Deutschen im Ersten Weltkrieg, die Einführung der Demokratie im Deutschen Reich der Weimarer Republik und der Aufstieg Adolf Hitlers beweisen, dass letztlich das Potenzial eines Volkes entscheidet.

Eine Regierung, der man heute noch vertraut, kann schon übermorgen hinweggefegt sein oder infolge innerer Machtkämpfe eine völlig neue Politik verfolgen. Längerfristig wirklich kontrollieren kann man das Land eines strategischen Rivalen nur, wenn man dessen wirtschaftliche Ressourcen kontrolliert.

Und wie kann man das im Falle von Deutschland und Russland? Ganz einfach: indem man zwischen beiden Völkern Feindschaft schürt und sie in Kriegen gegeneinander kämpfen lässt, so wie es im Ersten und Zweiten Weltkrieg geschehen ist und wie es für den »Dritten Weltkrieg« seit langer Zeit prophezeit ist.

George Friedman macht in seiner Rede vor dem Chicago Council klar, dass den USA der Erste und Zweite Weltkrieg sozusagen wunderbar in den Kram passten, und stellt die heutigen Deutschen relativ unverblümt vor die Wahl, entweder deutlich von Russland abzurücken oder in einen weiteren Krieg mit Russland gezerrt zu werden!

Da dies alles so unglaublich ist, hier ein entsprechender Internet-Link, über den Sie das alles überprüfen können (zu diesem Link gibt es aber noch Alternativen, falls er deaktiviert wurde): *https://www.youtube.com/watch?v=vln_ApfoFgw* – oder eben auf YouTube die Suchbegriffe *George Friedman* und *Chicago Council* eingeben.

Gabriele Hoffmann hat also mit ihrer Vision vom Einwanderungsland Russland indirekt den Niedergang und das Verschwinden jener politisch-militärischen Kraft gesehen, die lange Zeit ein Interesse an der Spaltung und Schwächung Europas hatte, jene Kraft, die Nostradamus als *treibende Kraft der Kriegspartei* bezeichnet.

Um auch letzte Zweifel und Unklarheiten zu beseitigen: Aus Sicht George Friedmans und anderer angelsächsischer Geostrategen ist es vollkommen egal, ob Russland demokratisch ist oder eine Diktatur. Dasselbe gilt für Deutschland. Aus Sicht von Leuten wie George Friedman ist das wahre »Problem« eine Situation, in der sich die Potenziale der Länder Deutschland und Russland vereinigen.

Man denke nur zurück an die Bauchschmerzen, die Großbritannien hatte, als nach dem Fall der Mauer im November 1989 die deutsche Wiedervereinigung anstand und britische Politiker – allen voran Premier Margaret Thatcher – sich angesichts eines vergrößerten Deutschlands vor dessen Übergewicht in Europa fürchteten.

1989 hatte Westdeutschland eine Bevölkerung von rund 60 Millionen Menschen, die DDR von rund 16 Millionen. Im Falle von Deutschland und Russland ginge es (ohne Verluste durch Krieg und Finsternis) aber insgesamt um satte 200 Millionen statt 76 Millionen (80 Millionen Deutsche plus 120 Millionen Russen). Westliche geostrategische Analysten, die das Potenzial einer tiefen deutsch-russischen Allianz erkannt haben, verfallen allerdings oft in eine ziemlich grobe Sichtweise und sprechen von der Verschmelzung »deutscher Technologie« und »russischer Rohstoffe«. Ich halte das für zu kurz und insgesamt für viel zu materialistisch gedacht. Das eigentliche Potenzial dürfte in einer geistigen Synergie dieser Völker liegen.

Doch zurück zu einer eher materialistischen Betrachtungsweise: Würden Westeuropa und Russland in Frieden und echter Freundschaft zusammenfinden – vielleicht vergleichbar mit den Beziehungen zwischen Deutschland und Frankreich –, dann ist klar, dass im Westen Eurasiens ein wirtschaftlich-politischer Machtblock entsteht, der niemanden zu fürchten hätte, der aufgrund seiner materiellen, technologischen und geistigen Ressourcen von niemandem abhängig ist und der die Macht und die Freiheit hätte, nach seiner eigenen Fasson glücklich zu werden. Eine Fasson, in der das schnelle Geld eben nicht mehr der höchste »Wert« ist, ein »Wert«, der in Wahrheit nur eine teuflische Mischung aus Effekthascherei und Abzocke ist, was man beim New Economy Crash im Jahr 2000 – Stichwort »stupid German money« – und bei dem 2007 ausgebrochenen Immobilien- und Finanz-Crash – Stichwort »Subprime« – deutlich genug sehen konnte. Wenn man denn wollte.

Die von Gabriele Hoffmann indirekt vorausgesehene Annäherung, ja fast schon Verschmelzung von Westeuropa und Russland erklärt sich aus Sicht der europäischen Prophetie zum Teil durch den physischen Untergang Englands[292] und den Niedergang der USA infolge des Polsprungs (siehe Seite 290, »Wenn die Seemacht in den Fluten versinkt«).

Wenn Sibirien auftaut

Der Abtritt der Angelsachsen erklärt das Bild von Russland als Einwanderungsland aber noch nicht ganz.

Unterstellt man, dass sich die Bevölkerungsverluste in Russland und Deutschland im Rahmen des »Dritten Weltkrieges« und der 3-tägigen Finsternis in etwa die Waage halten und die politische und wirtschaftliche Situation in Deutschland, wie so oft in Aufbauphasen, keinen nennenswerten Auswanderungsdruck erzeugt – in Aufbau- und Boomzeiten sind die Löhne gut, und man bleibt im Lande –, müsste es einen besonderen Grund, einen besonderen Anreiz für die Auswanderungswelle der Westeuropäer nach Russland geben.

Im Zusammenhang mit Irlmaiers Orange in Südostbayern drängt sich die Vermutung auf, dass infolge des geografischen Polsprungs im Norden Russlands gigantische Gebiete landwirtschaftlich nutzbar werden und dass die Russen den Deutschen aufgrund guter Erfahrungen in der Vergangenheit (zum Beispiel mit den Wolgadeutschen, die in der zweiten Hälfte des 18. Jahrhunderts aus Bayern, Baden, Hessen und dem Rheinland kamen, um einer Einladung der Zarin Katharina der Großen zu folgen) in großem Umfang Land zur Verfügung stellen. Neben rein wirtschaftlichen Aspekten mögen dann noch andere Faktoren wie ein ruhiges naturnahes Leben hinzukommen – das deutsche Auswanderer heutzutage beispielsweise an Kanada schätzen – wie auch ein kühleres Klima im Vergleich zu dem dann deutlich wärmeren Mitteleuropa.

Passend zum hier unterstellten Klimawandel in Westsibirien erzählte mir vor einiger Zeit ein Deutschrusse, der sich sporadisch mit dem Thema Prophetie beschäftigt, es gäbe Prophezeiungen sibirischer Schamanen, die besagen, in Sibirien herrsche irgendwann wieder ein Klima wie einst, als dort noch Mammutherden durch das Grasland zogen.[293] Auch ein solcher Klimawandel ließe sich schwerlich mit der »normalen« Erderwärmung erklären.

Bei der nächsten Quelle zur drastischen Erwärmung Europas handelt es sich ebenfalls um eine deutsche Quelle, und zwar um den bereits erwähnten Bauern aus Selb im Fichtelgebirge, jenem Mittelgebirge, das an den äußersten Westen Tschechiens grenzt. Diesen Bauern kenne ich seit Jahren persönlich, und wir telefonieren alle paar Wochen. Einen Teil seiner Visionen hatte der Bauer in den 1970er-Jahren.

> *Im Fichtelgebirge – etwa vier km entfernt von Selb – sieht es aus wie in der »Sahara«, keinerlei Vegetation, kein Zeichen von Leben, feiner Sand, Dünen.* ***Die Sonne geht im Westen auf.*** *Es ist wärmer geworden,* ***ca. 35 bis 40 Grad!*** *Am Bergfuß ragen aus dem Sand drei bis vier Meter hohe verkohlte schwarze Baumstümpfe. Man sieht keinerlei Ruinen.* ***Zwei bis drei Jahre*** *nach der Katastrophe wird das Land wieder* [von Bauern] *bewirtschaftet.*[294]

Das an die Sahara erinnernde Landschaftsbild im Fichtelgebirge erklärt sich durch Vulkanismus, der für Tschechien in der Nähe der deutschen Grenze vorausgesagt wird, und eventuell auch durch einen Impakt in der Region (siehe *Refugium* und *Prophezeiungen – alte Nachricht in neuer Zeit*).

In späteren Befragungen (2007 und 2015) ergänzte der Bauer, er habe gesehen, wie man nach den Katastrophen im Fichtelgebirge sogar **Bananen** anbaut.[295]

Eines der nördlichsten Anbaugebiete für Bananen weltweit liegt derzeit im Süden Mexikos. Generell werden Bananen in äquatornahen Tropenländern angebaut. Im Prinzip passt das zu der Aussage Irlmaiers, man werde später in Bayern zweimal pro Jahr ernten können.[296] Nur müsste Deutschland im Falle von Bananen eigentlich noch ein paar Hundert Kilometer mehr Richtung Äquator rutschen. Vielleicht kommt man so auf 1200 Kilometer. Das wäre dann etwa auf der Höhe von Tunesien.

Wenn die Bauern im Fichtelgebirge bereits 2–3 Jahre nach den Katastrophen wieder in die zuvor restlos verwüstete Region zurückkehren, muss zu diesem Zeitpunkt die Landwirtschaft wenigstens schon wieder auf Selbstversorger-Niveau möglich sein. An Regen dürfte es jedenfalls nicht mangeln.

Die baldige Reaktivierung der Landwirtschaft ist insofern wichtig, als dass mehrere Quellen einen technologischen Rückfall auf das Niveau des 19. Jahrhunderts voraussagen. Das Problem bei einem solchen Rückfall wäre: Man kann nicht so einfach technologisch vom 21. in das 19. Jahrhundert zurückschalten, denn heutzutage fehlen die Maschinen aus dem 19. Jahrhundert, *und* es fehlt auch die nötige Anzahl von Zugtieren, um fehlende Maschinen zu ersetzen. Von den überlebenden Kühen beispielsweise heißt es bei Alois Irlmaier, sie seien (in der ersten Zeit) so selten, dass man ihnen ein *»goldenes Glöckchen umhängen«* könne.[297]

Glaubt man dem Bauern aus Selb (und auch anderen Sehern), würden wir keinesfalls dauerhaft in ein technologisches Niemandsland abstürzen, sondern Mittel und Wege finden, damit die Landwirtschaft relativ bald wieder halbwegs funktioniert, trotz des Mangels an Traktoren, Diesel, Zugtieren, industriell gefertigtem Saatgut und Kunstdünger.

Was den für die heutige Landwirtschaft unersetzlichen phosphor-basierten Kunstdünger betrifft, so befinden sich derzeit die größten Phosphor-Vorkommen in Marokko, China, Jordanien, Südafrika und den USA, also praktisch alles in Übersee. Da dieser Phosphor nur in Gestein gebunden vorliegt und industriell abgebaut werden muss – eine Industrie, die wohl wegen Energiemangel zunächst brach läge –, müsste die europäische Landwirtschaft erst einmal ein paar Jahre ohne nennenswerte Kunstdüngerimporte auskommen.

Die nicht nur von Alois Irlmaier prophezeite hohe Produktivität der Landwirtschaft in der ersten Zeit nach den Katastrophen muss also auch zu dem technologisch-industriellen Potenzial in dieser Zeit in Bezug gesetzt werden. Ab einem bestimmten Punkt wird es dann einfach plausibler, die prophezeiten besonders guten Ernteerträge mit besonders gutem Wetter (warm, kein Winter

(Frost) mehr und ausreichend Niederschlag) zu erklären, und eben nicht mit besonders effektiven, technisierten Anbaumethoden.

Eine Deutung im Sinne optimaler Klimabedingungen in Mitteleuropa nach der 3-tägigen Finsternis bietet sich auch bei der Botschaft von La Salette aus dem Jahr 1846 an.

> *Dann wird Friede, die Versöhnung Gottes mit den Menschen werden. [...] Dieser Friede unter den Menschen wird aber nicht von langer Dauer sein.* ***25 Jahre reichlicher Ernten*** *werden sie vergessen lassen, dass die Sünden der Menschen die Ursache aller Strafen sind, die über die Erde kommen.*[298]

Natürlich lässt sich dieses Zitat aus der Botschaft von La Salette auch anders deuten. Dass es aber bald nach den großen Katastrophen ohne günstigen Klimawandel und ohne nennenswerte technologische Hilfsmittel über einen so langen Zeitraum zu so guten Ernten kommt, scheint doch etwas unwahrscheinlich.

Von Hildegard von Bingen hatte ich schon eine Stelle zitiert, die ähnlich klingt:

> *Aber die Erde wird reichliche Früchte tragen, erwärmt vom wohltätigen Sonnenstrahl und befeuchtet von gelinden Regenschauern.*[299]

Weltweite Klimazonenverschiebungen

Inzwischen ist dem einen oder anderen Leser sicherlich schon folgender Gedanke gekommen: Würde Mitteleuropa sagen wir 1000 Kilometer Richtung Äquator rutschen, und würde es bei uns deswegen schlagartig sehr viel wärmer werden, dann müsste sich das Klima in anderen Erdteilen ebenfalls stark ändern. Auf der anderen Seite des Globus in Ostasien müsste es dann eigentlich deutlich kälter werden. Tatsächlich gibt es Quellen, die diese Annahme bestätigen. Im März 2016 erreichte mich aus Thailand die E-Mail eines Lesers. Er schrieb:

> *Hallo Herr Berndt,*
> *seit 10 Jahren verfolge ich Ihre Darstellungen der europäischen Prophetie. Dass es mal so spannend und zutreffend wird, hätte ich vor 10 Jahren nie gedacht. Doch der eigentliche Grund, weshalb ich Ihnen schreibe, ist, dass es auch interessante Informationen dazu aus Thailand gibt. Persönlich lebe ich hier seit 7 Jahren und bin mit einer Thailänderin verheiratet.*

Hier im asiatischen Raum gibt es ebenfalls Prophezeiungen [u. a.] *von einem schon* [vor 140 Jahren] *verstorbenen Mönch*, der einen Dritten Weltkrieg vorhersagt, der seinen Fokus in Europa hat, dessen Auswirkungen jedoch bis nach China gehen. China sei involviert in dem Krieg gegen die Amerikaner, Thailand bliebe jedoch kriegerisch verschont.*

China soll Amerika in die Knie zwingen und handlungsunfähig machen.

Eine Kriegsteilnahme Chinas wäre auch einigen europäischen Quellen nach zu erwarten. Diese Kriegsteilnahme wäre auch geostrategisch gesehen logisch, da China das nächste Ziel der USA und der NATO wäre, sobald Russland besiegt und fest in den westlichen Block eingebunden wäre. Ein Eindringen östlicher Verbände wohl über Alaska auf den nordamerikanischen Kontinent findet sich auch in europäischen Quellen. Was China da aber genau macht, bleibt letztlich unklar. Glaubt man den Voraussagen nordamerikanischer Indianer, müssten die chinesischen Truppen schnell wieder aus Nordamerika verschwinden. Von einer chinesischen Fremdherrschaft in Nordamerika habe ich noch nie etwas gehört oder gelesen.

Der Deutsch-Thailänder weiter:

Deutschland wäre am meisten [vom Krieg] *betroffen. Auch ein* [vorausgehender] *wirtschaftlicher Zusammenbruch wurde gesehen.* ***Durch eine 3-tägige Finsternis soll alles Böse vernichtet werden.*** *In Europa soll die 3-tägige Finsternis begleitet sein von einer kosmischen tödlichen Staubwolke.* ***Die 3-tägige Finsternis soll es auch hier*** [in Thailand] ***geben, jedoch soll die tödliche Staubwolke nicht so extrem ausfallen wie in Europa.*** *Man spricht von einer zunehmenden Kälte (klimatisch bedingt) und enormen Regenfällen. Regenfälle sind für Thailand nichts Ungewöhnliches, jedoch ein Kälteeinbruch.*

In einer zweiten E-Mail ergänzte der Leser:

Es soll ***in ganz Thailand*** *nach dem Polsprung* ***vier Jahreszeiten*** *geben. Der Norden kennt heute drei und der Süden zwei. Besonders wurde in der Prophezeiung erwähnt, dass man in der Endzeit […] sich viele Decken aufbewahrt, da es sehr kalt werden soll. Die Vorzeichen der Endzeit seien vor allem absolute Trockenheit in der Trockenperiode und regelrechte Überflutungen in der Regenzeit. Extreme Kälteeinbrüche, welche Thailand noch nie kannte.*

* Bei diesem thailändischen Mönch handelt es sich um Somdej Toh (1788–1872).

Deutschland liegt grob gesehen auf dem 10. östlichen Längengrad, Thailand etwa auf dem 100. östlichen. Der 170. westliche Längengrad, also das, was von Deutschland aus gesehen genau auf der anderen Seite des Globus liegt, verläuft zwischen Sibirien und Alaska. Das könnte bedeuten, dass Gebiete nordöstlich von Thailand – insbesondere China – gegenüber Thailand in eine noch viel ungünstigere Klimazone rutschen. Infolgedessen könnte dort in weiten Gebieten eine Landwirtschaft vollkommen unmöglich werden, Hungersnöte würden ausbrechen, und gigantische Flüchtlingsströme würden sich in Bewegung setzen, die die gesamte ostasiatische Region langfristig destabilisieren.

Mit anderen Worten: Käme es tatsächlich zu der in den bisher bekannten Quellen beschriebenen Klimazonenverschiebung, könnte der Polsprung die eigentliche Ursache für einen dramatischen sozialen und politischen Umbruch in Ostasien sein, der nach einigen Jahrzehnten in Form von Kriegen auch nach Europa schwappt. Bedenkt man zudem die Neigung der Ostasiaten zu ideologisierten und teilweise fanatisierten Massenbewegungen (Nordkorea, China (Kulturrevolution), Kambodscha (Pol Pot), Fanatismus der Japaner bis 1945), könnte in Ostasien infolge des Polsprungs der massenpsychologische Humus heranreifen, aus dem die neue Weltreligion des Antichristen erwächst.

Paradoxerweise würde damit ein Zusammenhang erahnbar zwischen der kosmischen Intervention im »Dritten Weltkrieg« und der gleichzeitigen Schaffung einer Grundlage für einen Vierten Weltkrieg!

Denn China befindet sich heutzutage möglicherweise in einer ähnlichen massenpsychologischen Situation wie Deutschland vor dem Ersten Weltkrieg: Nach mehreren Jahrzehnten wirtschaftlichen Booms glaubt diese sich mehr oder weniger für auserwählt haltende Nation (»Reich der (Welt-)Mitte«), ihr gehöre die Zukunft und ihr komme schicksalhaft eine nie gekannte und stetig wachsende Weltgeltung zu. Dann aber würde für China – wenn meine These stimmt – infolge des Polsprungs der Absturz ins Nichts kommen. Der Traum einer ganzen Nation zerbräche, und in diesem Zustand der Depression und Verwirrung würde sie reif für einen fatalen Irrglauben.

Ansonsten widerspricht die Langfristperspektive mit dem Antichristen natürlich obigem »Durch eine 3-tägige Finsternis soll alles Böse vernichtet werden« der thailändischen Quelle. Glaubt man den soweit zitierten europäischen Quellen, wäre nach der 3-tägigen Finsternis der Sieg über »das Böse« nur vorübergehend.

Etwa ein halbes Jahr nach obigem Deutsch-Thailänder meldete sich bei mir ein anderer Leser, ebenfalls ein Deutscher aus Thailand, der ebenfalls seit Jahren mit einer Thailänderin verheiratet ist und die wiederum ebenfalls vor ein paar Jahren ein Buch mit Prophezeiungen über die Zukunft Thailands gelesen hatte. Die beiden Paare kannten sich aber nicht.

Der zweite Deutsch-Thailänder schrieb:

> *Ich habe lange vor* »Refugium« [mein Buch von Juli 2016, in dem auch die Mails des ersten Deutsch-Thailänders abgedruckt sind, Anm. d. Autors] *und in regelmäßigen Abständen geträumt, dass es in Thailand schneit! Ich stehe bei uns auf der Hauptstraße, kurz bevor es zum Nationalpark hochgeht, und strecke die Hände aus. Schneeflocken fallen in meine Hand, und drum herum ist es weiß beziehungsweise beginnt es, weiß zu werden.*
>
> *Und ich denke: »Hammer, Alter – Schnee in Thailand!« Ich wache dann in der Regel auf, und das »Wissen« ist da. Auch träume ich oft davon, dass alles trostlos und gelblich grau ist* [zu kalt für die bisherige Flora, Anm. d. Autors], *überall Wasser, und permanent liegen Aufgaben an, wie etwas bergen, unter Wasser etwas reparieren, ein Schiff flottmachen usw., wobei ich mich traurig und hoffnungslos fühle. Wasser ist IMMER präsent!*
>
> *Ich suche derzeit nach Fluchtzonen hier, wobei die Prophezeiung eines lang verstorbenen Mönchs* [ebenfalls Somdej Toh, wie sich später herausgestellt hat], *die mir von meiner Frau weitergesagt wurde, nicht grade zu Hoffnungsschüben verhilft: »Im Jahr '61 (thailändischer Kalender 2561) wird Bangkok nicht mehr die Hauptstadt sein, Südthailand wird verschwinden…« Na klasse!*

Da der thailändische Kalender auf Buddhas Erleuchtungsjahr »geeicht« ist, muss man vom thailändischen Datum 543 Jahre abziehen. So wird aus dem Jahr 2561 das Jahr 2018.

Deutet man die Aussage dahingehend, dass Bangkok im Jahr 2018 nicht mehr Hauptstadt ist, würde das auf den »Dritten Weltkrieg« im Jahr 2017 hindeuten. Bräche im Hochsommer 2017 in Europa der »Dritte Weltkrieg« aus, käme es im Oktober/November desselben Jahres zur 3-tägigen Finsternis und zum Polsprung. Dann würde Bangkok, das größtenteils nur wenige Meter über dem Meeresspiegel liegt, überflutet und vernichtet.

2017 wäre Bangkok etwa noch 10 Monate Hauptstadt, 2018 keinen einzigen Monat mehr. Allerdings warne ich ausdrücklich vor Datumsspekulationen. Deren Unzuverlässigkeit wurde in diesem Buch schon oft genug angesprochen.

> *Die Lad* [seine Frau] *hatte ja auch gesagt, dass Thailand vom Krieg nicht betroffen sein soll, aber halt die Finsternis (in der Quelle allerdings 7 Tage!) käme.*
> *Südthailand würde »verschwinden« (was immer das auch heißt). Dann würde Thailand eine Art Kornkammer der Welt, sehr wichtig und sehr einflussreich, sodass auch die Thai-Sprache an Wichtigkeit zunähme.*

Soweit zu dem, was zwei Thailänderinnen ihren Männern erzählt, und was diese Männer mir geschrieben haben, und die dazu passenden Träume des einen zum Winter in Thailand. Leider war es mir bis zur Drucklegung dieses Buches nicht möglich, an die thailändischen Originalquellen heranzukommen. Über Somdej Toh gibt es rund zwei Dutzend Bücher, viele davon vergriffen. Ob es sich bei obigen Voraussagen um echte Somdej-Toh-Aussagen handelt, um Deutungen entsprechender Prophezeiungen dieses Mönches, andere in Thailand kursierende Prophezeiungen, einen Mix daraus oder um reine Erfindungen (was ich nicht glaube), kann ich derzeit nicht sagen.

Zwischendurch aber hatte ich im Rahmen meiner Internet-Recherche in Sachen Somdej Toh Kontakt aufgenommen zu einer buddhistischen Nonne deutscher Abstammung, die ebenfalls seit Längerem in Thailand lebt und die dort als Meditationslehrerin tätig ist. Ich schrieb ihr über meine Recherchen zu Somdej Toh, und sie antwortete mir im September 2016:

Abbildung 35: Somdej Toh Marmorstatue im Wat Intharawihan-Tempel, Bangkok

> *Ja, einige von diesen Voraussagen habe ich auch von meinen Lehrern (Meditationsmeistern) in Thailand gehört. Zum Beispiel hat mein erster Meister (ich hab mit ihm 1989–1994 studiert)* ***immer*** *gesagt, die Menschen im Westen fürchten die Russen (war damals so), in Wirklichkeit sollten sie sich mehr Gedanken über die Chinesen machen, sie werden die größte Weltmacht und Gefahr für den Planeten werden* [aber erst nach der Finsternis, Anm. d. Autors]. ***Mehrere meiner***

> ***Meister** haben von großen Überflutungen gesprochen. **Bangkok, Tokio und viele große Städte am Meer werden verschwinden. Je höher man lebt, desto größer ist die Chance zu überleben.***

Das »mehrere Meister« zeigt, wie weitverbreitet dieses Wissen unter den buddhistischen Mönchen Thailands sein muss und wie relativ offen in diesen Kreisen über diese Themen gesprochen wird. Überhaupt sind meiner bisherigen Erfahrung nach Buddhisten diejenigen Religionsangehörigen, die am offensten und entspanntesten mit dem Thema Endzeitprophetie umgehen – im Vergleich zu Katholiken, Protestanten, Moslems, New-Age-Gläubigen, ja sogar Zeugen Jehowas!

Bangkok und Tokio stehen natürlich repräsentativ für sämtliche Küsten- und Hafenstädte weltweit: für küstennahe Städte und Ballungszentren wie Los Angeles, New York, London, Amsterdam, Hamburg, Marseille, Barcelona, Athen, Tel Aviv, Kairo, Sydney usw.

Der Untergang des thailändischen Königshauses

Eine andere Prophezeiung, die im Zusammenhang mit Thailand und der jüngsten Geschichte ebenfalls unbedingt zu erwähnen ist, ist eine in Thailand sehr bekannte Voraussagung, die sich mit dem Schicksal beziehungsweise dem Untergang der aktuellen Königsfamilie, der Chakri-Dynastie, befasst. Dieses Herrscherhaus regiert Thailand seit dem Jahr 1782, und die betreffenden Könige tragen immer den Beinamen *Rama.* König Rama IX., Bhumibol Adulyadej, starb erst vor Kurzem, am 13. Oktober 2016, mit knapp 89 Jahren.

Die Prophezeiung vom Untergang der Chakri-Dynastie, die in Thailand recht bekannt ist, besagt – je nach Darstellung in den deutschen Medien –, dass die Chakri-Dynastie entweder mit Rama IX. oder mit Rama X. endet, wobei dessen Regierung dann ein absolutes Desaster werden soll.

Die Zeitung *Die Welt* schrieb, dass Rama IX. gemäß dieser Prophezeiung »der Letzte seiner Dynastie ist«.[300] In einem Reiseführer von 2009 heißt es: *»Eine alte Prophezeiung besagt, dass die Ära der Chakri-Dynastie mit dem jetzt regierenden Rama IX. enden wird.«*

Nach dem Tod von König Rama IX., der rekordverdächtige 70 Jahre als König regierte und vom Volk als quasi gottgleich verehrt wurde, fiel Thailand in eine Art Depression. Bhumibol Adulyadejs einziger Sohn, Maha Vajiralongkorn, inzwischen auch schon Mitte 60, gilt als unzuverlässig und beim Volk als unbeliebt. Seit dem 1. Dezember 2016 ist er König von Thailand: Rama X.

Der *Spiegel* schreibt über ihn, dass er sich bisher als »unberechenbarer und egozentrischer Schürzenjäger« präsentiert hat.[301] Die *Welt* bezeichnet ihn als »Skandal-Prinz«, und in einer Artikelüberschrift schreibt die Zeitung, er müsse nun »erwachsen werden«, nachdem er »ein Leben voller Skandale« hinter sich habe.[302]

Die statistische Wahrscheinlichkeit, dass sich jemand mit Mitte 60 noch einmal ändert, ist wohl ziemlich gering. Wahrscheinlicher ist wohl, dass Rama X. die Idealbesetzung für den Niedergang der Chakri-Dynastie ist.

Wie es der »Zufall« so will, ist Thailand dieser Tage innenpolitisch tief zerstritten. Rama IX., der über deutlich mehr reale politische Macht verfügt hat als heutige europäische Monarchen, war noch eine sehr wichtige Integrationsfigur. Von Rama X. erwartet das derzeit niemand.

Ein interessanter Aspekt am Rande: In Thailand verbietet ein striktes Gesetz gegen Majestätsbeleidigung jede Diskussion über die Zukunft der Monarchie. Da sollte man in Thailand nicht allzu viel Hilfsbereitschaft erwarten, wenn man nach alten Drucken der angeblich über 100 Jahre alten Prophezeiung zum Schicksal der Chakri-Dynastie sucht.

Weitere buddhistische Prophezeiungen

Da buddhistische Prophezeiungen ein völlig eigenständiger, vom Christentum weitestgehend unbeeinflusster Quellentyp sind, möchte ich hier noch auf zwei andere buddhistische Quellen eingehen und verdeutlichen, wie sehr sich Grundthemen nachbiblischer christlicher Seher mit buddhistischen Quellen decken. Dabei wird nochmals deutlich werden, wie sinnlos und ignorant der Versuch ist, ältere christliche Prophezeiungen zu diskreditieren, weil sie angeblich Ausgeburt eines manipulativen Geistes sind, der die katholische Kirche im Würgegriff hat. Bei genauem Hinsehen erkennt man vielmehr, dass wir es hierbei nicht mit einer »Kritik« an der katholischen Kirche oder dem heutigen Christentum zu tun haben, sondern mit einer Anfeindung gegen jegliche traditionelle Spiritualität und Religion.

Bei der ersten Prophezeiung handelt es sich um *Die 16 Vorhersagen des Buddha,* eine unter anderem in Thailand ziemlich bekannte Prophezeiung, die dort auch im Umfeld buddhistischer Klöster kursiert.[303]

Der Legende nach hatte König Pasenadi, Herrscher von Kosala (einem Königreich in Nordindien am Ganges) und ein Zeitgenosse Buddhas, einen Traum mit 16 Omen und bat den Erleuchteten, ihm diesen Traum zu deuten.

Für Europäer und andere aus dem Westen Stammende sind unter anderem jene Stellen interessant, in denen Buddha die Abschaffung der Monarchie in Asien voraussagt:

> *In ferner Zukunft werden die Leute mit der Monarchie nicht mehr zufrieden sein. Sie werden sich gegen die Monarchie wenden und für Demokratie*[304] *stimmen. […] Wenn irgendein König widersteht, werden sie in diesem Land die Monarchie ausradieren.*[305]

So wie in Europa, war die Monarchie auch in Asien jahrhunderte-, ja jahrtausendelang die vorherrschende Regierungsform.

> *In ferner Zukunft werden die Leute vorzugsweise frisch Ausgebildete zur Führung von Ländern, Unternehmen oder Gesellschaften einsetzen, welche über keine Erfahrung, keine Fähigkeiten, kein Allgemeinwissen und keine Umsicht verfügen, welche auch die sozialen Sitten und Gebräuche nicht verstehen. Sie werden ihnen erlauben, die Geschäfte des Landes zu führen, was eine schwierige Aufgabe ist. […]*[306]

Da reibt sich der brave Bürger ungläubig die Augen und brummt vor sich hin: »Das gibt's doch gar nicht. Warum um Himmels Willen sollte man Grünschnäbeln und blutigen Anfängern die Verantwortung übertragen? Warum in aller Welt verzichtet man auf die Erfahrungen älterer Menschen?«

Die Sache ergibt sehr wohl Sinn, da sich unerfahrene Leute wesentlich besser manipulieren lassen. Es geht in Wahrheit also gar nicht um Demokratie, sondern um Demokratie als Maske, als Täuschungsmanöver und Kulisse für die heutzutage verschwörungstheoretisch ziemlich strapazierten »wahren Machthaber«, die die gewählten Politiker als Marionetten und Hampelmänner für ihre Schaufensterpolitik-Inszenierung brauchen. Interessant, dass diese Entwicklung nicht nur Europa, sondern auch Asien betrifft und in *beiden* Regionen schon Jahrhunderte zuvor vorausgesehen worden ist. Haben Buddhisten und Christen etwa denselben Feind?

> *In ferner Zukunft werden Dummköpfe sich als Wissende und Vertrauenswürdige ausgeben. […] In ferner Zukunft werden unmoralische Menschen Titel erhalten, in hohen Stellungen arbeiten und sich auf die Macht des Königs abstützen. […] In ferner Zukunft werden die Menschen unendlich gierig sein, sie*

> *können nicht genug Besitz anhäufen* [Die Reichen werden immer reicher, die Armen immer ärmer. Anm. d. Autors]. *Ehrliche Arbeit wird nicht gefragt sein. […] In ferner Zukunft werden in der Gesellschaft schlechte Menschen gelobt und bewundert werden. Sie werden Ansehen und Macht haben, sie werden populär und geehrt sein.*[307]

Offenkundig ist der moralische und kulturelle Niedergang kein europäisches oder rein westliches Problem, sondern ein globales. Darf man daraus schlussfolgern, dass es eine globale Macht gibt, die den globalen moralischen und kulturellen Niedergang nach Kräften fördert, weil sich unmoralische Menschen nun einmal viel leichter korrumpieren, erpressen und manipulieren lassen? Oh ja. Natürlich darf man das.

Eine andere buddhistische Prophezeiung soll im Jahre 1944 von Pilgern im Hirschpark von Benares (der heiligsten Stadt der Hindus, liegt am Ganges) von einer Steininschrift abgeschrieben worden sein. Darin heißt es unter anderem:

> *Heilig, heilig, heilig! Der Buddha – voller Mitgefühl mit allen Kreaturen, welche geboren werden und Leiden ertragen müssen – sagte zu seinem Schüler Ananda, als sein Tod bevorstand: […]* ***Meine Lehren werden bis fünftausend Jahre nach meinem Tod bestehen.*** *Wenn die Welt die Hälfte dieser Zeit erreicht, wird die Hälfte aller Menschen und Tiere von verschiedenen großen Katastrophen getroffen werden.*[308]

Rund 2500 Jahre nach Buddhas Tod befinden wir uns in der Gegenwart. Auch diese Prophezeiung könnte (!) sich auf das Szenario der 3-tägigen Finsternis beziehen, schließlich dürfte es nicht allzu viele Szenarien geben, in denen »die Hälfte aller Menschen und Tiere von verschiedenen großen Katastrophen getroffen« werden.

> *Innerhalb von 30 Jahren werden sie Dinge sehen, die sie nie zuvor gesehen haben. Ein steinerner Riese, der zum Schlafen verflucht war, wird aufwachen, um große Störungen zu verursachen* [unklar, ob Vulkan, Meteorit oder Mini-Sonne, ebenso unklar, wo]. *Zur Halbzeit meiner Lehre* [um das Jahr 2000] *werden Tag und Nacht* [immer] *mehr Gefahren drohen. Leute von verschiedenen Religionen werden sich gegenseitig umbringen, überall wird es Blutvergießen geben, zu Land und* ***auf See.***[309]

Auf See sind die vorherrschenden Mächte nach wie vor die USA und Großbritannien. Es ist kaum anzunehmen, dass sich irgendwo irgendwelche kleineren Länder mit ihren Kriegsschiffen bekriegen, ohne dass die USA in diesen Konflikt eingreifen oder ihn sonst irgendwie beeinflussen.

> *Gefahren werden auch aus allen Himmelsrichtungen drohen. Feuer werden die Menschheit verbrennen, sie werden einander vernichten wie blutrünstige Dämonen. Zorn wird das Land und die Meere überkommen. Wenn die halbe Menschheit ausgelöscht sein wird, werden die Schlachten aufhören, da beide Seiten erschöpft sein werden.*[310]

Ein Weltkrieg in Verbindung mit einem globalen Massensterben, das aber noch nicht das Ende der Welt bedeutet und auch nicht das Ende der Feindschaft und Kriege, korrespondiert wieder mit Hildegard von Bingen, der Botschaft von La Salette und anderen christlichen Quellen: Der Finsternis folgt eine Ruhephase, aber noch nicht das Tausendjährige Friedensreich.

Ansonsten haben wir hier erneut das Beispiel einer traditionellen Prophezeiung, die behauptet, dieses oder jenes *wird* geschehen, im Gegensatz zu der heute ach so beliebten »Wunschkonzerttheorie« des New Age.

> *Das Leiden wird für diejenigen, welche tugendhaft bleiben, weniger schlimm sein. Für diejenigen, die dem Bodhi-Baum* [dies wird als Symbol für die Erleuchtung gesehen, Anm. d. Übers.] *und den Roben (der buddhistischen Mönche) weiter Respekt zollen, werden sich die Katastrophen weniger schlimm auswirken, aber selbst sie können der Natur nicht entfliehen* [Polsprung]. *[…] Vom brennenden Himmel werden Feuerbälle* [wie Bomben] *stürzen,* ***aus dem Meer wird Metall*** [Raketen] *aufsteigen.*[311]

Zu *Metall aus dem Meer* passt am besten das Bild einer Interkontinental-Rakete, die von U-Booten von unterhalb der Wasseroberfläche abgeschossen wird.

> *In den Ozeanen herrschen starke Turbulenzen,* ***die Erdkruste wird sich bewegen,*** *und Tsunamis werden über Jahre hinweg Millionen von Tieren und Menschen verschlingen. Es wird sieben Tsunamis geben. Der erste Tsunami wird Thailand und Indonesien treffen, der zweite wird Indonesien, der dritte die östliche Region von Thailand treffen.* ***Es wird in jeder Region zwei Mal geschehen.***[312]

Ist mit *»jede Region«* die gesamte Welt gemeint, kann es sich eigentlich nur um zwei Polsprünge handeln. Hinweise darauf finden sich sporadisch auch in westlichen Quellen. Der zweite Polsprung wäre rein praktisch gesehen aber kein Problem. Es klingt zwar zynisch, aber nach dem ersten Polsprung wären die küstennahen Bereiche sowieso entvölkert. Man müsste sie nachfolgend nur vorsichtshalber meiden, bis der zweite Polsprung vorüber ist, und sollte sich gegebenenfalls vorsichtshalber in noch höhere Regionen zurückziehen.

> *[...] Wenn der Buddhismus das Jahr des großen Drachens* [chin. Kreiszeichen 2012, 2024] *überstanden hat, **werden die Menschen kriechen statt laufen*** [siehe Hopi-Prophezeiung, Seite 237]. *Im Jahr der kleinen Schlange werden die Flussufer einstürzen, und Land wird im Meer versinken* [2013, 2025]. *Im Jahr des Hahns* [2017[313]] ***wird die Erde für 7 Tage und 7 Nächte dunkel sein** und sich auf ein Unglück zu bewegen* [Ist damit die 3-tägige Finsternis gemeint, oder etwas anderes?]. *Gewissenhafte Menschen werden der Katastrophe entkommen und Metta (liebende Güte) und Sila (Moral) entwickeln.* [Hier steht ein Überlebenstipp für Buddhisten.[314]]
>
> *Hör mir zu, Ananda, ich fühle Mitgefühl mit all den Lebewesen dieser Welt, die zur Halbzeit der Buddhistischen Ära leben, **dann wenn alles zusammenbricht.** Wenn meine Lehre im Jahr des Hundes* [2018] *niedergeht, wird der Mond beginnen, Strahlen auf die Erde auszusenden. Dann im Jahr der Ratte* [2020], *oder dreißig Jahre später* [?], *werden die Untugendhaften, die keine ethischen Prinzipien haben und ohne Moral sind, vom Angesicht der Erde verschwinden, weil sie der* [buddhistischen] *Lehre nicht vertrauen und sie nicht respektieren. Die Untugendhaften werden tatsächlich besiegt werden, der Garuda* [mythologisches, vogelähnliches Wesen] *wird wieder zum Himmel aufsteigen, Mönche kehren aus den Wäldern zurück in die Städte und bewahren die Lehre.*[315]

Auch diese letzte Aussage korrespondiert mit christlichen Quellen, wonach die letzten Christen in der Antichrist-Zeit komplett an den Rand der Gesellschaft gedrängt werden. Was jedoch die Datumsangaben betrifft, rate ich nochmals zu äußerster Vorsicht und empfehle, sich lieber mit den prophezeiten Vorzeichen zu befassen (*siehe Countdown Weltkrieg 3.0*).

Buddha wieder:

> *Moral wird gewinnen. Ethik wird als nationale Institution erhalten bleiben, die Menschen verhalten sich ethisch und werden einander nicht* [mehr] *ausbeuten. Jeder wird zu einem Leben mit moralischen Grundsätzen zurückkeh-*

ren und ein zufriedenes Dasein führen. Ein gerechter Mann, mit dem Herzen eines Boddhisattvas, wird als ***Prinz*** *zur Welt kommen und unter der Führung eines bestimmten* ***Fürsten,*** *der ebenfalls ein Boddhisattva ist, werden meine Lehren erhalten und erneut zum Blühen gebracht werden.*[316]

Das mit dem Prinzen und dem anderen Fürsten kommt einigen christlichen Quellen so nahe, dass man unweigerlich überlegt, ob da nicht vielleicht doch irgendwo abgeschrieben worden ist – ob ein Buddhist von einem Christen abgeschrieben hat oder umgekehrt – doch diese Idee wäre letztlich wohl ziemlich blödsinnig.

[…] Es bleibt nicht viel Zeit, deshalb sollten die Lebewesen nicht achtlos sein. Diejenigen, die wissen, sollen ihr Wissen weitergeben, sonst schaffen sie unheilsames Karma mit allen Lebewesen. Alles wird enden, wenn die Zeit dafür gekommen ist.«[317]

Eine interessante Betrachtungsweise: Die Tabuisierung, Diskreditierung und Verächtlichmachung der »alten« Prophezeiungen im Rahmen des New Ages und der von ihm inspirierten Milieus wäre keine lobenswerte Starthilfe für den »Sprung in die fünfte Dimension«, sondern ganz einfach eine »Aktion für richtig, richtig schlechtes Karma«. Moral: Erstens kommt es anders. Und zweitens, als man denkt.

Zeitgleiche Erdbeben und Überflutungen

Die meisten Leser werden instinktiv davon ausgehen, und es dürfte ihnen auch ohne großes Literaturstudium einleuchten, dass ein »Überschlagen« der Erde nicht ohne große Erdbeben und Überflutungen vonstattengehen kann.

Erdbeben sind geophysikalische Ereignisse, bei denen sich Spannungen innerhalb der Erdkruste schlagartig lösen. Das Mindeste wäre also, dass es während der Polwende überall dort bebt, wo sich schon heute unterirdisch Spannungen aufgebaut haben, also in den bekannten erdbebengefährdeten Regionen, insbesondere in Kalifornien und Japan, aber auch in zahllosen anderen Gebieten.

Glaubt man den entsprechenden Prophezeiungen, sollen die Erdbeben während der 3-tägigen Finsternis zum Teil so stark sein, dass ganze Länder und Landesteile komplett und dauerhaft im Meer versinken und an manchen

Stellen der Meeresboden so stark angehoben wird, dass Neuland entsteht (Atlantis, siehe unten).

Bei Erdbeben ist ganz allgemein zu beachten, dass das Problem nicht ein Erdbeben an sich ist, sondern dessen Schwere und wie nahe am Epizentrum man sich befindet. Es hat also keinen Sinn, jedes Mal zusammenzuzucken, wenn die Rede von Erdbeben ist. Insgesamt erlaubt die mir bekannte Quellenlage leider nicht, guten Gewissens irgendwelche Erdbeben genauer zu lokalisieren, abgesehen natürlich von dem »Big One« in Kalifornien, Japan und – jedenfalls aus Sicht der Prophetie – Großbritannien.

Völlig anders sieht die Sache im Fall der Überflutungen aus, die, wenn man den betreffenden Quellen glauben darf, beispielsweise in Nordeuropa stellenweise bis in den Bereich von 150 bis eventuell sogar 200 Metern über Normalnull reichen sollen (siehe mein Buch *Refugium*). Diese Überflutungen würden global betrachtet im Wesentlichen dadurch erzeugt, dass die Wassermassen der Meere ein Trägheitsmoment haben und beim Polsprung zeitverzögert auf die Bewegung der Erdmassen (Kontinente und Meeresböden) reagieren. Das geht so weit, dass Seher wie Edward Korkowski, Alois Irlmaier und Edgar Cayce gesehen haben wollen, wie das Wasser in flacheren Gebieten viele Hundert Kilometer ins Landesinnere vordringt.

Die positive Kehrseite der prophezeiten gewaltigen geologischen Umwälzungen bestünde aber eben auch in Landmassen, die dauerhaft aus dem Meer aufsteigen – neues Land im wahrsten Sinne des Wortes. Im Zusammenhang damit ist gelegentlich die Rede vom versunkenen Kontinent *Atlantis,* der wieder aus dem Atlantik aufsteigen soll.

Zur Veranschaulichung des möglichen Ausmaßes neu auftauchender Landmassen sei hier nur wiedergegeben, was A. Gustafsson in seinem 1953 erschienenen Buch über den norwegischen Seher Anton Johansson (wichtigste Vision 1907) schreibt:

> *Ich habe später in Norwegen Menschen getroffen, die ebenfalls* [so wie Anton Johansson] *auf übersinnlichem Weg von dieser Erdbebenkatastrophe erfahren hatten. […] Auch Herr Alme hat große Naturkatastrophen im nördlichen Eismeer, die sich in späteren Jahren ereignen sollen, visionär geschaut. Dabei gewahrte er, wie sich der Meeresboden hob und große neue Landesgebiete entstanden, unter anderem ein Gebiet zwischen Nordnorwegen und Spitzbergen, das beide Länder miteinander verband.*[318]

Spitzbergen liegt rund 1000 Kilometer nördlich von Nordnorwegen. Etwa die Hälfte des dazwischenliegenden Meeresbodens liegt tiefer als 200 Meter.

Die Staubwolke in der Erdatmosphäre

Hierbei ist zunächst festzuhalten, dass die Staubwolke in der Erdatmosphäre im Wesentlichen *nicht* identisch sein kann mit jener kosmischen Wolke, die die eigentliche Finsternis verursacht. Würde die 3-tägige Finsternis durch eine Staubwolke innerhalb der Erdatmosphäre verursacht, müsste es, wie schon erwähnt, nach der Finsternis eine längere Dämmerungsphase geben, in der Staubpartikel und Ähnliches nur nach und nach aus der Atmosphäre verschwinden, sich absetzen und herausgeregnet werden.

Der Eindeutigkeit halber bezeichne ich im nachfolgenden Absatz die Staubwolke, die den Erdboden erreicht, als *Bodenstaubwolke.*

Einige europäische Quellen vermitteln den Eindruck, die Bodenstaubwolke beträfe den gesamten Planeten. Dem widersprechen aber andere Quellen: Ein paar außereuropäische Quellen (zum Beispiel aus der Mongolei und Thailand)[319] deuten darauf hin, dass die Bodenstaubwolke Ostasien nicht oder deutlich weniger betrifft. Hier ist die mir bekannte Quellenlage aber alles andere als befriedigend.

Von der Bodenstaubwolke betroffen wäre meiner Quellenkenntnis nach wenigstens ein Gebiet vom Osten der USA (vermutlich auch der Westen der USA) über ganz Europa bis hin zur Arabischen Halbinsel.

Was auf der Südhalbkugel mit der Bodenstaubwolke los wäre, ist angesichts bestehender Quellenlücken vollkommen unklar. Ich persönlich vermute, dass es die Bodenstaubwolke dort *nicht* gibt, übernehme aber diesbezüglich keinerlei Verantwortung. Das sollte man dort vor Ort recherchieren.

Glaubt man beispielsweise Bertha Dudde, dann sollte man davon ausgehen, dass die Bodenstaubwolke nicht alle Erdteile erreicht.

Das Kreuz am Himmel nach der Finsternis

Ein weiteres Phänomen im Zusammenhang mit der 3-tägigen Finsternis ist das Erscheinen eines Kreuzes am Himmel unmittelbar nach der Finsternis. Bei der bereits erwähnten Palma von Oria (Italien, gestorben 1872), heißt es:

Es wird eine 3-tägige Finsternis eintreten. [...] und die Luft wird [...] verpestet sein. Dies wird die letzte Plage sein. Dann wird ein großes ***Kreuz am Himmel*** *erscheinen und der Triumph der Kirche wird ein solcher sein, dass man sehr schnell all dies Unglück vergessen wird.*[320]

Der eine oder andere Leser, der irgendwie traumatisiert ist und sich deshalb zu sehr im Banne eines anti-katholischen Abwehrreflexes befindet, mag das Kreuz am Himmel für eine aus der *Bibel* inspirierte katholische »Allmachtsfantasie« halten. Tatsächlich taucht in der *Bibel* bei Matthäus 24;30 »das Zeichen des Menschensohnes am Himmel« auf – also ein Kreuz. Konkret heißt es dort (Matthäus 24;29–30):

Bald aber nach der Trübsal [jene Zeit, die Gott abkürzt und die meiner Deutung nach die 3-tägige Finsternis sein könnte, siehe Seite 352: »Bibelstellen, die tatsächlich nach 3-tägiger Finsternis klingen«] *derselben Zeit werden Sonne und Mond den Schein verlieren, und Sterne werden vom Himmel fallen, und die Kräfte der Himmel werden sich bewegen. Und alsdann wird erscheinen* ***das Zeichen des Menschensohnes am Himmel.*** *Und alsdann werden heulen alle Geschlechter auf Erden und werden sehen kommen des Menschen Sohn in den Wolken des Himmels mit großer Kraft und Herrlichkeit.*[321]

Hier ergibt sich wenigstens vom überlieferten Wortlaut her ein klarer Unterschied zu den Prophezeiungen zur 3-tägigen Finsternis (die »*Trübsal*«, siehe Seite 353: In den europäischen Prophezeiungen taucht das Kreuz unmittelbar nach der Finsternis auf, ja, man sieht es am Himmel, sobald es wieder hell ist. Die Überlebenden wären unendlich erleichtert, und es würde die Friedensepoche beginnen.

In der *Bibel* kommt das Zeichen Jesu Christi »bald nach [der von Gott verkürzten] Trübsal«, und zuvor werden »Sonne und Mond den Schein verlieren und Sterne vom Himmel fallen«. Diese *Bibel*stelle ist den nachbiblischen Prophezeiungen also sehr ähnlich, ist damit ohne Frage verwirrend, deutet meiner Ansicht nach aber auf ein ähnliches *zweites* Katastrophenszenario zur Antichrist-Zeit hin, welches sich zum Beispiel auch in der Botschaft von La Salette findet.

Doch zurück zum Kreuz am Himmel nach der 3-tägigen Finsternis: Wenn wir schon so viel von merkwürdigen Dingen gelesen haben, die sich im erdnahen Weltraum abspielen sollen, von Kometen, einem Stern, dessen Staubschweif, einer kosmischen Wolke, Impakten und Meteoritenschauern, dann können wir wenigstens in Betracht ziehen, dass es sich auch beim Kreuz am Himmel um ein astronomisches Phänomen handelt.

Tatsächlich könnte es der gekreuzte Staubschweif des leuchtenden Himmelskörpers sein: Der Himmelskörper könnte der Erde so nahekommen, dass er einerseits einen geografischen Polsprung auslöst, andererseits aber auch selbst vom Gravitationsfeld der Erde von seinem Kurs ab- oder umgelenkt wird, mit dem Ergebnis, dass der Himmelskörper um die Erde herum eine Schleife oder Kurve zieht, deren Schenkel sich kreuzen. Vielleicht sähe dieses Kreuz dann aus mancher Perspektive heraus auch nicht wie kein Kreuz aus, sondern wie ein liegendes X. Aber darauf käme es nicht an.

Beim Seher Franz Kugelbeer von 1922 heißt es dazu knapp:

Ein Kreuz erscheint am Himmel. Das ist das Ende der Finsternis.[322]

Bei zwei Mädchen (Maria und Elsa) aus Voltago in Oberitalien, die am 10. Dezember 1937 eine Christuserscheinung gehabt haben sollen, heißt es:

Ich sah eine weite Ebene von Wiesen, über die sich plötzlich der Himmel rötete. Aus ihm ging ein roter Regen nieder. Darunter starb eine große Menge Menschen. […] Vor einem großen ***Kreuz am Himmel*** *zerfleischten sie sich das Gesicht und zerrauften sich die Haare. Ich sehe Flammen zerstörter Städte, andere völlig überschwemmt, nur ein paar Dächer, Kamine und Baumwipfel herausragen; andere Städte wieder von der Erde verschlungen, während das Rot des Himmels andauert.*[323]

Hier scheint das Kreuz bereits vorhanden zu sein (aber auch vom Erdboden aus sichtbar?), während der Krieg/der Polsprung/die Finsternis im Gange ist. Vom Ablauf her müsste das Kreuz schon kurz nach Beginn der Finsternis vorhanden sein, jedoch für die Menschen nicht sichtbar, da die Erde zunächst in völliger Dunkelheit läge.

1961 wird der bayerische Seher Alois Irlmaier wiedergegeben:

Bei diesem Geschehen sehe ich ein großes ***Kreuz am Himmel*** *stehen und ein Erdbeben wird unter Blitz und Donner sein, dass alles erschrickt und die ganze Welt aufschreit: »****Es gibt einen Gott!****« …«*[324]

Alois Irlmaier im Jahre 1955:

> *Während oder am Ende des Krieges seh ich am Himmel das Zeichen, der Gekreuzigte mit den Wundmalen, und alle werden es sehen. Ich hab es schon dreimal gesehen, es kommt ganz gwiß.*[325]

Der Moment, in dem die Menschheit nach oben blickt, und angesichts des Kreuzes am Himmel zu erkennen glaubt, dass es einen Gott gibt, ist leider etwas doppelbödig. Denn so eindrucksvoll dieses Erlebnis auch wäre, und sosehr dieses Erlebnis auch ein massenpsychologischer Initialimpuls für eine christlich-religiöse Rückbesinnung in weiten Bevölkerungskreisen in Europa und anderswo sein könnte, so wenig wäre dieses Erlebnis doch Garant für einen echten geistigen Wandel.

Denn in nur wenigen Fällen dürften die gekreuzten Staubschweife – wenn diese Deutung denn zutrifft – einen *echten* Wunsch nach wahrer Selbsterkenntnis und wahrer Gottessuche hervorrufen.

Sicher hätte das Kreuz am Himmel zunächst eine enorme psychologische Wucht. Denn nach 72 Stunden tiefer seelischer Erschütterung befänden sich die Menschen in Europa an einem Punkt, an dem sie offen geworden sind für eine grundlegende seelische Neuprogrammierung.

Dieses Prinzip kennt man vom Militär bei frischen Rekruten: Zuerst werden diese völlig fertiggemacht, sodass sie nicht mehr wissen, wo oben und unten ist, – so fertiggemacht, dass ihr Selbstbild erschüttert ist und sie nicht mehr wissen, wer sie sind. Dann werden die Rekruten im Sinne eines neuen Wertesystems neu aufgebaut, bekommen gewissermaßen eine neue Betriebssoftware. Und sofern die Rekruten das neue Wertesystem annehmen, entwickeln sie auch ein neues »Selbstbewusstsein«. Aus spiritueller Sicht wäre dieses *Selbst*bewusstsein jedoch keinesfalls eine neues Selbst-Bewusstsein, sondern nur das Wissen darüber, wo man sich im Rahmen des neuen Wertesystems innerhalb der Gemeinschaft positionieren kann. Nähme man den Rekruten auch dieses neue Wertesystem, wüssten sie schon wieder nicht mehr, wer sie sind. *Echtes Selbstbewusstsein* bedeutet, zu wissen, wer und was man ist, unabhängig vom Wertesystem der sozialen Umwelt und unabhängig davon, was andere meinen oder einem einzureden versuchen.

Das Kreuz am Himmel als einer der ersten optischen Eindrücke außerhalb des Hauses nach 3 Tagen Zähneklappern könnte die allgemeine Gläubigkeit sicherlich enorm stärken. Nur »allgemeine Gläubigkeit« verpufft eben auch ganz gerne wieder nach gewisser Zeit. Und genau das wird von Quellen wie Hildegard von Bingen und der Botschaft von La Salette vorausgesagt.

Prophezeite Opferzahlen

Wenn Sie sich im Internet zum Thema Prophetie, Finanzcrash, Krisenvorsorge und Geostrategie etwas eingehender informieren, wozu man insbesondere auf YouTube viel Material findet, dann werden Sie auf eine Reihe von Beiträgen wohlmeinender kritischer und aufgeweckter Publizisten und Analysten stoßen, die dann, wenn sie am Thema drohender Weltkrieg entlangschrammen, in der einen oder anderen Form darauf hinweisen, dass sie »keine Panik verbreiten« wollen.

In der Regel wird dann die Aufmerksamkeit des Zuschauers schnell wieder vom Thema Weltkrieg weggelenkt, sodass vor dem inneren Auge des Zuschauers gar nicht erst deutlichere Bilder von diesem Schreckensszenario entstehen können.

So verständlich diese Schontherapie auf den ersten Blick erscheinen mag, so irrational ist sie auf den zweiten. Denn ein Dritter Weltkrieg ist nun einmal nicht zu trennen von einem Massensterben. Wenn der erste Gedanke »Dritter Weltkrieg« lautet, so lautet der zweite Gedanke: »Wie viele sterben?« Wie bitte will man über den Dritten Weltkrieg sprechen, ohne das Thema Massensterben anzusprechen? Das eine vom anderen zu trennen hat nur »Sinn«, wenn man seine Leser, Zuhörer und Zuschauer irgendwie für geistig unterbelichtet hält. Oder wenn man sich dem Glauben hingibt, dieser Krieg sei noch zu verhindern, weil es einem noch gelingen wird, den »wahren Machthabern« rechtzeitig in die Parade zu fahren. Schließlich gibt es ja das Internet, jenen großen »Wecker«, der helfen wird, die Menschen noch rechtzeitig aufzuwecken.

Natürlich wird jede Kommunikation über das Thema *heißer Krieg zwischen NATO und Russland,* also *Dritter Weltkrieg,* also *Atomkrieg* und *Massensterben in Europa und Deutschland,* enorm erschwert, da der Großteil der Menschen dann sofort an den »Weltuntergang« denkt und dicht macht. Verständlich, möchte man meinen.

Über mehrere Jahrzehnte hinweg, während des zurückliegenden Kalten Krieges, war es jedoch sehr wohl möglich, eingehender über das Thema Dritter Weltkrieg zu kommunizieren, auch was die ganz konkreten Folgen betrifft. In

Deutschland beispielsweise gab es in dieser Zeit noch eine Wehrpflicht usw. Heute jedoch leidet die Bevölkerung nicht nur an einem kollektiven Vogelstrauß-Syndrom – will bestimmte Gefahren auf Teufel komm raus nicht sehen –, sondern überhöht diese kollektive Ignoranz auch noch zusätzlich mit einer Pseudo-Philosophie nach dem Motto: »Think positive. Und sei nicht so negativ!«

Das mit dem Krieg verbundene Massensterben glaubt man also aus diesem oder jenem Grunde nicht kommunizieren zu können. Und im Endeffekt wird dann das *gesamte* Kriegsthema ausgeblendet. Dieses zwar verständliche, überaus menschliche, aber hilflose und in Einzelfällen sicherlich auch ganz einfach feige (und verlogene) Schweigen könnte jedoch dramatische Folgen haben. Die Menschen begreifen so nämlich nicht, was wirklich auf dem Spiel steht. Für große Teile der Prepper-Szene könnte es beispielsweise bedeuten, dass deren ganze Vorsorgemaßnahmen von vorneherein falsch konzipiert sind, weil viele dieser Prepper im Worst Case in der unmittelbaren Kampfzone wohnen würden und ab Kriegsbeginn keine Zeit mehr zur Flucht hätten.

Nun geht es im vorliegenden Buch nicht so sehr um den prophezeiten »Dritten Weltkrieg«, sondern um die 3-tägige Finsternis. Das Kernproblem aber ist hierbei so ziemlich dasselbe: Die ganze Thematik wird überschattet von den prophezeiten Opferzahlen. Diese lägen den diesbezüglichen Prophezeiungen nach weltweit bei ungefähr ein bis zwei Drittel der Bevölkerung. Dabei entfiele der Löwenanteil auf die 3-tägige Finsternis.

Hier ein Überblick über die im vorliegenden Buch zitierten Angaben:

Jahr	Quelle	angegebene Opferzahlen
1959	Alois Irlmaier	zwei Drittel
1921	Lindenlied	ein Drittel
1081	Hepidannus von St. Gallen	ein Drittel
-543	Buddha (angeblich)	die Hälfte

Abbildung 36: Prophezeite Opferzahlen

Hinweis: Vereinzelt wird in Quellen konkret vorausgesagt oder der Eindruck erweckt, es würde nur ein minimaler Bruchteil der Menschheit überleben. Ich persönlich halte entsprechende Formulierungen für vorsätzliche oder unbewusste Versuche, Hoffnungslosigkeit zu verbreiten, damit man sich nicht weiter mit dem Thema

Prophetie befasst. Entscheidend wäre, dass – sofern man den Quellen glauben darf – mindestens 2 Milliarden überleben und diese Anzahl ausreichend wäre für den Neuaufbau einer hochtechnologischen, hochkulturellen Gesellschaft.

Bezogen auf die 3-tägige Finsternis gäbe es im Wesentlichen zwei Haupt-Opfergruppen: erstens die Opfer der Staubwolke und zweitens Menschen, die in küstennahen Gebieten wohnen.

Für Publizisten ist die Entscheidung über die Thematisierung der prophezeiten Opferzahlen natürlich nicht einfach, zumal derzeit (Januar 2017) bei systemkritischen Publizisten noch die Hoffnung überwiegt, man werde mithilfe des Internets noch rechtzeitig einen geistigen Wandel herbeiführen. Ich stelle hiermit ausdrücklich fest, dass ich diese Hoffnung respektiere, aber ich weise auch darauf hin, dass irgendwann der Zeitpunkt kommen könnte, ab dem man sich im Sinne eines Plan B aktiv auf einen kommenden Krieg in Mitteleuropa vorbereiten muss.

Irgendwann also könnte der Moment kommen, an dem man einerseits glaubt, »die Menschen« jetzt warnen zu müssen, andererseits aber auch befürchtet, Panik zu verbreiten. Was also sollte man da tun?

Die Antwort auf die Frage ist recht einfach: Dieser Grenzpunkt zwischen notwendiger Warnung und Panikmache variiert von Person zu Person. Manche Menschen sind absolut hart gesotten und geraten nie in Panik. Andere geraten nur kurz in Panik, erholen sich nach dem ersten Schrecken aber schnell wieder. Wieder andere bleiben »auf der Panik hängen« – wobei man heutzutage auch gerne von *Panik* spricht, wenn es sich nur um Angst handelt, und von *Angst,* wenn es nur starke Beunruhigung ist.

Jeder Publizist muss die Frage, ob *seine* Warnung selbst zur Gefahr werden kann, in Bezug auf *sein* Publikum beantworten. Was *mein* Publikum betrifft, kann ich aus rund 20 Jahren Erfahrung und anhand einiger Hundert E-Mails und Leserbriefe sagen: Bisher ist die Anzahl derjenigen, die angesichts meiner Warnung in eine anscheinend ernsthaftere Krise geraten sind, so klein (deutlich unter einem Prozent[326)], dass diese Minderheit nie und nimmer eine Rechtfertigung sein kann, über diese Dinge zu schweigen und jene schweigend zu bevormunden, die mit diesen Informationen sehr wohl nutzbringend umgehen können, sowohl für sich als auch für ihre Angehörigen und Freunde.

Triumph der Feigheit?

Vereinfacht gesagt: Jeder Publizist muss abschätzen, wie vielen Mutigen er mit seiner Warnung nützt und wie vielen Feiglingen er schadet. Und das bedeutet in letzter Konsequenz: Wie vielen hilft der Publizist zu überleben? Und wie viele verschreckt er so sehr, dass diese zutiefst Erschrockenen schlimmstenfalls Selbstmord begehen?

Da wir heutzutage insbesondere in Deutschland mehr und mehr in einer Kultur der Feigheit leben, und in Wahrheit niemand ernsthaft »Zivilcourage« will, faktisch immer mehr Denkverbote erlassen werden (Stichwort *political correctness, Verschwörungstheoretiker, Putinversteher, Populist usw.*), gibt es in den Medien eine Tendenz, die Schwäche der Menschen zum Maßstab zu nehmen und nicht deren Stärke. Es wird nicht mehr *ermutigt,* sondern alles, was man stattdessen noch tut, ist, den Feiglingen ihre Feigheit schönzureden. Im Grunde wird alles getan, damit die Feiglinge nicht mehr merken, *dass* sie feige sind.

Die tiefere psychologische Ursache dieser Kultur der Feigheit und Verlogenheit ist der Verlust von Werten, die den Tod überdauern. Vor 2000 Jahren beispielsweise – so heißt es – haben sich die alten Germanen salopp gesagt nicht groß um den Tod geschert. Sofern sie Männer waren, bestand ihre einzige Sorge angeblich darin, im Kampf von hinten erschlagen zu werden, deshalb als Feigling zu gelten und im Jenseits nicht einmal einen Stehplatz an Odins Tafel zu bekommen. Das Christentum hatte ebenfalls eine Vorstellung vom Leben nach dem Tode, und Adolf Hitler und seine schwarzbraunen Unglücksraben glaubten noch an das deutsche Volk, das den Tod des einzelnen Soldaten überlebt.

Heute ist Gott faktisch »tot«. Das Jenseits ist niedergerissen und entsorgt wie eine baufällige Immobilie. Alles, was uns heute noch bleibt, ist *dieses* Leben. So jedenfalls die vorherrschende, massenmedial unterfütterte kollektive Überzeugung; so der neue faktische Volksglaube, der im Mantel einer angeblichen »objektiven« Erkenntnis daherkommt. Eine »Erkenntnis«, die niemand mehr glaubt hinterfragen zu müssen. Ein Glaube, der vorgibt, kein Glaube mehr zu sein.

Dummerweise bringt unser absoluter Diesseitigkeitsglauben dann aber eine ziemlich miese Verhandlungsposition mit sich, wenn irgendeine aggressive Macht daherkommt und in unser schönes Diesseits eindringt. Dann bleibt kein »strategischer Rückzugsraum Jenseits« mehr. Dann werden wir erpressbar, müssen klein beigeben und sitzen in der Falle. Ganz klein mit Hut im Hier und Jetzt.

Der Verlust des Jenseits, der Ewigkeit, der Transzendenz und die »Diktatur des Hier und Jetzt« machen uns erpressbar und über kurz oder lang zu Feiglingen!

Aber vielleicht ist das auch die eigentliche Absicht hinter dem Kampf gegen die traditionellen Religionen: Ohne den Glauben an ein Jenseits, ohne den Glauben an ein Fortleben nach dem Tode – und sei es nur in der achtungsvollen Erinnerung der anderen – werden wir zu Feiglingen und damit über kurz oder lang zu geborenen Sklaven. Ohne Transzendenz enden wir letztlich als erbärmliche Wichte. Und unser allerletzter Luxus besteht dann darin, uns selbst vorzugaukeln, wir seien weder Wichte noch erbärmlich.

Wer also das Thema Dritter Weltkrieg, 3-tägige Finsternis und die prophezeiten Opferzahlen kleinredet, versucht totzuschweigen, oder auf die Schwerhörigkeit, Begriffsstutzigkeit oder schlichte Dummheit seiner Zuhörer setzt, überlege sehr gut, ob er dabei nicht in Wahrheit einer Kraft dient, die einen entmutigten Menschen will, um diesen geistig zu versklaven.

Meiner Auffassung nach steht hinter dem wohlfeilen »Hab keine Angst, es wird schon nicht so schlimm« nur allzu oft eine Kraft, die eine Menschheit im Gefängnis ihrer Feigheit will.

Zugegeben: Natürlich gibt es auch Situationen, in denen der Imperativ »Hab keine Angst!« seine Berechtigung hat. Aber letzten Endes sind es keine Sprüche, die Mut machen, oder gedruckte Buchstaben auf dem Papier, sondern nur leibhaftige mutige Menschen. Was wir brauchen, sind Mutmacher und keine Feigheitsvertuscher.

Die erste Zeit unmittelbar nach der Finsternis

Mit der *ersten Zeit unmittelbar nach der Finsternis* meine ich hier die Phase, in der die Menschen emotional noch ganz geprägt sind von den zurückliegenden Katastrophen. Diese Phase könnte man auf etwa ein Jahr eingrenzen.

Das Ausmaß der spätestens nach der Finsternis einsetzenden Hungersnot ist schwer abzuschätzen. Einerseits wäre die Bevölkerung infolge von Krieg und Finsternis drastisch reduziert, andererseits ist unklar, in welchem Umfang noch vor Kriegsausbruch von staatlicher und privater Seite Vorsorge getroffen wurde. Ein weiterer Aspekt wäre der, dass entsprechende Vorräte schon in den 3 Kriegsmonaten vor der Finsternis angebrochen würden. So gesehen ist einer der wichtigsten Aspekte dieses Buches der, den Leser auf die Notwendigkeit privater Lebensmittelvorsorge hinzuweisen.

Glaubt man den Quellen, und es würden ein bis zwei Drittel der Menschen überleben, so würden diese Menschen angesichts der gegenwärtigen flächendeckenden Ignoranz gegenüber dem Thema Prophetie im Wesentlichen ohne jede materielle Vorsorge überleben, also ohne eigene private Lebensmittelvorräte! Das behalte der Leser im Hinterkopf, wenn er beginnt, wegen der prophezeiten Hungersnot allzu sehr in dunkle Räume abzudriften: Die allermeisten Menschen würden *ohne jede Vorbereitung* überleben!

Mit der Hungersnot einher geht dann natürlich auch ein vorübergehender Zusammenbruch der öffentlichen Ordnung. Wiederhergestellt würde diese Ordnung spätestens dann, wenn nach der endgültigen Niederlage der Russen in Norddeutschland Militär in größerem Umfang für zivile Aufgaben verfügbar wird. Wahrscheinlich gäbe es bei der Dauer von Chaos und Anarchie regional große Unterschiede, je nachdem, wie schnell die jeweilige örtliche Bevölkerung ein Wir-Bewusstsein und einen einheitlichen Willen entwickelt. Je inhomogener und innerlich gespaltener die jeweilige Bevölkerung wäre, desto länger dürften die Unruhen andauern.

Glaubt man der Irlmaier-Aussage, die mir 2014 ein noch lebender Freund Irlmaiers mitteilte, so soll die Anarchie im Großraum München erstaunlicherweise nur etwa 3 Wochen andauern.[327] Bei Katharina aus dem Ötztal (1883–1951) in Westtirol zeichnet sich interessanterweise ebenfalls eine Phase von nur wenigen Wochen ab.[328] Sicherlich kann man das nicht automatisch auf andere Gebiete übertragen. Ein günstiger Faktor in der Alpenregion könnte der sein, dass es dort im Gegensatz zu nördlicheren deutschen Ballungsräumen wenigstens bis zum Kriegsausbruch keine größeren Unruhen gibt.

In jedem Fall sollten wir als Bürger unsere Aufmerksamkeit beim Thema Anarchie nicht so sehr auf das richten, was uns schaden und schwächen könnte, sondern auf das, was uns nützt und stärkt. Kurz: Die Starken guten Willens müssten sich irgendwie zusammenfinden und sich ihrer Verantwortung bewusst werden.

Wichtig bei alledem ist das Vertrauen darauf, dass die Phase, in der der Bürger alleine und ohne staatlichen Schutz dasteht und in der es überall klemmt, letztlich relativ bald vorübergeht. Es ist vielleicht keine besonders raffinierte Psychologie, aber wenn man fest davon überzeugt ist, dass man ein Problem in den Griff bekommt, ist das in jedem Fall eine gute Sache. Schon der Glaube an die bald zurückkommende Ordnung *schafft Ordnung.* Psychologie ist also gerade in solchen Zeiten unheimlich wichtig. Es ist enorm wichtig, dass man daran glaubt, dass es besser wird – ja besser werden *muss,* weil es im Wesen dieser Sache liegt, besser zu werden.

Das europäische Friedensreich nach der Finsternis

Ganz unabhängig von den bisher behandelten Prophezeiungen über die kommende europäische Friedensepoche sind ein hoffnungsvoller Lichtblick und eine positive Zukunftsvision eine wichtige psychologische Stütze. So oder so – eine Vision von einer guten Zukunft kann jeder brauchen, egal ob »nur« aus einer hellseherisch inspirierten Quelle oder aus scheinbar haushoch überlegenen wissenschaftlichen Studien. Wir alle brauchen eine positive Zukunftsvision. Und je kraftvoller diese ist, desto besser.

Bekanntermaßen zeichnet sich eine kommende Zeit der Katastrophen nicht nur im »virtuellen Raum« der Prophetie ab, sondern leider auch ganz real in der Hier-und-Jetzt-Welt. Ein bekanntes Beispiel für drohendes Unheil in der realen Welt ist die zunehmende globale Verschuldung. Siehe dazu exemplarisch die Grafik zur US-Staatsverschuldung zwischen 1940 und 2016:

Abbildung 37:
Die Staatsverschuldung der USA (Bundeshaushalt) von 1940 bis Ende 2016 in US-Dollar[329]

Schulden sind kein Spaß. Irgendwann müssen sie zurückbezahlt werden. Die obige Statistik der US-Staatsverschuldung zeigt jedoch, dass man in den USA zu einer Schuldenrückzahlung seit etwa Mitte der 1980er-Jahre nicht mehr wirklich in der Lage ist. Und was für die USA gilt, gilt praktisch für die ganze Welt.

Irgendwann aber kommt der Tag des bösen Erwachens, an dem sämtliche Schuldenberge abrutschen. Allerdings kommt das böse Erwachen nur für jene, die schlafen und die die Gefahr der Weltverschuldungskrise nicht erkennen.

Wenn am Tag des Erwachens die Blase platzt, werden alle begreifen, dass die Schulden niemals zurückbezahlt werden können und dass irgendjemand auf den ganzen Schrottpapieren sitzen bleibt. Diese Schrottpapiere, alle Wertpapiere, Sparbriefe usw. werden sich dann faktisch in Luft auflösen.

Natürlich werden nicht die eigentlichen Schuldner die Schulden zurückzahlen, sondern jene, die treudoof Regierungen und Massenmedien geglaubt haben. So wird es am Tag des Erwachens plötzlich zig Millionen Menschen geben, die sich zutiefst betrogen fühlen. Und je höher die Schulden zuvor waren, desto schmerzlicher werden die Verluste sein, und umso größer die Wut. Dann drohen Unruhen.

Das Risiko unseres Finanzsystems ist also direkt verknüpft mit einem sozialen Risiko und mit einer Vertrauenskrise des gesamten Systems: des Finanzsystems, der Politik und natürlich auch der Massenmedien. Wenn der finale Finanzcrash der Eisberg wäre, den unser schöner Luxusdampfer rammt, dann entsprächen das Gedränge, Geschubse und die Prügeleien vor den Rettungsbooten den Unruhen, die dann im Lande ausbrechen. Und sollten dann nicht nur vereinzelte Menschen, sondern mehrere auf die Idee kommen, sich auf die Suche nach den wahren oder nur vermeintlichen Schuldigen zu begeben, überschreiten diese Unruhen schnell die Schwelle zu einem Bürgerkrieg, in dem nicht nur geplündert wird.

Die sozialen und innenpolitischen Folgerisiken einer geplatzten Verschuldungsblase sind leicht zu erkennen und der Finanzwirtschaft und der Politik deshalb schon seit Jahrzehnten bekannt. Als seinerzeit die Euro-Krise einen ihrer Höhepunkte erreicht hatte, konnte man in der wohl einschaltquotenstärksten deutschen Politik-Talkshow *Maybrit Illner* (10. Januar 2013) miterleben, wie ganz offen über die Gefahr von Unruhen und Bürgerkriegen gesprochen wurde (»Wir stehen vor einer Revolution in diesen Ländern.«) – und anwesende Politiker wie Edmund Stoiber und Sigmar Gabriel widersprachen weder, noch versuchten sie, diese Aussage zu relativieren.

Da das Bürgerkriegsrisiko so offensichtlich ist, wird man sich seitens der Regierungen schon vor langer Zeit darangemacht haben, die Folgerisiken eines Finanzcrashs abzuschätzen. Hierbei ist einer der springenden Punkte: die drohende Bürgerkriegsgefahr. Man wird folglich auf unterschiedlichen Verwaltungsebenen Gegenkonzepte entwickelt haben. Dazu gehört zum einen die direkte Bekämpfung von Aufständischen mit Polizei und Militär. Eine indirekte Strategie wäre aber auch die Ablenkung der öffentlichen Aufmerksamkeit von der inneren Krise durch eine noch größere Katastrophe als den Finanzcrash – nämlich ein Weltkrieg!

Auch diese Gefahr eines großen Krieges als »ultimative Lösung« zur Rettung der Weltfinanzherrschaft ist vielen Beobachtern sehr wohl bewusst. Dazu nur ein Beispiel: In der Video-Dokumentation *Eupoly*[330] aus dem Jahr 2013 zur Euro-Krise kommen ganz am Schluss die beiden Bestsellerautoren Marc Friedrich und Matthias Weik zu Wort. Deren Buch *Der größte Raubzug der Geschichte* (2012) befand sich 84 Wochen auf der *Spiegel*-Bestsellerliste (Sachbuch-Paperback), davon 11 Wochen auf Platz 2. Die beiden Autoren Friedrich und Weik wurden ganz am Schluss von *Eupoly* gefragt, wie ihrer Meinung nach der Worst Case für das globale Finanzdesaster aussieht. Hier ihre Antworten:

Marc Friedrich: »Das Worst Case Szenario ist Krieg. Ganz klar. Wenn man in die Vergangenheit schaut, bei allen wirtschaftlichen Verwerfungen, war immer die Lösung Krieg oder Bürgerkrieg.«[331]

Matthias Weik: »Noch schlimmer ist, wenn das ganze Problem mit einem Krieg gelöst wird. Blicken wir in die Vergangenheit, da wurden solche Probleme immer mit Krieg gelöst.«[332]

Nach diesen Aussagen folgt der Abspann von »Eupoly«.

Der Zusammenhang zwischen einem möglichen Weltfinanzkollaps und einem Weltkrieg ist also sehr wohl bekannt. Nur wird eine öffentliche Debatte auch darüber vollkommen abgewürgt.

Ein Blick auf die Verschuldungsstatistiken reicht, um zu erkennen oder wenigstens zu ahnen, dass es irgendwann zum Crash kommen *muss*. Das Verschuldungsgebirge kann nicht mehr viel weiter wachsen. Dass dann europaweit Unruhen drohen, liegt auf der Hand. Ebenso klar ist, dass die Politik dieses Risiko seit Jahrzehnten kennt und dass sie irgendwelche Gegenmaßnahmen vorbereitet haben *muss.* Fraglich ist wohl lediglich, zu welchem Ausmaß von Gewaltanwendung die jeweiligen Regierungen bereit wären.

Grundsätzlich ist in Betracht zu ziehen, dass wenigstens manche der systemkern-nahen Eliten irgendwo auf dem Planeten einen Weltkrieg als Mega-Ablenkung in ihre Planung miteinbeziehen. Da dieser Weltkrieg dann letztlich künstlich herbeifabriziert würde, müsste natürlich auch ein Feind künstlich herbeifabriziert werden. Das wiederum würde über die Massenmedien erfolgen. Kommt Ihnen das irgendwie bekannt vor?

Man mag also abschätzig lächeln über das prophezeite »Friedensreich« der traditionellen europäischen Prophezeiungen. Doch dem realen Europa stellt sich sehr wohl die Frage: Quo vadis, Europa? Wo bitte, soll's denn hingehen, liebes Europa?

Prophetie hin oder her – am Ende brauchen wir eine positive Vision von der Zukunft. Genau diese Vision aber fehlt unserem aktuellen finanziellen, wirtschaftlichen und politischen System in Europa.

Eine positive Zukunftsvision ist kein Luxus, keine philosophische Spielerei, sondern sie ist eine Kraftressource. Visionen geben Kraft, stärken den Menschen. Und das bedeutet in einer Welt des Kampfes und der Lüge, dass kraftgebende Visionen angegriffen werden, wenn sie manchen Leuten nicht in den Kram passen. Das erfolgt natürlich überwiegend indirekt. Und letztlich geht es bei diesen Angriffen auch nicht um die konkreten Inhalte und Bilder der jeweiligen Vision, sondern es geht darum, diese Vision in ihrem eigentlichen Potenzial als Kraftressource anzugreifen.

Vision bedeutet auch *Willen zur Vision.* Wir brauchen den Willen zur Vision und den Willen, diese Vision zu stärken, weil wir sie als Kraftwerk nutzen. Um Kraftwerk sein zu können, muss unser Glaube an die Zukunft aber auch mit konkreten, greifbaren Bildern und Vorstellungen von der Zeit nach der großen Katastrophe verknüpft sein; Bilder, die jeder einzelne Bürger in Bezug setzen kann zu sich selbst und zu seinem ganz persönlichen Leben. Der Glaube an das gute Ende darf nicht abstrakt sein oder nebulös, sondern er muss Fleisch und Blut haben.

Wir sind soziale Wesen. Der Glaube an die Zukunft muss daher auch verknüpft sein mit dem Glauben an die Zukunft einer Gemeinschaft, als deren

Teil man sich empfindet. Diese Gemeinschaft muss einerseits groß genug sein, dass sie nicht durch eine Flutwelle oder einen Vulkanausbruch ausgelöscht werden kann, sie darf aber auch nicht zu groß sein, sodass sie sich emotional nicht mehr fassen lässt. Das bedeutet: Ein Glaube an die Zukunft der »Menschheit« verfehlt in dieser Hinsicht sein Ziel, da der Glaube an die Menschheit viel zu abstrakt ist, viel zu verkopft und wirklichkeitsfremd.

Damit nähern wir uns dem Begriff der *Zukunft der einzelnen Völker und Nationen,* was im Falle einer deutschen Leserschaft natürlich die *Zukunft Deutschlands* beziehungsweise der deutschsprachigen Gebiete in Mitteleuropa bedeutet.

Nochmals: Ein Glaube an die Menschheit ohne stabilen Unterbau in Form eines Glaubens an ein bestimmtes Volk oder bestimmte Völker ist psychologisch gesehen eine vollkommene Missgeburt. Ebenso gut könnte man an eine Fußballmannschaft glauben, obwohl man bei keinem der Einzelspieler irgendeine nennenswerte Qualität entdeckt. Wer an die Menschheit glaubt, aber nicht an seine eigenen Leute, glaubt also in Wahrheit an gar nichts. Er hat es nur noch nicht begriffen.

Wäre eine Weltregierung die ultimative Lösung?

Wenn es hart auf hart kommt, wird nicht die Menschheit irgendwelche Probleme lösen, sondern bestenfalls eine globale Elite, die faktisch eine Weltregierung darstellt. Diese Weltregierung wäre zwangsläufig so weit weg vom einzelnen Bürger, dass nicht mehr im Traum an irgendeine Form von echter Demokratie zu denken wäre. Und um diese Unmöglichkeit der Demokratie auf globaler Ebene zu begreifen, braucht es auch kein abgeschlossenes Politologie-Studium.

Im Inneren des süßen Traumes »Menschheit« labt sich also ein giftiger Wurm namens *Weltherrschaft* und *Weltdiktatur.* Man sollte sich allen Ernstes fragen, wie viele Semester Verblödung man studiert haben muss, um nicht zu erkennen, dass sich hinter dem Glauben an eine Menschheit jenseits oder über den Völkern und Nationen, der Glaube an eine *Weltdiktatur* verbirgt. Eine Menschheit, ein Globus, ein Führer? … Oder was?

Wenn eines Tages die »bösen« und »gefährlichen« Nationalstaaten, jene Gebilde, die angeblich verantwortlich sind für »alle Übel des 20. Jahrhunderts«, beseitigt sind und die Welt vereinigt ist, wird die neue Weltregierung plötzlich verkünden, dass auch die Demokratie zu gefährlich ist und dass ein weiser

Weltalleinherrscher wirklich die beste aller Lösungen für die ganze Menschheit ist. Man wird der Menschheit nicht sagen, dass die Welt zu kompliziert für die Demokratie ist, denn sonst sagt das Volk: »Dann macht sie wieder einfacher!« Man wird der Menschheit sagen, dass Demokratie *per se* Unfug ist.

Damit unser Glaube an die Zukunft nicht nur verkopftes Geschwätz ist, sondern hält, was er verspricht – damit er uns Kraft gibt –, sollten seine Wurzeln auf der Ebene der Völker oder eines real spürbaren Kollektivs gut verankert sein. Für uns Deutsche bedeutet das: Natürlich müssen wir an die Menschheit glauben, und natürlich müssen wir an den Sinn und Zweck der Vielfalt der Völker glauben. Aber wir müssen in einer Zeit großer Krisen auch an uns selbst glauben.

Uns – *uns Deutschen* – sollte bewusst sein, dass der Glaube an uns als Volk eine Energieressource darstellt, auf die wir bei dem kollektiven Stresstest im Rahmen von Krieg, Finsternis und der ersten Zeit danach auf keinen Fall verzichten sollten.

In diesem Zusammenhang hilft es, nach Großbritannien, in die USA und nach Russland zu schauen: In diesen Ländern wird sehr wohl in der Öffentlichkeit und seitens des politischen Establishments der Glaube an das *eigene* Land, die *eigene* Nation betont. Das heißt: Die Ideologie der staatlichen Selbstauflösung ist ein sehr, sehr deutsches Phänomen, und eine damit verbundene ideologische Verbohrtheit und Verblendung erinnert mehr und mehr an Zeiten des Nationalsozialismus, nur eben mit umgekehrten Vorzeichen. Was wir dieser Tage in Deutschland und Europa erleben, ist eine Rebellion gegen die menschliche Natur; eine Rebellion, die getragen wird von wohlmeinenden Individuen, die einer ideologischen Verblendung anheimgefallen sind, wie wir sie aus Zeiten des Nationalsozialismus und des Kommunismus kennen.

Wir Deutschen und Mitteleuropäer sollten in der offenbar bevorstehenden Zeit der Katastrophen und Prüfungen stark sein. Das aber gelingt uns nur, wenn wir an uns glauben, und an *unsere* Zukunft. Was in anderen Weltteilen passiert, in Asien, Afrika und Amerika, kann, ja *muss* uns zunächst vollkommen egal sein, weil von dort sowieso mit keinerlei Hilfe zu rechnen wäre und wir dort auch nicht helfen könnten.

Vermutlich hilft uns der Glaube an uns als Volk nicht in den Stunden höchster spiritueller Not während der 3-tägigen Finsternis. Aber sobald am vierten Tag das Wir, die Gemeinschaft wieder in den Vordergrund tritt, kann es nicht schaden, wenn wir eine eindeutig positive Zukunftserwartung haben.

Wer nur und ausschließlich an die Menschheit glaubt, weil er den gut getarnten Propheten einer Weltstaats-Ideologie auf den Leim geht, wird in exakt dem Moment vom Glauben abfallen, wenn der große Krieg vom Zaun bricht. Der dann folgende Glaubensabfall ist so sicher wie das Amen in der Kirche. Der »Dritte Weltkrieg« würde den Glauben an das wohlfeile »We are one« zunichtemachen. Dieser Krieg würde alle unsere post-religiösen Schönwetter-Götzen vom Sockel reißen. Denn wer wollte nach dem Kriegsbeginn in Mitteleuropa vor deiner und meiner Haustüre noch von Fortschritt, Aufklärung, Bewusstheit und dergleichen fabulieren?

Der Ausbruch des »Dritten Weltkrieges« wäre (zunächst) der Sieg von Rückschritt, Ignoranz und Unbewusstheit. Und das wäre absolut offensichtlich. Und vor allem würde diese Erkenntnis auf instinktiver und emotionaler Ebene erfolgen, nicht im Kopf. Wir würden es ganz einfach *spüren* und *wissen*, dass es so ist.

Sollte der große Krieg tatsächlich kommen, und sollten wir in Deutschland, in Österreich, der Schweiz und Mitteleuropa überleben, wird es hierzulande einen kollektiven Bewusstseinswandel geben, sowohl im Sozialen, Geistigen als auch im Politischen. Genauso war es in Deutschland nach dem Ersten und Zweiten Weltkrieg. Der Deutsche will aus der Geschichte lernen, insbesondere, wenn es sich um die Kriegsgeschichte in seinem eigenen Land handelt.

Für diese Lektionen aus der Geschichte hat der Deutsche geradezu ein Faible. Da beißt er sich fest und lässt nicht locker. Aber er zieht bisweilen auch die falschen Schlüsse. So ist der Glaube vieler Deutscher an die Globalisierung ein perfider Missbrauch der Sehnsucht des Deutschen nach dem Guten, nach einer Welt, die »besser ist als Adolf Hitler«.

Der Deutsche ist aber auch dafür bekannt, dass er, wenn er gründlich vorgeht, zu wirklich brauchbaren und nachhaltigen Ergebnissen kommt. Insofern wäre es sehr interessant zu erfahren, was deutsche Historiker später über die wahren Ursachen des »Dritten Weltkrieges« herausfänden, wohlgemerkt in einem Forschungsumfeld, das frei wäre von einer angelsächsischen Einflussnahme.

Keine Angst: Wenige Seiten weiter sehen wir uns genauer an, was die Seher konkret zur »Zeit danach« in Deutschland und Europa voraussagen. Zuvor möchte ich aber noch zwei elementare Grundbausteine der europäischen Prophetie aufgreifen und an ihnen aufzeigen, wie weit man auf Basis ausschließlich dieser beiden Grundbausteine mit rein logischen Schlussfolgerungen kommt. Diese beiden Bausteine sind:

- der geografische *Polsprung/die Polwende* und
- der vielfach prophezeite *Untergang Englands.*

Wenn die Seemacht in den Fluten versinkt

Dass die USA nach der 3-tägigen Finsternis und dem geografischen Polsprung als globale Supermacht abtreten, scheint sehr wahrscheinlich, denn der Polsprung würde bei Wellenhöhen von bis zu 150 Metern oder gar 200 Metern den Großteil der trans-ozeanischen Infrastruktur zermalmen. Die gigantischen Flutwellen der Polwende würden sämtliche Schiffe in die Tiefe reißen oder an Land schleudern. Ein ähnlich vernichtendes Schicksal würden Häfen, Hafenstädte, ja ganze Küstenregionen erleiden.

Geostrategisch gesehen folgen aus der Polwende zwangsläufig der Untergang der Seemächte USA und Großbritannien sowie der Wiederaufstieg der Landmächte Deutschland und Russland.

Auch wenn mir das Bild nicht wirklich gefällt und es definitiv zu klischeehaft ist, kann man die Machtstruktur der USA mit einem Spinnennetz vergleichen – schließlich verfügen die USA weltweit über 700 Militärstützpunkte[333] in rund vierzig Ländern, ein Netz, das nach dem Polsprung zerstört wäre, wodurch die »Spinne USA« sinnbildlich gesprochen auf Diät gesetzt würde.

Aus Sicht der »Spinne« ließe sich zwar sagen: »Macht nichts. Ich bau mir eben ein neues Netz.« Das Problem wäre nur, dass jene Äste, zwischen denen die USA bisher ihr Netz aufgespannt haben, weggebrochen wären, und zwar in mehrerlei Hinsicht: Der Brückenkopf Japan in Ostasien wäre größtenteils im Pazifik versunken, dasselbe gälte für den größten Teil Großbritanniens. Und Europa befände sich auch nicht mehr in einer Situation, in der es wegen Russland den militärischen Schutz der USA benötigt. Russland wäre militärisch besiegt, und sehr bald würde sich dort – siehe Alois Irlmaier und Gabriele Hoffmann – eine pro-europäische Elite etablieren.[334]

Hinzu kämen für die USA ein ausgewachsener Bürgerkrieg und natürlich die Folgen der russischen Atomangriffe auf ausgewählte Ziele in den USA.

Bürgerkrieg in den USA? Das wird etlichen Lesern einigermaßen abstrus erscheinen. Diesen Lesern sei eine Dokumentation empfohlen, die anlässlich des US-Präsidentschaftswahlkampfes am 27. Oktober 2016 vom ZDF ausgestrahlt wurde, Titel: *Amerika ungeschminkt.* In dieser 84-minütigen Dokumentation reist der bekannte deutsche Late-Night-Talker Markus Lanz durch die USA und interviewt Amerikaner aus allen Gesellschaftsschichten, darunter auch Angehörige des US-Establishments. Zwei von diesen, einmal eine deutschstämmige Frau, die in der New Yorker Finanzbranche gearbeitet hat (Sandra Navidi), und dann eine Angehörige der legendären US-Dynastie Vanderbilt, gestanden Markus Lanz vor laufender Kamera ihre Befürchtung, die USA verlassen zu müssen, wenn die sozialen Spannungen dort weiter zunehmen, da die Armen immer ärmer und die Reichen immer reicher werden.

Consuela G. Vanderbilt-Costin (Sängerin, Mitte 30) wörtlich:

> »*Ich denke, niemand kann es sich mehr leisten, das* [die zunehmende Spaltung der US-Gesellschaft] *zu übersehen. Wir können unsere Augen nicht mehr verschließen und ›Nein, nein, nein‹ sagen und abwarten was passiert. Ich denke, wir leben in wirklich gefährlichen Zeiten. […] Das macht mir Angst. Wie konnte es bloß so weit kommen.*«[335]

Zur Frage, ob man in ihrer Familie über die Angst der Reichen vor Unruhen in den USA und über damit verbundene Fluchtgedanken spricht:

> »*Ja, wir diskutieren das unter Freunden, viele (!) überlegen, nach Kanada zu ziehen, wenn es sich zuspitzt, Kanada ist neutral, da will man dann sein. Ja, diese Gedanken sind ziemlich weitverbreitet, aber – im Alltag vergisst man das. […] Mir persönlich macht das keine Angst. Ich mache mir aber große Sorgen, was passieren könnte, wenn wir die Spannungen ignorieren und uns nicht engagieren …*«[336]

Die USA wären also infolge von Polsprung, vereinzelter Atomschläge und Bürgerkrieg auf ihrem eigenen Territorium massiv geschwächt und hätten nicht mehr die Kraft, das alte globale Stützpunktnetz wieder aufzubauen. Zudem hätte sich die politische Situation in den entsprechenden früheren Stützpunktländern grundlegend geändert. Man bräuchte die USA dort nicht mehr, und man würde sie wohl auch nicht mehr dort wollen. In Europa würde der Grund für eine Stationierung der US-Truppen entfallen, da Russland einerseits geschlagen wäre und – was noch wichtiger wäre – in Russland relativ bald eine Elite an die Macht käme, die aus echtem eigenem Interesse eine friedliche Kooperation mit Westeuropa wünscht.

Im Wesentlichen kann man die Reduzierung des US-Einflusses in Europa auf null einfach mit dem geografischen Polsprung erklären. Der Polsprung würde zunächst jede Nation auf sich selbst zurückwerfen, und bevor die USA nach Jahren oder Jahrzehnten wieder stark genug wären, um ihren Einfluss erneut über die Meere auszudehnen, wären die jeweiligen Andockpunkte zu stark dafür. Und die Weltleitwährung US-Dollar gäbe es natürlich auch nicht mehr. Die Zeit der leichten Siege und des schnellen Geldes wären für die USA vorbei.

Dass England nicht nur politisch »untergehen«, sondern regelrecht im Meer versinken soll (allerdings ohne Schottland und Wales), klingt für manche Leser im ersten Moment vielleicht nach dem Wunschtraum eines Englandhassers.* Doch auch hier findet sich die Erklärung im geografischen Polsprung: Im Gegensatz zu Schottland und Wales sind weite Bereiche Englands relativ flach und würden durch die Flutwellen des Polsprungs überflutet und damit zerstört. Eine Zerstörung Englands ist letztlich aber nicht das, was vorausgesagt wird. England soll nicht einfach nur überflutet werden – wobei die Wassermassen wieder abfließen könnten –, sondern es soll im Rahmen des Polsprunges sozusagen wie sein Vorbild Atlantis regelrecht im Meer versinken. Ob nun zu 50, 80 oder mehr Prozent lässt sich aufgrund der mir bekannten Quellenlage nicht sagen. Die City of London jedenfalls wäre so oder so mit von der Partie, sie liegt bei 30 Meter über Normalnull.

Kurz: Geostrategisch betrachtet sind die USA und Großbritannien Seemächte, und es liegt auf der Hand, dass etwas Grundlegendes und Radikales mit diesen beiden Nationen passieren muss, wenn die See komplett verrücktspielt.

Die neue Kontinentalmacht?

Verknüpft man nun folgende Grundelemente:

- den »Dritten Weltkrieg«,
- den Polsprung/die Polwende,

* ... der ich aber nicht bin. Im Gegenteil: Als gebürtiger Hamburger bin ich anglophil, war öfters in London und habe das stets genossen.

- das Überleben der Deutschen in ihrem Kernpotenzial,
- eine komplette Entmachtung der Angelsachsen infolge des Polsprungs und
- eine vorübergehende machtpolitische Neutralisierung Russlands,

so braucht man nicht viel Fantasie, um sich vorzustellen, dass Deutschland in diesem neuen Europa ohne USA, England und (zunächst) Russland fast schon automatisch eine Führungsrolle zufällt. Dies zeichnet sich ja schon jetzt im Europa der EU und des Euro ab. Und im Prinzip ist es auch das, was George Friedman sagt.

Eigentlich ist es reine Physik der Macht: Die Deutschen sind traditionell arbeitsam – eine Schlüsselkompetenz in jeder Aufbauphase –, sie sind produktiv, technisch kreativ, gute Organisatoren und in der Regel faire und verlässliche Vertragspartner.

Sollten die Deutschen also proportional nicht weiter dezimiert sein als andere europäische Völker, dürfte ihnen insbesondere in der Wiederaufbauphase Europas eine Schlüssel- und in vielen Bereichen auch eine Führungsrolle zukommen. Die anderen europäischen Völker dürfte es zudem beruhigen, im Herzen Europas einen Stabilitätsanker zu haben, so wie dies derzeit ja auch in der EU der Fall ist.

Inwieweit dieses Kraftzentrum im Herzen Europas deckungsgleich mit deutschsprachigen Gebieten wäre, ist allerdings fraglich. Vielleicht reicht es sogar nach Norditalien und Ostfrankreich.

Natürlich könnte man sich vor dem Hintergrund der deutschen Geschichte fragen, ob den Deutschen ein potenziell zukünftiger signifikanter Machtzuwachs in Europa nicht doch irgendwann zu Kopfe steigen würde. Ich persönlich mache mir da keine Sorgen. Vielmehr glaube ich, dass die Deutschen selbst dann immer noch so sehr vom negativen Image vergangener Zeiten geprägt wären, dass sie sich die Chance, »alles wiedergutzumachen«, in keinem Fall entgehen lassen würden. Den Deutschen dürfte es große Freude bereiten und tiefe Befriedigung verschaffen, zu sehen, wie sie einen wesentlichen Beitrag zur *Heilung* Europas leisten.

Europa ohne USA und England und ohne die Bedrohung durch Russland würde zu einer komplett neuen Ausbalancierung der innereuropäischen Machtpole führen. Außereuropäische Machtpole würden in der ersten Zeit faktisch nicht mehr existieren. Also würde sich die politische Neuordnung Europas nach den dann noch in Europa vorhandenen Kraftpolen ausrichten. Dass diese neuen Kraftpole nicht einfach so Simsalabim aus dem absoluten Nichts heraus auftauchen können, dürfte einleuchten. Das heißt: Die Wurzeln des neuen Europas sind schon heute im alten Europa angelegt und erkennbar.

Prophezeiungen zur Zeit nach Krieg und Finsternis in Europa

Lassen Sie mich die Abhandlung der Prophezeiungen zur europäischen Friedensepoche nach Krieg und Finsternis mit der schon behandelten Stelle aus Nostradamus' Brief an den französischen König Heinrich II. beginnen.

> *Dann wird aus dem Stamm jener, die so lange unfruchtbar war, der Mann hervorsprießen, geboren am* ***50. Breitengrad,*** *der die ganze christliche Kirche erneuern wird.* ***Es wird zum großen Frieden kommen, zur Einigkeit und Eintracht*** *der* [europäischen] *Kinder, die durch Grenzen verwirrt und getrennt gewesen sind. Es wird jener Friede sein, in dem der Anstifter und die reibende Kraft der Kriegspartei und der religiösen Spaltung im tiefsten Abgrund angekettet bleibt.*[337]

Wie bereits im Kapitel über Nostradamus erwähnt, handelt es sich hierbei nicht um einen Text, der so hochgradig verschlüsselt ist wie die Vierzeiler aus den legendären *Centurien.* Im Wesentlichen ist es einfach eine Übersetzung vom Französischen ins Deutsche.

Der 50. Breitengrad verläuft in Europa unterhalb Englands von Nordfrankreich über Deutschland, die Tschechische Republik, Polen und die Ukraine bis nach Russland.

So charismatisch und begabt der große Erneuerer vom 50. Breitengrad auch sein mag, so wäre er doch angewiesen auf den Rückhalt der europäischen Eliten.

In der Praxis bedeutet das irgendeinen Deal zwischen den Eliten und dem großen Erneuerer. Beim Schmieden einer entsprechenden Allianz wird man natürlich von vornherein darauf achten, dass

Der 50. Breitengrad verläuft in Europa über:

Frankreich	ca. 270 km
Belgien	ca. 80 km
Luxemburg	ca. 40 km
Deutschland	ca. 440 km
Tschechische Republik	ca. 450 km

nicht im selben Moment innerhalb Europas ein politischer Gegenpol dadurch provoziert wird, dass sich eine wichtige europäische Elite zurückgesetzt fühlt. Das bedeutet in der Praxis, dass der besagte Mann einer nationalen Elite entstammen müsste, die sowieso schon über große Macht in Europa verfügt. Das deutet auf Deutschland und Frankreich hin. Was den 50. Breitengrad betrifft: Die Tschechische Republik käme nicht infrage, da diese eines der Länder wäre, die vollkommen zerstört würden.[338]

Auch der von Nostradamus prophezeite »große Frieden« in Europa und die sicherlich ebenso große »Einigkeit und Eintracht« der Europäer deuten ganz klar auf ein europäisches Kraftzentrum hin, dessen geografische Lage sich im Wesentlichen mit den traditionell wirtschaftlich starken Gebieten Mitteleuropas, also Frankreich, Deutschland und Norditalien, überschneiden dürfte, sicherlich mit starkem deutschem Gewicht, wenn auch nicht unbedingt mit einem deutschen *Über*gewicht. Aber Deutschland wäre definitiv mit von der Partie, und mit Sicherheit in der ersten Reihe. So viel lässt sich aus obigem Nostradamus-Text herauslesen.

Die Figur des großen Erneuerers taucht dann in vielen europäischen Prophezeiungen auf – Stichwort *großer Monarch* –, und insgesamt ergibt sich das Bild eines europäischen Kaisers. Dieses Bild wird aber bisweilen überlagert oder verwischt von untergeordneten Monarchen aus Deutschland oder Frankreich.

Letztlich kann es im vorliegenden Buch aber nicht darum gehen, irgendwelche yellow-press-mäßigen Gelüste zu befriedigen und das Bild dieses großen Monarchen auszumalen, womöglich noch mit Anmerkungen zu dessen Kleidungsstil oder Lieblingsdackel. Vielmehr geht es darum, begreiflich zu machen, dass es nach Finsternis und Polsprung quasi zwangsläufig und naturgesetzmäßig zu einem grundlegenden Wandel der politischen Ordnung in Europa kommen *muss.*

Man mag die Prophezeiungen zur 3-tägigen Finsternis für Unfug halten, und auch ich kann nicht mit letzter Gewissheit ausschließen, dass sie sich eines Tages als großer Irrtum erweisen. Nur wenn sie sich tatsächlich erfüllen würden, kann man sich ziemlich sicher sein, dass dann auch die neue politische Ordnung in Europa so kommt, wie prophezeit, ganz abgesehen von der oben von mir ausgeführten Logik, die sich aus dem Polsprung ergibt.

Bevor wir weiter unten Prophezeiungen zum Schicksal Deutschlands ins Zentrum der Aufmerksamkeit rücken, will ich noch kurz an ein Zitat von Hildegard von Bingen erinnern, damit obige Aussage von Nostradamus über die große Friedenszeit nicht so alleine dasteht. Hildegard von Bingen beschreibt, wie sich die Menschen nach dem großen Krieg in Europa wieder zusammenfinden und dann beschließen:

> *Deshalb wollen wir die benachbarten Städte und zerstörten Höfe wieder aufbauen, und wir wollen sie stärker und wehrhafter machen als sie früher waren, damit wir nicht noch einmal durch solche Übel zermalmt werden […]. Und das werden sie mit all ihren Kräften und all ihren Mitteln tapfer und großzügig ausführen.*[339]

Brennen Sie sich also die Idee aus dem Hirn, dass Europa nach den ganzen Katastrophen ein blasses, kraftloses Etwas ist, ohne inneres Licht.

Die Rückkehr der alten Ordnung

Die Rückkehr der Monarchie unterstreicht noch einmal deutlich die Abkehr von der angelsächsischen Weltordnung, zu deren Grundlagen ja offiziell auch die Demokratie gehört. Die Wiedereinführung der Monarchie ist darüber hinaus verbunden mit einem Wiedererstarken der christlichen Kirche. Die Monarchie legitimiert sich schließlich durch den »Willen Gottes«.

Das Wiedererstarken der Kirche wäre aber nicht nur ein politisches Machtphänomen, sondern auch Ausdruck der Sehnsucht der Völker nach neuer Religiosität und Spiritualität. Der »Triumph« der Kirche und die Renaissance des Christentums werden in vielen Quellen vorausgesagt; in so vielen, dass seitens der traditionellen europäischen Prophetie überhaupt kein Zweifel in diesem Punkt besteht.

Dabei muss man aber bedenken, dass – wie schon erwähnt – diejenigen Prophezeiungen, die noch weiter in die Zukunft reichen, voraussagen, dass die neue Religiosität in Europa relativ bald wieder – nach wenigen Jahrzehnten – an Schwung verliert und man bald wieder in alte Fehler zurückfällt.

Dieser erneute moralische Verfall lässt sich so erklären, dass die breite Masse der Bevölkerung unmittelbar nach der 3-tägigen Finsternis und dem Zusammenbruch ihrer alten Welt seelischen Halt braucht, den sie dann im christlichen Glauben findet. Ein solches Halt-Suchen ist jedoch keine tragfähige Grundlage für ein echtes religiöses Leben. Werden mit der Zeit die materiellen

Stützen der Gesellschaft wieder stärker, wird das Leben wieder komfortabler und reicher, schwindet auch das Bedürfnis nach geistigem Halt.

Ein anderer Aspekt beim erneuten geistigen Niedergang wäre der, dass nachfolgenden Generationen jene Erfahrung fehlte, die ältere Generationen während des Krieges, der Finsternis und der ersten Zeit danach gemacht haben. Die neuen Generationen würden irgendwann aus dem Bannkreis der Erfahrungen ihrer Eltern heraustreten wollen und sich neue Horizonte suchen.

Neben den Veränderungen im Sozialen und Politischen gäbe es dann natürlich auch noch die Veränderungen in der Natur: Es würde vollkommen neue Küstenverläufe geben, einige flachere Landmassen wären verschwunden, aber auch komplett neues Land wäre vor dem europäischen Kontinent aus dem Atlantik aufgestiegen. Das Klima in Europa wäre deutlich wärmer, und in relativ kurzer Zeit müsste sich auch die Pflanzen- und Tierwelt ändern. In Mitteleuropa würden bisher nicht heimische Vogelarten auftauchen und Palmen wachsen. Möglicherweise ändern sich infolge der höheren Temperatur in Europa auch die Architektur und die Kleidungsstile usw. All diese eher äußeren Dinge würden das Bewusstsein der Menschen aber nur oberflächlich berühren. Schließlich kann man schon heute in entsprechend exotische Länder reisen.

Jenseits der neuen alten Ordnung

Abgesehen von einer ganzen Reihe bei Weitem nicht nur christlich inspirierter Quellen, die für die Zeit nach Krieg und Finsternis die Rückkehr zur alten Ordnung herausstellen, gibt es noch andere Quellen, die neben der bloßen Renaissance alter Werte noch andere interessante neue Entwicklungen erkennen lassen. Dies ist auch deshalb beachtenswert, weil die alleinige Rückkehr zur alten Ordnung, selbst wenn diese modifiziert wäre, keine besondere Inspiration bedeuten würde. Es mag beruhigen, zum bewährten Altbekannten zurückzufinden. Aber eines kann dieser faktische Rückschritt in gar keinem Fall: *inspirieren!*

Zu den Neuerungen jenseits der Wiederbelebung des Altbekannten finden sich mehrere Quellen, die – wenn auch aus unterschiedlichen Perspektiven – das Bild eines, wenn nicht unbedingt deutsch dominierten, so doch stark deutsch geprägten zukünftigen Europas zeichnen. Bisweilen schimmert sogar so etwas durch wie ein Deutschland, das Vorbild ist für andere Völker Europas.

Die durch das Bild eines zukünftigen deutsch geprägten Europas heraufbeschworenen Ängste und Befürchtungen nicht weniger Zeitgenossen lassen sich vermutlich am schnellsten und effektivsten mit dem Begriff *Viertes Reich* wachrufen, oder mit dem Bild der Deutschen als *auserwähltes Volk.*

Die Begriffe *Viertes Reich* und *auserwähltes deutsches Volk* verwende ich an dieser Stelle ganz bewusst, um schlagartig das psychologische Spannungsfeld in Schwingungen zu versetzen, in dem sich viele Deutsche, Europäer und natürlich viele Juden befinden.

So ist es nun einmal: Ein geistig freies, starkes und *für die Welt* (!) inspirierendes Deutschland jenseits des aktuellen Duckmäuserhorizonts mag manchen ein Wunschtraum sein, absolut sicher ist, dass ein solches Deutschland vielen in der Welt ein Alptraum ist. Sogar viele Deutsche selbst sind dank ihrer »Vergangenheitsbewältigung« und »Erinnerungskultur« geprägt von einer Angst vor der eigenen Kraft.

Der politisch korrekt geläuterte Deutsche zu Beginn des 3. Jahrtausends glaubt, wenn er nicht ständig aufpasst, würde irgendwann ein kleiner Adolf Hitler aus seinem Inneren hervorspringen; oder doch wenigstens aus dem Inneren seines Nachbarn, seines Berufskollegen, seines Bäckers oder seiner Putzfrau. So irrt der politisch korrekte Deutsche zu Beginn des 3. Jahrtausends auf seiner ewigen Suche nach dem guten Gewissen über den Planeten und hat darüber ganz vergessen, *wer* er eigentlich ist und *was* er eigentlich will.

Der politisch korrekt geläuterte Deutsche ist beseelt von der Idee, es besser machen zu müssen als seine Nazi-Vorfahren, lebt geistig in der Vergangenheit und ist blind für das Hier und Jetzt; ein Hier und Jetzt, in dem er gnadenlos über den Tisch gezogen und mit jedem Tag näher an den Abgrund gedrückt wird. Der politisch korrekt geläuterte Deutsche ist hypnotisiert von seiner »eigenen« Schlechtigkeit von vor über 70 Jahren und sieht nicht die Schlechtigkeit im Hier und Jetzt um ihn herum.

Wohlgemerkt und damit kein Missverständnis aufkommt: Ich glaube *nicht,* dass es ein *Viertes Reich* geben wird oder gar, dass die Deutschen im biblischen Sinne oder im nationalsozialistischen oder rassistischen Sinne ein auserwähltes Volk sind. Was ich will, ist, im Zusammenhang mit einem möglicherweise in Zukunft politisch und geistig freien Deutschland, möglichst effektiv bestimmte emotionale Impulse und Reflexe wachzurufen. Ich benutze den Begriff *Viertes Reich,* um diese zutiefst neurotische Angst der Deutschen vor der eigenen Kraft in ihr Bewusstsein zu rufen. Es wird höchste Zeit, dass wir Deutschen anfangen, unsere heimliche Heilslehre zu hinterfragen, jene heimliche Heilslehre nämlich, die besagt, dass das Heil (!) der Deutschen nur darin liegen kann, kleinlaut und mittelmäßig zu sein, bis wir uns schlussendlich in einem ach so bunten Völkergemisch aufgelöst haben wie ein Stückchen Kandis in einer Tasse Ostfriesentee. Mit diesem Bild einer Tasse Ostfriesentee sei die Banalität dieses ideologisch-krankhaften deutschen Unfugs auf den Punkt gebracht.

Nach dem Dritten Weltkrieg auf deutschem Boden jedenfalls würden sich die überlebenden Deutschen mit typisch deutschem Ernst fragen – und nie wäre dieser Ernst angebrachter als zu diesem Zeitpunkt –, ob diese drei Weltkriege auf und um deutschen Boden »nur Zufall« gewesen sein können (noch dümmer ginge es wohl nicht), und wenn nicht, was denn der Sinn der ganzen Sache gewesen sei. Ganz seinem Wesen nach wird dann der Deutsche die Frage nach Sinn und Wesen dreier Weltkriege stellen und *gründlich* darüber nachdenken. Und er wird zu einem Ergebnis kommen.

Die Idee, ein auserwähltes Volk zu sein, ist ansonsten natürlich weder neu noch originell. Der bekannteste Fall ist natürlich das jüdische Volk.

Als auserwähltes Volk haben sich in der Geschichte aber schon viele Völker empfunden, wie zum Beispiel die USA: So bezeichnete US-Präsident Barack Obama die amerikanische Nation im September 2013 in seiner Rede an die Nation als »außergewöhnlich« *(exceptional)*, was später von Russlands Präsident Wladimir Putin scharf als Anmaßung kritisiert wurde.

Aber auch manche Russen neigen dazu, sich als außergewöhnliches oder auserwähltes Volk zu betrachten. In dieselbe Falle sind natürlich die Deutschen getreten (siehe Hitler), aber auch die Niederländer, die im 17. Jahrhundert ihr »goldenes Zeitalter« hatten, die Briten (die einzige Weltmacht im 19. Jahrhundert), die Buren in Südafrika, die Chinesen und wer weiß, wer noch so alles. Es ist einfach toll, sich als Teil eines »besonderen« Volkes zu empfinden. Es hebt die Stimmung. Es ist eine Art energetischer Lotto-Gewinn. Ohne wirklich etwas dafür geleistet zu haben, hat das entsprechende Individuum mehr Energie und fühlt sicher besser. Wow! Feels so good!

Man kennt das ja auch aus dem privaten Leben: Es ist toll, schöner, reicher, intelligenter, kreativer, spiritueller, gottgefälliger, katholischer und was weiß ich nicht alles zu sein. Und solange man nur auf die minderwertigeren Zeitgenossen herabblickt, geht es auch noch. Kritisch wird es, wenn man das Recht beansprucht, von den Minderwertigen eine Steuer einzufordern und diese Steuern notfalls mit der Peitsche einzutreiben. Kritisch wird es ebenso, wenn man diese Steuer nicht mit der Peitsche eintreibt, sondern mit irgendwelchen

Verträgen, in denen die Vertragspartner das Kleingedruckte nicht lesen können, weil sie zu dumm sind, oder das Kleingedruckte glauben nicht lesen zu müssen, weil sie zu gutgläubig sind.

Andererseits gibt es durchaus auch gesunde Formen des Vorrechtes und des zeitweiligen Auserwählt-Seins, zum Beispiel in einer Familie in der Rolle des Vaters und der Mutter. Vater und Mutter ist es aber in der Regel sehr wohl bewusst, dass irgendwann der Tag kommt, an dem die Rollen wechseln, die Kinder zu Eltern werden und die Eltern zu Großeltern. Dasselbe gilt für Völker und Nationen. Zu bestimmten Zeiten haben bestimmte Völker eine bestimmte Funktion, und es liegt in ihrem Schicksal, diese Funktion zu erfüllen. Ein populäres Beispiel dafür sind die USA als »Weltpolizei«. Weltpolizei zu sein kann eine gewisse Zeit durchaus sinnvoll sein.

Das ist der Sinn der Völkervielfalt: Es ist eine Art Arbeitsteilung. Irgendwann aber ist die Aufgabe eines Volkes erfüllt, und dann kommt die Stunde der Bilanz, der Abrechnung und Wahrheit. Und – um im Bilde zu bleiben – wenn Vater und Mutter ungerecht waren, egoistisch, lieblos – dann viel Glück, wenn Tochter und Sohn an die Macht kommen.

Wehe also allen Völkern, die Macht über andere Völker ausüben und diese ihre Macht nicht im größeren, geistigen oder metaphysischen Zusammenhang erkennen.

Je mehr ein Volk seine Macht nur zu egoistischen Zwecken nutzt – und das bedeutet in der Regel Ausbeutung zum Zweck materieller Vorteile –, desto mehr droht ihm ein schmerzhafter Untergang. Und zwar zu Recht. Historisch gesehen ist es unvermeidlich, dass in bestimmten Epochen bestimmte Völker mehr oder weniger über andere herrschen. Das Problem ist nicht, *dass* dies passiert, sondern *wie*.

Also nochmals: Aus elementaren Grundbausteinen der europäischen Prophetie, die für sich genommen noch völlig unpolitisch sind – allen voran der geografische Polsprung –, lässt sich rein logisch ein Wiedererstarken der traditionellen europäischen Landmächte erkennen und damit eine gewisse zukünftige Führungsrolle Deutschlands in Europa. Wir Deutschen dürfen uns also – wenn wir der europäischen Prophetie glauben dürfen und wenn wir auf dieser Basis eins und eins zusammenzählen – geistig auf Wanderschaft in die Zukunft begeben und uns in diesen virtuellen Raum einer Zukunft Deutschlands hineintasten. Welche Zukunft dort vor unserem inneren Auge erscheint, wird – so denke ich – letztlich aus unserem eigenen Inneren heraus gesteuert. Dabei stellt sich erneut die zentrale Frage: Vertrauen wir Deutschen uns selbst, oder glauben wir jenen, die unseren inneren Selbstzweifel tagtäglich am Glimmen halten? Glauben wir an uns selbst, oder werden wir auf immer und ewig im Bannkreis des großen Dämons Adolf Hitler leben und eine Existenz im geistig-seelischen Halbdunklen fristen, ohne Rückgrat und in Furcht vor der tief in uns verankerten eingebildeten Bösartigkeit und Verführbarkeit?

Zukunft ist ein Aspekt der Wahrheit. Ist man sich über das Wesen einer Sache im Unklaren, so fragt man sich, wohin die Sache führt und wie sie endet. Die Antwort auf die Frage, wer die Deutschen sind, findet sich nicht zuletzt auch in ihrer Zukunft. Diese zu kennen ist keine einfache Sache. Aber deutsche Massenmedien und vor allem deutsche Politiker werden die Letzten sein, die die Zukunft kennen. Das ist schon Kaiser Wilhelm II., Adolf Hitler und Erich Honecker ordentlich misslungen. So langsam könnte man diese Lektion eigentlich gelernt haben.

Sehen wir uns also an, wie das »postapokalyptische« Deutschland in manchen Prophezeiungen beschrieben wird. Dabei sei jedem Leser überlassen, ob er die Aussagen der nachfolgenden Prophezeiungen glaubt, nicht glaubt, wörtlich nimmt oder nur als Inspiration nutzt. Mag sein, dass manche Prophezeiungen in manchen Punkten genau beschreiben, was sein wird; denkbar aber auch, dass sie nur die Richtung andeuten, in der eine deutsche, mitteleuropäische und europäische Zukunft liegt. Der Amerikaner jedenfalls sagt in solchen Momenten: »Think big!« Und genau das ist es, was wir Deutschen wieder lernen können: an uns selbst glauben und daran, dass wir uns selbst und andere absolut positiv überraschen können. Ohne Wenn und Aber, ohne Nebenwirkungen und ohne den Hauch eines Restrisikos.

Der braune Freund von Hermannsland

Die erste Quelle zum Thema »zukünftiges Deutschland«, die ich zitieren möchte, ist das bereits behandelte *Lied der Linde* von 1921. In der dortigen Sequenz zur Nachkriegszeit nach dem »Dritten Weltkrieg« heißt es:

Ja von Osten* kommt der starke Held,
Ordnung bringend der verwirrten Welt,
– Weiße Blumen um das Herz des Herrn –
Seinem Rufe folgt der Wackre gern.

Alle Störer er zum Barren treibt,
Deutschem Reiche deutsche Rechte schreibt.
Bunter Fremdling, unwillkomm'ner Gast,
Flieh die Flur, die nicht gepflügt du hast!

Mit dem bereits behandelten »Bunter Fremdling, unwillkomm'ner Gast, Flieh die Flur, die nicht gepflügt du hast!« haben wir ohne jeden Zweifel ein Indiz für eine in wesentlichen Teilen echte hellseherische Inspiration dieser Quelle aus dem Jahr 1921.

Im Hinblick auf andere Prophezeiungen lässt sich die Sache mit dem »bunten Fremdling« so deuten, dass ab Kriegsbeginn infolge des allgemeinen Versorgungsnotstandes ein Großteil der überhaupt nicht oder zu schlecht integrierten Zuwanderer ein Verhalten an den Tag legt, das Deutsche mit deutschen Wurzeln im Nachherein nicht zu entschuldigen bereit sind. Ob und in welchem Umfang sich schon vor dem Krieg entsprechende Anzeichen für unverzeihliche Grenzüberschreitungen häufen – siehe die Silvesternacht 2015 in Köln und der LKW-Anschlag am 19. Dezember 2016 in Berlin –, bliebe abzuwarten. So oder so sollte jedem Leser klar sein, dass Krieg immer ein massiver Stresstest für jede Gesellschaft ist, ein Stresstest, der soziale Bruchzonen und mangelnde Solidarität schonungslos offenlegt.

Das Lied der Linde geht weiter:

Gottesheld, ein unzertrennlich Band
Schmiedest du um alles deutsche Land!
Den Verbannten führest du nach Rom,
Große Kaiserweihe schaut ein Dom.

* Die Deutung von »Osten« ist schwierig, da nicht klar ist, ob hierbei schon die Polwende mit dem Sonnenaufgang im Westen berücksichtig ist und der Seher sich am neuen oder alten Sonnenaufgang orientiert hat.

Mit dem »Verbannten« ist der Papst gemeint, der bei Beginn des italienischen Bürgerkrieges unmittelbar vor dem Angriff Russlands aus Italien fliehen soll. Die »große Kaiserweihe« bezieht sich auf die Kaiser-Krönung im Kölner Dom (eventuell auch Aachen), natürlich wird die vom Papst durchgeführt. Die Flucht des Papstes und die Krönung eines oder mehrere neuer europäischer Monarchen sind relativ bekannte Themen der europäischen Prophetie. Im *Lied der Linde* geht es weiter:

*Preis dem **einundzwanzigsten Konzil,***
Das den Völkern weist ihr höchstes Ziel
Und durch strengen Lebenssatz verbürgt,
Dass nun Reich und Arm sich nicht mehr würgt.[340]

Zum »einundzwanzigsten Konzil«: Das 20. Ökumenische Konzil der römisch-katholischen Kirche (auch *2. Vatikanisches Konzil*) fand von 1869 bis 1870 statt und wurde dann auf unbestimmte Zeit vertagt. Das 21. Ökumenische Konzil folgte von 1962 bis 1965. Das bedeutet mit ziemlicher Sicherheit, dass der Ursprungstext des Lindenliedes erst nach 1870 verfasst worden sein kann. Wäre Verfasser Martin Hingerl nicht identisch mit dem eigentlichen Seher, so könnte einundzwanzigstes Konzil auch nur die schriftstellerische Deutung einer vom ursprünglichen Seher beschriebenen Szene einer großen Kirchenkonferenz sein.

Zu »Dass nun Reich und Arm sich nicht mehr würgt«: Ein Kampf zwischen Arm und Reich war 1921 in Deutschland kein Thema. Der politische Gegensatz in der Weimarer Republik lag zwischen Rechts und Links, zwischen Nationalsozialisten und Kommunisten. Ein Großteil der Anhänger der NSDAP kam aus der Arbeiterschaft. Nicht umsonst ist NSDAP die Abkürzung für Nationalsozialistische Deutsche ***Arbeiterpartei.***

Ein nennenswerter Konflikt zwischen Arm und Reich war erst recht kein Thema im alten Westdeutschland (1945–1990). Erst jetzt im 3. Jahrtausend wird die immer weiter auseinandergehende Wohlstandsschere ein Thema. Aber immer noch sind wir (scheinbar) weit davon entfernt, dass »sich Arm und Reich würgen«. Damit wäre in Deutschland erst nach einem Finanz- und Euro-Crash unmittelbar vor Kriegsausbruch (und danach) zu rechnen, und in diese Phase fielen dann logischerweise auch die Probleme mit den »bunten Fremdlingen«.

Die Prophezeiung geht weiter:

> ***Deutscher Name, der Du littest schwer,***
> ***Wieder glänzt um dich die alte Ehr,***
> *Wächst um den verschlung'nen Doppelast,*
> *Dessen Schatten sucht gar mancher Gast.*[341]

Bei einem Ende 1920 zu Papier gebrachten Text, in dem es heißt »Deutscher Name, der Du littest schwer«, liegt es natürlich nahe, einen Zusammenhang zum Ersten Weltkrieg herzustellen. Offiziell endete dieser Krieg für das Deutsche Reich am 11. November 1918 mit dem Waffenstillstand von Compiègne (Nordfrankreich). Rund 7 Monate später, am 28. Juni 1919, unterzeichnete Deutschland unter Protest den Versailler Friedensvertrag, der in ganz Deutschland als große Schmach und Ungerechtigkeit empfunden wurde.

Das Deutsche Reich hatte den Weltkrieg verloren und wurde von den Siegern im Zuge der Vertragsverhandlungen moralisch verdammt. Der Versailler Friedensvertrag setzte der Entehrung die Krone auf, indem er Deutschland erdrückende Reparationszahlungen abzwang. Infolge des Krieges war das Deutsche Reich sowieso schon finanziell ausgeblutet; nun kam die Wirtschaft erst recht nicht in die Gänge, und es herrschte in Deutschland große Armut. Der deutsche Name hatte definitiv schwer gelitten, so schwer wie seit Jahrhunderten nicht, wenn überhaupt jemals.

Ende 1920 war in Deutschland das Empfinden der Entehrung also noch ganz frisch, und auch Autor Martin Hingerl wird so empfunden haben. Das wird noch an anderen Stellen des Lindenliedes erkennbar.

Nichtsdestotrotz ist die Idee, das *Lied der Linde* sei eine rein literarische Wundsalbe für die Anfang der 1920er-Jahre verletzte deutsche Seele, reichlich konstruiert.

Wie schon erwähnt, enthält das *Lied der Linde* an mehreren Stellen Indizien für echte hellseherische Inspiration (zum Beispiel die Voraussage der Hyperinflation im Jahr 1923, die Sache mit den bunten Fremdlingen und der jahreszeitliche Zeitpunkt der Finsternis). Ein anderer Punkt ist der, dass die durch den Ersten Weltkrieg und den Versailler Vertrag verletzte deutsche Ehre eigentlich schon 1936 zur Olympiade (Olympische Sommerspiele) in Berlin wiederhergestellt war.

Sicherlich ist es auch Ansichtssache, aber aus der heutigen Perspektive »politisch korrekter« Denkvorgaben schon sehr erstaunlich, dass man bereits im Mai 1931 die Olympischen Sommerspiele an Deutschland vergeben hat (IOC-Abstimmung: 43 Stimmen für Berlin, 16 für Barcelona, 8 Enthaltungen). Darüber hinaus hatte Berlin seinerzeit eine weltweit beachtete kulturelle Ausstrahlung, wurde sogar als »New York Europas« bezeichnet, und deutsche Wissenschaft und Technologie waren weltweit führend. Natürlich waren Adolf Hitler und Nazi-Deutschland schon 1936 in der internationalen Politik in die Schusslinie geraten (1931 waren die Nazis noch gar nicht an der Macht.), rassistische und antisemitische Missklänge waren nicht zu überhören. Doch immerhin hatte Adolf Hitler nach seinem Machtantritt Anfang 1933 innerhalb kürzester Zeit nach der Weltwirtschaftskrise eine massenpsychologische Wende in Deutschland herbeigeführt (wobei man sich fragen könnte, mit welchen Tricks dabei gearbeitet wurde, aber das ist ein anderes Thema).

Im März 1936 besetzten auf Hitlers Befehl sogar deutsche Truppen das entmilitarisierte Rheinland, was laut Versailler Vertrag verboten war, jedoch keine ernsten Konsequenzen nach sich zog. Man ließ Hitler damit durchkommen. Wie geplant fanden 5 Monate später die Olympischen Sommerspiele in Berlin statt. Die Siegermächte Großbritannien, Frankreich und die USA nahmen an den Spielen teil.

Im Jahr 1936 glaubten die Deutschen wieder an ihre Zukunft, und strahlten das auch international aus. Kurzum: »Deutscher Name, der Du littest schwer« dürfte sich meiner Einschätzung nach eher auf den Zweiten Weltkrieg und den Holocaust beziehen. *Dieser* Ehrverlust, ausgelöst durch die zahllosen Angriffe der Deutschen Wehrmacht auf alle möglichen Nachbarstaaten, zig Millionen Tote und natürlich den Holocaust, wog und wiegt bis *heute* bekanntermaßen weit schwerer als die deutsche Niederlage an der Westfront im Ersten Weltkrieg und der schmachvolle Versailler Friedensvertrag von 1919. Der »Ehrverlust« infolge von Hitlers »Drittem Reich« setzt sich bis heute fort. Dieser Ehrverlust dauert inzwischen 71 Jahre an – kein Vergleich zu dem, was zwischen 1918 und sagen wir kurz vor 1931 der Fall war.

Sollte es wirklich zum »Dritten Weltkrieg« kommen, und sollte dieser so verlaufen wie prophezeit, nämlich mit dem Sieg über die russischen Truppen in Norddeutschland unter maßgeblicher deutscher Beteiligung – und dann auch noch mit einem »göttlichen Eingriff« –, kann es nur zu einer vollkommenen Neubewertung der Rolle Deutschlands in der internationalen Völkergemeinschaft kommen. Denkbar sogar, dass man Deutschland später als eine Art »Retter Europas« ansieht, sei es, dass es faktisch so war, sei es, dass man es so sehen will.

Darüber hinaus dürfen wir wie schon angesprochen in Betracht ziehen, dass die Deutschen einen wichtigen Beitrag leisten zum Wiederaufbau Europas und dass sich die neue »Ehre« nicht nur auf kriegerische Leistungen im »Dritten Weltkrieg« stützt, sondern auch auf Leistungen beim Wiederaufbau. Eine solche Bewunderung herausragender Wiederaufbauleistung haben sich die Deutschen übrigens schon nach dem Zweiten Weltkrieg in Argentinien und anderen Staaten Südamerikas erarbeitet. Da Deutschland traditionell stark im Maschinenbau ist, könnte es auch das Rückgrat bilden für eine Re-Industrialisierung Europas nach den Katastrophen.

Dem Tonfall des *Lieds der Linde* nach scheint sich diese neue Ehre jedenfalls nicht so sehr auf rein materielle Leistungen zu stützen, sondern eine entscheidende über-materielle, sprich idealistische Komponente zu beinhalten.

Interessant ist dann, wie das Lied der Linde die Zeit vermutlich wenige Jahrzehnte nach Krieg und Finsternis beschreibt:

Dantes und Cervantes' weicher Laut
Schon dem deutschen Kinde ist vertraut,
Und am Tiber- wie am Ebrostrand
Singt der ***braune Freund vom Herrmanns Land.***[342]

Hermann, beziehungsweise *Herrmann* war in Deutschland im Jahr 1891 der weitverbreitetste Vornamen für Jungen und lag bis 1920 unter den zehn meistgebräuchlichen. Dante Alighieri (1265–1321) war italienischer Dichter und Philosoph, Miguel de Cervantes (1547–1616) gilt als spanischer Nationaldichter.

Die vier obigen Zeilen implizieren also gleich mehrere Dinge: Deutsche Kinder, die schon früh mit der spanischen und italienischen Sprache vertraut sind, sind entweder intelligent und kommen in den Genuss eines leistungsfähigen Bildungssystems, oder ihre Eltern können sich regelmäßige Urlaube in Südeuropa leisten – oder eben beides. Dass hier italienische und spanische »Gastarbeiter« gemeint sind, kann man wohl ausschließen, denn es widerspräche der Logik der Prophezeiung, nach Aussage derer die »bunten Fremdlinge« das Land gerade verlassen mussten.

Was die kulturelle und geistige Affinität zwischen Deutschland, Spanien und Italien betrifft, so fühlt man sich erinnert an die drei faschistischen Staaten unter Hitler, Franco und Mussolini. Nur: Im Jahr 1921, als das *Lied der Linde* erschien, war ganz und gar nicht absehbar, dass diese drei Staaten einmal faschistisch werden würden. Benito Mussolini und seine Gefolgsleute kamen in

Italien erst im Oktober 1922 an die Macht, und auch das zunächst nur in einer Koalition zusammen mit Konservativen und Liberalen. Francisco Franco wurde erst 1936 Chef der nationalspanischen Regierung, die zunächst aber auch nur einen Teil Spaniens kontrollierte.

Der im *Lied der Linde* betonte Dreiklang Deutschland-Italien-Spanien ist damit ein weiteres Indiz für die Echtheit dieser Prophezeiung.

Die Prophezeiung geht weiter:

Wenn der engelgleiche Völkerhirt
Wie Antonius zum Wandrer wird,
Den Verirrten barfuß Predigt hält,
Neuer Frühling lacht der ganzen Welt.

Alle Kirchen einig und vereint,
Einer Herde einz'ger Hirt erscheint,
Halbmond mählich weicht dem Kreuze ganz,
Schwarzes Land erstrahlt im Glaubensglanz.

Reiche Ernte schau ich jedes Jahr*,
Weiser Männer große Schar,
Seuch' und Kriegen ist die Welt entrückt:
Wer die Zeit erlebt, ist hochbeglückt.

Dieses kündet deutschem Mann und Kind,
Leidend mit dem Land die alte Lind',
Dass der Hochmut mach das Maß nicht voll,
Der Gerechte nicht verzweifeln soll.[343]

(Ende der Prophezeiung)

Angesichts dieses plastischen und positiven Ausblickes im *Lied der Linde*, angesichts dieses *Kraftmomentes* der Prophezeiung dürfte kaum verwundern, dass von gewissen Seiten versucht wird, die Glaubwürdigkeit des Lindenliedes in Zweifel zu ziehen.

* Das könnte sich wieder auf die verschobenen Klimazonen, das wärmere Klima in Mitteleuropa und eine damit einhergehende längere Wachstumsperiode der Pflanzen beziehen.

Und es versteht sich von selbst, dass diese Seiten ihre eigentliche Absicht nicht klar benennen: zu verhindern, dass die Deutschen wieder damit beginnen, an ihre Zukunft zu glauben. *An ihre Zukunft* – nicht an die Zukunft eines größeren Etwas, von dem Deutschland nur ein Teil ist, dem Einheits-Europa oder dem Einheits-Weltstaat.

Ich kann dazu nur sagen: Das Lied der Linde enthält mehrere Indizien für eine echte hellseherische Inspiration. Und das Mindeste, was diese Prophezeiung verdient, ist, dass man sie unter »womöglich echt« abbucht und von Zeit zu Zeit einen Blick darauf wirft, vor allem dann, wenn die real existierenden »Propheten« in Washington, London, Paris, Brüssel und Berlin mit ihrem Latein am Ende sind und versuchen, ihre Ratlosigkeit mit lachhaften und die Intelligenz beleidigenden Floskeln zu übertünchen.

» … alle Völker unsere Freundschaft suchen … «

Kommen wir zur nächsten Quelle. Hierbei handelt es sich um einen Seher namens Johann Kristl, auch bekannt als »spinnerter Schuster«. Johann Kristl, geboren 1881, war ein bayerischer Schuhmachermeister aus Rain am Lech, nördlich von Augsburg. Er starb im März 1949.

Einer breiteren Öffentlichkeit bekannt wurde Johann Kristl durch den Benediktinerpater Frumentius (1908–2000, bürgerlich Franz X. Renner) aus dem Kloster St. Ottilien bei München. Pater Frumentius war interessanterweise auch der Beichtvater von Kardinal Ratzinger, dem späteren deutschen Papst Benedikt XVI. – was uns hier als Indiz für eine authentische Überlieferung durch Pater Frumentius reichen soll.

1993 liest man in Pater Frumentius' Büchlein *Der Dorfschuster Johann Kristl* über die Voraussagen des Sehers von 1921:

> *Herr Kristl erzählte […] noch zahlreiche Geschichten über Krieg und Umsturz, die alle sehr zutreffend waren. Hier sei nur erwähnt, dass wir wieder einen Kaiser bekommen […], dass alle Menschen, die durch Zinsleihe dem eigentlichen Kapitalismus zu Schaden kommen,* ***ihre Güter zurückerhalten*** [Das gab es bisher auch nicht. Anm. d. Autors], *und dass es nach mancherlei Kämpfen* ***bei uns*** [in Deutschland] ***schöner und besser wird, als es jemals war, sodass alle Völker unsere Freundschaft suchen und uns nacheifern***

werden. *Sollte die Welt also doch am deutschen Wesen genesen? An dem Deutschtum, das mit dem wahren Christentum wesensgleich ist?*[344]

Pater Frumentius hat zum Fall Johann Kristl zwar eigene Recherchen angestellt, obigen Text aber einer Veröffentlichung des Autors Franz Schrönghamer-Heimdal aus dem Jahr 1921 entnommen, der geistige, auch an Prophetie orientierte Literatur verfasst hat.[345]

Schrönghamer-Heimdal wiederum beschreibt in seinem Buch sehr eindrucksvoll, wie er eines Tages von Johann Kristl – den er bis zu diesem Zeitpunkt weder kannte noch zuvor gesehen hatte – überraschend an einem Ort und zu einem Zeitpunkt aufgesucht worden war, von dem Johann Kristl keinerlei Kenntnis gehabt haben konnte. Schrönghamer-Heimdal hatte den betreffenden Ort spontan aufgesucht, der zudem weit entfernt von seinem Heimatort lag. Schuster Kristl hatte den Autor Schrönghamer-Heimdal also keinesfalls in dessen Stammkneipe aufgegabelt.

Der Seher erzählte Schrönghamer-Heimdal dann, er sei geistig zu diesem Treffpunkt geführt worden. Zweck des Kontaktes soll gewesen sein, dass Schrönghamer-Heimdal dem Seher einige seiner Visionen deutet.

Pater Frumentius seinerseits stellt fest, dass bei obigem Text nicht ganz klar ist, was Kristl tatsächlich *gesehen* hat und was Schrönghamer-Heimdals *Deutung* ist. An Johann Kristls seherischen Fähigkeiten aber lässt auch Pater Frumentius keinen Zweifel aufkommen, und der Pater distanziert sich auch nicht von »Deutschtum, das mit dem wahren Christentum wesensgleich ist?«.

Lassen Sie nun *mich* eine Deutung des Schrönghamer-Heimdal/Johann Kristl-Textes versuchen, wobei die Ausgangsbasis das Erscheinungsdatum 1921 von Schrönghamer-Heimdals Veröffentlichung ist.

Seinerzeit lagen der verlorene Erste Weltkrieg und der Untergang der Monarchie in Deutschland gerade einmal 3 Jahre zurück. Viele Deutsche sehnten sich noch nach der Rückkehr des Kaisers, der am 10. November 1918 ins Exil nach Holland geflohen war.

Dass es aus der Perspektive von 1921 in Deutschland einmal »schöner und besser wird, als es jemals war, sodass alle Völker unsere Freundschaft suchen«, lässt sich oberflächlich betrachtet – und wenn man die Sache mit dem »Kaiser« ignoriert – so deuten, dass damit die Zeit nach 1945 etwa ab Beginn des sogenannten deutschen Wirtschaftswunders gemeint ist. Die Völker, die dann Deutschlands »Freundschaft« suchen, wären so gesehen die Gastarbeiter und später die Flüchtlinge.

Nur – seien wir ehrlich, und verzichten wir für einen Moment auf naiv-dümmliches Romantisieren – diese Menschen haben nicht die »Freundschaft« zu den Deutschen gesucht, sondern sind wegen der Arbeit und des Gelds gekommen. Oder sie sind vor den Diktaturen oder Kriegen in ihren Heimatländern geflüchtet. Das aber ist etwas vollkommen anderes als die Suche nach (echter) Freundschaft.

Die sogenannten Gastarbeiter entstammten überwiegend ungebildeten Schichten, wussten folglich wenig über die deutsche Kultur. Sie wären ebenso in die Niederlande, nach Dänemark, die USA oder Australien gegangen, hätte man ihnen dort lukrative Jobs angeboten. Am Beispiel der Türken, der größten Einwanderergruppe in Deutschland, zeigt sich zudem, dass es seit weit über 50 Jahren eben zu keiner echten Freundschaft mit den Deutschen gekommen ist; zu guter Nachbarschaft sicherlich, in Einzelfällen auch zu echten Freundschaften, aber nicht in der Masse.

Fragen wir uns doch einmal ehrlich: Worin besteht die kulturelle Inspiration, die die Türken den Deutschen in sagen wir 50 Jahren gebracht haben? Viele Deutsche werden nach relativ langem Überlegen nur ein einziges Wort hervorstottern: *Döner.*

Im ersten Moment klingt das vielleicht lustig. Im zweiten Moment schrecklich klischeehaft. Und im dritten Moment denkt man sich: *Stimmt eigentlich.*

Sicher, viele Deutsche machen seit Jahren gerne Urlaub in der Türkei und genießen die dortige Gastfreundschaft. Aber eben in der Türkei, *nicht bei uns.* Kein Deutscher käme auf die Idee, Urlaub in Berlin-Kreuzberg zu machen, um dort den Flair der türkischen Kultur in sich aufzusaugen! Und würden so viele Deutsche Urlaub in der Türkei machen, wenn es dort so teuer wäre wie an der Côte d'Azur? Oder wenn dort am schönen türkischen Strand Pinguine entlangwatscheln und Eisschollen über den Kies schrammen würden? Sicher nicht. Suchen *wir Deutschen* die Freundschaft der Türken? Oder geht *es auch* uns am Ende nur ums Geld?

Die Deutung des Kristl-Textes hängt an diesem Punkt also davon ab, wie ernst man selbst den Begriff *Freundschaft* nimmt und ob man unterstellt, er sei in der betreffenden Prophezeiung nur so dahergeredet – so wie dies heute, rund 100 Jahre später, vielerorts in Deutschland üblich ist, Stichwort Facebook-»Freunde«.

Statt die misslichen Zustände in den Herkunftsländern der Einwanderer naiv wirklichkeitsfremd oder vorsätzlich verlogen in einen Wunsch nach »Freundschaft« zu den Deutschen umzudeuten, ist es vermutlich sinnvoller, in obiger

Aussage einen Hinweis auf eine zukünftige kulturelle Ausstrahlung Deutschlands nach Krieg und Finsternis zu sehen, so wie auch schon im *Lied der Linde* vorausgesagt.

Gibt es ein deutsches Wesen?

Im Zusammenhang mit den Völkern, die (angeblich) Deutschlands Freundschaft suchen, hat es Sinn, näher auf Schrönghamer-Heimdals Überlegung »Sollte die Welt also doch am ***deutschen Wesen*** genesen? An dem Deutschtum, das mit dem wahren Christentum wesensgleich ist?« einzugehen:

Nach den beiden verlorenen Weltkriegen und dem Holocaust haben die Deutschen bekanntermaßen ein Identitätsproblem und neigen gegenüber anderen Völkern, insbesondere natürlich den Juden, zu Schuldgefühlen und einem daraus resultierenden Duckmäusertum. Eine Ausnahme von diesem typisch deutschen Verhalten nach der Zeit des Nationalsozialismus stellt allerdings höchst mysteriöserweise das russische Volk dar, von dem die Deutschen im Zweiten Weltkrieg nicht wie bei den Juden »nur« 6, sondern gleich 27 Millionen getötet und ermordet haben (11 Millionen Soldaten plus 16 Millionen Zivilisten). Ungeachtet dieses Mega-Massakers am russischen Volk führt sich die deutsche Politik seit dem Amtsantritt von Wladimir Putin auf, als habe Deutschland gute Gründe, um gegenüber Russland eine moralische Überlegenheit herauszukehren. »Beißhemmungen«, die gegenüber der israelischen Staatspolitik seit Jahrzehnten zuverlässig funktionieren, scheinen gegenüber Russland völlig weggeblasen. Da scheint doch ganz grundsätzlich etwas mit der deutschen Schuld-Kultur nicht zu stimmen.

Bis zum Zweiten Weltkrieg hat sich Deutschland selbst als große Kulturnation gesehen, wozu das »Volk der Dichter und Denker« auch gute Gründe hatte, nicht nur wegen seiner Philosophen, Dichter und Komponisten, sondern auch wegen seiner Wissenschaftler und Techniker. Dennoch herrscht heutzutage in Deutschland eine ziemliche Verwirrung darüber, was überhaupt »deutsch« ist, ja ob es ein deutsches Wesen überhaupt (noch) gibt. Tatsächlich überwiegt in den deutschen Massenmedien heutzutage eine Tendenz, so etwas wie die Existenz einer deutschen Identität und eines deutschen Wesens kategorisch zu bestreiten.

Stimmt das? Gibt es gar kein deutsches Wesen? Oder ist die neudeutsche Negierung eines deutschen Wesens nur eine auf den Kopf gestellte Nazi-Ideologie, nach deren Vorstellung das deutsche Wesen an der Welt genesen soll; an der Weisheit anderer Völker, an der moralischen Überlegenheit und vor allem an der »Buntheit« anderer Völker?

Nur welche anderen Völker meinen wir damit konkret? Sicherlich nicht unsere neuen Feinde, die Russen, auch nicht die Serben, Weißrussen, vermutlich auch nicht die Chinesen, neuerdings auch nicht mehr alle Ungarn, nicht einen Großteil der Polen, keinen Großteil der Briten, und auch keinen Großteil der US-Amerikaner (Trump-Wähler). Ganz zu schweigen von den Nordkoreanern. Was ist es eigentlich für ein »Bunt«, von dem wir da reden, was verstehen wir darunter?

Sprechen wir vom *Wesen* einer Sache oder vom *Wesentlichen,* dann meinen wir immer den eigentlichen Kern, die eigentliche Substanz im Gegensatz zu eher oberflächlichen, nebensächlichen Dingen. Das bedeutet: Das *Wesen* von etwas kommt dessen *Seele* sehr nahe. Anders betrachtet: *Wenn* eine Person eine Seele hat, dann ist das Wesen dieser Person *in der Seele* festgelegt. Insofern ist der Begriff *deutsches Wesen* etwas unglücklich formuliert, *deutsche Seele* wäre, wenn Sie mich fragen, eigentlich korrekter.

Geht man davon aus, dass *deutsches Wesen* praktisch identisch ist mit *deutsche Seele,* dann wird die ganze Debatte über das deutsche Wesen sofort spirituell und metaphysisch. Bevor man über das deutsche Wesen debattiert, müsste folglich erst einmal geklärt werden, ob es überhaupt eine Seele gibt. Diese Debatte läuft natürlich schon seit Jahrtausenden und hat zu keinem belastbaren Ergebnis geführt, abgesehen davon, dass es eine Glaubensfrage ist und dass sich jeder diese Frage selbst beantworten muss – und es faktisch auch tut!

Gäbe es keine Seele im religiösen, spirituellen Sinn, dann kann das deutsche Wesen nur das Ergebnis von Genetik und Sozialisation sein. Der Deutsche wäre nichts weiter als das Ergebnis einer doppelten Programmierung: einmal durch die DNA, eine Art chemische Programmierung, und dann durch die psychologische Prägung (Elternhaus, Schule, Universität, Massenmedien). Diese sozial-genetische Programmierung wäre die materialistische Erklärung des deutschen Wesens. Aus dieser genetisch-psychologischen Definition der Deutschen folgt natürlich auch die Möglichkeit einer vollkommenen Umprogrammierung bis hin zu einer faktischen Ent-Deutschung aller Deutschen: die finale Auflösung im großen Bunten.

Erklärt man *deutsches Wesen* jedoch aus einer metaphysisch-geistigen Perspektive heraus – wobei ich persönlich das östliche Seelenkonzept mit Wiedergeburten bevorzuge –, dann bestehen die Deutschen aus einer bestimmten Kategorie von Seele, die im Laufe ihrer Wiedergeburten bestimmte Dinge gelernt hat, bestimmte Dinge als richtig erkannt hat, deshalb ganz bestimmte Wünsche entwickelt hat, bestimmte Fehler vermeidet, aber auch zu einer bestimmten Kategorie von Fehlern neigt. Und die meisten dieser »deutschen« Seelen inkarnieren sich dann in einem bestimmten Gebiet, nämlich Deutschland, um unter dem Schutz wesensgleicher Seelen diejenigen Erfahrungen zu machen, die sie wollen und brauchen. *Deutsch* ist demnach kein sozio-generischer Code, sondern ein seelisch-geistig-spiritueller Code.

Im Prinzip geht die Debatte über das deutsche Wesen also von einer vollkommen schiefen, unausgegorenen Basis aus, wenn eingangs ungeklärt bleibt, ob es überhaupt so etwas wie eine Seele gibt. Letztlich hat es so gesehen gar keinen Sinn, mit anderen Menschen über das deutsche Wesen oder dessen Seele zu debattieren, wenn diese Menschen sowieso nicht an eine unsterbliche Seele glauben.

Kurz: Hinter der Debatte über das deutsche Wesen steckt letztlich die Diskussion über die Existenz einer unsterblichen Seele.

Fragt man nun den normalen Durchschnittsbürger nach typisch deutschen Eigenschaften, so wird sehr oft die sprichwörtliche *deutsche Gründlichkeit* genannt. *Gründlichkeit* bedeutet, den Dingen auf den Grund zu gehen und bis zum Kern, bis zum Wesen einer Sache vorzudringen. Auch bedeutet Gründlichkeit, eine Sache in all ihren Aspekten zu durchleuchten und ein möglichst allumfassendes Bewusstsein und Wissen darüber zu erlangen.

Wir kommen folglich zu dem Ergebnis, dass das deutsche Wesen in einem ganz wichtigen Aspekt darin besteht, dem Wesen der Dinge auf den Grund zu gehen. Andersherum bedeutet dies, dass jene, die behaupten, es gäbe gar kein deutsches Wesen, indirekt gerade die Notwenigkeit bestreiten, den Dingen auf den Grund zu gehen.

Also stellen wir uns die entscheidende Frage: Wo endet man, wenn man den Dingen eben *nicht mehr* auf den Grund geht? Natürlich in einer geistig völlig verflachten, verdummten Welt. Und genau diese verdummte Welt ist eine irrsinnig tolle Sache für alle Arten von Schlitzohren und Schlaufüchsen. Wohlgemerkt: Wirklich intelligente Menschen können kein Interesse an einer verblödeten Welt haben. Eine verblödete Welt ist nur von Interesse für Dumme, die zu ihrer Existenz noch Dümmere brauchen.

Doch kommen wir zurück zum Thema *Zukunft Europas und Zukunft Deutschlands:* Auch was die Zukunft Deutschlands betrifft, so wird der Begriff *Seele* zum Schlüsselbegriff. Seele steht für Kontinuität und Dauerhaftigkeit, und wenn es so etwas gibt wie deutsche Seelen, dann muss sich die Zukunft der Deutschen im Rahmen der Kontinuität dieser Seelen entwickeln. Auf den Punkt gebracht: Wenn wir eine Seele haben, so können wir darin auch unsere Zukunft erkennen. Worauf ich also hinauswill, ist: Wer an ein deutsches Wesen glaubt, der glaubt auch an die Zukunft Deutschlands. Das ist der Punkt.

Es reicht also keinesfalls, nur ein paar Prophezeiungen über die Zukunft Mitteleuropas und Deutschlands abzudrucken und kurz zu kommentieren. Denn das Gift einer unausgesprochenen und heimlichen Weltstaats-Ideologie ist schon viel zu tief in unser Denken und in unsere Wahrnehmungsfilter vorgedrungen. Der treudoofe Deutsche hat die Ideologie seiner Selbstabschaffung schon viel zu tief verinnerlicht. Sein insgeheimer Glaube an das kommende Weltstaats-Paradies hat seinen Geist fast schon so sehr verkleistert wie seinerzeit zwischen 1933 und 1945 der Glaube an das Tausendjährige Reich.

Zurück zu Johann Kristl: Auch Johann Kristls »*dass alle Menschen, die durch Zinsleihe, dem eigentlichen Kapitalismus, zu Schaden kommen, ihre Güter zurückerhalten*« korrespondiert mit einer Stelle im *Lied der Linde* (und zwar unmittelbar vor der gerade zitierten), wo es um eine radikale ökonomische Neuordnung zu gehen scheint:

Preis dem einundzwanzigsten Konzil,
Das den Völkern weist ihr höchstes Ziel
Und durch strengen Lebenssatz verbürgt,
Dass nun Reich und Arm sich nicht mehr würgt.

Das Verhältnis zwischen Arm und Reich kann langfristig nur in Harmonie und Balance gehalten werden, wenn entsprechende ökonomische Gesetze beachtet werden. Was die Beziehungen zwischen Arm und Reich dauerhaft aus dem Lot bringt, ist eine Kredit- und Zinswirtschaft, die über einen immer höheren Zinsanteil an den Preisen praktisch sämtlicher Güter und Dienstleistungen dazu führt, dass die Reichen immer reicher und die Armen immer ärmer werden, weil der Zinsgewinn in der Hauptsache in Richtung Reichtum fließt. Das passende Schlagwort aus der Gegenwart ist die sich immer weiter öffnende Wohlstandsschere.

Sollte die Zinsschraube, die die Armen immer ärmer und die Reichen immer reicher macht, nach dem Krieg und der Finsternis tatsächlich »abgedreht« werden, wäre das eine äußerst weitreichende Reform; eine Reform, die so tief greift, dass sie ohne den grundlegenden Wandel im allgemeinen Wertesystems kaum denkbar ist. Von daher wäre es naheliegend, dass die christlichen Kirchen eine wichtige Rolle bei der Abschaffung des bisherigen Zinssystems spielen.

Etwa von Mitte des 12. Jahrhunderts bis 1830 gab es im christlichen Europa ein Zinsverbot, das jedoch recht unterschiedlich gehandhabt und gerne unterlaufen wurde. 1830 hob Papst Pius VIII. das Zinsverbot innerhalb der katholischen Kirche auf. Insofern würde es passen, dass die Kirche auch an der Wiedereinführung des Zinsverbotes beteiligt ist.

Wenn wir also im *Lied der Linde* lesen:

Und durch strengen Lebenssatz verbürgt,
Dass nun Reich und Arm sich nicht mehr würgt.[346]

… könnte sich das tatsächlich auf eine Art Zinsverbot beziehen.

Sieg mit deutschen Wunderwaffen?

Da wir uns nun etwas tiefer in den virtuellen Raum eines »zukünftigen Deutschlands« vorgewagt haben, wird es Zeit, uns den Voraussagen des Nicolaas van Rensburg zuzuwenden, einem 1926 verstorbenen südafrikanischen Seher, der nach allem, was man über ihn in Europa erfährt, ein recht guter Seher gewesen sein muss.

Nicolaas van Rensburgs Prophezeiungen wurden 2006 in deutscher Sprache unter dem Titel *Worte eines Propheten – Der Seher van Rensburg* veröffentlicht, im Jahr 2005 erschien eine englische Übersetzung des Originals in Afrikaans *(Words of a Prophet)*. Van Rensburg hatte, so die Überlieferung, in der Regel symbolische Visionen mit Symbolen aus der Tierwelt und der bäuerlichen Welt des Sehers. Obiges Buch *Worte eines Propheten* enthält zum Teil die Deutungen des Sehers selbst, aber auch spätere Deutungen anderer, und diese Deutungen sind nicht immer nachvollziehbar. Um hier auf einer gesicherteren Grundlage zu stehen, sollte man möglichst die ältesten Texte in der Originalsprache Afrikaans zu Rate ziehen. Diese liegen mir zurzeit aber nicht vor.

Ansonsten ist das in *Worte eines Propheten* veröffentlichte Material recht umfangreich, und man ist geneigt, diesem 1926 verstorbenen Seher, der weit ab von Europa sein Leben verbracht hat, eine gewisse Neutralität gegenüber zukünftigen Entwicklungen in Europa zu unterstellen, mit Ausnahme des Schicksals Großbritanniens vielleicht, welches gegen die Buren, die früheren Südafrikaner, zwischen 1880 und 1902 zwei brutale Kriege geführt hat.

Ebenso wie viele europäische Seher sah Nicolaas van Rensburg einen »Dritten Weltkrieg« voraus, den Russland vom Zaun bricht und den Russland, nachdem es in Westeuropa eingefallen ist, verliert. In der deutschen Ausgabe von 2006 beginnt das Kapitel über den Dritten Weltkrieg bemerkenswerterweise mit folgenden Zeilen:

Der Dritte Weltkrieg: Ein Vorspiel – Flüsse von Blut

Van Rensburg warnte davor, dass vieles in Osteuropa (Russland) und dann im Mittleren Osten (Irak) zuerst ganz übel verlaufen würde.

Er sah einen ***grausamen Bürgerkrieg in Russland,*** *und währenddessen würde die Welt daneben stehen und hilflos zuschauen. […] Der Seher sagte, dass dieser Krieg in Osteuropa (Russland) beginnen würde und dann auf die ganze Welt übergreifen würde.*[347]

Es liegt auf der Hand, dass dieser Bürgerkrieg nur einen kleinen Teil »Russlands« (Russland mit Ukraine?) betreffen kann, denn sonst hätte Russland nicht mehr die Kraft zu einem großen Angriff auf den Westen.

Mir ist keine andere Quelle bekannt, die im unmittelbaren Vorfeld des »Dritten Weltkriegs« einen Bürgerkrieg in Russland beziehungsweise in russischstämmigen Gebieten am Rande Russlands voraussagt, was für die Glaubwürdigkeit van Rensburgs spricht.

Im deutlichen Unterschied zu den europäischen Sehern stellt van Rensburg (in der deutschen Übersetzung) Deutschland ausdrücklich als Sieger dieses Krieges dar. Das gipfelt in Aussagen wie:

Die Deutschen erklären den Frieden in Europa und sind in kürzester Zeit die stärkste Nation.[348]

Wir [Südafrika] *bekommen unsere Freiheit durch Deutschland, das die führende Macht in Europa wird, während es all seine einstigen Kolonien zurück-*

erhält. Sogar wir, die ihnen wehgetan haben, werden unseren Preis zahlen. ***Der Frieden und Wohlstand wird viele Jahre dauern,*** *und jedes Volk bekommt Rechte. Unser Land wird sehr groß und reich.*[349]

Offen gestanden wüsste ich nicht, was Deutschland mit seinen früheren Kolonien sollte, denn – flapsig formuliert – nach der 3-tägigen Finsternis sollen ja auch bei uns Bananen wachsen. Es wäre aber denkbar, dass einige schwarzafrikanische Staaten nach Jahrzehnten des Chaos und Niedergangs – die letzten afrikanischen Kolonien wurden vor rund 50 Jahren unabhängig – die Nase gestrichen voll haben von ihrer eigenen Unfähigkeit (die natürlich auch von den entwickelten Staaten ausgenutzt wurde) und europäische Staaten dazu einladen, dort dauerhaft tragfähige staatliche und wirtschaftliche Strukturen zu schaffen.

In *Worte eines Propheten* heißt es an anderer Stelle:

> *Dieser Krieg wird einer der schlimmsten und van Rensburg sagt: »Ein großer Brunnen wird mit Blut gefüllt sein.« Dies* ***deutet*** *darauf hin, dass Blut fließt wie nie zuvor. Dies lässt den Russen keine Zeit zum Überlegen, und an diesem Punkt kommt Gott den Deutschen zu Hilfe. Sie greifen mithilfe der USA* [meiner Ansicht nach eine Fehldeutung, Anm. d. Autors] *die russischen Verbindungs- und Versorgungslinien an und üben von allen Seiten Druck auf sie aus, solange, bis die Russen völlig besiegt sind.*
>
> *Und die Menschen werden sagen, dass Gott Deutschland geholfen hat, wie sonst hätten sie das schaffen können? (»Oupa«* [Großvater] *Krause* [ein Zeitgenosse und Zeuge van Rensburgs] *sagte mir das oft im Gefängnis, aber er fügte hinzu, dass er nicht wusste, dass so etwas passieren könne).*[350]

Den »Eingriff Gottes« während der Kämpfe in Deutschland kennen wir bereits aus den mitteleuropäischen Prophezeiungen.

> *Und die Waffen, die Deutschland herstellen wird, werden von vielen Ländern gefürchtet werden, und sie werden vor Angriffen gegen Deutschland zurückschrecken. Dann wird Deutschland befreit werden, alle seine Länder in Europa zurückerlangen und so mächtig werden, dass ich Deutschland am Kopf des Tisches sitzen sehe, kurz nach Ende des Dritten Weltkriegs.* ***Englands Platz ist leer, denn es ist keine Nation mehr.***[351]
>
> *England wird nun ein völlig bedeutungsloses Land sein. […] Holland gibt auf, ohne einen Mucks von sich zu geben. Frankreich wird irgendwie überleben.*

> ***Russland wird kaputt sein,*** *und obwohl die USA nicht zerstört werden, ist es eine sehr schwache Nation.*[352]

Auch dieses Grundmuster findet sich in der europäischen Prophetie: England und Holland versänken größtenteils im Meer, die USA hätten als Weltmacht abgedankt. Und Russland? Nun, wenn es »kaputt« wäre, müsste es eben wieder repariert werden. Glaubt man Gabriele Hoffmann und Alois Irlmaier (der voraussah, dass Russland nur wenige Jahre von westeuropäischen Truppen besetzt bleibt), müsste sich Russland zum Partner Deutschlands entwickeln und dürfte seinerseits nach Europa und Asien ausstrahlen.[353]

Dann wird es bei diesem südafrikanischen Seher – na, sagen wir einmal – etwas »durchgeknallt«:

> *Die Deutschen haben viele Geheimwaffen über die spanische Grenze gebracht, als sie nach dem Zweiten Weltkrieg gezwungen wurden, sich zu ergeben. Sie konnten oder wollten sie nicht benutzen, denn die Zeit war noch nicht reif dazu. […] Die Rote Armee wird an der spanischen Grenze zerschlagen werden, und die* ***Russen werden Waffen antreffen, mit denen sie niemals in den Pyrenäen gerechnet hatten, alle von Deutschen hergestellt.***[354]

Spätestens hier beginnen bei manchen Deutsch-Nationalen alte Nazi-UFOs Typ *Haunebu* um die Hirnwindungen zu sausen.

Nazi-Ufos sind ein ganz spezielles Thema, das schon seit Jahrzehnte durch die Neonazi-Szene geistert. Im Jahr 2012 gipfelte das Nazi-Ufo-Thema sogar in der international vermarkteten Science-Fiction-Nazi-Kino-Komödie *Iron Sky*.

Iron Sky handelt davon, dass sich ein paar Nazis am Ende des Zweiten Weltkrieges mit ein paar UFOs made in Nazi-Germany auf die Rückseite des Mondes gerettet haben, sich dort vermehrt und ordentlich aufgerüstet haben und dann zur Erde zurückkommen, um nun endlich wirklich die Weltherrschaft zu übernehmen.

Obwohl politisch mindestens zu 200 Prozent unkorrekt, schaffte es *Iron Sky* sogar, in den »politisch korrekten« Massenmedien besprochen zu werden. Der Film ist einfach zu komisch, und die Idee des Filmes ist einfach *zu* – das Wort wurde schon verwendet – *durchgeknallt*.

Van Rensburgs Voraussagen zur zukünftigen deutschen Supermacht sind – es überrascht nicht wirklich – in deutsch-nationalen Milieus auf äußerst fruchtbaren Boden gefallen. Man mag van Rensburgs Aussagen also für Spinnerei oder gefährlichen Unfug halten. Möglich, dass von den jeweiligen Autoren der »wahre« van Rensburg zu einer Art »Prophet der Deutschen« aufgeblasen wurde.

Ungeachtet dessen aber gilt, dass sich van Rensburg mit seinen Voraussagen insgesamt durchaus im Rahmen dessen bewegt, was manche europäische Seher vorgeben. Und wie ich schon herausgearbeitet habe: Wenn England untergeht, die USA abtreten und Russland vorübergehend in den Hintergrund gerät, dann kann es nicht anders sein, als dass Deutschland in der geostrategischen Neuordnung Europas eine Schlüsselrolle zukommt, die die faktisch schon jetzt bestehende Dominanz Deutschlands übertrifft; eine Dominanz, die inzwischen ja auch in offiziellen Slogans von der »mächtigsten Frau der Welt« international (wenigstens offiziell) gar nicht mehr bestritten wird.

Diese potenziell zukünftige Rolle Deutschlands müsste nicht unbedingt die faktische Führungsrolle sein, aber es scheint doch sehr wahrscheinlich, dass Deutschland maßgeblich an der Führung beteiligt ist.

Aber wie gesagt: Betrachten wir die in Europa publizierten Voraussagen des Nicolaas van Rensburg mit Vorbehalt. Zu einer fundierteren Einschätzung bräuchte man die frühen Originaltexte.

Europa und Deutschland nach der Finsternis – Schlussbemerkung

Obige Visionen eines Deutschlands nach der Finsternis werden nicht nach jedermanns Geschmack sein. Vielleicht sind diese Visionen sogar irrig. Wer kennt schon die Zukunft?

Das ändert aber nichts daran, dass wir eine positive, kraftvolle und zündende Vision von einem Europa nach der Finsternis brauchen. Wenn alles zusammenbricht, werden sich die Menschen mit Schrecken fragen, wo all das endet und wo die Hoffnung ist. Und diese Frage werden sie aus dem Zustand ihrer Seele heraus beantworten, *nicht aus ihrem Intellekt.* Dann braucht es Menschen, die einen festen Glauben an eine gute Zukunft haben und anderen Menschen beweisen können, dass man auch in dieser schwierigen Situation an die Zukunft glauben kann.

Angesichts der erlittenen Katastrophen und des weltweiten Massensterbens würde es beileibe nicht reichen, wenn sich dieser Zukunftsglaube lediglich auf eine Art gewohnheitsmäßigen »Optimismus« stützt oder auf eine Grundhaltung, die sagt: »Das Leben muss weitergehen.«

Nach dem Massensterben würde eine 08/15-Alltagspsychologie nicht mehr funktionieren. Entscheidend für die Kraft der Vision eines zukünftigen Europas wäre vielmehr die Erkenntnis, dass es weitergehen *muss,* weil die historischen Prozesse einer höheren Ordnung folgen, die die Menschen guten Willens letztlich sicher an ihr Ziel trägt.

Das bedeutet, dass man die Katastrophen in der Zeit zuvor in ihrem Sinn und ihrer Logik begreift. Teil dieser Logik ist, dass infolge von Finanzcrash, Revolutionen, Krieg, Finsternis und Polsprung ein ganzes Spektrum gesellschaftlicher Kräfte für gewisse Zeit verschwunden ist, die in der Zeit vor dem Kriege die weitere soziale und spirituelle Entwicklung der Menschheit behindert, wenn nicht sogar vollkommen unmöglich gemacht hat.

Zum Verständnis ist es wichtig, in dem ganzen Szenario letztlich den positiven, kreativen Aspekt der Zerstörung zu erkennen. Das mag zum Teil grausam klingen, gerade aber in einer solchen Zeit ist es absolut notwendig, seinen Geist auf das auszurichten, was einem Kraft gibt. Diesem energetischen Grundprinzip der Fokussierung auf die größte Kraftquelle entsprechen auch die Ermahnungen der katholischen Quellen zum Verhalten während der 3-tägigen Finsternis. In dieser Zeit raten sie dringend dazu, zu beten und damit seinen Geist auf Gott, Jesus Christus oder die Jungfrau Maria auszurichten. Und auch der Rat, in dieser Zeit seine Sünden zu bereuen, entspricht diesem Prinzip, da man insgeheim von seinen Schuldgefühlen abgelenkt wird. Das geht natürlich auf Kosten der Energie.

Wenn man daran glaubt, dass der Krieg, die Finsternis und die Polwende einer Art höheren Choreografie folgen – von mir aus auch dem »Willen Gottes«, wobei der Begriff *Gott* etwas problematisch ist, denn wer weiß schon, wer oder was Gott wirklich ist? –, dann muss es selbstverständlich auch einen Plan für die Zeit nach den Katastrophen geben. Wenn sich eines Tages herausstellt, dass die Seher die Vorkriegszeit, den Krieg und die Finsternis zutreffend vorausgesehen haben, dann können wir davon ausgehen, dass sie auch die Zeit danach richtig gesehen haben.

Sollten sich die Prophezeiungen zu Krieg und Finsternis wirklich erfüllen, werden wir im Erste-Hilfe-Koffer der Alltagspsychologie nicht das nötige

Verbandszeug für unsere verletzten Seelen finden. Wir werden eine besondere Medizin brauchen.

Die Vision eines starken, blühenden postapokalyptischen Europas und eines starken, blühenden postapokalyptischen Deutschlands mag im Moment völlig realitätsfern und damit überflüssig erscheinen. Aber das würde sich ändern, wenn die Tsunamis der Weltpolitik die Strände der deutschsprachigen Wohlstandsinsel nicht nur in Form von Flüchtlingswellen in Mitleidenschaft ziehen, sondern wenn sie die Wohlstandsküsten regelrecht verwüsten und tief in das Landesinnere hineindonnern. Dann wird es höchste Zeit für uns, zu wissen: Wohin führt all das am Ende? Und was ist der Sinn?

Dann werden wir entweder mit dem Herzen einen größeren Deutungsrahmen für das Weltschicksal erkennen – sei es Gott oder ein göttliches Prinzip –, oder wir werden ganz einfach innerlich zerbrechen.

Anmerkung zur Rolle Russlands

Was auch immer mit Deutschland in Zukunft geschehen mag, so müsste es um der Zukunft Europas willen Freundschaft zu Russland pflegen.

Und wenn es sich dabei um eine echte Freundschaft handelt, so müsste diese auch ein kraftvolles tragendes Element der Inspiration und der Dankbarkeit beinhalten. Aus deutscher Sicht könnte ein solcher Impuls von außen in einer geistigen Inspiration bestehen, die es aus Russland erfährt. Dazu füge ich gleich zwei Zitate von zwei Sehern an. Zuvor möchte ich aber noch einmal betonen, dass die drei Weltkriege nur möglich gewesen sind bzw. wären, weil sich Russland und Deutschland von irgendjemandem aufeinanderhetzen ließen.

Eine friedliche Zukunft Europas wird nie möglich sein, wenn einer der beiden den anderen dominiert. Das schließt jedoch nicht aus, dass jeder für sich einen eigenen Einflussbereich hat, den er nach seinem Geschmack und Gefallen prägt.

Von dem bekannten und gemeinhin als sehr glaubwürdig eingestuften US-amerikanischen »schlafenden Propheten« Edgar Cayce (1877–1945) sind folgende Aussagen überliefert:

Das [die Zukunft der Religion] *hängt von den Aktivitäten zu vieler Einzelner ab, als dass sie zum gegenwärtigen Zeitpunkt prognostiziert werden könnte, denn Veränderungen kommen, soviel ist sicher – eine Evolution oder Revolution in den Vorstellungen des religiösen Denkens. Die Grundlage dafür, und zwar für die ganze Welt, wird möglicherweise* [siehe unten] *aus Russland kommen; nicht Kommunismus, nein! Eher das, was sein Grundgedanke ist, wie ihn Christus lehrte – seine Art von Kommunismus!«*[355]

Rein sprachlich gesehen klingt das natürlich eher nach einer intellektuellen Spekulation von Edgar Cayce. Im Jahre 1944 sagte der »schlafende Prophet« jedoch:

> ***Aus Russland kommt die Hoffnung der Welt**, nicht als das, was manchmal als Kommunismus, als Bolschewismus, bezeichnet wird, nein. Aber die Freiheit, als eine Freiheit, **in der jeder einzelne Mensch für seinen Mitmenschen leben wird!** Das Prinzip ist geboren. Es wird Jahre dauern, bis es konkrete Form annimmt, aber aus diesem Russland heraus kommt wieder die Hoffnung der Welt.*[356]

Eine ähnlich klingende Aussage ist auch von Baba Wanga überliefert. Ihre Nichte schreibt:

> *Die Zukunft Russlands war auch Thema eines Gespräches mit dem russischen Schriftsteller Walentin Sidorow im Jahr 1979, bei dem Wanga sagte: »Alles wird wie Eis schmelzen, nur das eine wird unberührt bleiben – der Ruhm Wladimirs* [des Fürsten, unter dem Russland einst das Christentum annahm. Anm. d. Autors] *– der Ruhm Russlands. Niemand kann Russland stoppen. Es wird nicht nur bestehen bleiben, sondern das »alte« Russland wird durch einen geistigen Aufschwung zum **»Herren« der Welt** werden. Es wird ein Adler sein, der in die Lüfte steigt und mit seinen Flügeln die ganze Erde beschattet. Alle werden seine geistige Überlegenheit anerkennen, **auch Amerika.** Das wird aber nicht schnell geschehen, sondern in 60 Jahren* [also 2039, siehe dazu Gabriele Hoffmann: Einwanderungsland Russland 2028/2030, Seite 254]. *Diesem Prozess wird die Annäherung dreier Staaten vorangehen: Chinas, Indiens und Russlands.*[357]

Hier lässt sich kritisch anmerken, dass die USA nach den ganzen Katastrophen ziemlich bedeutungslos wären und es relativ egal wäre, wen sie anerkennen und wen nicht. Noch kritischer ist die Formulierung »Herr der Welt«, da dies an den »Fürsten der Welt« erinnert, mit dem die *Bibel* den Teufel meint, jene geistige Kraft, die die menschlichen Seelen dauerhaft an die Materie binden und am geistigen Wachstum hindern will. Das meint Wanga aber sicherlich nicht.

Auch die Formulierung »geistige Überlegenheit« ist unglücklich, denn niemandem ist damit geholfen, wenn er sich unterlegen fühlt, erst recht, wenn es um geistige Unterlegenheit geht. Wesentlich geschickter wäre es, wenn man Russland als große Inspiration und Bereicherung empfindet.

So oder so –, dem großen christlichen Volk im Osten ist zu wünschen, dass es in einer Zeit des Friedens die Dankbarkeit der Welt erfährt.

Resümee

Was kann dieses Buch leisten? Hätte dieses Buch einen Beweis dafür erbringen können, dass sich die Prophezeiung der 3-tägigen Finsternis mit hundertprozentiger Sicherheit erfüllen wird? Natürlich nicht. Was dieses Buch aber mit Sicherheit leisten kann, ist, einen Teil der öffentlichen Aufmerksamkeit auf das Thema einer 3-tägigen Finsternis zu lenken. Allerdings könnte man sich dann sogleich fragen: Ist diese öffentliche Aufmerksamkeit überhaupt hilfreich? Oder ist sie eher schädlich, eher schlecht?

Definitiv schlecht wäre dieses Buch, wenn es dazu beitrüge, das Szenario der 3-tägigen Finsternis *wahrscheinlicher* zu machen. Nur wie bitte sollte das gehen? Ganz im Ernst: Sollen etwa gebündelte »negative« Gedanken eines Autors und einer relativ begrenzten Leserschaft einen kleinen Himmelskörper von außerhalb unseres Sonnensystems auf Erdkurs umlenken? Wohl kaum. Eine lustige Idee. Aber auch ziemlich blödsinnig.

Könnte das Buch einzelne labile Menschen für gewisse Zeit in einen negativ gefärbten emotionalen und geistigen Zustand versetzen? Natürlich. Nur machen das andere Bücher, Kinofilme, YouTube-Filme, schlechte Nachrichten und schlechte Politik, Flüchtlingskrise, massenmediale Feindbildschürung, Kriegshetze, Weltkriegstreiberei und Aufrüstung auch. Was davon ist legal? Was davon muss man zähneknirschend hinnehmen? Wogegen sollte man vorgehen? Wo verlaufen da die Grenzen? Und wer zieht diese Grenzen?

Selbst wenn man dieser Arbeit Nachteile ankreiden würde, gilt für sie dasselbe wie für praktisch alles: Sie hat ihre Vor- und Nachteile. In diesem Sinn kann das vorliegende Buch einerseits Mut machen, überleben und verstehen helfen, andererseits kann es Angst machen und entmutigen. Das Ergebnis hängt von der inneren Einstellung des jeweiligen Lesers ab; ob dieser Leser seinen Fokus eher auf Angst und Schwäche oder auf Mut und Kraft richtet – eher auf das, was ihm Kraft *nimmt,* oder auf das, was ihm Kraft *gibt.* Das aber ist zuletzt einzig und allein seine eigene Entscheidung.

Ungeachtet all dessen ist die traditionelle europäische Prophetie ein geistiges Kulturgut des alten Kontinents. Und diese Prophezeiungen sagen Europa eben eine Krise voraus, die sich gewaschen hat und die sämtliche Lebensbereiche betreffen soll. Die Kommunikation über dieses europäische Kulturgut sollte keinen Beschränkungen unterliegen. Jede Kultur sollte sich für die traditionellen Entwürfe und Skizzen ihrer Zukunft interessieren.

Mein Wunsch ist, dass dieses Buch vielen Lesern Kraft gibt. Für die möglicherweise kommenden unruhigen Tage wünsche ich dem Leser eine sichere und unzerstörbare Verbindung zu seiner Lieblingsenergiequelle sowie ein Maximum an Energie aus genau dieser Quelle.

Stephan Berndt, Januar 2017

Anhang

Geistige und praktische Aspekte der 3-tägigen Finsternis

Auf den ersten Blick scheinen die Überlebenstipps und Handlungsanweisungen der Seher zur 3-tägigen Finsternis denkbar einfach zu sein: im Haus bleiben, Türen und Fenster schließen, Fenster verhängen, geweihte Kerze anzünden, beten. 3 Tage durchhalten. Fertig.

Nun, das wäre wohl etwas zu kurz gegriffen, weil es sich – glaubt man den Quellen – bei der 3-tägigen Finsternis um ein Ereignis handeln soll, das weit über unseren üblichen Wahrnehmungshorizont hinausreicht. Und diese Horizontüberschreitung beträfe nicht nur die rein physikalischen und materiellen Vorgänge während der Finsternis, sondern auch und gerade psychische und seelische Vorgänge.

Sehen wir uns also noch einmal die Aussagen der Quellen bezüglich dessen an, was während der 3-tägigen Finsternis innerhalb geschlossener Räume vor sich gehen soll.

> **Marie-Julie Jahenny** (vor 1938, Frankreich): *Während dieser schrecklichen Finsternis werden nur die* ***Kerzen aus geweihtem Wachs*** *Licht spenden. Eine Kerze wird ausreichen für 3 Tage, aber in den Häusern der Gottlosen werden sie nicht brennen.*[358]

Kerzen werden von Priestern geweiht. Allerdings sollte man sich den jeweiligen Priester genauer ansehen, um abschätzen zu können, ob er bei der Weihe der Kerzen auch wirklich bei der Sache ist.

> *Während dieser 3 Tage werden die* ***Dämonen*** *in fürchterlicher, abscheulicher Gestalt erscheinen, und die Luft wird widerhallen von ihren schrecklichen Flüchen.* ***Strahlen und Funken*** *werden in die Häuser der Menschen eindringen […]*[359]

Mit Letzterem könnten Kugelblitze gemeint sein, leuchtende Plasma-Bällchen, die von der Größe her etwa zwischen Kirschgröße und Fußballgröße variieren können. Aufgrund ihres sehr seltenen Auftretens galten Kugelblitze lange Zeit als Märchen oder Fantasiegebilde. Seit einigen Jahren jedoch weiß man, dass es sich um eine Plasma-Erscheinung handelt, die in starken elektrischen Feldern entsteht. Dabei ist zu beachten: Kugelblitze können Glasscheiben durchdringen, ohne Löcher zu hinterlassen, und sich sogar gegen die Windrichtung fortbewegen.

> *[…] sie werden aber dem Licht der heiligen Kerzen nichts anhaben können, denn sie* [die Kerzen] *werden weder durch Winde noch durch Stürme oder Erdbeben ausgelöscht werden.*[360]

Wenn immer wieder empfohlen wird, im Haus zu bleiben, und wenn ein Drittel bis zwei Drittel der Menschen überleben sollen, dann müsste es folglich viele Gebiete geben, in denen die Erdbeben nur verhältnismäßig schwach verlaufen. Vermutlich wäre es ratsam, sich nicht im obersten Stockwerk aufzuhalten, sondern eher im Erdgeschoss oder im Keller. Gebiete, die schon heute erdbebengefährdet sind, sollte man natürlich meiden oder dort wenigstens entsprechende bauliche Vorkehrungen treffen. Dazu sollte man natürlich Fachleute befragen.

> **Anna Maria Taigi** (1837, Rom): *Diese Finsternis wird es ganz unmöglich machen, irgendetwas zu sehen. Auch wird die Finsternis mit einer Verpestung der Luft verbunden sein […] Solange die Finsternis dauert, wird es unmöglich sein, Licht zu machen. Nur* ***geweihte Kerzen*** *werden sich anzünden lassen und Licht spenden. Wer während der Finsternis aus Neugierde das* ***Fenster*** *öffnet und hinausschaut oder aus dem Hause geht,* ***wird auf der Stelle tot hinfallen.*** *In diesen 3 Tagen sollen die Leute in ihren Häusern bleiben, den Rosenkranz beten und Gott um Erbarmen anflehen.*[361]

Lied der Linde (1921, Deutschland,):

> *Winter kommt, 3 Tage Finsternis,*
> *Blitz und Donner und der Erde Riß,*
> *Bet daheim, verlasse nicht das Haus,*
> ***Auch am Fenster schaue nicht den Graus!*** [siehe unten]
>
> *Eine Kerz, die ganze Zeit allein*
> *Gibt, wofern sie brennen will, dir Schein.*
> *Gift'ger Odem dringt aus Staubesnacht:*
> ***Schwarze Seuche,*** *schlimmste Menschenschlacht!*

Gleiches allen Erdgebornen droht,
Doch die Guten sterben sel'gen Tod;
Viel Getreue bleiben wunderbar
Frei von Atemkrampf und Pestgefahr.[362]

Sind mit den verschonten »Getreuen« Gebiete in Mitteleuropa gemeint, die von der Staubwolke verschont bleiben? Angesichts der bekannten Quellenbasis wäre das ziemlich unwahrscheinlich. Die Staubwolke müsste Mitteleuropa eigentlich komplett abdecken (siehe die Karte der Quellenherkunftsorte auf Seite 38). Demnach müssten hier eher verschonte Gebäude gemeint sein. Die »schwarze Seuche« beziehungsweise Pest wird uns unten noch einmal begegnen. Meiner Einschätzung nach kann es sich dabei aber nicht um die klassische Pest handeln (siehe unten).

> **Franz Kugelbeer** (1922, Österreich): *Kein Feuer brennt. Man kann weder essen noch schlafen, sondern nur beten. Nur* ***geweihte Kerzen*** *brennen.* ***Blitze dringen in die Häuser*** *[…]*[363]

Normalerweise dringen Blitze nicht in die Häuser ein, sondern schlagen auf dem Dach in den Blitzableiter, und von dort aus sucht sich der Blitz seinen Weg durch den Blitzableiter zum Erdboden. Sind also auch hier Kugelblitze gemeint?

Ist die Luft mit Staub angefüllt und wäre diese Staubwolke einige 100 Meter dick, käme es zu starken elektrostatischen Aufladungen. Entsprechende Blitze werden oft in den Staubwolken über ausgebrochenen Vulkanen beobachtet.

> *[…] grässliche Flüche von Teufeln sind zu hören.* [siehe unten] *Erdbeben, Donner, Meeresrauschen.* ***Wer neugierig zum Fenster hinausschaut, wird vom Tode getroffen.*** *Man verehre das kostbare Blut Jesu und rufe Maria an. Die Teufel holen die Gottlosen bei lebendigem Leibe. […]*[364]

Die Sache mit den Teufeln und Dämonen wird wirklich von auffallend vielen Quellen angesprochen. Egal, ob man dies nun psychologisch im Sinne von Halluzinationen deutet, oder im spirituellen Sinne als negative Geistwesen, die sich infolge eines Erd-Energiefeld-Zusammenbruches plötzlich auf der Erdoberfläche tummeln, wäre während der Finsternis größtmögliche Ruhe angesagt, um nicht etwa in Panik Fenster oder Türen zu öffnen.

Seltsam ist auch der Rat, gar nicht erst hinauszuschauen, und die Warnung, dies brächte den Tod. Könnte es draußen Dinge zu sehen geben, die zu Tode erschrecken? Oder kann man sich die Todesgefahr irgendwie »wissenschaftlich-technologisch« mit irgendwelchen Strahlungen zusammenfabulieren, die infolge eines Zusammenbruchs des Erdmagnetfeldes während der Finsternis auftauchen?

Auf den Zusammenbruch einer Art schützenden geistigen Energiefeldes scheint sich auch Edward Korkowski zu beziehen:

> *Am Tag X* [von Finsternis und Polsprung, Anm. d. Autors] *werden die Geistwesen jener Ebenen zum Erschrecken ihrer Anhänger sichtbar in Erscheinung treten. Daher ist nur ein ehrlich strebender, gottverbundener Mensch bewahrt, der im ständigen Ringen um wahre geistige Erkenntnis zum Wissenden wurde.*[365]

Zurück zu Franz Kugelbeers Aussagen zur Finsternis:

> *[…] Es herrscht die **Pest**, große schwarze Flecken am Arm sieht man.*

Bei dieser »Pest« kann es sich meiner Ansicht nach nicht um eine »normale« Pest handeln. Wenn sich alle Menschen verbarrikadiert in ihren Wohnungen aufhalten, kann sich eine bis zu diesem Zeitpunkt nicht grassierende Seuche unmöglich so schnell ausbreiten. Das ist vollkommen ausgeschlossen. Also muss es etwas anderes sein. Aber was? Das ist meines Wissens vollkommen unklar. Diese Unklarheit hat aber auch den »Vorteil«, dass man die Krankheit gleich wieder vergessen kann, da kein sinnvoller Ansatz für irgendwelche Vorsorgemaßnahmen erkennbar ist. Franz Kugelbeer wieder:

> ***Schwefeldämpfe** erfüllen alles, als wenn die ganze Hölle los wäre.*
> *Ein Kreuz erscheint am Himmel. Das ist das Ende der Finsternis.*[366]

Die nächste Quelle, der Münchner Josef Stockert (1897–1975), hatte nach eigenem Bekunden in den Jahren 1947–1949 Visionen. Diese hat er in einer Broschüre veröffentlicht.[367] Der wirklich gute Prophezeiungsforscher Alexander Gann (†) hielt ihn für unglaubwürdig, stützte sich dabei aber im Wesentlichen auf Aussagen aus dem persönlichen Umfeld Stockerts. Ich halte Zeugenaussagen aus dem familiären Umfeld gerade bei diesem Thema für nicht überzeugend, da es diesbezüglich in Familien oft tiefe weltanschauliche Gräben gibt.

Hinzu kommt, dass mir der Pfarrer Josef Stocker (ohne t!), der zum Thema Prophetie auch ein paar Bücher veröffentlicht hat, am Telefon mitteilte, dass er

Josef Stockert vor Jahren persönlich besucht und kennengelernt hat und ihn für glaubwürdig hält.[368]

> **Josef Stockert** (1950): *In der Finsternis wird kein Licht brennen, außer dem Licht des Glaubens […]*[369]

Wer nicht die geringste Ahnung hat von dem, was während der 3-tägigen Finsternis vor sich gehen soll, käme logischerweise gewaltig ins Schleudern. Woher sollte er oder sie beispielsweise wissen, wie lange die Finsternis dauert?

Die meisten Menschen würden sich in einer solchen Situation völliger Orientierungslosigkeit nach gewisser Zeit irgendeinen Reim auf die ganze Situation machen. Sie würden irgendeinen Glauben ausbilden und zu irgendeiner Überzeugung gelangen, was da vor sich geht, wie lange es noch dauern wird und wie das Ganze endet. Nicht wenige Menschen würden dann glauben, dies sei »das Ende der Welt«. Keine Frage. Haben die Menschen noch nie etwas von der 3-tägigen Finsternis gehört, ist die Gefahr groß, dass dunkle innere Bilder zu scheinbar äußeren Dämonen auswuchern, die sie überwältigen. Und je dunkler es im Inneren des Einzelnen ist, desto dunkler, depressiver und hoffnungsloser würde das jeweilige Fazit über das Schicksal der Welt und über das *eigene* Schicksal.

»Licht des Glaubens« kann man sicherlich nicht nur im Sinne von Glauben an Gott oder Jesus Christus verstehen, sondern auch als Glauben daran, dass der ganze Spuk nach 3 Tagen überstanden ist.

Josef Stockert also:

> *In der Finsternis wird kein Licht brennen, außer dem Licht des Glaubens und **geweihter Kerzen,** das jenen erhalten bleibt, die die Bitte der Gottesmutter treu erfüllt haben. Die wahren Christen werden in dieser Zeit **Fenster und Türen schließen und verhängen** und sich um das Kreuz und das Bild der seligen Jungfrau im Gebet versammeln. […] **Schauet nicht hinaus und seid nicht neugierig, was draußen vorgeht, sonst müsst ihr sterben!** […] Ein furchtbares Geschrei wird die Luft erfüllen […] **Dann erhellt die Sonne alles wieder mit neuer Schönheit** […]*[370]

> **Seher aus dem Waldviertel** *(1959, Österreich):* ***Einen Tag lang zittert und bebt die Erde.*** *Man bilde sich nicht ein, dass irgendetwas stehen bleibt. Das Beben setzt am späten Abend ein und dauert bis zum nächsten Tag.*[371]

Auch hier haben wir wieder eine ungenaue, ja eigentlich gefährlich irreführende Formulierung: Bliebe wirklich gar nichts mehr stehen, würden sämtliche Häuser zu Todesfallen. Entweder würden die Bewohner verschüttet und könnten mit keiner Hilfe von außen rechnen, oder aber der tödliche Staub würde durch aufgerissene Wände und kaputte Fenster zu den Menschen vordringen. Auch kann man Aussagen wie »Einen Tag lang zittert und bebt die Erde« nicht automatisch auf sämtliche Gebiete übertragen (siehe unten), wobei aber infolge des Polsprungs eigentlich überall mit Erdbeben zu rechnen wäre. Nur fragt sich im konkreten Fall, wie stark.

Wolfgang Johannes Bekh gibt den Seher aus dem Waldviertel wieder:

> *Das diffuse Licht, das sich dann verbreitet, und die Vergiftung der Atmosphäre hielten bedeutend länger als nur 3 Tage lang an. Wer nach 5 oder 6 Tagen sein Versteck verlasse, trage noch immer bleibende Schäden davon. Vielleicht aber rühre die besonders lange Dauer der Vergiftung seiner engeren Heimat (dem Waldviertel nahe der CSFR) daher, dass die tödlichen Wolken nach Osten abgetrieben werden.*[372]

Hier wird wieder spekuliert. Eine andere Erklärung ergibt sich aus Voraussagen zu neu entstandenem Vulkanismus im Westen und Süden Tschechiens.

> *Gekühlte Lebensmittel verderben wegen der Unterbrechung der Kühlung,* ***Dosengläser halten nicht durch.***[373] (Auch Alois Irlmaier sagt, dass Lebensmittel in Gläsern verderben beziehungsweise empfiehlt die Verwendung in Dosen, siehe Seite 153.)

Wenn irgendeine Strahlung durch Glas hindurchdringt, kaufe man sich einfach Konservendosen. Natürlich fragt sich, um was für eine Strahlung es sich handeln könnte und ob diese nicht auch dem menschlichen Körper schaden würde. Alles, was ich dazu sagen kann, ist: Ich weiß zwar nicht, welche Strahlung das sein soll, jedoch weiß ich, dass der Atomkrieg in Europa der Prophetie nach ausfällt. Und das stärkste Argument für den in Europa nicht stattfindenden alles vernichtenden Atomkrieg ist nun einmal der prophezeite »Eingriff Gottes«.

> **Pater Pio** (1965): *Damit ihr euch auf das Ereignis vorbereiten könnt, gebe ich euch folgendes Zeichen: Die Nacht ist sehr kalt, der Wind braust,* ***und nach***

einiger Zeit wird der Donner einsetzen. *Dann versperrt alle Türen und Fenster und* ***sprecht mit niemandem außerhalb des Hauses.***[374]

Bitte? Draußen geht doch der »Staubtod« um! Folglich kann es dort niemanden mehr geben, mit dem man sprechen kann. Es sei denn, es sind wieder die Dämonen … oder eben akustische Halluzinationen.

Kniet euch nieder vor dem Kreuz und bereut eure Sünden. Bittet ***meine Mutter*** *um ihren Schutz. Während die Erde bebt, schaut nicht hinaus, denn der Zorn meines Vaters ist heilig.* ***In der dritten Nacht werden Erdbeben und Feuer aufhören,*** *und am folgenden Tag wird die Sonne wieder scheinen.*[375]

Erdbeben werden immer wieder für die Zeit der Finsternis vorausgesagt. Wenn es aber eine Reihe von Erdbeben gibt, die sich über 3 Tage erstreckt (siehe Seher aus dem Waldviertel oben: »**Einen Tag lang** zittert und bebt die Erde«) – was nicht heißt, dass die Erde 3 Tage lang ohne Unterbrechung bebt –, könnte es sich um eine lokale Erdbebenserie handeln.

Geht man davon aus, dass Pater Pio sich hier an Ratsuchende aus Italien wendet (was zugegebenermaßen spekulativ ist), wäre denkbar, dass sich seine Aussage speziell auf die Provinz Foggia in Apulien bezieht, wo seine Wirkungsstätte lag. Diese Region hat nach dem italienischen Departement für Zivilschutz ein mittleres Erdbebenrisiko (Stufe zwei auf einer vierstufigen Skala).

Die Sache mit den Erdbeben ist jedenfalls ein gutes Beispiel dafür, dass man bei diesem Thema nicht ohne eine gewisse Abgebrühtheit weiterkommt. Ein Erdbeben an sich ist noch kein Grund zu verzweifeln. Es kommt darauf an, wie stark es ist und wie baufällig oder erdbebensicher das Haus und der Keller sind, in dem man sich befindet. Die eigentliche Gefahr sind nicht die Erdbeben, sondern die persönliche Ignoranz und das Festhalten an dieser Ignoranz, bis es zu spät ist.

Alois Irlmaier (1959): *Finster wird es werden* ***an einem Tag unterm Krieg****. Dann bricht ein* ***Hagelschlag*** *aus mit Blitz und Donner und ein Erdbeben schüttelt die Erde. Dann geh nicht hinaus aus dem Haus. Die Lichter brennen nicht, außer Kerzenlicht, der Strom (elektrisch, Anm. Adlmaier) hört auf. Wer den* ***Staub*** *einschnauft, kriegt einen* [Atem-]*Krampf und stirbt. Mach die Fenster nicht auf,* ***häng sie mit schwarzem Papier zu. Alle offenen Wasser werden giftig*** *[…]*[376]

Die Vergiftung aller offenen Wasser wäre erst nach der Finsternis ein Thema und wird wohl durch den Staub der Wolke verursacht, wenn dieser sich am Erdboden abgesetzt hat. Da Probleme mit Durst so gut wie nie in den Quellen thematisiert werden, dauert die Vergiftung offener Wasser offenbar nicht allzu lange an. Ein entscheidender Faktor wäre sicher auch die Tiefe der jeweiligen Gewässer. Sicherheitshalber sollte man in jedem Fall über Wasserfilter verfügen, da in den flacheren Gewässern auch Fischkadaver die Wasserqualität beeinträchtigen würden. Eine Firma, die gute leistungsfähige Wasserfilter herstellt, ist die Firma *Katadyn.*

> *[…] und alle offenen Speisen, die nicht in verschlossenen Dosen sind. Auch keine Speisen in Glasern, die halten es* [?] *nicht ab. Draußen geht der Staubtod um, es sterben sehr viele Menschen. Nach 72 Stunden ist alles wieder vorbei.* [Auch das klingt so, als würde am vierten Tag die Sonne wieder scheinen] *Aber noch mal sage ich es: Geht nicht hinaus, schaut*[377] *nicht beim Fenster hinaus, lasst die geweihte Kerze oder den Wachsstock brennen und betet.* ***Über Nacht sterben mehr Menschen als in zwei Weltkriegen.***[378]

Beim letzten Satz bleibt unklar, ob damit die ganze Menschheit gemeint ist oder das deutsche Volk. Meinem Eindruck nach redet Irlmaier hier vorsätzlich um den heißen Brei herum (oder der Autor Conrad Adlmaier hat es so formuliert). Deutschlandweit und erst recht weltweit wäre mit sehr viel höheren Opferzahlen als in Erstem und Zweitem Weltkrieg zusammen zu rechnen. In der *Landshuter Zeitung* vom 12. April 1950, Seite 5, wurde Alois Irlmaier wiedergegeben:

> *Zwoa Dritt'l aller Menschen de san tot.*

Nebenbei gesagt würden solche »Schreckensmeldungen« heutzutage überhaupt nicht mehr in einer Tageszeitung abgedruckt. Warum? Weil heute eine unserer Hauptgottheiten der Gott des »positiven Konsumklimas« ist.

> *Auf die Frage, was sollen die Leute tun, um die große Finsternis und den kosmischen Staub zu überstehen, antwortete der Seher: »Kauft ein paar* ***verlötete Blechdosen*** *mit Reis und Hülsenfrüchten. Brot und Mehl hält sich,* ***Feuchtes verdirbt,*** *wie Fleisch, außer in blechernen Konservendosen. Wasser aus der Leitung ist genießbar, nicht aber Milch.* ***Recht viel Hunger werden die Leute so nicht haben, während der Katastrophe und Finsternis*** *[…]«*[379]

Der letzte Satz widerspricht anderen Aussagen Irlmaiers, der für die Zeit nach der Finsternis durchaus eine Hungersnot voraussagt[380], die aber nicht allzu lange andauern soll. Abgesehen davon kann man ja wohl auch einmal 3 Tage lang nichts essen. Diese Stelle ist also etwas merkwürdig.

Obwohl: Der Ratschlag, Dosengläser (also Gläser mit Blechverschluss) konsequent zu meiden, wäre natürlich wertvoll für die Hungersnot, die der 3-tägigen Finsternis folgen würde, wenn sämtliche Supermärkte leergeräumt und sämtliche Lieferketten zusammengebrochen sind. Von daher ist auch von einem Aufenthalt in Ballungszentren dringend abzuraten. Der Rat, Ballungsräume zu meiden, hat sich übrigens erfreulicherweise inzwischen auch in Kreisen herumgesprochen, die zwar nichts von Prophezeiungen wissen wollen, aber sehr skeptisch sind im Hinblick auf die weitere wirtschaftliche und politische Entwicklung in Europa.

> *[…] doch rat i dir gar guat: mach* ***drei Tag*** *koa Fensta und koa Tür net auf, dann übalebst da schwere Zeit.[…] Nach dem groß'n Kriag kommt's Mass'nsterb'n* [Damit ist wieder die 3-tägige Finsternis gemeint. Anm. d. Autors] *und* ***Hungersnot*** *und dann kommen a no de Flut'n. […]*[381]

Die Fluten würden aber nicht erst nach der Hungersnot kommen, sondern schon während der Finsternis, ja an der Nordsee sogar schon *vor* der Finsternis, was Irlmaier an anderer Stelle auch klar sagt (siehe *Refugium,* Seite 139). Interessant ist auch, dass diesem Irlmaier-Zitat zufolge das Massensterben erst *nach* dem Krieg, aber *vor* der Hungersnot käme. Das bestätigt noch einmal, dass der Krieg selbst noch nicht zu den wirklich horrenden Opferzahlen führt. Und so zynisch es klingt: Das Massensterben während der Finsternis würde die Überlebenschancen jener erhöhen, die keinerlei Lebensmittelvorräte angelegt haben. *Überlebenschance* würde bedeuten: Anzahl der noch vorhandenen Vorräte geteilt durch die Anzahl der Überlebenden.

Alois Irlmaier weiter:

> *Schaut, dass ihr genug Zeitungspapier habt. Geht ins Haus und verstopft die Fenster und Türen mit Zeitungen und haltet euch Zeitungen vor das Gesicht.*[382]

Zeitungen vor das Gesicht halten? Das ergibt aus meiner Sicht keinen Sinn. *Durch* Zeitungspapier kann man nicht atmen. Und es ist auch nicht flexibel genug, um zuverlässig als provisorische Atemmaske zu dienen. Ist diese Unklarheit ein Problem? Nein. Man habe einfach ein paar Zeitungen zur Hand. Fertig. Wer will, kann sich zur »Sicherheit« auch eine Gasmaske aus alten NVA-Beständen in Bundeswehrshops besorgen. Doch wären Gasmasken wirklich überlebenswichtig, würden nur 0,X Prozent aller Menschen überleben.

Am Rande findet sich dann noch eine weitere Ungereimtheit. Pater Pio spricht davon, dass man vor Beginn der Finsternis die Tiere im Stall versorgen soll. Von irgendwelchen Abdichtungsmaßnahmen sagt der Pater wenigstens in dem überlieferten Zitat nichts. Dann beschreibt Alois Irlmaier an einer Stelle (siehe unten), dass die Kühe während der Finsternis im Stall brüllen, weil sie niemand tränkt. Dazu folgende Überlegung: Geht man davon aus, dass die Finsternis zu Beginn der Nacht einsetzt, sagen wir um 21 Uhr, dann wäre am darauffolgenden Morgen wohl die übliche Zeit zum Melken. Sagen wir, die Kühe würden im Laufe des Vormittags des ersten Tages der Finsternis unruhig, so würde das bedeuten, dass bis zu diesem Zeitpunkt die Staubkonzentration in den Ställen noch nicht so hoch sein kann, dass die Rinder daran sterben, und das vermutlich *ohne* das vorherige Abdichten der Ställe. Irlmaier wieder:

> *Geht nicht aus dem Haus. Tragt euch genug Lebensmittel heim, damit ihr etwas zu essen habt und nicht hinaus braucht. Es dauert nicht lange, bloß ein paar Tage. Ihr braucht euch dann keine Häuser und Autos kaufen, es gibt genug.* ***Denn jeder wird zum anderen sagen: »He, lebst Du auch noch?«***[383]

Der letzte Satz ist keinesfalls zwingend so zu verstehen, dass so gut wie niemand überlebt. Die Frage »Lebst du auch noch?« wird man bereits dann stellen, wenn »nur« sagen wir 5 Prozent der Menschen gestorben sind. Die Frage würde automatisch auftauchen, sobald man sich Sorgen um nahestehende Personen macht. Und das wäre schon bei einer relativ geringen Opferzahl der Fall.

Dass Häuser nach der Finsternis nur noch einen Bruchteil ihres früheren Wertes haben, sagen noch andere Quellen voraus.[384] Infolge des Massensterbens gäbe es auf etliche Jahre hin ein gigantisches Überangebot an Häusern und Wohnungen – überhaupt an vielen Produkten.

Glaubt man einem Seher aus dem Berchtesgadener Land um 1800, – dem Thalerer oder Thaler-Wasserer, würden die Menschen wenigstens in bestimmten Regionen einfach in jene Wohnungen einziehen, deren Besitzer tot und deren Erben beziehungsweise Rechtsnachfolger nicht auszumachen sind.[385] Dass das Angebot an Wohnungen die Nachfrage dramatisch übersteigt, würde wiederum bedeuten, dass die Erdbeben aufs Ganze gesehen nicht so dramatisch sein können, wie sich das mancher im ersten Schrecken ausmalen mag.

Der Dämon und der »beste Freund«

Schauet, dass eure Fenster und Türen gut schließen, denn man kann seinen besten Freund nicht einlassen […][386]

Schon wieder Dämonen! Der beste Freund nämlich wäre bereits zwei Schritte vor seiner eigenen Haustüre tot zusammengebrochen. … So bizarr es auch klingen mag, aber man muss sich die Angelegenheit wohl so vorstellen, dass die »Dämonen« die Stimmen uns persönlich bekannter Personen nachahmen, und dann um Einlass flehen. Deshalb machen Ermahnungen wie jene von Pater Pio auch Sinn, der davon abrät, mit »Personen« außerhalb des Hauses zu sprechen. Gäbe es diese Dämonen tatsächlich, wäre naheliegend, dass sie die Stimmen von Menschen nachahmen, denen man sich noch irgendwie verbunden fühlt, sei es ein Schuldgefühl oder etwas anderes. Jedenfalls ist in Betracht zu ziehen, dass die Dämonen versuchen, sich irgendeinen dunklen Punkt im Inneren der Menschen zunutze zu machen, um diesen Punkt als Einfallstor zu nutzen. Folglich kläre man frühzeitig seine Beziehungen durch ehrliche Gespräche und habe während der Finsternis ein Auge auf solche Menschen, die das vermutlich nicht getan haben und die dann »ganz dringend ganz kurz mal nach draußen« müssen.

[…] sonst geht der giftige Rauch und Atem herein. Die Toten werden haufenweise davon auf den Straßen liegen. Die Bauernhäuser leer sein und das Vieh brüllen, da es niemand tränkt.

In einer eisigkalten Nacht wird Donner ertönen, dann schließt Tür und Fenster, es bleibt 3 Tage finster wie in der tiefsten Nacht, die ***Kräfte des Himmels*** *werden erschüttert sein. Habe ein geweihtes Licht zur Hand.* ***Alte und Todkranke werden ihre Gesundheit erlangen, wenn sie Gott entsprachen, die anderen sterben.***[387]

Solche Heilungseffekte beschreibt meines Wissens nur Alois Irlmaier.

Veronica Lueken (1972, USA): *Da ist ein Haus, in dem eine Kerze brennt – wie Tiere klammern sich die Menschen an die Eingänge, die Türen, um her-*

einzukommen – ein anderes Haus hat brettervernagelte Fenster – auch darin brennt eine Kerze – keine Tür wird geöffnet – ***Staub*** *und* ***Felsbrocken*** *beginnen auf die Leute zu fallen […] eine Stimme schreit : 3 Tage, 3 Tage. […] die Luft wird zum Ersticken sein. Es wird kein Licht geben, nur wenige Kerzen werden brennen.*[388]

Auch hier kommt die Frage auf: Was davon gälte nur für die lokale Situation (US-Ostküste) und was weltweit?

Listen wir abschließend die wichtigsten prophezeiten Aspekte zur Situation während der 3-tägigen Finsternis innerhalb der Häuser auf:

		1	2	3	4	5	6	7	8	9	10	11	12	13	14	15	16	17
1175	Hild. v. Bingen			▒	■													■
1818	Anna Maria Taigi				■	■	■		■	■								■
1846	B.v. La Salette			▒						■								■
1872	Palma v. Oria				■				■					■	■			■
1921	Lied der Linde	■	■	■	■	■	■	■	■	■	■							■
1922	Franz Kugelbeer		■	■		■	■	■		■	■	■		■				■
1937	M.-J. Jahenny	■	■	■		■	■	■	■	■	■	■	■	■			■	
1948	Josef Stockert				■	■	■	■	■	■				■				■
1955	Bertha Dudde			■														■
1959	Alois Irlmaier	■	■	■	■	■	■	■	■	■	■	■		▒	■	■		■
1965	Pater Pio		■	■	■	■	■	■	■	■	■		■	▒			■	
1972	Veronica Lueken				■	■	■	■	■		■	■						
1982	Edward Korkowski										■	■				■		■
1984	G. de la Vega			■								■				■		

Abbildung 38: Prophezeite Einzelaspekte der 3-tägigen Finsternis
... der in diesem Buch zitierte Quellenhinweis »Fehlende Eintragungen« bedeutet nicht zwingend, dass die jeweilige Quelle den jeweiligen Aspekt nicht gesehen hat. Das können Lücken in der Dokumentation sein oder Lücken in meiner Recherche.

Zeichenerklärung:

1 = Finsternis beginnt mit Blitz 2 = Finsternis beginnt mit Donner 3 = Impakt(e) oder deutet auf Impakt(e) hin 4 = Luftverpestung 5 = Man soll im Haus bleiben 6 = Man soll die Fenster schließen 7 = Man soll nicht hinausschauen 8 = Man soll geweihte Kerzen brennen lassen 9 = Man soll beten 10 = Erdbeben 11 = Überflutungen 12 = Stürme 13 = Dämonen außerhalb der Häuser oder Indizien für diese 14 = Ein Kreuz erscheint am Himmel 15 = Die Sonne geht im Westen auf 16 = Die Sonne scheint wieder am 4. Tag 17 = Glückliche Zeit folgt.

Überleben ohne jede Vorbereitung?

Wenn man von der negativsten prophezeiten Opferzahl ausgeht, die (abgesehen von bizarren Ausreißern) laut Alois Irlmaier bei zwei Dritteln liegen soll, würden in Deutschland 27 Millionen Menschen überleben.[389]

Wenn ich von den Verkaufszahlen meiner Bücher zum Thema Prophezeiungen ausgehe; wenn ich selbst sehe, welche Probleme man hat, über dieses Thema zu sprechen; und wenn mir Bekannte immer wieder erzählen und Leser seit über 20 Jahren immer wieder schreiben, wie wenig Gehör sie in ihrem privaten Umfeld, ja sogar bei ihrem Partner bei dem Thema finden, dann ist klar, dass der allergrößte Teil dieser 27 Millionen Menschen in Deutschland ohne jegliche materielle oder geistige Vorbereitung überleben würde.

Damit hätten wir einen groben Orientierungswert im Hinblick auf schwer kalkulierbare Risiken, wie zum Beispiel die Erdbeben während der Finsternis oder gelegentlich auch erwähnte unbekannte Krankheiten.

Beobachtet man im Internet die Szene der sogenannten »Truther« (~Wahrheitsforscher) und systemkritischer Journalisten, systemkritischer Ex-Politiker, Wirtschaftsfachleute, Geostrategen und sonstiger kritischer Intellektuellen, so zeigt sich, dass selbst deren erfolgreichste Publikationen auf YouTube, die sich mit der kritischen Weltfinanzlage und zunehmenden Weltkriegsgefahr befassen, meistens deutlich unterhalb von 500 000 »Klicks« bleiben. »Klick« bedeutet, dass in entsprechende Videos hineingeschaut wurde. Ob diese Videos dann wirklich ganz angeschaut wurden, ist unklar.

Die ganze Szene der systemkritischen Köpfe spricht letztlich aber – wenigstens bis jetzt (Januar 2017) – ein Publikum an, das verständlicherweise nach wie vor hofft, das Schlimmste sei noch zu verhindern. Von der Weltfinanzlage und der Weltpolitik hin zur Prophetie beziehungsweise zu prophezeiten Szenarien ist es für diese Menschen aber immer noch ein gewaltiger gedanklicher, weltanschaulicher und vor allem emotionaler Schritt.

Ich persönlich schätze, dass derzeit im deutschsprachigen Raum, der rund 100 Millionen Menschen umfasst, nur 100 000 Personen über entsprechende Prophezeiungen informiert oder derzeit offen dafür sind. Im Falle des prophezeiten Wirtschaftscrashs, eines Euro- oder Finanzcrashs, würde diese Zahl natürlich noch deutlich höher.

Letztlich glaube ich aber nicht, dass sich im deutschsprachigen Raum im Endeffekt mehr als 500 000 Personen auf die prophezeiten Szenarien aktiv vorbereiten werden. Vermutlich kann man (hoffentlich) auf jeden der maximal 0,5 Millionen Menschen zwei Personen hinzurechnen, die irgendwie »mit durchgefüttert« werden. Damit läge man bezogen auf Mitteleuropa bei 1,5 Millionen, die von den Warnungen der traditionellen Prophezeiungen effektiv profitieren.

Notiz am Rande: Einer Medienmeldung dieser Tage nach lagern in Deutschland in rund 140 (geheimen) staatlichen Lebensmittellagern für Not- und Katastrophenzeiten 750 000 Tonnen Getreide, Reis und Linsen. Das würden bei 27 Millionen Überlebenden pro Kopf rund 28 Kilo sein. Allerdings dürften diese Vorräte schon bei Kriegsbeginn, also bereits 3 Monate vor der Finsternis, angebrochen werden. Und die jeweiligen Lager in den nicht besetzten Gebieten würden zusätzlich durch einheimische Flüchtlinge aus den Kriegsgebieten beansprucht. Sie können ja mal durchrechnen, was da pro Nase und Tag bleibt.

Praktische Vorsorge

Informationen

Zunächst einmal wäre es entscheidend, dass Sie sich frühzeitig umfassend zum Thema Prophetie und Vorsorge informieren. Dabei sollten Sie auf gar keinen Fall den Fehler begehen, sich ihre Informationen ausschließlich oder größtenteils im Internet zusammenzusuchen. Das Internet ist zwar gut, um nach gedruckten Quellen zu recherchieren, aber die eigentlichen Informationen finden Sie eben in gedruckter Form.

Was die Informationsbeschaffung betrifft, so empfehle ich auch dringend, sich über die weltweite finanzielle, wirtschaftliche und politische Entwicklung zu informieren. Denn je genauer Sie wissen, was in der Welt vor sich geht, desto leichter wird es Ihnen fallen, sich für Ihre private Vorsorge zu motivieren.

Was das Mitverfolgen der aktuellen Entwicklungen betrifft, so empfehle ich im Gegensatz zu obigem Ratschlag bezüglich der Prophezeiungen ausdrücklich das Internet als Quelle, da sich dort eine Fülle alternativer Medien findet, die im Gegensatz zu 98 Prozent der etablierten Massenmedien noch etwas anderes tun, als einem das Hirn zu verkleistern, wichtigste Dinge zu verschweigen und Tatbestände bis zur Unkenntlichkeit zu verzerren, um hier nicht das Wort »Lügen« in den Mund zu nehmen.

Hier ein paar Namen und Suchbegriffe, mit denen Sie auf YouTube fündig werden: Ken Jebsen, Daniele Ganser, Christoph Hörstel, Franz Hörmann, Heiner Flassbeck, Hans Werner Sinn, Max Otte, Andreas Popp, Michael Vogt, Querdenken-TV, Nuoviso und Mainz-FreeTV.

Ein weiterer wichtiger Punkt beim Thema Information ist der, dass wir unser Wirklichkeitsbild in der Regel über unser persönliches soziales Umfeld aufbauen. Anders formuliert: Sollte es tatsächlich zum »Dritten Weltkrieg« kommen, werden das weit über 95 Prozent der Menschen erst erkennen, wenn auch deren Partner, deren Familie, Freunde und Bekannte es erkennen. Das aber wird zu spät sein, weil sich diese Freunde, Bekannte usw. auch nur über die etablierten Massenmedien informieren, die eben über die entscheidenden Dinge nicht informieren. Sie, lieber Leser, sollten sich also darüber im Klaren sein, dass Sie sich *selbst* informieren müssen und dass Sie damit in der Regel in Ihrem normalen sozialen Umfeld wahrscheinlich lange Zeit allein sein werden.

Ortswahl

Sie können unglaublich viel Energie in die praktische Vorsorge investieren, aber wenn Ihr beabsichtigter Lebensmittelpunkt zum Zeitpunkt X in einer potenziellen Kampfzone liegt oder in einem potenziellen Überflutungsgebiet, dann war alles für die Katz' (siehe mein Buch *Refugium*).

Selbst wenn Sie nichts von Prophezeiungen hielten, wäre klar – und tatsächlich wird das inzwischen auch »überall« empfohlen –, dass Sie aus Ballungsräumen raus müssten, da es dort am schnellsten zu Versorgungsengpässen käme. Je einsamer und abgelegener die Gegend ist, umso besser.

Um zur rechten Zeit am potenziell richtigen Ort zu sein, ist es nicht notwendig, schon jetzt mit Sack und Pack umzuziehen. Aber Sie sollten wissen, wohin Sie im Notfall können. Und dort sollten Sie Menschen kennen, die wissen, dass und warum Sie gegebenenfalls kämen, und Sie sollten mit der Gegend dort vertraut sein. Auch hier gilt: Man kümmere sich frühzeitig.

Finanzielle Vorsorge

Im Falle eines Euro-Crashs können Sie davon ausgehen, dass Sie nur noch über dasjenige Geld verfügen können, das Sie zu Hause oder irgendwo verbuddelt haben. Ihr ganzes Vermögen, das irgendwie verbrieft ist, ist dann praktisch futsch, auch wenn es in den Medien heißt: »Das ist nur vorübergehend.« Zu dem Thema finanzielle Vorsorge gibt es inzwischen viele gute Bücher im Buchhandel und Videos auf YouTube.

Psychologische Vorsorge

In Kriegs- und Katastrophenzeiten gibt es eine Sache im Überfluss, *nämlich Probleme.* Erwarten Sie also – abgesehen von göttlicher Seite – von niemandem Hilfe oder rechnen Sie damit, denn jeder wird seine eigenen Probleme haben. Es wird Ihnen nichts helfen, auf die Tränendrüse zu drücken und auf schwach und hilflos zu machen. Spielchen dieser Art werden definitiv nicht mehr funktionieren.

Was eine spirituelle Vorsorge betrifft, so wäre diese natürlich essenziell. Nur wird diese in der Regel immer von innen angestoßen, nicht von äußeren Faktoren oder irgendwelchen Büchern. Dass Ihnen eine spirituelle Weltsicht und ein Gottvertrauen bei alledem hilfreich sein können, ist keine Frage. Nur müssen diese Dinge von alleine reifen. Da helfen keine schlauen Bücher oder Appelle. Das muss von innen kommen.

Konkrete praktische Vorsorge

Sie sollten so gut wie niemandem erzählen, dass Sie sich auf ein entsprechendes Szenario praktisch vorbereiten, denn jene, von denen Sie heute ein nachsichtiges Lächeln ernten, werden die Ersten sein, die Sie im Ernstfall um Hilfe bitten. Und dann gäbe es sehr, sehr hässliche Szenen.

Ich persönlich halte es sogar für sinnvoll, frühzeitig falsche Freunde abzuschütteln. Das lässt sich durch inszenierte kleinere Konflikte erreichen. Wichtig ist, dass diese Leute glauben, der Entschluss zum Kontaktabbruch sei Ergebnis ihres eigenen »freien Willens«.

Was die praktische Vorsorge sonst betrifft, gibt es dazu inzwischen eine Fülle von Literatur im Buchhandel oder Filme im Internet auf YouTube. Hier seien nur die wichtigsten Vorsorge-Punkte erwähnt: Wasser, Lebensmittel, Werkzeuge zum Licht- und Feuermachen, Medikamente. Möglicherweise fallen die Temperaturen während der 3-tägigen Finsternis (ohne Heiz-Möglichkeit) so tief, dass sich ein sehr guter Schlafsack empfiehlt.

Auch hier gilt: Klemmen Sie sich frühzeitig dahinter. Wenn Sie auf die anderen in Ihrem persönlichen Umfeld warten, warten Sie womöglich zu lange. Wenn Sie Gleichgesinnte suchen, finden Sie diese im Internet in Foren zur Katastrophenvorsorge und zum Thema Prophezeiungen. Aber auch dort gilt: Trau, schau wem! Kooperieren Sie nur mit Leuten, die Sie persönlich gut kennen und von denen Sie wissen, wie sie in Stress- und Krisensituationen reagieren.

Kurzum: Das absolute A und O ist, sich frühzeitig um diese Dinge zu kümmern. Und das Hauptproblem besteht darin, dass Sie in der Regel kaum eine Motivationshilfe aus Ihrem persönlichen sozialen Umfeld bekommen werden. Sie müssen sich also selbst motivieren. Dies können Sie aber leicht, wenn Sie sich schlaumachen über das, was gerade auf dem Planeten passiert. Und dazu gibt es inzwischen eine Fülle an Material. Leider ist die Zunahme dieses Materials in letzter Zeit aber auch ein Indiz dafür, dass die Zeit allmählich knapp wird.

Abschließend noch ein persönlicher Tipp: Vergessen Sie nie, nie, nie, dass Sie nie wirklich wissen, was die Zukunft bringt. Es ist also in Ordnung, wenn Sie das Thema hin und wieder aus den Augen verlieren. Gönnen Sie sich Auszeiten. Und verlieren Sie trotz allem nicht Ihre Fähigkeit zum Träumen, auch wenn Sie Ihre Träume notfalls etwas modifizieren müssen. Je dunkler die Zeiten werden, desto wichtiger wird ein inneres Licht. Und dieses Licht findet sich oft in der Nähe Ihrer Träume. Hüten Sie Ihren Traum, egal was ist oder kommen mag!

Die Bibel und die 3-tägige Finsternis

Wenn schon so viele Seher die 3-tägige Finsternis vorausgesehen haben und viele von diesen glaubwürdig genug sind, dann kann man von der *Bibel* erwarten, dass auch sie die 3-tägige Finsternis prophezeit. Schließlich wäre dieses Szenario auch aus biblischer Sicht die größte Katastrophe seit der Sintflut.

Findet sich in der *Bibel* also etwas zur 3-tägigen Finsternis? Ja, es findet sich »etwas«. Aber guten Gewissens kann man nicht behaupten, die *Bibel* sage die 3-tägige Finsternis voraus. Dazu sind die betreffenden *Bibel*stellen einfach zu undeutlich. Kurz: Die *Bibel* kann meiner Einschätzung nach im Wesentlichen nicht die »Blaupause« für spätere Voraussagen zur 3-tägigen Finsternis gewesen sein.

Die betreffenden *Bibel*stellen werden wir uns weiter unten genauer ansehen.

Widersprüchliche Standpunkte von Altem und Neuem Testament

Zuvor aber möchte ich auf die Debatte über echte und falsche Prophetie und Hellseherei und den Einfluss der *Bibel* darauf eingehen. Denn die *Bibel* war und ist noch immer ein sehr einflussreiches Werk, sowohl was den konkreten Inhalt betrifft als auch dessen Instrumentalisierung zu diesem oder jenem Zweck.

So finden sich in der *Bibel* erstaunlicherweise zwei, im Prinzip komplett gegensätzliche Standpunkte zur übersinnlichen Zukunftsschau: Das Alte Testament behauptet vereinfacht gesagt, dass alle Seher, die nicht der jüdischen Priesterklasse angehören, irgendwie Betrüger und des Teufels sind. Man darf sie steinigen, und sie gehören »ausgerottet« (siehe unten).

Das Neue Testament hingegen geht davon aus, dass immer wieder Menschen mit seherischen Fähigkeiten geboren werden, deren Glaubwürdigkeit und »prophetische Rede« aber geprüft werden müssen, da es sich theoretisch um Betrüger oder Verwirrte handeln könnte.

So heißt es im Neuen Testament im ersten Brief des Apostel Paulus an die Thessalonicher – einer Christengemeinde in Thessaloniki/Griechenland:[390]

Den Geist dämpfet nicht,
*die **Weissagung** verachtet nicht;*
prüfet aber alles, und das Gute behaltet.[391]

Die Verteufelung der Wahrsager im Alten Testament

Im krassen Gegensatz dazu finden sich im Alten Testament im 3. Buch Mose eindringliche Warnungen vor den Wahrsagern:

> *Ihr sollt euch nicht wenden zu den **Wahrsagern,** und forscht nicht von den Zeichendeutern, dass ihr nicht an ihnen verunreinigt werdet; denn ich bin der Herr, euer Gott.*[392]
>
> *Wenn eine Seele sich zu den **Wahrsagern** und Zeichendeutern wenden wird, **dass sie ihnen nachfolgt,** so will ich mein Antlitz wider dieselbe Seele setzen und will sie aus ihrem Volk **ausrotten.***[393]

Im Passus »dass sie ihnen nachfolgt« scheint sich die Furcht der jüdischen Priester zu zeigen, dass Angehörige des jüdischen Volkes anderen Propheten hinterherrennen. Bei »ihnen nachfolgt« geht es offenbar nicht um die übersinnlichen Fähigkeiten der Seher, sondern um deren potenzielles Charisma und eine sich eventuell daraus ergebende politische Macht. Kirchenpolitisch würde man hier von *Ketzern* sprechen.

> *Wenn ein* [offenbar jüdischer] *Mann oder Weib ein **Wahrsager** oder Zeichendeuter sein wird, die sollen des Todes sterben. **Man soll sie steinigen;** ihr Blut sei auf ihnen.*[394]

Zugegeben: Bei Mose heißt es »***Wahr****sagerei*«, bei Paulus »***Weis****sagung*«. Aber ist da ein Unterschied?

Über ***Weis****sagung* heißt es in der Kopfanzeige von Google: »das, was über die Zukunft oder künftige Ereignisse vorausgesagt wird«. Über ***Wahr****sagung* heißt es im Internet-Lexikon Wikipedia: »Praktiken und Methoden […], die dazu dienen sollen, zukünftige Ereignisse vorauszusagen, oder um Erkenntnisse über vergangene oder gegenwärtige Ereignisse zu bekommen, die sich der Kenntnis des Fragenden entziehen.«

Eine *Weissagung* ist im Prinzip dasselbe wie eine *Prophezeiung*. Beide sind im Sinne dieses Buches im Idealfall das Ergebnis übersinnlicher Visionen beziehungsweise deren Übertragung in Sprache. *Wahrsagerei* hingegen bezieht sich auf Methoden (Glaskugel, Spielkarten, Drogen), um zu solchen Visionen zu kommen.

Etwas vereinfachend könnte man *Weissagung* also als eine Form der Zukunftsschau bezeichnen, die frei ist von jenen niederen Einflüssen, der die *Wahrsagerei* ausgesetzt ist. Sofern Weissagung und Wahrsagerei echt sind, liegt beiden dieselbe übersinnliche Fähigkeit zugrunde.

Echte Seher oder Hellseher allerdings sehen ohne materielle Hilfsmittel. Sie fallen demnach *nicht* in die Rubrik *Wahrsagerei*! Sie sind aber auch nicht beeinflusst durch irgendein religiös-politisches System. Sie sagen einfach das, was sie sehen – ohne Bezahlung und ohne offizielles Beglaubigungsschreiben.

Im 5. Buch Mose lesen wir:

> *Wenn du in das Land kommst, das dir der Herr, dein Gott, geben wird, so sollst du nicht lernen tun die Greuel dieser Völker, dass nicht jemand unter dir gefunden werde, der seinen Sohn oder seine Tochter durchs Feuer gehen lasse, oder ein* ***Weissager*** *oder Tagewähler* [wohl Astrologe] *oder der auf Vogelgeschrei achte oder ein Zauberer oder Beschwörer oder* ***Wahrsager*** *oder Zeichendeuter oder der die Toten frage. Denn wer solches tut, der ist dem Herrn ein Greuel, und um solcher Greuel willen* ***vertreibt sie der Herr,*** *dein Gott, vor dir her.*[395]

Hier also werden Weissager und Wahrsager in denselben Topf geworfen.

Was Moses Kritik grundsätzlich betrifft, so kann man ihr zugegebenermaßen in gewissen Grenzen zustimmen: Aus spiritueller Sicht ist es nicht gut, zu versuchen, zum eigenen materiellen, machtmäßigen, kurz ego-mäßigen Vorteil mit okkulten Methoden an Wissen zu gelangen, an das man sonst nicht herankäme. Denn jene okkulte Seite, die das Wissen zur Verfügung stellt, fordert natürlich auch irgendwann ihren Preis von der etwas zu wissbegierigen Seele. Hellseherische Fähigkeiten können in den Bereich der Schwarzen Magie abgleiten. Keine Frage. Entsprechende okkulte Fähigkeiten und Kräfte können missbraucht werden, und das geschieht nicht selten. Aber auch politische, religiöse und technologische Macht kann missbraucht werden. Eigentlich können alle Dinge irgendwie missbraucht werden. Die entscheidende Frage im konkreten Fall lautet, ob die jüdische Priesterkaste dieses Missbrauchsrisiko seherischer Fähigkeiten ihrerseits nur als vorgeschobenes Argument missbraucht haben könnte, um ihren politisch-religiösen Deutungshoheitsanspruch zu zementieren.

Wer etwas mehr Fantasie hat, dem wird klar sein, dass in Paulus' *»prüfet aber alles«* selbstverständlich auch ein »prüft auch die Prüfer« mitschwingt. In technischen Systemen (zum Beispiel in Computern, Software) ist diese Prüfung der Prüfung eine Standardprozedur. Die Prüfung der Prüfung ist keinesfalls originell oder extravagant, sondern üblicher Standard in allen halbwegs intelligenten Systemen. Wer die Prüfer nicht prüft, ist blauäugig, naiv, ein Trottel.

Was mich persönlich bei Mose misstrauisch macht, ist die archaische Brutalität, die dort ungefiltert verbal durchbricht: Wahrsager und Zeichendeuter sollen gesteinigt werden: »Man soll sie steinigen; ihr Blut sei auf ihnen.« Ähnlich harte Strafen erwartet die Kundschaft der Wahrsager und Zeichendeuter. Über die Kunden heißt es: *»Wenn eine Seele sich zu den Wahrsagern und Zeichendeutern wenden wird, dass sie ihnen nachfolgt, so will ich mein Antlitz wider dieselbe Seele setzen und will sie* ***aus ihrem Volk ausrotten.****«*[396]

Hier fehlt jeglicher Wille zur Differenzierung, jeglicher auch nur leiseste Ansatz eines Willens zur Prüfung von Einzelfällen. Nichts von Paulus' anempfohlener Prüfung! Vielmehr benutzt das Alte Testament eine Sprache, die geeignet ist, Pogromstimmungen zu erzeugen, und heutzutage als Volksverhetzung geahndet würde. Es geht um Abschreckung, nicht um Gerechtigkeit.

Studiert man entsprechende *Bibel*stellen eingehender, entdeckt man im Zusammenhang mit Weis- und Wahrsagerei zudem noch weitere Merkwürdigkeiten; Merkwürdigkeiten, die insgesamt darauf hindeuten, dass die alttestamentarische Verteufelung der Wahrsagerei (und Weissagung) letztlich nicht dem Wunsch nach Seelenhygiene im jüdischen Volk entsprang, sondern politischen Zielen der Priesterkaste diente; machtpolitischen Zielen, die darin bestanden, durch nackte Gewalt potenzielle politisch-religiöse Konkurrenten auszuschalten und durch Abschreckung mögliche Abweichler einzuschüchtern.

Die Umbenennung der Seher zu »Propheten«

Im Alten Testament beim Propheten Samuel lesen wir (1. Samuel 9,9):

> *Vorzeiten in Israel, wenn man ging, Gott zu fragen, sprach man: Kommt, lasst uns gehen zu dem Seher!* ***Denn die man jetzt Propheten heißt, die hieß man vorzeiten Seher.***[397]

Das lässt sich so verstehen, dass die *jüdischen Seher* irgendwann eine neue Berufsbezeichnung brauchten, weil ihnen in dem sich wandelnden religiösen Umfeld – der neue Jahwe-Glauben (grob gerechnet 1000 v. Chr.) – eine neue Funktion zuwuchs.

Wenn man, so wie seinerzeit die Juden, den eigenen Gott über die Götter anderer Völker stellt – oder die Existenz anderer Götter faktisch negiert –, ist es nicht nur logisch, sondern zwingend, dass man seine eigenen Seher über die Seher der anderen Völker stellt und seine eigenen Seher radikal abgrenzt gegenüber diesen »niederen« Sehern anderer Völker. Denn die jüdischen Seher, und nur diese, stellen die Verbindung zu Gott her, lassen mit ihm kommunizieren. Diese neue Exklusivverbindung zu Gott unterstreicht man dann sinnvollerweise mit einer neuen Berufsbezeichnung.

In meinen Augen ist das eine Schlüsselfrage. Warum wurden die jüdischen Seher damals umbenannt, von wem und wozu? Seher gab es seinerzeit, als »die Juden zu Juden wurden«, schon seit Jahrtausenden. Seher waren ebenso elementarer, archaischer Bestandteil der Alltagskultur wie viele andere Dinge. Und diese althergebrachten Dinge benennt man nicht einfach so um. Sehen wir uns zur Verdeutlichung rechts die Übersetzungen des deutschen Wortes *Seher* in den Sprachen der germanischen Nachbarvölker an. Obwohl der germanische Kulturraum sehr viel größer ist als der alttestamentarisch-jüdische, ist man dort im Wesentlichen beim alten Wort geblieben.

deutsch	Seher
englisch	seer
isländisch	sjáanda
norwegisch	seer
dänisch	seer
niederländisch	ziener
friesisch	sjenner

Und selbst *wenn* man althergebrachte Begriffe aus irgendwelchen Gründen ändern würde, wäre eine Umbenennung der jüdischen Seher niemals ohne deren Zustimmung gelungen, schließlich waren die Seher beziehungsweise Propheten im jüdischen Volk höchste Autoritätspersonen! Die Initiative zur

Umbenennung der Seher kann folglich nur von den jüdischen Sehern selbst ausgegangen sein.

Ungeachtet dieser Ideologisierung des natürlichen Sehertums durch die jüdische Priesterschaft beschreibt die *Bibel* gelegentlich, dass jene jüdischen Seher, deren Berufsbezeichnung jetzt *Prophet* war, sich immer noch mit dem – sagen wir einmal – *banalen Alltagskleinkram* abgaben, mit dem sich auch die Seher anderer Völker beschäftigten, auf die man inzwischen verächtlich herabsah.

Aufhänger einer entsprechenden Geschichte zum täglichen Klein-klein jüdischer Seher/Propheten im Alten Testament bei 1. Samuel 9 ist, dass ein gewisser Kis »seine Eselin verloren« hat, und seinen Sohn Saul zusammen mit einem Knecht auf die Suche nach dem ausgebüxten Tier schickt. Als Sohn und Knecht das ganze Umland vergeblich abgesucht haben, macht der Knecht folgenden Vorschlag:

> *Siehe, es ist ein* ***berühmter Mann Gottes*** [also ein Jude] *in dieser Stadt;* ***alles, was er sagt, das geschieht.*** *Nun lass uns dahin gehen; vielleicht sagt er uns unsern Weg, den wir gehen* [um die Eselin zu finden].

Wenn der »Mann Gottes« schon so viel vorausgesagt hat, das später auch eingetroffen ist, klingt das so, als habe sich darunter auch jede Menge eher privater »Kleinkram« befunden. Hätte es sich um »große« Dinge gehandelt, wie etwa die Voraussage eines Krieges, einer Hungersnot oder den Tod des aktuellen Königs, so hätten sich diese Voraussagen mit Sicherheit herumgesprochen, und auch Kis hätte davon gewusst. Kis würde den »berühmten Mann Gottes« also kennen. Tut er aber nicht.

Interessant ist auch, dass sich der Knecht mit »alles, was er sagt, das geschieht« auf die Fähigkeit der *Zukunftsschau* bezieht, und nicht etwa auf die im Fall der Eselin erforderliche Fähigkeit, zeitgleiche Dinge an anderem Ort zu erkennen, was auch unter den Begriff Hellseherei fällt, jedoch komplett aus dem Propheten-Kontext herausfällt.

Vom bayerischen Hellseher Alois Irlmaier beispielsweise sind zahllose vergleichbare Geschichten bekannt, in denen es um entlaufene Hunde, gestohlene Gänse, gestohlene Pferde usw. geht.

Es fragt sich also, wo genau die Grenze verläuft zwischen einem »berühmten Mann Gottes«, der »sehen« kann und der seine Fähigkeit auch für schnöden Alltagskleinkram verplempert, und einem »niederen« nichtjüdischen Seher, der genau dasselbe macht, aber vertrieben gehört.

In noch einem weiteren Punkt stellt sich die Frage, ob sich die jüdisch-alttestamentarischen Seher wirklich so grundsätzlich von den Sehern anderer Völker unterscheiden. So werden im Alten Testament zahllose jüdische Könige erwähnt, die – so die *Bibel* – alle ihre eigenen Seher hatten, sozusagen als standesgemäße Regierungsberater, ganz so wie in praktisch sämtlichen antiken Kulturen: bei den Germanen, Kelten, Römern, Griechen, Skythen usw.

Im Alten Testament im 2. Buch Samuel beispielsweise taucht der Priester Zadok auf, den König David mit »Oh, du Seher« anspricht.[398] Aus anderen *Bibel*stellen wird aber klar, dass Zadok – obwohl zuletzt Hohepriester – *kein* Prophet ist.[399] Ebenfalls im 2. Buch Samuel findet sich ein gewisser »Gad, der Prophet, [König] Davids Seher«. Gad ist ein Ratgeber, nach dessen Rat sich König David richtet. Gad gibt Botschaften von den Engeln wieder, aber er spielt in der *Bibel* im theologischen Sinne keine bedeutende Rolle. Und so wird er gelegentlich auch nur als »Seher« bezeichnet.[400]

In 2. Chronik 9 taucht dann ein gewisser »Seher« namens Jeddis auf, dessen Namen nur einmal in der ganzen *Bibel* erscheint.[401] Weitere als »Seher« bezeichnete jüdische Personen sind Iddos, der an einer Stelle aber auch als Prophet[402] bezeichnet wird, jedoch theologisch bedeutungslos ist; dann ein gewisser Hanani[403], der auch nur am Rande auftaucht, und andere Seher wie Jehu und Asaphs.

Am Rande bemerkt fragt sich bei den Sehern der jüdischen Könige natürlich auch, ob sie niederen Motiven der Könige gedient haben könnten. Schließlich wurden sie sicherlich ganz ordentlich bezahlt. So fragt sich, ob diese Seher auch immer das nötige Rückgrat hatten, wenn sich ihr Arbeitgeber auf moralische Abwege begeben hat. Wie man weiß, hat die Nähe zur Macht nicht selten einen negativen Einfluss auf die Moral.

Wir finden in der *Bibel* also in Sachen Seher/Wahrsager/Weissager zum einen den Widerspruch zwischen Neuem und Altem Testament (pro und contra), und das Alte Testament ist seinerseits auch noch in sich widersprüchlich.

Bezugnehmend auf die konkreten Formulierungen in heutigen *Bibel*übersetzungen kann man davon ausgehen, dass die alttestamentarische Verdammung nichtjüdischer Hellseher beziehungsweise die Verdammung von Hellsehern, die nicht von der jüdischen Priesterkaste akzeptiert wurden, politisch motiviert war, und dass die tatsächlich bestehende Gefahr schwarzmagischer Einflüsse auf dem Feld der Hellseherei von der Priesterschaft nur als Vorwand benutzt wurde, um mit Gewalt ein Monopol auf dem Gebiet übersinnlicher Visionen zu errichten.

Zur Monopolisierung, ja sogar zur Verstaatlichung übersinnlich inspirierter Zukunftsschau ist es allerdings auch bei anderen Völkern gekommen, beispielsweise im Römischen Reich um das Jahr null und später natürlich auch im Christentum. »Zukunftswissen« ist eben Herrschaftswissen. Und es ist essenziell für eine herrschende Klasse, die Zukunftsvorstellung des Volkes zu kontrollieren. Das gilt natürlich auch heute noch. Abweichende Zukunftsvorstellungen müssen von der Bevölkerungsmehrheit wirkungsvoll isoliert werden.

Bibelstellen, die tatsächlich nach 3-tägiger Finsternis klingen

Kommen wir nun zu jenen Bibelstellen, die sich auf den ersten Blick auf die 3-tägige Finsternis zu beziehen scheinen: Im Zusammenhang mit dem »Kommen des Menschensohns« finden sich im Neuen Testament zwei Stellen, die sich zwar eindeutig auf die Endzeit beziehen und in mehreren Details an die Prophezeiungen zur 3-tägigen Finsternis erinnern, jedoch das spätere Szenario *am Ende der Antichrist-Zeit* meinen, dann, wenn der Menschensohn (Jesus Christus) kommt, um den Antichristen zu besiegen:

Ich zitiere aus dem Neuen Testament, Markus 13,3:

> *Und da er* [Jesus] *auf dem Ölberge saß [...] fragten ihn Petrus, Jakobus und Johannes und Andreas besonders: »Sage uns, wann wird das alles geschehen? Und was* ***wird das Zeichen sein,*** *wann das alles soll vollendet werden?«*
>
> *Jesus antwortete ihnen: »[...] Wenn ihr aber hören* ***werdet von Kriegen und Kriegsgeschrei,*** *so fürchtet euch nicht. Denn es muss also geschehen; aber das Ende ist* ***noch nicht da.*** *Es wird sich ein Volk wider das andere empören und ein Königreich wider das andere, und werden* ***Erdbeben*** *geschehen hin und wieder, und* ***wird teure Zeit*** *und Schrecken sein. Das ist der Not Anfang. [...]«*[404]

Die Endzeit fängt quasi noch »gemütlich« an:

- mit Kriegen in der weiteren Umgebung Israels, die Israel aber noch nicht direkt betreffen,
- es gibt Erdbeben,
- alles wird teurer.

Aber das alles ist noch nicht so schlimm. Das ist erst der Anfang.

> *[…] Wenn ihr aber sehen werdet den Gräuel der Verwüstung […], dass er steht, wo er nicht soll […] alsdann, wer in Judäa ist, der* ***fliehe auf die Berge****; […]*[405]

»Gräuel der Verwüstung« sind natürlich nirgends erwünscht. Besonders unerwünscht sind sie aber an heiligen Orten. Bezogen auf Judäa (»Land der Juden« = Israel) deutet das auf Jerusalem und den *Tempelberg.*

Eine Flucht in die Berge wäre sinnvoll, wenn es infolge des Polsprungs zu Überflutungen käme. Israel ist in der Nähe des Mittelmeers relativ flach. Orientiert man sich an nordeuropäischen Vergleichswerten, könnte an der israelischen Mittelmeerküste durchaus ein 20 Kilometer breiter Streifen überflutet werden. Auch das Jordantal hat eine relativ flache Verbindung zum Mittelmeer (um 50 m über Normalnull.).

> *Bittet aber, dass eure Flucht nicht geschehe im Winter* [etwa ein Hinweis auf die 3-tägige Finsternis, wenn der Winter kommt?]. *Denn* ***in diesen Tagen werden solche Trübsale*** *sein, wie sie nie gewesen sind bisher, vom Anfang der Kreatur, die Gott geschaffen hat, und wie auch nicht werden wird.*
>
> *Und so der Herr* ***diese Tage*** *nicht* ***verkürzt*** *hätte, würde kein Mensch selig: aber um der Auserwählten willen, die er auserwählt hat, hat er auch* ***diese Tage verkürzt****.*[406]

Mit den Tagen, die Gott »verkürzt«, ist der zeitliche Abschnitt unter der Überschrift »die Tage der Trübsale« abgeschlossen. Gekennzeichnet sind diese Tage der Trübsale durch Kriege in der Umgebung Israels, dann durch Krieg oder Gewaltexzesse vermutlich in Jerusalem sowie Naturkatastrophen (Flucht in die Berge) – zuletzt durch eine Situation, die dem aus der europäischen Prophetie bekannten »Eingriff Gottes« sehr ähnelt. Allerdings sagt Markus 13 nichts darüber, wie abrupt die »Verkürzung« der Ereignisse einsetzt, und vor allem, *wodurch* sie verursacht wird. Das ist eine gravierende Lücke im Text. Hier fehlt etwas sehr Wichtiges, und das nicht vielleicht, sondern definitiv! Wie verkürzt Gott die Tage? Das bleibt völlig unklar. Es scheint aber naheliegend, dass auch der Krieg abgekürzt wird.

Im Großen und Ganzen ähnelt diese Sequenz aus Markus 13 also durchaus den sonstigen Prophezeiungen zum »Dritten Weltkrieg« und der 3-tägigen Finsternis.

Zwei Sätze weiter heißt es bei Markus 13,24–27:

> *Aber zu der Zeit,* ***nach dieser Trübsal*** [oder der Bedrängnis, eben jener von Gott verkürzten Zeit], *werden* ***Sonne und Mond ihren Schein verlieren,*** *und die* ***Sterne werden vom Himmel fallen,*** *und* ***die Kräfte der Himmel werden sich bewegen.*** *Und dann werden sie sehen des Menschen Sohn kommen in den Wolken mit großer Kraft und Herrlichkeit. Und dann wird er seine Engel senden und wird versammeln seine Auserwählten von den vier Winden, von dem Ende der Erde bis zum Ende des Himmels.*[407]

Hier lautet die entscheidende Frage: Wie viel Zeit vergeht zwischen den Tagen der Bedrängnis und der Verfinsterung der Sonne? Liegt dazwischen noch eine Friedensphase, oder folgt die Finsternis unmittelbar auf den Krieg oder auf dessen Höhepunkt? Ist Letzteres der Fall, dann kommt die *Bibel* mit dieser Stelle der 3-tägigen Finsternis sehr nahe.

Das Problem ist nur, dass Gott bereits in der Zeit vor der Sonnenfinsternis die irdischen Abläufe »verkürzt« hat. Ist diese Verkürzung identisch mit dem »Eingriff Gottes« und der 3-tägigen Finsternis, dann käme der Menschensohn erst in einer späteren zweiten globalen Katastrophenzeit. Das ist auch das Muster, das wir von Hildegard von Bingen, von der Botschaft von La Salette und anderen Quellen kennen.

In Markus 13,30–37 prophezeit Jesus Christus dann noch:

> *Wahrlich, ich sage euch: Dies Geschlecht wird nicht vergehen, bis dass dies alles geschehe. […] Von dem Tage aber und der Stunde weiß niemand, auch die Engel im Himmel nicht,* ***auch der Sohn nicht,*** *sondern allein der Vater. Sehet zu, wachet und betet; denn ihr wisset nicht, wann es Zeit ist. […] Was ich aber euch sage, das sage ich allen: Wachet!*[408]

Jesus Christus gibt also freimütig zu, dass auch er den genauen Zeitpunkt nicht kennt. Dennoch wagt er eine Prognose. »Dies Geschlecht wird nicht vergehen, bis dass dies alles geschehe« wird mitunter so verstanden, dass Jesus die Generation seiner Zuhörer meinte. Dass niemand »Tag und Stunde« kennt, scheint sich durch die zahllosen falschen Datumsprognosen zu bestätigen. Das entbindet aber nicht von der Notwendigkeit, auf die *Zeichen der Zeit* zu achten.

»Die Kräfte der Himmel werden ins Wanken kommen«, dieser Satz ist in Bezug auf die 3-tägige Finsternis und die Polwende am charakteristischsten, was den Text zum Kommen des Menschensohnes anbelangt.

Das könnte eine Umschreibung von Polsprung und Polwende sein. »Sterne werden vom Himmel fallen« kann sich eigentlich nur auf Meteoritenschauer beziehen, die von dem Vorbeizug des Himmelskörpers herrühren, der neben der Staubwolke auch einige Trümmer mit sich führt. Wenn sich dann noch »die Sonne verfinstert« und der Mond »seinen Schein verliert«, kann der Mond nicht die Ursache der Verfinsterung der Sonne sein, womit wir wieder bei einer *kosmischen Wolke* sind.

Wie aber schon mehrfach erwähnt, wäre die Wiederkunft Christi erst zur Antichrist-Zeit zu erwarten. *Davor* wäre es ja auch etwas seltsam. Man stelle sich das plastisch vor: Jesus Christus residiert in Jerusalem oder Rom, und irgendwann erfährt der Sohn Gottes aus den Medien von einem neuen charismatischen »spirituellen« Führer irgendwo am anderen Ende der Welt, der Jahr für Jahr mehr Anhänger um sich schart, sich als ziemlichen Christenfeind inszeniert und zuletzt selbst als Welterlöser ausruft.

Was soll Jesus Christus da machen? Soll er jahrelang Protestschreiben verfassen? Sich in Talkshows den Mund über den teuflischen Newcomer fusselig reden und darauf bestehen, dass ER – Jesus Christus – der wahre Christus ist? Soll der wahre Christus eine Endzeit-Armee für die letzte Schlacht gegen den Antichristen aufstellen? Oder etwas anderes, damit ihm keiner Untätigkeit vorwirft?

Nein. Dramaturgisch wesentlich besser – und vom Drehbuch her auch viel leichter zu schreiben – wäre es, wenn Jesus Christus auf dem Höhepunkt der Herrschaft des Antichristen wie aus dem Nichts auftaucht und im Rahmen einer ganz großen Show mit dem Antichristen kurzen Prozess macht; und das im Rahmen eines Szenarios, das dem der 3-tägigen Finsternis in etlichen Punkten ähnelt, vor allem im Punkt einer kosmischen Intervention.

Im Neuen Testament im Lukas-Evangelium 21,25 liest man:

> *Und es werden Zeichen geschehen an Sonne und Mond und Sternen, und auf Erden wird den Leuten bange sein, und sie werden* [ver-]*zagen, und das **Meer und die Wassermengen werden brausen*** [Überflutungen infolge des Polsprungs?, siehe »Flucht in die Berge« weiter oben], *und Menschen werden verschmachten vor Furcht und vor* [Er-]*Warten der Dinge, die kommen sollen auf Erden; denn auch der **Himmel Kräfte sollen sich bewegen**. Und alsdann werden sie sehen des Menschen Sohn* [Jesus Christus] *kommen in der Wolke mit großer Kraft und Herrlichkeit. […] Wenn aber dieses anfängt zu geschehen, so sehet auf und erhebt eure Häupter, darum dass sich eure Erlösung naht.*[409]

»Brausen und Wogen des Meeres« könnte sich wieder auf den Polsprung beziehen. Doch auch in diesem Text wird durch die Wiederkunft Christi klar, dass dieses Szenario nach Aussagen der europäischen Prophezeiungen erst gewisse Zeit (mehrere Jahrzehnte) nach der 3-tägigen Finsternis stattfinden kann, nämlich erst nach der Friedensphase.

Markus 13 scheint mir persönlich eine chronologisch halbwegs richtige Aneinanderreihung von echt hellseherisch inspirierten Visionen über der Endzeit zu sein; beginnend in den Jahrzehnten vor dem »Dritten Weltkrieg« und bis zur Antichrist-Zeit reichend.

Mit den »verkürzten Tagen der Trübsale« könnte tatsächlich die 3-tägige Finsternis gemeint sein. Allerdings wird nicht beschrieben, wie die »Verkürzung« konkret abläuft.

Die Bibel als Fälschungsvorlage unbrauchbar

Insgesamt also sind die *Bibel*stellen, die sich auf den ersten Blick auf die 3-tägige Finsternis beziehen könnten, zu undeutlich und auch etwas zu konfus (zum Beispiel bleibt die konkrete Form der Verkürzung unklar), als dass man ernsthaft behaupten könnte, sie hätten irgendwelchen Möchtegernhellsehern, sprich Betrügern als Vorlage für spätere Prophezeiungen zur 3-tägigen Finsternis gedient.

In der *Bibel* finden wir in dem Zusammenhang

- keine Zeitangabe von 3 Tagen,
- nichts von dem tödlichen Staub, nichts von verpesteter Luft,
- nichts von einem nachfolgenden Sonnenaufgang im Westen,
- und angesichts des Deutungshoheitsanspruches, den die *Bibel* vor sich her trägt, irritiert auch, dass sich nichts zum »Feind aus den weiten Lufträumen« findet, also zu einem Himmelskörper, der kommt und sich dann wieder entfernt und der die eigentliche Ursache der Verkürzung wäre.

Nicht ganz uninteressant in dem Zusammenhang ist dann noch die Stelle aus dem Neuen Testament Offenbarung 9,1–12, die auf den ersten Blick auch an die 3-tägige Finsternis erinnert. Nur ist hier das Problem, dass ein »Stern« vom Himmel auf die Erde *fällt* und nicht an dieser *vorbeizieht.*

Ausgehend von meinen Erfahrungen mit Hellsehern und Prophezeiungen bin ich geneigt zu sagen, dass die *Bibel* tatsächlich Fragmente von Visionen zur 3-tägigen Finsternis enthält. Aber diese sind unvollständig. Sei es, dass der entsprechende Seher nur einen Teil des Szenarios gesehen hat, sei es, dass diejenigen, die die Texte verfasst haben, Stellen gekürzt haben.

Bibelstellen, die für die Abschreiberthese herhalten müssen

Werfen wir noch kurz einen Blick auf *Bibel*stellen, von denen gelegentlich behauptet und suggeriert wird, Möchtegernhellseher hätten sie als Blaupause für ihre erdichteten Prophezeiungen zur 3-tägigen Finsternis benutzt: Im Alten Testament beschreibt das 2. Buch Mose 10,21–24 die Situation der Israeliten kurz vor deren Auszug aus Ägypten: Der Pharao will das versklavte jüdische Volk nicht ziehen lassen. Also schickt der Gott der Juden den Ägyptern ein ganzes Bündel von Plagen, auf dass es sich der Pharao noch einmal überlege:

> *Der Herr sprach zu Mose: Recke deine Hand gen Himmel, dass es so finster werde in Ägyptenland, dass man's greifen mag. Und Mose reckte seine Hand gen Himmel;* ***da ward eine dicke Finsternis in ganz Ägyptenland 3 Tage,*** *dass niemand den andern sah noch aufstand von dem Ort, da er war, in 3 Tagen. Aber bei allen Kindern Israel war es licht in ihren Wohnungen. Da forderte Pharao Mose und sprach: Ziehet hin und dienet dem Herrn […].*[410]

Diese 3-tägige Finsternis betrifft also nur Ägypten, und die Wohnungen der in Ägypten lebenden Israeliten bleiben zudem noch verschont. Von einem Massensterben unter den Ägyptern lesen wir kein Wort. Und das hat wohl auch einen ganz praktischen Grund: Ein vom jüdischen Gott zu verantwortendes Massensterben unter den Ägyptern hätte sich sicherlich äußerst ungünstig auf die Verhandlungsbereitschaft des Pharaos ausgewirkt.

Die Sache mit der Finsternis in Ägypten relativiert sich weiter dadurch, dass sie nur eine Plage ist aus einer ganzen Serie von Plagen.

Archäologische Beweise und historische Quellen übrigens gibt es für den Auszug der Israeliten (Juden) aus Ägypten nicht. Aber es wird spekuliert, dass dazu irgendeine Verbindung zu semitischen Nomaden besteht, die für die Ägypter als Sklaven arbeiten mussten und etwa zwischen 1500 und 1000 v. Chr. aus Ägypten geflüchtet sind.

Es wäre also ziemlich an den Haaren herbeigezogen, einen Zusammenhang herstellen zu wollen zwischen dieser Geschichte einer lokalen, letztlich harmlosen Finsternis vor rund 3000 Jahren und der prophezeiten weltweiten 3-tägigen Finsternis, die begleitet wäre von einem weltweiten Massensterben und womöglich einem anschließenden Sonnenaufgang im Westen.

Ein ähnlicher Fall einer biblischen Pseudovorlage für spätere Prophezeiungen zur 3-tägigen Finsternis ist die Geschichte aus dem 2. Buch Jona, die davon erzählt, dass Jona 3 Tage und Nächte im Bauch eines großen Fisches gefangen war.

Kurzum: Wer die *Bibel* als Keule gegen die nachbiblische Prophetie schwingen und alle späteren Prophezeiungen zur 3-tägigen Finsternis des Betrugs bezichtigen will, und wem die alttestamentarisch-bluttriefende Verteufelung der nicht lizenzierten Seher nicht so liegt, der schnappt sich einfach irgendeine *Bibel*stelle, in der etwas von 3 Tagen steht, deutet diese abenteuerlich-intelligenzbeleidigend um, und hofft, dass es keiner merkt. Der Trick ist immer derselbe. Man veräppelt die Leichtgläubigen, von denen man genau weiß, dass sie nie die Wahrheit suchen, bis diese Leichtgläubigen dann eines Tages die fette Beute des Antichristen werden.

Schlussbemerkung zur Bibel

Abschließend noch eine Anmerkung zu den behandelten *Bibel*stellen und zur *Bibel* insgesamt:

Dass die *Bibel* letztlich eben nichts Eindeutiges zum Szenario der 3-tägigen Finsternis voraussagt, ist vom Standpunkt der parapsychologischen Forschung im Grunde ein Glücksfall!

Andernfalls hätte man nämlich alle späteren Seher zur 3-tägigen Finsternis mit noch größerem Nachdruck des Betruges bezichtigt, weil sie »offensichtlich nur aus der *Bibel* abgeschrieben haben«.

Ich persönlich vermute bei alledem, dass es eine höhere Macht oder doch wenigstens eine höhere Gesetzmäßigkeit gibt, die dafür sorgt, dass bestimmte Dinge erst zu bestimmter Zeit bekannt, deutlich und verstanden werden. Im Umkehrschluss bedeutet dies, dass Unklarheiten und Lücken in den Quellen – auch und gerade in der *Bibel* – grundsätzlich ihren Sinn und Zweck haben, ja einem bestimmten Muster folgen. Klischeehaft formuliert: Die *Bibel* enthält nicht nur die Worte Gottes, sondern auch die Lücken und Auslassungen der Heiligen Schrift sind göttlichen Ursprungs.

Der Fall Hepidannus von St. Gallen

Wie schon im Kapitel über Hepidannus auf Seite 51 dargelegt, haben wir bei dieser Quelle zunächst das Problem, dass der (vermutliche) Originaltext erst 1951 aufgetaucht ist. Eine entsprechende gleichnamige Prophezeiung* von 1866 wurde aber bereits im Jahre 1881 im *Gesamt-Verlags-Katalog des Deutschen Buchhandels* aufgelistet.

Die Bedeutung der Frage, ob die Hepidannus-Prophezeiung aus der Zeit vor dem Zweiten Weltkrieg stammt – also echt ist – oder erst aus der Zeit *nach* dem Krieg – also eine Fälschung –, wird einem sofort klar, wenn man liest, wie in dieser Prophezeiung die Situation Deutschlands nach dem Ersten Weltkrieg beschrieben wird:

> *Dann wird* [in Deutschland] *ein Mann auferstehen mitten aus dem Strudel der Parteiungen* [das Chaos der Weimarer Republik]. *Er wird, ohne dem Unrecht Stützpunkt zu sein, doch mit dem Rechte Recht sprechen wider das Recht, und vom Aufgange zum Niedergange* [der Sonne] *wird sein Name in aller Leute Mund sein. Verdammt und gehasst von den einen, wird er bewundert von den anderen werden. Zwar wird unsägliches Elend an seine Schritte geknüpft sein und* ***sein Name leben in der Geschichte inmitten von Leichenhügeln und Tod.*** *[…]*[411]

Auf wen, wenn nicht Adolf Hitler, sollten sich diese Sätze beziehen?

Gar nicht so wenig Menschen reagieren auf diese ziemlich präzise Prophezeiung Adolf Hitlers instinktiv mit der Schlussfolgerung, dass der Text eine Fälschung sein muss. Entsprechende Ablehnungsreflexe werden dann gerne rational begründet, aber die Wahrheit ist doch wohl eher die, dass diesen Leuten der Text einfach zu sehr gegen ihren weltanschaulichen Strich geht. Motto: »Es kann nicht sein, was nicht sein darf.« Denn ein wie auch immer von höheren

* Hepidannus von St. Gallen: *Visionen und Vorhersagungen die Gegenwart und Zukunft betreffend.*

Mächten vorherbestimmter Adolf Hitler – seien es 70 Jahre oder gleich 870 Jahre – relativiert irgendwie dessen »gefühlte« Schuld und damit auch die historische Verantwortung der Deutschen.

Die Fälschungsthese

Folgt man der These, der Text sei eine Fälschung, braucht es rein kriminalistisch gesehen natürlich einen Täter und ein Motiv. Man kennt das aus zahllosen Krimis. Ohne Täter und Motiv ist jeder Krimi sinnlos und pure Zeitverschwendung. Ohne Täter und Motiv bewegt sich die Fälschungsthese auf reinem Stammtischniveau. Vielen Menschen reicht das. Uns aber nicht.

Auf die möglichen »Fälscher« und deren möglichen Motive gehe ich weiter unten ein. An dieser Stelle sei aber schon verraten, dass diese Personen auf den ersten und auch auf den zweiten Blick nicht für die Rolle des Fälschers geeignet scheinen.

Zuvor aber sehen wir uns den Text selbst an und schauen, ob wir darin Indizien für seine Echtheit finden: Was obige Sequenz zur Weimarer Republik, dem »Dritten Reich«, Adolf Hitler und die Zeit danach betrifft, so ist – unter der Annahme, der Text sei eine Fälschung von 1951 – folgende Aussage über Adolf Hitler besonders interessant:

Sein Name [wird] *leben in der Geschichte inmitten von Leichenhügeln und Tod.*

Diese Aussage besagt indirekt und lässt logisch schlussfolgern, dass es in den Jahrzehnten nach 1945 in Europa auf lange Zeit hin zu keinen neuen Leichenbergen kommen kann, vor allem zu keinen Leichenbergen, die jene von Adolf Hitler überragen. Anders gesagt: Hepidannus sagt indirekt voraus, dass es nach dem Zweiten Weltkrieg entweder zu keinem Dritten Weltkrieg kommt oder dass es wenigstens etliche Jahrzehnte bis zu diesem Krieg dauert!

Die unterschwellige Suggestion eines ausbleibenden Dritten Weltkrieges von Oktober 1950 (Datum der Imprimatur vom 14. Oktober 1950) und die Suggestion einer langfristigen Prägung der »Geschichte« durch die Gräuel des »Dritten Reiches« sind insofern bemerkenswert, als dass am 29. August 1949 mit dem ersten erfolgreichen Atombombentest der UdSSR gerade erst das atomare Wettrüsten zwischen den USA (NATO) und Russland (UdSSR) begonnen hatte.

Im Jahr 1951, dem Erscheinungsjahr von *Prophezeiungen über das Schicksal Europas,* war das atomare Wettrüsten gerade dabei, so richtig an Fahrt aufzunehmen. Über das atomare Wettrüsten wurde in der deutschen Presse auch ausführlich berichtet. Größte Gefahr zeichnete sich 1950 ab, als viel darüber geschrieben und geredet wurde. Und keiner wusste, wie das atomare Wettrüsten endet.

Der Hepidannus-Text hingegen besagt indirekt, dass die Welt, die Europäer und natürlich auch die Deutschen genug Zeit haben werden, gebannt auf Hitlers Leichenberge zu starren. Faktisch meint die Prophezeiung mit »Geschichte« einen ziemlich langen Zeitraum, in dem nichts passiert, das so dramatisch ist, dass es die Gräuel der Nazi-Zeit in den Schatten stellen könnte.

Ja, man kann in der Deutung sogar noch weitergehen, indem man sagt: Damit diese Leichenberge im kollektiven Gedächtnis haften bleiben, muss immer wieder an sie erinnert werden. Die physischen Leichenberge sind schnell beseitigt und sind nur eine Seite des Ganzen. Die andere ist die Erinnerung an die Gräuel. Diese Erinnerung wird wichtig, wenn neue Generationen heranwachsen, die nicht mehr »dabei« waren. So passt es wie die Faust aufs Auge, dass ein maßgeblicher Impuls für die »Erinnerungskultur« in Deutschland in den Jahren 1978/79 aus den USA kam, und zwar in Form der vierteiligen TV-Filmserie *Holocaust – Die Geschichte der Familie Weiss.* Erst mit diesem Film wurde in Deutschland der Begriff *Holocaust* zum gängigen Begriff und ist inzwischen zum Oberbegriff der Juden-Ermordung in der Nazi-Zeit geworden (siehe das »Holocaust-Denkmal« in Berlin-Mitte). Entsprechend liest man auf Wikipedia: »Als ›der Holocaust‹ […] wird […] seit 1978 in vielen Staaten Europas, darunter der Bundesrepublik Deutschland, üblicherweise jenes Ereignis bezeichnet, das die Nationalsozialisten selbst die ›Endlösung der Judenfrage‹ nannten.«[412] »Geschichte« bedeutet immer zweierlei: Ereignis *und* Erinnerung.

Hepidannus hat also (angeblich) den Zweiten Weltkrieg und (offenbar) den Holocaust vorausgesehen, ebenso die Jahrzehnte des Friedens in Mitteleuropa vor dem »Dritten Weltkrieg«, den »Dritten Weltkrieg« selbst, die Friedensphase danach und dann das »Ende« (die Antichrist-Zeit).

Von der inneren Logik her kann man sagen, dass ein vermeintlicher Fälscher der Hepidannus-Prophezeiung im Jahr 1951 (eigentlich Mitte Oktober 1950) eine Situation beschreibt, in der der »Dritte Weltkrieg« lange Zeit – mehrere Jahrzehnte – auf sich warten lässt. Und diese seltsame »gefälschte Zukunftsvision« kommt dem »Fälscher« ausgerechnet in jenen Monaten in den Sinn, als das atomare Wettrüsten so richtig in die Gänge kommt und kein Mensch weiß oder ahnt, wie all das einmal enden wird.

Die potenziellen Fälscher

Was die potenziellen Fälscher betrifft, so kommen drei Personen infrage: Erstens Dr. Armand Dehlinger (Pseudonym Dr. H. Armand), der Autor des 1951 erschienenen Buches *Prophezeiungen über das Schicksal Europas,* zweitens der Benediktinerpater Winfried Ellerhorst (gestorben 1948), aus dessen Nachlass sich Armand Dehlinger bedient haben will, und dann eine mögliche dritte Person, die Dehlinger oder Ellerhorst eine Fälschung untergeschoben hat, die diesen nicht aufgefallen ist.

Betrachtet man diese drei Fälle genauer, so zeigt sich, dass Dehlinger und Ellerhorst schon aus persönlichen Gründen nicht infrage kommen. Und die Existenz eines dritten möglichen Fälschers beruht bei eingehenderer Betrachtung auf einer ziemlich abstrusen These. Wer sich für die Einzelheiten interessiert, schaue hier im Anhang nach (siehe [413]).

Fazit meiner Untersuchung: Ellerhorst und Dehlinger lassen sich keine Betrugsabsichten nachweisen, zudem erscheint die Täuschungsthese insgesamt völlig unplausibel. Ein dritter möglicher Fälscher scheidet meiner Einschätzung nach schon deshalb aus, weil Dehlinger/Ellerhorst die Möglichkeit gefälschten Materials explizit erwähnen, also ein entsprechendes Problembewusstsein hatten (siehe Anhang).

Das spurlose Verschwinden der Kölner Originalversion von 1866

Das spurlose Verschwinden sämtlicher Exemplare von mindestens zehn Auflagen (bis 1881) der Kölner Hepidannus-Prophezeiungen von 1866 lässt sich – manche werden es schon ahnen – mit eben jenem Mann erklären, der »verdammt und gehasst von den einen« werden soll, und »bewundert von den andern«.

Es liegt auf der Hand, dass den Nationalsozialisten – wenn die Kölner Hepidannus-Prophezeiung von 1866 Hitler und seinen Untergang so klar voraussagt – gar nichts anderes übrig geblieben sein kann, als sämtliche Hepidannus-Texte aus dem Verkehr zu ziehen. Tatsächlich haben die NS-Behörden im Juni 1941 im gesamten Reichsgebiet eine entsprechende Säuberungsaktion durchgeführt. Diese Säuberungsaktion ist unter dem Namen »Aktion Heß« bekannt und recht gut dokumentiert, da im Berliner Bundesarchiv noch Originalakten von 1941 existieren.[414]

Auslöser für die »Aktion Heß« war der (angeblich) nicht mit Adolf Hitler abgesprochene Flug seines Stellvertreters Rudolf Heß am 10. Mai 1941 nach Schottland. Angeblich wollte Rudolf Heß unmittelbar vor dem Angriff Deutschlands auf Russland (22. Juni 1941) einen Separatfrieden mit England aushandeln. Heß schaffte es zwar mit Flugzeug und Rettungsfallschirm bis auf einen schottischen Acker, wurde dann aber sogleich verhaftet und verbrachte die nächsten 46 Jahre im Gefängnis, wo er auch starb.

Wenige Tage nach Heß' gescheitertem Schottlandflug wusste die NS-Spitze, dass Heß' ganze Friedensidee mithilfe der Astrologie ausgebrütet worden war. Einen Schlag gegen alle möglichen »Okkultisten« im Deutschen Reich hatten Teile der NS-Spitze aber schon länger vorbereitet. Schon 1932 (!) hatten die Nazis in München die gesamte »Okkultisten-Szene« durchleuchtet und Hausdurchsuchungen bei Astrologen, Hellsehern, Anhängern des Siderischen Pendels usw. durchgeführt.[415]

Am 4. Juni 1941, rund 3 Wochen nach Rudolf Heß' Schottlandflug, startete dann die Sicherheitspolizei auf Anweisung Adolf Hitlers (!) die »Aktion gegen Geheimlehren und sogenannte Geheimwissenschaften« – auch bekannt unter der Bezeichnung »Aktion Heß«. In einem geheimen Rundschreiben vom 4. Juni 1941 an die Leiter der Staatspolizei- und Kriminalpolizeistellen im gesamten Deutschen Reich heißt es:

> I. *Okkulten Lehren, die vorgeben, dass das Tun und Lassen des Menschen von geheimnisvollen magischen Kräften abhängig sei, kann das deutsche Volk nicht weiterhin preisgegeben werden. Es ist daher gegen diese Lehren und Wissenschaften mit den schärfsten Sofortmaßnahmen vorzugehen. […]*
>
> II. *Diese Sofortmaßnahmen erstrecken sich auf*
> *Astrologen,*
> *Okkultisten,*
> *Spiritisten,*
> *Anhänger der okkulten Strahlentheorie,*
> ***Wahr- richtig Falschsager** (gleich welcher Art),*
> *Gesundbeter,*
> *Anhänger der Christlichen Wissenschaften (Christian Science),*
> *Anhänger der Anthroposophie,*
> *Anhänger der Theosophie und*
> *Anhänger der Ariosophie*

> *und zwar sowohl gegen ihre Organisationen, Vereine, Verbände, Zirkel* [private Kreise, Anm. d. Autors] *usw. als auch gegen alle führenden Einzelpersonen, soweit sie diese Lehren oder Wissenschaften zum Hauptberuf haben oder sonst wie besondere Funktionen innehaben oder einen besonderen Einfluss ausüben.*
>
> III.1.a. *Ziel der bevorstehenden Aktion:*
> *Sämtliche Organisationen, Vereine, Verbände, Zirkel usw. sind restlos und gleichzeitig zu überholen; das vorhandene Material* ***(insbesondere Adressenverzeichnisse,*** *Karteien,* ***Korrespondenz,*** *Apparaturen, okkulte Gegenstände,* ***Schriftgut*** [die Hervorhebungen stammen von mir, Anm. d. Autors] *und etwa vorhandenes Eigentum) zu beschlagnahmen. […]*
>
> 3. *Personen, welche sich diesen Geheimlehren und Geheimwissenschaften hauptberuflich gewidmet haben […] sind auf jeden Fall festzunehmen. […]* ***In den betreffenden Verlagen und Buchhandlungen sind sämtliche Bestände an Schriften und Zeitschriften der okkulten Gruppen sicherzustellen.*** *[…] Weiterhin ist dafür Sorge zu tragen, dass auch bei den Druckereien und Bindereien lagernde Bestände in die Sicherstellung einbezogen werden. […] Bei den verantwortlichen Personen* [Verleger, Buchhändler, Anm. d. Autors] *sind grundsätzlich Hausdurchsuchungen durchzuführen. Dabei ist ebenfalls das in ihrem Privatbesitz befindliche* ***Schrifttum*** *der okkulten Gruppen nach den obigen Gesichtspunkten sicherzustellen.*

Fassen wir kurz zusammen, wo überall im Juni 1941 die Hepidannus-Prophezeiungen aufgespürt und entfernt worden sein können: beim Verlag, bei der Druckerei, der Buchbinderei, den Buchhandlungen, dem Privatbesitz der Buchhändler (Hausdurchsuchungen) und gegebenenfalls im Privatbesitz von Lesern, sofern diese in den Adressenlisten der Buchhändler auftauchen oder mit ihnen per Brief korrespondiert wurde.*

Nach diesen Berichten kann man sich gut vorstellen, dass nach der Aktion Heß nicht mehr viele Exemplare der Kölner Hepidannus-Prophezeiung von 1866 existiert haben können. Das ist wohlgemerkt keine bloße Vermutung, sondern man kann mit an Sicherheit grenzender Wahrscheinlichkeit davon

* Laut Auskunft von Mitarbeitern des Bundesarchivs Berlin ist über den Verbleib des beschlagnahmten Schriftguts nichts bekannt. Es wird vermutet, dass es bei Kriegsende in Berlin verbrannt ist.

ausgehen, dass die entsprechenden NS-Polizeiorgane gründlich vorgegangen sind. Nicht zuletzt kam der Befehl ja von ganz oben: von Adolf Hitler.

Und jenen Bürgern, die noch ein Exemplar besaßen, dürfte klar gewesen sein, dass ein solcher Besitz lebensgefährlich ist. Ab Juni 1941 hatten die Eigentümer der verbliebenen Hepidannus-Prophezeiung also rund 4 Jahre Zeit, sich reiflich zu überlegen, ob sie es riskieren wollten, wegen eines kleines Büchleins zum Tode verurteilt zu werden, wenn es NS-Organe finden oder wenn sie von einem Bekannten verraten werden sollten. Schließlich enthalten die Hepidannus-Prophezeiungen Stellen, die in hohem Maße geeignet waren, den Glauben an das »Dritte Reich« zu zersetzen, ein Vergehen (»Wehrkraftzersetzung«, »defätistische Äußerungen«), das Schätzungen nach im »Dritten Reich« etwa 16 500 Zivilisten das Leben gekostet hat.[417] Eine stärkere Motivation zur Vernichtung der noch in Privatbesitz befindlichen Hepidannus-Prophezeiung ist wohl kaum denkbar.

Ein weiterer Punkt in diesem Zusammenhang ist, dass bei Adolf Hitlers wohl engstem ideologischen Mitstreiter, dem Reichsführer SS, Heinrich Himmler, ein Interesse an Prophetie nachweislich bekannt ist. So findet sich im Bundesarchiv Koblenz im Teilnachlass Heinrich Himmlers ein sogenanntes Lektüre-Tagebuch, in dem er von 1919 bis 1934 penibel aufgelistet hat, welche Bücher er wann gelesen hat und was er jeweils davon hielt.[418] In diesem Lektüre-Tagebuch zeigt sich eindeutig Himmlers Interesse an Astrologie und Prophetie.[419] Nach Aussage von Himmlers Astrologen Wilhelm Wulff deutete Himmler sogar manche deutsche Prophezeiungen im Sinne eines noch späteren, wohl *Dritten* Weltkriegs!

Noch einmal, weil es so unglaublich klingt: SS-Chef Heinrich Himmler zog nach Aussage seines Astrologen Wulff in Betracht, dass es nach dem Zweiten Weltkrieg auf deutschem Boden noch einmal zu einem großen Krieg kommt! Konkret bezog sich Himmler auf die schon damals sehr bekannten Prophezeiungen zur Endschlacht in Nordrhein-Westfalen.[420]

Spätestens dann, als die NS-Behörden sich im Sommer 1941 darangemacht hatten, das beschlagnahmte Schriftgut der Aktion Heß auszuwerten, wird man Heinrich Himmler auf den speziellen Fall der Hepidannus-Prophezeiung aufmerksam gemacht haben, wenn er diese Prophezeiung nicht schon längst kannte, denn (meines Wissens) gab es seinerzeit keine Prophezeiung, die Adolf Hitler und dessen Schicksal so deutlich voraussagte.

Das bedeutet, dass in Anbetracht von Textstellen wie »… sein Name [wird] leben in der Geschichte inmitten von Leichenhügeln und Tod … « davon auszugehen ist, dass NS-Sicherheitskräfte ganz gezielt nach der Hepidannus-Prophezeiung gesucht haben.

Nach ihrem Beutezug durch die okkultistischen Milieus in Mitteleuropa werden die betreffenden NS-Organe das erfasste Material jedenfalls nach »harmlos« und »gefährlich« sortiert haben, und die Hepidannus-Prophezeiung wird definitiv als »gefährlich« klassifiziert worden sein, da sie aufgrund ihres Alters und der damit einhergehenden Suggestivkraft in hohem Maße geeignet war, den Glauben an den »Endsieg« zu untergraben.

Das Verschwinden der Kölner Originalfassung der Hepidannus-Prophezeiung von 1866 muss also unbedingt im Zusammenhang mit dem hochgradig NS-kritischen Inhalt der Prophezeiung gesehen werden; und der Tatsache, dass die Nazis mit ganz erheblichem Aufwand nach genau solchen Inhalten gesucht haben.

Das Verschwinden einer solch hochgradig NS-kritischen Prophezeiung von 1866/1881 lässt sich angesichts der Aktion Heß absolut befriedigend erklären, im krassen Gegensatz zu dem spurlosen Verschwinden von mindestens zehn Auflagen einer scheinbar völlig harmlosen Hepidannus-Originalversion von 1866, deren Titel angeblich nur nachträglich für eine im Jahr 1951 gefälschte Hepidannus-Prophezeiung herhalten musste, die dann über Armand Dehlinger den Weg an die Öffentlichkeit fand.

Fazit: Der 1951 erschienene Hepidannus-Text aus Ellerhorst/Dehlingers *Prophezeiungen über das Schicksal Europas* ist allem Anschein nach echt.

Tabellen

	Quellen mit Bezug zur dreitägigen Finsternis	Zeit	Datensätze	Qualität	Finsternis			Krieg	Naturkatastrophen Erklärung siehe nächste Seite								Ratschläge			Literatur *
					3	F	W		~	P	E	N	Ü	O	D	V	H	F	T	
1	Irlmaier	1959	150	I																30/134
2	Biernacki	1984	149	IV																8/289
3	Seher v. Waldviertel	1959	79	II																12/262
4	Dixon	197o	48	IV																5/147
5	Kugelbeer	1922	43	III																15/101
6	Luecken	1972	38	III																8/231
7	Stockert	1948	37	III																12/221
8	Smith, T.H.	1991	04	III																71/68
9	Elena Aiello	1955	33	II																10/161
10	Zönnchen	1988	33	III																85/143
11	Lindenlied	1850	29	II																7/374
12	Uriella	1993	21	IV																209/17
13	De la Vega	1982	18	III																16/214
14	M. J. Jahenny	1938	16	III																8/208
15	Böhmischer Seher	1940	16	III																8/46
16	Pater Pio	1961	14	I																8/151
17	Taigi	1837	12	II																8/132
18	Zängeler, Berta	1950	12	II																51
19	Quelle aus Hadith	~800	10	II																99/94
20	Heilige Ottilie	720	7	II																14/75
21	Ashtar Sheran	1997	7	III																PaB
22	Palma v.Oria	1872	6	III																24/53
23	M.Bergadieu	1875	6	III																88/315
24	Johannes Friede	1948	6	II																46/84
25	Baourdi	1878	6	III																10/154
26	Schweizer Neuoffenb.	1856	4	III																14/107
27	Henle	1890	4	III																8/275
28	J. d. la Faudaise	1819	2	III																4/170
29	Gründ.d.Kongr.v.k.Bl	1837	2	III																10/155
30	Heroldsbach (Heilm.)	1949	1	III																8/275
31	Nostradamus	1558	548	II	Keine Angaben zur Dauer der Finsternis		=			=		=		=	=	=	=	=	=	1/377
32	Korkowski	1947	178	III				=====		=		=		=	=	=	=	=	=	32/23
33	La Salette	1846	84	II			=	=====		=		=	=	=	=	=	=	=	=	7/367
34	Erna Stieglitz	1972	50	III		=			=	=	=	=	=	=	=	=	=	=	=	12/237
35	Lorber	1864	33	II		=			=	=	=	=	=	=	=	=	=	=	=	5/156
36	Madam Sylvia	1934	24	III		=	=	=====		=				=	=	=		=	=	14/178
37	Birger Claesson	1950	23	II			=		=	=	=	=	=	=	=	=	=	=	=	PaB
38	Frau aus Valdes	1968	20	II		=			=	=	=	=	=	=	=	=	=	=	=	PaB
39	Methodius .v. Patara	677	20	III			=	====	=	=		=	=	=	=	=	=	=	=	5/139
40	C. v. Heisterbach	1230	20	III			=		=	=		=		=	=	=	=	=	=	15b/63
41	Italienische Sibylle	100	19	III																5/209
42	Hep. v. St. Gallen	1081	18	I		=			=			=	=	=	=	=	=	=	=	41/85
43	Marienth. Klosterbuch	1749	18	II																41/245
44	Libysche Sibylle	-200	16	III																5/205
45	Edda	1300	14	III			=	=====	=	=				=	=	=	=	=	=	14/59
46	Emmerick	1822	13	III																14/77
47	Amsterd. Botschaft	1947	12	III																PaB
48	Beliante	1923	11	III																14/73
49	Mutter Graf	1961	10	III																60/123
50	Handwercher	1830	8	III																8/191
51	Maya-Quelle	1500	8	III				=====	=	=		=	=	=	=	=	=	=	=	77/118
52	Hopi-Quelle	1938	7	II			=			=	=	=	=	=	=	=	=	=	=	S.99
53	Bertha Dudde	1947	7	III			=		=			=	=	=	=	=	=	=	=	19/55
54	Kossuthány	1918	6	III																47/407
55	Higginson	1880	4	III																24/81
56	Kerizinen	1965	3	III																8/252
57	Mongolische Quelle	1700	2	III			=	=====	=		=	=	=	=	=	=	=	=	=	99/98
					3	F	W		~	P	E	N	Ü	O	D	V	H	F	T	

inverse Felder = Geistliche der (meist) katholischen Kirche – oder von dieser heilig- oder seliggesprochen, oder Visionen von kirchlich anerkannten Marienerscheinungen

* teilweise zu einzelnen Quellen weitere Literaturangaben nötig – Literaturcodes siehe Seite 372

Abbildung 39: Gesamttabelle prophezeite Einzelaspekte der 3-tägigen Finsternis (Stand Mitte 2016)

Erläuterungen der Gesamttabelle zur 3-tägigen Finsternis

Gruppe 1 (1–30) bezieht sich definitiv auf die 3-tägige Finsternis. Lediglich eine Quelle der Gruppe 1 – der Seher aus dem Waldviertel – weicht bei der Dauer von 3 Tagen ab! In Waldviertel dürfte es lokale Gründe dafür geben, dass die Dunkelheit und/oder Luftverpestung länger dauert. (Die angebliche Somdej-Toh-Voraussage ist hier nicht berücksichtigt.)

Gruppe 2 (31–57) umfasst Quellen, bei denen Angaben zur Dauer der Finsternis fehlen, jedoch weisen diese Quellen Details auf, die ebenfalls auf die 3-tägige Finsternis hindeuten. Vielleicht 15 Prozent aus Gruppe 2 könnten sich bei einer genaueren Prüfung (zu der mir derzeit die Daten fehlen) als ohne Bezug zur 3-tägigen Finsternis erweisen. Weshalb die Quellen der Gruppe 2 auf die 3-tägige Finsternis hindeuten, siehe unten. (Die Quelle aus dem Hadith, die mich kurz vor Abschluss der Arbeiten an diesem Buch erreicht hat, ist hier auch noch nicht berücksichtigt.)

Wie aus der Tabelle hervorgeht, wird die 3-tägige Finsternis umso häufiger im Zusammenhang mit einem Krieg erwähnt, je mehr Vorhersagen ich von der Quelle erfasst habe (breite Spalte »Krieg« + Spalte »Datensätze«). Dies ist insofern von Bedeutung, als einige wenige Quellen mehrere 3-tägige Finsternisse voraussagen (zum Beispiel Wolfgang Zönnchen). Das zu diskutieren, ergibt aufgrund der diesbezüglich dünnen Datenbasis jedoch wenig Sinn. Doch selbst wenn es zu mehreren 3-tägigen Finsternissen kommen sollte, so wäre diejenige entscheidend, die im Zusammenhang mit dem Krieg steht, den Russland beginnen soll.

Die einzelnen Buchstaben am Kopf der Spalten beziehen sich auf unterschiedliche Aspekte der 3-tägigen Finsternis, die von der jeweiligen Quelle erwähnt werden.

3 = Dauer = 3 Tage (nur Gruppe 1)	Ü = Überflutungen
F = Finsternis	O = Orkane
W = Wolke	D = (großer) Donner
~ = Störung der Gravitation	V = Blitze
P = (leuchtender) Himmelskörper	H = Man soll im Haus bleiben
E = Erdbeben	F = Man soll nicht aus dem Fenster sehen
N = Neues Land taucht auf	T = Man soll nicht die Haustüre öffnen

Bitte beachten Sie die Spalten »H«, »F« und »T«. Dort geben die Quellen Ratschläge, wie man sich zu dieser Zeit verhalten soll. In den mit »=« gekennzeichneten Fällen deuten die Details deutlich auf die 3-tägige Finsternis hin. So zum Beispiel wenn von einer Störung der Gravitation im Zusammenhang mit einer Finsternis die Rede ist: Spalte »F« (»W«) + Spalte »~«. Oder aber, wenn das Auftauchen eines Sterns im Zusammenhang mit der Finsternis erwähnt wird: Spalte »F« (»W«) + Spalte »P«. Indirekt könnte der Polsprung auch durch merkwürdige Veränderungen am Sternenhimmel beziehungsweise am Planetenhimmel angezeigt werden. Diese merkwürdigen Veränderungen können zum Beispiel in einem Aufrollen des Himmels, im Fallen oder Zusammenstoßen von Sternen oder in merkwürdigen Bewegungen der Planeten einschließlich von Sonne und Mond bestehen. In den meisten dieser Fälle kann man von erheblichen Störungen im Gravitationsgefüge unseres Sonnensystems ausgehen. Ebenso weist ein Versinken oder Auftauchen von Landmassen im Zusammenhang mit einer Finsternis indirekt auf einen Polsprung hin: Spalten »E«, »N«, »Ü«. Was außer einem Polsprung (abgesehen von einem gigantischen Meteoriteneinschlag) könnte die erforderlichen Energien freisetzen? Prinzipiell gilt dies für die plötzliche und drastische Häufung von Naturkatastrophen zur Zeit der Finsternis. Woher kommt plötzlich diese enorme Energie?

Ebenfalls auf die 3-tägige Finsternis deutet (wie im Falle von Erna Stieglitz) eine Giftwolke während eines Krieges hin, an der in riesigen Gebieten etwa ein Drittel der Menschen sterben. Damit wäre keinesfalls der »gelbe Strich« gemeint, da dort das betroffene Gebiet sehr viel kleiner wäre, aber innerhalb des Gebietes die Todesrate bei 100 Prozent läge. Im Falle der 3-tägigen Finsternis belaufen sich in den Quellen die Opferzahlen im Wesentlichen auf zwischen einem Drittel und zwei Dritteln.

Voraussagen zum plötzlichen Angriff Russlands

Zeit	Quelle	Land	Zitat / Formulierung (teilweise gekürzt)
1790	Walraff	D	Die Umwälzungen werden sehr schnell hereinbrechen.
1794	Knopp	D	Dann wird es Krieg geben, wenn es keiner glaubt.
1819	Faudaise	F	Die Krise wird für alle plötzlich kommen.
1820	Mühlhiasl	D	In Zwiesel Männer im Wirtshaus sitzen, wenn die Roten jäh in die Stadt ...
1872	Eilert	D	Abends wird man sagen: Friede, Friede, morgens stehen sie vor Türe.
1916	Curique	F	Abends werden sie noch »Friede, Friede« rufen, am nächsten Morgen ...
1916	Kossuthány	HU	plötzlich und völlig unerwartet
1917	Fatima	P	Wenn kein Kaiser, König, Kardinal und Bischof es erwartet!
1922	Kugelbeer	A	Wie Blitz aus heiterem Himmel kommt Umsturz von Russland
1940	Böhm. Seher	CZE	Russen durch die Gasthausfenster schauen, wenn ... beim Bier sitzen.
1949	Peerdeman	NL	Russland wird alles (Friedensbemühungen) zum Schein tun.
1950	Zängeler	CHE	Man sieht nichts kommen, alles geschieht ganz plötzlich.
1951	K.a.d.Ötztal	A	Anfangen tut es langsam ... Dann plötzlich brichts
1959	Irlmaier	D	Die Bauern säßen im Gasthaus, da blickten die feindlichen Soldaten ...
1968	Fr.a.Valdres	N	Beginnt auf Weise, die niemand erwartet hat, von völlig unerwarteter Seite.
1970	Dixon	USA	plötzliche Vernichtung und Krieg (1999)
1975	Stieglitz	D	stoßen ... blitzartig gegen Westeuropa vor.
1981	Korkowski	D	Ihre Uneinigkeit wird wirksame. Verteidigung beim Überraschungsangriff ...
1982	Eisenberg	D	Die große Übermacht des gottlosen Weltkommunismus wird unerwartet ...
1988	Anonymus	D	Blitzschnell schlägt d. Roten Heer, deutsches Land v. Schreck ohn' Wehr.
1995	Phillipas	GR	Der große Krieg wird erst kommen, wenn es keiner erwartet.
Land = Herkunft der Quelle			

Abbildung 40: Voraussagen zum plötzlichen Kriegsausbruch

Quellen aus der Literatur

	Quelle	Zeit	Formulierung / Sinn	Land / Gebiet	März	April	Mai	Juni	Juli	August
1	Irlmaier	1949	wenn das **Getreide reif** ist	Bayern						
2	Johansson	1907	**Sommer in Nordschweden**	Norweg.						
3	Landinger	1957	**nach Weizen-,** vor Haferernte	Oberpfalz						
4	Kath.a.d.Ötztal	1951	Spätsommer/ **Korn ist reif**	Tirol						
5	Adolf Schwaer	1952	zu **Roggenernte** kommen russ.	Schw. Wald						
6	Mühlhiasl	1820	zur **Weizenernte**	Bay. Wald						
7	S.a.Waldviert.	1959	frühsommerl. Wetter davor	Ö						
8	Stieglitz	1975	**Ende Juli**	Bayern						
9	Q. v.Beykirch	1622	**Juli/August**	D?						
10	Eilert	1833	**nach Korn-,** vor Haferernte	Westfalen						
11	Curique	1872	**nach Weizen,** vor Haferernte	F						
12	Nostradamus	1566	ab/nach dem Frühling	F						
13	Test.d.f.Papst.	1701	wenn sich **Ähren voll neigen**	Wismar						
14	Mainz.Proph.	1670	zur Zeit der Kornblüte	Mainz						
15	Brandt	1950	an trübem, feuchtem Tag	Bad. Würt.						
16	Karin Nagel	1992	August	NRW						
17	Onit	1948	ab Juni	Tirol (?)						

Quellen aus meinem Privatarchiv

	Quelle	Zeit	Formulierung / Sinn	Land / Gebiet	März	April	Mai	Juni	Juli	August
18	Bauer.v.Fichtlg.	1970	Gras in Graben 35 cm	Fichtelgb.						
19	Kanad.Leser	1998	zweifache Vision **29.7.**	Kanada						
20	Mäd.a.Nürnbrg	1999	läuft barfuß in Giftstaub	Nürnberg						

Die Quellen sind grob nach Glaubwürdigkeit sortiert, Beurteilung teilweise subjektiv.
Die Quellen 1–7 reichen meiner Einschätzung nach als ausreichende Beurteilungsbasis.
Die schwarzen Kästchen betonen den Schwerpunkt Ende Juli/Anfang August.
Für weitere Einzelheiten siehe Stephan Berndt, *Refugium,* Seite 216.

Abbildung 41: Voraussagen zur Jahreszeit bei Kriegsausbruch

Nr.	Quelle	Q	Zeit	Dauer	*	Monate 1	2	3	4	5	6	7	8	Literatur-codes
1	Jüng.v.Prag	II	1365	max. **9 Monate**	3									8/24
2	Nostradamus	II	1566	max. **7 Monate**	r									1/377
3	B.v.M.Laach	II	1600	ganz **kurz**	3									41/244
4	B.d.Matienth.	III	1749	**6 Monate**	r									41/246
5	Nectou	III	1760	**kurze** Dauer	r									7/304
6	Knopp	III	1794	nicht lange	r									7/305
7	N.v.Belley	III	1816	**3 Monate**	r									7/352
8	Mühlhiasl	II	1825	»ein Brot lang«	R									5/46
9	Schw.v.Lyelb.	III	1826	kurz	?									88/235
10	Geiß.Käther	IV	1831	»ein Brot lang«	?									22/187
11	Eilert	III	1833	wenige Tage	r									7/307
12	Clausi	III	1849	**kurze** Dauer	r?									7/368
13	Q.v.Beykirch	III	1622	3–5 Monate	?									5/77
14	Schw.v.Lyon	III	1850	max. 6 Monate	P									88/235
15	Eug.Pegghi	III	1855	extrem **kurz**	?									88/264
16	J.du.Bourg	III	1862	abge**kürzt**	r?									7/379
17	Curique	III	1872	nicht lange	r									8/91
18	Don Bosco	II	1874	ca. 4 Monate	R									8/150
19	Feldpostbriefe	I	1914	28 od. 58 Tage	R									12/100
20	Irlmaier	I	1959	max. 3 Monate	R									12/143
21	S.a.d.Waldv.	II	1959	wenige Tage	R									12/263
22	Böhm.Seher	III	1940	6 Monate	R									8/46
23	Frau a.Valdres	III	1968	**kurz**	R									PaB
24	Ron White	III	1970	nicht lange	R									8/162
25	Stieglitz	III	1975	2–3 Monate	R									12/235
26	Babaji	III	1981	an 1 Tag! (?)	?									27/28
27	Paulussen	III	1983	7 Tage (?)	R									44/114
28	Biernacki	IV	1984	3½ Monate	R									8/281
29	Bauer	IV	1986	bald beendet	R									80/140

* Angreifertypen: r = Russland (vermutlich …)
P = Preußen
R = Russland (definitiv/sehr wahrscheinlich …)

? = unklar
3 = 3. großer Krieg
PAB = Privatarchiv Berndt

Abbildung 42: Voraussagen zur Kriegsdauer

Literaturcodes

1	Allgeier	*Prophezeiungen des Nostradamus*
4	Voldben	*Nostradamus und die großen Weissagungen (1992)*
5	Silver	*Prophezeiungen bis zur Schwelle des 3. Jahrtausends*
6	Lemesurier	*Geheimcode Cheops*
7	Loerzer	*Visionen und Prophezeiungen*
8	Bekh	*Am Vorabend der Finsternis*
9	Kahir	*Nahe an 2000 Jahre*
10	Voldben	*Nostradamus und die großen Weissagungen* (1981)
12	Bekh	*Das dritte Weltgeschehen*
13	Gustafsson	*Merkwürdige Gesichte*
14	Varena	*Gesammelte Prophezeiungen*
15	Ellerhorst	*Prophezeiungen über das Schicksal Europas* (1992) oder *Prophezeiungen über das Schicksal Europas* (1951)
15b	Ellerhorst	*Prophezeiungen über das Schicksal Europas* (Deutsche Nationalbibliothek in Frankfurt)
16	Schnyder	*Wie überlebt man den Dritten Weltkrieg?* (1991)
20	Stocker	*Reinigung der Erde* (Band I)
21	Backmund	*Hellseher schauen die Zukunft*
22	Hübscher	*Die große Weissagung*
23	Schönhammer	*PSI und der Dritte Weltkrieg*
24	Stocker	*Reinigung der Erde* (Band II)
24	Stocker	*Prophetenworte*
30	Bekh	*Alois Irlmaier*
32	Korkowski	*Kampf der Dimensionen* (Band I)
33	Korkowski	*Kampf der Dimensionen* (Band II)
36	Wilkerson	*Die Visionen*
38	Snow	*Zukunftsvisionen der Menschheit*
40	Buchela	*Ich aber sage euch*
41	Gann	*Zukunft des Abendlandes?*
42	Bouvier	*Nostradamus*
45	Renner	*Weltenbrand*
47	Hagl	*Apokalypse als Hoffnung*
50	Heibel	*Das geht uns alle an*
51	*gloriadei.info/lichtindex.php?topic=256.0;wap2*	
54	Centurio	*Die großen Weissagungen des Nostradamus*
59	Hildegard von Bingen	*Wisse die Wege*

62	Hans J. Andersen Verlag	*Stern der Erleuchtung*
65	Stearn, Jess	*Prophezeiungen in Trance*
75	Schönhammer	*Dritter Weltkrieg und Zeitenwende*
77	Kaiser	*Die Stimme des Großen Geistes*
78	Bauer, Heinrich	*Der 3. Weltkrieg beginnt am ....*
80	Bauer, Erich	*Die Menschheit in und nach den großen Katastrophen*
81	Mann	*Prophezeiungen zur Jahrtausendwende*
86	Sun Bear	*Die Erde liegt in unserer Hand*
88	San Miguel	*De Laatste Zegels*
91	Herrholz	*Das apokalyptische Weltgeschehen*
95	Eilenberger & Schubert	*Nostradamus, Zukunftsbilder ...*
PaB	Privatarchiv Berndt	

Literatur

Abd-ru-shin: *Fragenbeantwortung 1924–1937,* Verlag Maria Bernhardt, Vomperberg 1953.

Abd-ru-shin: *Im Lichte der Wahrheit,* Verlag Der Ruf, München 1931.

Adlmaier, Conrad: *Blick in die Zukunft,* Bibliothek der Weltenwende 1950.

Adlmaier, Conrad: *Blick in die Zukunft,* Bibliothek der Weltenwende 1955.

Adlmaier, Conrad: *Blick in die Zukunft,* Bibliothek der Weltenwende 1961.

Allgeier, Kurt: *Die Prophezeiungen des Nostradamus,* Heyne, München 1990.

Amorth, Gabriele: *Pater Pio – Lebensgeschichte eines Heiligen,* Christiania-Verlag, Stein am Rhein 2003.

Bekh, Wolfgang Johannes: *Das Ende der Welt,* Pottlach 1998.

Bekh, Wolfgang Johannes: *Alois Irlmaier,* Ludwig, Pfaffenhofen 1990.

Bekh, Wolfgang Johannes: *Am Vorabend der Finsternis,* Ludwig, Pfaffenhofen 1988.

Bekh, Wolfgang Johannes: *Das dritte Weltgeschehen,* Droemer Knaur, München, 1985.

Berndt, Stephan: *Countdown Weltkrieg 3.0,* Kopp Verlag, Rottenburg 2015.

Berndt, Stephan: *Hellseher und Astrologen im Dienste der Macht,* Ares-Verlag, Graz 2013.

Berndt, Stephan: *Prophezeiungen – alte Nachricht in neuer Zeit,* Reichel-Verlag, Weilersbach 2001.

Berndt, Stephan: *Was will Putin?* Kopp Verlag, Rottenburg 2015.

Berndt, Stephan: *Alois Irlmaier – ein Mann sagt, was er sieht,* Reichel-Verlag, Weilersbach 2009/2014.

Berndt, Stephan: *Prophezeiungen zur Zukunft Europas und reale Ereignisse,* Reichel-Verlag, Weilersbach 2007.

Berndt, Stephan: *Refugium,* G. Reichel, Weilersbach 2016.

Beykirch, Theodor: *Prophetenstimmen,* F. Schöningh, Paderborn 1849.

Bouvier, Bernhard: *Nostradamus,* Ewert-Verlag, Meppen 1996.

Centurio, N. Alexander: *Die großen Weissagungen des Nostradamus,* Goldmann, München 1988.

Decorte, Arni: *Pater Pio aus Pietrelcina,* Parvis-Verlag, Hauteville 1993.

Dehlinger, Armand, Dr. Ing.: *Die Ordensgesetzgebung der Benediktiner,* Dissertationsdruck Robert Noske, Leipzig 1936.

Ellerhorst, Winfried: *Prophezeiungen über das Schicksal Europas,* Schnell & Steiner, Regensburg 1951.

Empson, Rebecca: *Time, Causality and Prophecy in the Mongolian Cultural Region,* Global-Oriental, Folkestone 2006.

Fontbrune, Max de: *Was Nostradamus wirklich sagte,* Ullstein Verlag, Berlin 1989.

Friede, Johannes: *Das Johanneslicht,* Hans Jacob, Wetzikon 1948.

Gann, Alexander: *Die Zukunft des Abendlandes?,* IFAP-Institut, Salzburg 1986.

Guillet, Arnold: *Die Große Botschaft von La Salette,* Christiana-Verlag, Stein am Rhein 2004.

Gustafsson, A.: *Merkwürdige Gesichte!,* Sverigefondens, Stockholm 1954.

Hildegard v. Bingen: *Das Buch vom Wirken Gottes,* Beuroner Kunstverlag, Beuron 2012.

Hildegard v. Bingen: *Gesichte über das Ende der Zeiten,* Credo, Wiesbaden 1953.

Hildegard v. Bingen: *Wisse die Wege,* Müller, Salzburg 1954.

Hingerl, Martin: *Staffelbergsagen,* Selbstverlag, 1921.

Kaiser, Rudolf: *Die Stimme des Großen Geistes,* Kösel, München 1989.

Kahir, M.: *Nahe an 2000 Jahre.* Turm-Verlag, Bietigheim-Bissingen 1992.

Konzionator, Alfons Prof.: *Der kommende Große Monarch und die unter ihm bevorstehende Friedenszeit,* Lingen (Ems), 1931, 19. Auflage.

Korkowski, Edward: *Kampf der Dimensionen Teil 1,* H.J. Andersen, Gevelsberg 1982.

Korkowski, Edward: *Kampf der Dimensionen Teil 2,* H.J. Andersen, Gevelsberg 1989.

Korkowski, Edward: *Kampf der Dimensionen/Band I,* H. J. Andersen, Gevelsberg, 4. Auflage, 1990.

Korkowski, Edward: *Kampf der Dimensionen/Band II,* H. J. Andersen, Gevelsberg, 2. Auflage, 1991.

Korkowski, Edward: *Und es gibt ihn doch den lieben Gott,* Argo-Verlag, Marktoberdorf 2016.

Ladurner, Ernst: *Tatsachenberichte um Alois Irlmaier,* Eigenverlag, 1952.

Lichtenfels, Karl Leopold von: *Lexikon der Prophezeiungen*, Herbig Verlag, München 2001.

Loerzer, Sven: *Visionen und Prophezeiungen,* Pattloch, Augsburg 1989.

Lorber, Jakob: *Johannes – das große Evangelium, 5. Teil,* Neu-Salems-Verlag, Bietigheim 1923, 4. Auflage.

Obst, Helmut: *Apostel und Propheten der Neuzeit,* Vandenhoeck & Ruprecht, Göttingen 2000.

Rigaud, Benoist: *Les prophéties de maistre Michel Nostradamus,* Lyon 1568 (Fotokopien von 1940).

Robinson, Lytle W.: *Edgar Cayces Bericht vom Ursprung und Bestimmung der Menschheit,* Goldmann, München 1979.

Sárközi, Alice: *Political prophecies in Mongolia in the 17–20th centuries,* Harrassowitz, Wiesbaden 1992.

Schnyder, Henri: *Wie überlebt man den 3.Weltkrieg?*, Hesemann, München 1984.

Schönhammer, Adalbert: *Dritter Weltkrieg und Zeitenwende,* Haag & Herrchen, Hanau 1998.

Schönhammer, Adalbert: *PSI und der dritte Weltkrieg,* Rohm, Bietigheim 1978.

Seewald, Peter: *Benedikt XVI. – Ein Portrait aus der Nähe,* Ullstein Verlag, Berlin 2005.

Silver, Jules: *Prophezeiungen bis zur Schwelle des 3. Jahrtausends,* Ariston, Genf, 1987.

Snyman, Adrian: *Worte eines Propheten,* Argo-Verlag, Marktoberdorf 2006.

Stocker, Josef: *Der Dritte Weltkrieg,* 8. Auflage, Mediatrix-Verlag, St. Andrä-Wördern 1992.

Stocker, Josef: *Reinigung der Erde/Band I und Band II,* Mediatrix-Verlag, St. Andrä-Wördern 1992.

Stockert, Josef: *Der mahnende Finger Gottes ...,* Selbstverlag, 1950.

Stojanowa, Krasimira: *Wanga – das Phänomen: Die Seherin von Petritsch,* Ennsthaler Verlag, Steyr 2004.

Tenhaeff, W. H. C.: *Das zweite Gesicht,* Ullstein Verlag, Berlin 1995.

Tollmann, Alexander und Edith: *Und die Sintflut gab es doch,* Droemer Knaur, München 1993.

Voldben, A.: *Nostradamus und die großen Weissagungen,* Langen Müller, München/Wien 1992.

Wrchovszky: *Trance-Gesichte ... Madame Sylvie,* Bohmeier Verlag, Leipzig 2009.

Bildnachweis

Abb. 1: Zeitpunkt von Kriegsausbruch und 3-tägige Finsternis, S. Berndt

Abb. 2: Buchcover Peter Scholl-Latours *Der Weg in den neuen Kalten Krieg*

Abb. 3: Die bekanntesten Warner vor einem Dritten Weltkrieg, S. Berndt

Abb. 4: Die zeitliche Verteilung der Quellen zur 3-tägigen Finsternis, S. Berndt

Abb. 5: Herkunftsorte der europäischen Quellen zur 3-tägigen Finsternis, S. Berndt

Abb. 6: WTC7, Wikipedia

Abb. 7: Ausschnitt aus dem »Gesamt-Verlags-Katalog des Deutschen Buchhandels«, Band VI, 1881, Spalte 573, S. Berndt

Abb. 8: Das Licht und die düstere Wolke, Stephan Berndt

Abb. 9: Hildegard von Bingen, *youtube.de* » Hildegard von Bingen: Kloster Rupertusberg – Doku«

Abb. 10: Schematische Abfolge der Zukunft nach traditioneller europäischer Prophetie, S. Berndt

Abb. 11: *Nostradamus* (Fantasie-Portrait), *https://commons.wikimedia.org/wiki/File:Nostradamus_by_Lemud.jpg*

Anmerkungen

1 Berndt, *Zukunftsvisionen der Europäer* (1993), *Prophezeiungen zur Zukunft Europas* (1997), Prophezeiungen – alte Nachricht in neuer Zeit (2001).

2 Berndt, *Countdown Weltkrieg* 3.0, S. 160.

3 Stojanowa, *Wanga*, S. 116.

4 *faz.net/aktuell/feuilleton/debatten/die-krim-und-das-voelkerrecht-kuehle-ironie-der-geschichte-12884464.html*; 7. April 2014.

5 Krone-Schmalz, *Russland verstehen*, S. 29 und 30.

6 *http://www.spiegel.de/politik/ausland/donald-trump-prophezeit-dritten-weltkrieg-bei-sieg-hillary-clintons-a-1118254.htm.*

7 *https://de.sputniknews.com/politik/20160710311292293-gorbatschow-warnt-vor-krieg.*

8 *https://www.welt.de/politik/ausland/artuicle156476942/Russlandbeauftragter-warnt-vor-Eskalation-bis-hin-zum-Krieg.htm.*

9 *http://www.spiegel.de/politik/deutschland/frank-walter-steinmeier-steht-wegen-nato-aeusserungen-in-der-kritik-a-1098485.html.*

10 *http://www.bild.de/politik/ausland/papst/spricht-vom-dritten-weltkrieg-41253350.bild.html.*

11 *http://derstandard.at/2000013370281/Russland-Strache-sieht-EU-als-Aggressor.*

12 *Spiegel* (#3, 10. Januar 2015, S. 96).

13 Sendung *Günter Jauch*, 23. November 2014.

14 *http://www.spiegel.de/kultur/literatur/guenter-grass-und-oskar-negt-an-der-universitaet-hannover-a-1000863.html#ref=veeseoartikel.*

15 Schweizer Fernsehen (SFR), 17. Oktober 2014, Sendung *Rundschau*.

16 *http://www.zeit.de/politik/2014-09/helmut-schmidt-ukraine-russland-warnung-krieg-europa.*

17 *http://www.blick.ch/news/ausland/putin-wird-provoziert-gorbatschow-warnt-vor-drittem-weltkrieg-id3135881.html.*

18 *www.krone.at/welt/papst-franziskus-dritter-weltkrieg-im-Gange-warnt-vor-wahnsinn-story-419195.*

19 *www.welt.de/newsticker/dpa_nt/infoline_nt/brennpunkte_nt/article128080963/Helmut-Schmidt-wirft-EU-Groessenwahn-vor.html.*

20 *International New York Times*, 3. August 2014 »The Risk of a New Cold War«.

21 *Rhein-Neckar-Zeitung*, 4. Dezember 2013, Link inzwischen inaktiv.

22 *youtube.com/watch/?v=z5vQbvgMLg.*

23 Tollmann, *Und die Sintflut gab es doch*, S. 195–197 und 201. Forschungsergebnisse von Curt Covey (1984 und 1990), Forscher im Lawrence Livermore National Laboratory, Kalifornien: Bei einem kleineren Impakt mit 2 Gramm Staub pro Quadratmeter wird die Hälfte des einfallenden Lichtes (Zenith) absorbiert, bei mehr als 20 Gramm ist es stockdunkel. Bei einem größeren Impakt kann sich die Staubwolke schneller ausbreiten als ein Tsunami und in wenigen Stunden einen ganzen Kontinent verfinstern. Bei einem mittleren Impakt mit globaler Auswirkung sinkt die Temperatur

in den ersten 2 Tagen um 9 Grad und verharrt dann erst einmal für längere Zeit auf diesem Niveau.

24 Alois Irlmaier rät an einer Stelle (Berndt, *Alois Irlmaier,* Auflage 2014, S. 140), Ritzen mit Zeitungspapier abzudichten, was sicher hilfreich wäre, aber nicht gegen hochtoxische Gase helfen würde. Als definitiv »unsinnig« könnte man dann Irlmaiers beigefügten Rat empfinden, sich innerhalb der Wohnungen Zeitungspapier vor das Gesicht zu halten. Zeitungspapier dürfte als Staubfilter ziemlich nutzlos sein, weil man kaum hindurchatmen kann. Sollte Irlmaier keine Menschen mit Zeitungspapier vor dem Gesicht »gesehen« haben, könnte es nur eine Schlussfolgerung von ihm gewesen sein. Abgesehen davon ergibt sich hier aber rein praktisch gesehen kein Grund zur Verwirrung. Man hebe einfach ein paar Zeitungen auf.

25 Da mich in den zurückliegenden Monaten eine Reihe von Lesern zu Rose Sterns Nostradamus-Deutungen gefragt haben, hier folgende Anmerkung: Zunächst einmal gehört Nostradamus, was den Großteil seiner Prophezeiungen betrifft (die 10 Centurien), zu jenen Quellen, die ich als *Blackbox-Quellen* bezeichne, also Quellen, in die sich so ziemlich alles hineindeuten lässt, und – was noch wichtiger ist – für den Leser in der Regel nicht überprüfbar und verifizierbar sind. Neben Nostradamus gibt es unter anderem die Blackbox-Quellen Maya-Kalender, Palmblattbibliothek und *Bibel*code.

Ausgehend von ihrer Nostradamus-Deutung sieht Rose Stern die Ursache der 3-tägigen Finsternis in einem Mega-Ausbruch des Vesuvs. Ich habe Rose Sterns Nostradamus-Deutung nicht analysiert oder überprüft und werde es auch nicht tun, denn es ist nicht meine Aufgabe, die Arbeit anderer Autoren zu analysieren. Ich stelle aber Folgendes fest: Die Ursache der Staubwolke wäre den mir bekannten Quellen nach eindeutig kosmisch. Des Weiteren würde sich im Fall des Vesuvs oder einer anderen vulkanischen Explosion (Phlegräische Felder) die Staubwolke von einem bestimmten Punkt beziehungsweise einer ziemlich begrenzten Region aus ausbreiten. Für die weitere Verteilung der Staubwolke wäre dann die zu diesem Zeitpunkt vorherrschende Windrichtung und Windgeschwindigkeit entscheidend. Ich denke, es liegt auf der Hand, dass diese Wolke sich nicht innerhalb weniger Stunden über ganz Europa ausbreiten kann, schon gar nicht in der Form, dass es dann überall stockdunkel ist.

Der nächste Punkt ist, dass bei einer Ausbreitung der Staubwolke von einem sehr eng begrenzten Gebiet aus der Staubfallout umso geringer würde, je weiter entfernt man von der Ausbruchsstelle wäre. Nach dem Ereignis in Mittelitalien müsste dort also eine besonders dicke Staubschicht auf dem Erdboden liegen. Davon ist mir aber nichts aus den Prophezeiungen bekannt.

Das schließt aber keinesfalls aus, dass der Vesuv »explodiert«. Tatsächlich wäre mit einer Eruption im Rahmen des Polsprungs zu rechnen, und es gibt sogar zwei Quellen (Cayce und Ramtha), die sich auf einen entsprechenden Ausbruch beziehen. Nur käme der Vesuv meiner Kenntnis nach als eigentliche Ursache für die 3-tägige Finsternis nicht infrage. Glauben Sie, dass sich die »Wolke vom Vesuv« bis in die USA (siehe Veronica Lueken) und auf die Arabische Halbinsel ausbreitet? Ich nicht. Nichtsdestotrotz wäre es kein Fehler, darauf zu achten, was Geologen über die vulkanisch-geologische Aktivität in Italien berichten.

Darüber hinaus wäre es natürlich auch interessant zu wissen, wie Rose Stern konkret zu ihrer Deutung kommt, ob andere Nostradamus-Interpreten das ähnlich gesehen haben oder nicht, und wenn ja, warum.

26 Berndt, *Refugium,* S. 139.

27 False Flag Operation: Eine Operation, die so inszeniert wird, dass man glaubt, den Urheber zu kennen, was in Wahrheit aber nicht der Fall ist.

28 Im Buch *Das zweite Gesicht* des niederländischen Parapsychologen W. H. C. Tenhaeff ab S. 18 finden sich dazu einige interessante Fallbeschreibungen; Stichwort Dunne-Effekt.

29 Adlmaier, *Blick in die Zukunft*, 1955, S. 93. Irlmaier bezieht sich dort zwar explizit nur auf das Kreuz am Himmel nach der 3-tägigen Finsternis, aber dieses kann man stellvertretend für die ganze Finsternis ansehen.

30 Gelegentlich auch *Hepidanus* (mit einem N).

31 Ellerhorst, *Prophezeiungen über das Schicksal Europas*, S. 87.

32 Ellerhorst, *Prophezeiungen über das Schicksal Europas*, S. 82.

33 Ellerhorst, *Prophezeiungen über das Schicksal Europas*, S. 82.

34 Ellerhorst, *Prophezeiungen über das Schicksal Europas*, S. 82.

35 Offenbarung 10,17-18: »Und also sah ich die Rosse im Gesicht und die darauf saßen, dass sie hatten feurige und bläuliche und schwefelige Panzer; und die Häupter der Rosse waren wie die Häupter der Löwen, und aus ihrem Munde ging Feuer und Rauch und Schwefel. Von diesen drei Plagen ward getötet der dritte Teil der Menschen, von dem Feuer und Rauch und Schwefel, der aus ihrem Munde ging.«

36 Ellerhorst, *Prophezeiungen über das Schicksal Europas*, S. 92.

37 *www.papstbenediktxvi.ch.*

38 Hildegard von Bingen, *Liber Divinorum Operum*, S. 373.

39 Hildegard von Bingen, *Liber Divinorum Operum*, S. 373.

40 Hildegard von Bingen, *Liber Divinorum Operum*, S. 373.

41 Hildegard von Bingen, *Liber Divinorum Operum*, S. 373.

42 Hildegard von Bingen, *Liber Divinorum Operum*, S. 373.

43 Loerzer, *Visionen und Prophezeiungen*, S. 205.

44 Hildegard von Bingen, *Gesichte über das Ende der Zeiten*, S. 30/31.

45 Hildegard von Bingen, *Wisse die Wege*, S. 327.

46 Hildegard von Bingen, *Wisse die Wege*, S. 328.

47 Hildegard von Bingen, *Liber Divinorum Operum*, S. 376.

48 Hildegard von Bingen, *Liber Divinorum Operum*, S. 377.

49 Hildegard von Bingen, *Liber Divinorum Operum*, S. 378.

50 Hildegard von Bingen, *Liber Divinorum Operum*, S. 379.

51 Hildegard von Bingen, *Wisse die Wege*, S. 329.

52 Allgeier, Nostradamus, S.19.

53 Bouvier, *Nostradamus*, S. 47; Kurt Allgeiers Übersetzung ist sehr ähnlich.

54 Kurt Allgeier stellt in seinem Buch *Die Prophezeiungen des Nostradamus* (1988) seinen Übersetzungen (und Deutungen) freundlicherweise den französischen Originaltexten gegenüber. Das betont Kurt Allgeier kurz im Vorwort, nennt aber nicht die von ihm verwendete Originalquelle aus dem 16. Jahrhundert. Ich habe Kurt Allgeiers französischen Text der Vorrede an Heinrich II. mit einer Nostradamus-Ausgabe von 1568 von Benoist Rigaud verglichen (Fotokopien von 1940, Bayerische

Staatsbibliothek.) Dabei zeigen sich gewisse Abweichungen. So wird gelegentlich aus einem V ein U, aus einem É ein E usw. Der eigentliche Text ist zu ungefähr 98,5 Prozent identisch. Dennoch wäre es gut gewesen, wenn Kurt Allgeier in einzelnen Punkten seine Übersetzung erklärt hätte. Soweit ist unklar, ob die Fehler oder Abweichungen von Benoist Rigaud stammen oder bei der Abschrift der Allgeier-Quelle entstanden sind.

Was Kurt Allgeiers Übersetzung sonst betrifft, so kommt sie der von N. Alexander Centurio sehr nahe, siehe *Die großen Weissagungen des Nostradamus,* München, 1977, S. 114:

Vorher aber wird eine ***Sonnenfinsternis*** *vorausgehen, die* ***dunkelste und finsterste,*** *die es je seit der Schöpfung der Welt und seit dem Leben und Sterben Jesu Christi bis heute gegeben hat. Es wird im Monat* ***Oktober*** *sein, wo man eine große Verlagerung beobachten wird, so daß jedermann glaubt, die* ***Schwerkraft der Erde*** *habe ihre natürliche Bewegung verloren und* ***die Welt sei in ewige Finsternis geschleudert.*** *Vorausgehen werden im Frühling und folgen, extreme Änderungen, vor allem die Umgestaltung der Königreiche.* ***Die Erde wird gewaltig beben,*** *zugleich aber wir mit der Vermehrung des neuen Babylons die elende Tochter emporwuchern durch die* ***Greuel des ersten Brandopfers,*** *doch wird sie nur 73 Jahre und 7 Monate bestehen.*

Dann aber wird aus dem Stamm jener, die solange unfruchtbar geblieben war, ausgehend vom 50. Breitengrad, der Mann entstehen, ***der die ganze Kirche erneuern wird. Großer Friede und große Eintracht werden nun gestiftet werden*** *zwischen einigen der Kinder, deren Grenzen durch verschiedene Regierungen getrennt sind. Ein solcher fester Friede wird dann geschlossen werden, daß die* ***Begründer und Förderer der Kriegspartei,*** *die die Verschiedenheit der Religionen als Vorwand für ihre Kriege benutzten; in dem tiefsten Abgrund angekettet bleiben werden.*

55 Allgeier, *Die Prophezeiungen des Nostradamus,* S. 377.

56 *https://de.wikipedia.org/wiki/Liste_der_l%C3%A4ngsten_zentralen_Sonnenfinsternisse_zwischen_dem_Jahr_1_und_3000.*

57 Allgeier, *Die Prophezeiungen des Nostradamus,* S. 377.

58 Allgeier, *Die Prophezeiungen des Nostradamus,* S. 377.

59 Allgeier, *Die Prophezeiungen des Nostradamus,* S. 377.

60 Speeches of Winston Churchill, New York 1974.

61 Allgeier, *Nostradamus,* S. 377.

62 Bessières, *Anna Maria Taigi – Seherin und Prophetin,* S. 218.

63 siehe Stephan Berndt, *Prophezeiungen, alte Nachricht in neuer Zeit,* S. 264.

64 Bessières, *Anna Maria Taigi – Seherin und Prophetin,* S. 219.

65 Bessières, *Anna Maria Taigi – Seherin und Prophetin,* S. 219.

66 Bessières, *Anna Maria Taigi – Seherin und Prophetin,* S. 219.

67 Konzionator, *Der kommende Große Monarch,* S. 59, zitierend aus: Pater Kalirt *La vénerable Anna Maria Taigi* (1870 Verlag Kloster Lerfroid, 400 Seiten, mit Approbation der Erzbischofs von Malinos).

68 Konzionator, *Der kommende Große Monarch,* S. 59/60.

69 Berndt, *Prophezeiungen – alte Nachricht in neuer Zeit,* S. 175.

70 Berndt, *Prophezeiungen – alte Nachricht in neuer Zeit,* S. 374, England und Holland.

71 Bessières, *Anna Maria Taigi – Seherin und Prophetin,* S. 219.

72 Berndt, *Countdown Weltkrieg 3.0,* S. 140.

73 Bessières, *Anna Maria Taigi – Seherin und Prophetin,* S. 220.

74 siehe Die Große Botschaft von La Salette, S. 121, Hirtenbrief des Bischofs von Grenoble.

75 Loerzer, *Visionen und Prophezeiungen,* S. 364.

76 Loerzer, *Visionen und Prophezeiungen,* S. 364.

77 Loerzer, *Visionen und Prophezeiungen,* S. 364.

78 Loerzer, *Visionen und Prophezeiungen,* S. 364.

79 Loerzer, *Visionen und Prophezeiungen,* S. 364/365.

80 Loerzer, *Visionen und Prophezeiungen,* S. 365.

81 Loerzer, *Visionen und Prophezeiungen,* S. 365.

82 Loerzer, *Visionen und Prophezeiungen,* S. 365.

83 zu Paris siehe *Prophezeiungen – alte Nachricht in neuer Zeit,* S. 283.

84 Kahir, *Nahe an 2000 Jahre,* S. 59.

85 Kahir, *Nahe an 2000 Jahre,* S. 59

86 Kahir, *Nahe an 2000 Jahre,* S. 59.

87 Kahir, *Nahe an 2000 Jahre,* S. 59.

88 Lorber, *Johannes – das große Evangelium,* S. 186.

89 Lorber, *Johannes – das große Evangelium,* S. 186.

90 Lorber, *Johannes – das große Evangelium,* S. 186.

91 Lichtenfels, *Lexikon der Prophezeiungen,* S. 146.

92 Konzionator, *Der große Monarch,* S. 61.

93 Nostradamus spielt in dem Zusammenhang sicherlich keine Rolle, da seine Stelle zur 3-tägigen Finsternis selbst heute noch den meisten Kennern der Thematik unbekannt ist. Erstmals habe ich meine diesbezügliche Deutung im Jahr 2001 veröffentlicht.

94 Hingerl, *Staffelbergsagen,* S. 12.

95 *https://de.wikipedia.org/wiki/Deutsche_Inflation_1914_bis_1923.*

96 Hingerl, *Staffelbergsagen,* S. 13.

97 Hildegard von Bingen, *Liber Divinorum Operum,* S. 373.

98 Hingerl, *Staffelbergsagen,* S. 13.

99 Loerzer, *Visionen und Prophezeiungen,* S. 364/365.

100 Ellerhorst, *Prophezeiungen über das Schicksal Europas,* S. 148.

101 Hingerl, *Staffelbergsagen,* S. 13.

102 Hingerl, *Staffelbergsagen,* S. 14.

103 Hingerl, *Staffelbergsagen,* S. 14.

104 In einigen Quellen heißt es fälschlicherweise »Steigt ein neuer Hoffnungsstern herauf?«

105 zu Wien: Von Alois Irlmaier gibt es eine Fülle von Vorhersagen zu einem Chemiewaffeneinsatz nördlich von Prag, und die diesbezügliche Quellenlage ist so umfangreich (nicht nur Alois Irlmaier), dass hieran grundsätzlich kein Zweifel bestehen dürfte; vorausgesetzt natürlich, es hat Sinn, diese Dinge zu glauben. Allerdings ist die Quellenlage etwas widersprüchlich im Hinblick auf den genauen Verlauf der vergifteten Zone. In *Refugium,* S. 172, können Sie sehen, dass die vergiftete Zone den

überlieferten Aussagen nach der Stadt Wien sehr nahe kommen *könnte* oder gar bis in das Stadtgebiet reichen *könnte*. Ich kann nur auf die Widersprüchlichkeit der Quellenlage hinweisen. Sollte Wien tatsächlich gefährdet sein, müssten sich irgendwann entsprechende Warnträume und Vorausahnungen in der Wiener Bevölkerung häufen. Das ergibt sich aus entsprechenden Untersuchungen zum Grubenunglück in Aberfan/Wales, 1966, siehe *Prophezeiungen – alte Nachricht in neuer Zeit,* S. 210. Vielleicht finden sich auch entsprechende Voraussagen in Wiener Archiven und der Heimatliteratur. Wien hat 1,74 Millionen Einwohner, vielleicht klemmt sich ja einer dahinter.

106 Hingerl, *Staffelbergsagen,* S. 14.

107 *Sonderpost* Nr. 1, Echo-Verlag, Konstanz, selten archiviert, vorhanden in Stadtarchiv München. Datum nicht ganz klar, sicher aber 1950 – habe aus Zeitmangel nicht die ganze Zeitung gelesen. S. 3: Überschrift: »Drei Feuersäulen ziehen durch den deutschen Norden«, Text: »In einer Stadt nördlich der Donau werden sich zwei Bodenspalten auftun, durch die die Menschheit [auf] seit Jahrhunderten verborgene Schätze stoßen wird, die uns über die schwere Zeit hinweghelfen.«
Siehe *www.Alois-Irlmaier.de/Sonderpost.htm.*

108 Wolfgang Johannes Bekh schreibt in seinem Buch *Das Ende der Welt* von 1998 auf S. 357: »Wie ich in Lochau von Leuten, die ihn noch selbst kannten, erfahren habe, hieß dieser Mann Josef Kugelbeer und war nicht Bauer, sondern Flickschuster. Er wurde als Säugling vor dem Armenhaus ausgesetzt, auf der Grundparzelle Kugelbeer, – daher der Name.«
Wolfgang Johannes Bekh ist inzwischen verstorben und hat sich meinen Recherchen nach nicht immer als zuverlässig erwiesen (siehe seine Darstellung der Beerdigung Irlmaiers mit der angeblichen Leitung durch Pfarrer Westenthanner, und vergleiche dazu meine Angaben in meinem Irlmaier-Buch). Deshalb benutze ich weiterhin den Namen *Franz* Kugelbeer, außerdem wird dieser Name auch in der Literatur von 1951 bis mindestens ins Jahr 2000 verwendet.

109 Ebd.

110 Ellerhorst, *Prophezeiungen über das Schicksal Europas,* S. 9; D. H. Armand ist das Pseudonym von Armand Dehlinger, siehe S. 284.

111 Ellerhorst, *Prophezeiungen über das Schicksal Europas,* S. 150.

112 Beck-Rzikowsky, *Trance-Gesichte,* S. 32.

113 Beck-Rzikowsky, *Trance-Gesichte,* S. 31/32.

114 Beck-Rzikowsky, *Trance-Gesichte,* S. 77.

115 vermutlich ist damit Hans-Hasso von Veltheim (1885–1956) gemeint, Gutsherr, Schriftsteller, Anthroposoph und persönlicher Schüler von Rudolf Steiner, hatte später Begegnungen mit den indischen Gurus Jiddu Krishnamurti und Ramana Maharshi.

116 Beck-Rzikowsky, *Trance-Gesichte,* S. 77.

117 Beck-Rzikowksy , *Trance-Gesichte,* S. 28.

118 Allgeier, *Die Prophezeiungen des Nostradamus,* S. 377.

119 *https://www.tiersensoren.mpg.de/13789/fruehwarnsystem-der-tiere.*

120 Rätselraten um den sechsten Sinn der Tiere, 6. Januar 2005
http://www.spiegel.de/wissenschaft/natur/vorahnungen-raetselraten-um-den-sechsten-sinn-der-tiere-a-335583.html.

121 ... beziehungsweise ein Werk, in dessen Titel der Name Marie-Julie Jahenny auftaucht; Pierre Ragot, *La Stigmatisée de Blain Marie-Julie Jahenny.*

122 Hubert Bouchet: *Dossiers biographiques Boutillier du Retail. Documentation sur Marie-Julie Jahenny.*

123 Roberdel, *Marie-Julie Jahenny,* S. 104.

124 Roberdel, *Marie-Julie Jahenny,* S. 104.

125 Roberdel, *Marie-Julie Jahenny,* S. 105.

126 Hingerl, *Staffelbergsagen*, S. 13.

127 Bekh, *Am Vorabend der Finsternis,* S. 208.

128 Roberdel, *Marie-Julie Jahenny,* S. 105.

129 Roberdel, *Marie-Julie Jahenny,* S. 105.

130 Roberdel, *Marie-Julie Jahenny,* S. 106.

131 Roberdel, *Marie-Julie* Jahenny, S. 106.

132 Bekh, *Das dritte Weltgeschehen*, S. 114.

133 Voldben, *Nostradamus ...,* 1982/1992, S. 170.

134 Voldben, *Nostradamus ...,* 1982/1992, S. 170.

135 Bertha Duddes Kundgaben Nr. 7043 vom 15.2.1958 und Nr. 7242 vom 31.12.1958; oder auch Nr. 7742 vom 11.11.1960; *www://bertha-dudde.info/leseauswahl/wortgottes/07_HTML/7/7742.html.*

136 Video: *Bertha Dudde – Die Gottesbotin der Endzeit, https://www.youtube.com/watch?v=6DK9jG-HCJo.*

137 Dudde, *Hergang der Katastrophe,* S. 9 und S. 10.

138 Dudde, *Hergang der Katastrophe,* S. 9 und S. 10.

139 *https://www.youtube.com/watch?v=nomiPUdO3hs.*

Gorbatschow warnt in München am 10. Dezember 2011 vor dem Dritten Weltkrieg 1/2

https://www.youtube.com/watch?v=MPSnxRxhPLo

Gorbatschow warnt in München am 10. Dezember 2011 vor dem Dritten Weltkrieg

https://www.youtube.com/watch?v=SsvwSarD44k

Gorbatschow warnt in München am 10. Dezember 2011 vor dem Dritten Weltkrieg 2/2

https://www.youtube.com/watch?v=z5vQbvgyMLg

Michail Gorbatschow warnt vor dem Dritten Weltkrieg.

140 Dudde, *So wird es kommen!,* S. 11.

141 Dudde, *Hergang der Katastrophe,* S. 20.

142 Dudde, *Hergang der Katastrophe,* S. 20.

143 Dudde, *Der Eingriff Gottes,* S. 39.

144 Dudde, *Der Eingriff Gottes,* S. 55.

145 Dudde, *Hergang der Katastrophe,* S. 13.

146 Dudde, *Der Eingriff Gottes,* S. 17.

147 Dudde, *Der Eingriff Gottes,* S. 20.

148 *http://www.j-lorber.de/proph/seher/pio.htm.*

149 Dudde, *Hergang der Katastrophe,* S. 21.

150 Dudde, *Hergang der Katastrophe,* S. 21/22.

151 Dudde, *Der Eingriff Gottes,* S. 34.

152 IRAS (1983), ISO (1995),), Spitzer (2003), ASTRO-F (2006), Herschel (2009) und WISE (2009).

153 Dudde, *Der Eingriff Gottes,* S. 24.

154 Dudde, *Der Eingriff Gottes,* S. 44/45.

155 Dudde, *Hergang der Katastrophe,* S. 25.

156 Dudde, *Hergang der Katastrophe,* S. 36/37.

157 Dudde, *Hergang der Katastrophe,* S. 44.

158 Dudde, *Hergang der Katastrophe,* S. 40/41.

159 Dudde, *Die neue Erde,* S. 7/8.

160 Dudde, *Hergang der Katastrophe,* S. 60.

161 Staatsarchiv München / BezA/LRA 208.026, Urteilsbegründung des »Gaukler-Prozesses«, 19. Mai 1947; siehe auch Stephan Berndt, *Alois Irlmaier – ein Mann sagt, was er sieht,* Auflage 2014, S. 347.

162 Berndt, *Alois Irlmaier,* Auflage 2014, S. 24.

163 Staatsarchiv München / BezA / LRA 208.026.

164 Berndt, *Alois Irlmaier,* Auflage 2014, S. 78.

165 Berndt, *Alois Irlmaier,* Auflage 2014, S. 288.

166 Berndt, *Alois Irlmaier,* Auflage 2014, S. 285.

167 Berndt, *Alois Irlmaier,* Auflage 2014.

168 Stocker, *Der Dritte Weltkrieg, Band I,* 1992, S. 24.

169 In meinem Buch *Refugium*, S. 23, analysiere ich die Vorhersagen zur Flüchtlingsthematik eingehender.

170 Hier bleibt aus meiner Sicht unklar, ob die verfinsternde Wolke tagsüber auftaucht (wie bei Hepidannus) oder eher nachts (wie bei Pater Pio). Ist »bei Tageslicht« gemeint, oder »an einem der Kriegstage«?

171 Adlmaier, *Blick in die Zukunft,* 1961, S. 108.

172 Adlmaier, *Blick in die Zukunft,* 1961, S. 109.

173 Adlmaier, *Blick in die Zukunft,* 1961, S. 110.

174 Bekh, *Alois Irlmaier,* S. 37.

175 Berndt, *Alois Irlmaier,* Auflage 2014, S. 285.

176 Berndt, *Alois Irlmaier,* Auflage 2014, S. 285.

177 Berndt, *Refugium,* S. 75.

178 Ladurner, *Tatsachenberichte um Alois Irlmaier,* S. 22.
Ernst Ladurners Heft *Tatsachenberichte um Alois Irlmaier* hat aber keine ISBN und ist nicht in Bibliotheken erhältlich.

179 Adlmaier, *Blick in die Zukunft,* 1961, S. 108.

180 *http://www.j-lorber.de/proph/seher/pio.htm.*

181 *http://www.j-lorber.de/proph/seher/pio.htm.*

182 Bekh, *Am Vorabend der Finsternis,* S.151.

183 Bekh, *Am Vorabend der Finsternis,* S. 151/152, als Quelle gibt W. J. Bekh an: »(Entnommen dem »Großen Ruf«, Credo-Verlag, Wiesbaden, August-September-Ausgabe 1965)«.

Laut deutscher Nationalbibliothek hat der Credo-Verlag von 1959–1968 die Zeitschrift *Der Große Ruf an die katholische Welt – Blätter für vertieftes und weltweites Christentum«,* kurz: *Der große Ruf* herausgegeben, Verleger war Johannes Maria Höcht (gestorben 1966). Die Publikationen des Credo-Verlages befassten sich mit übersinnlich-mystischen Phänomenen des katholischen Christentums, wie die Marienerscheinungen in Lourdes, La Salette und Fatima. Wikipedia weist darauf hin, dass (mindestens?) vier der Bücher des Credo-Verlages die Druckerlaubnis der katholischen Kirche hatten.

184 *http://www.j-lorber.de/proph/seher/pio.htm.*

185 *http://www.j-lorber.de/proph/seher/pio.htm.*

186 »Blitze hören« ist natürlich widersinnig. Diese Formulierung findet sich aber überall im Internet.

187 *http://www.j-lorber.de/proph/seher/pio.htm.*

188 *http://www.j-lorber.de/proph/seher/pio.htm.*

189 *http://www.j-lorber.de/proph/seher/pio.htm* – In dieser Quelle wurde das [*meine Mutter*] gekürzt. »Ärger Gottes« deutet auf eine nicht perfekte Übersetzung aus dem Italienischen hin.

190 Roberdel, Marie-Julie Jahenny, S. 105.

191 Friede, *Das Johanneslicht,* S. 84. Ich habe das Zitat aus: Johannes Friede, *Das Johanneslicht,* Hans Jacob, Wetzikon 1948. Dieses Büchlein ist aber nicht in der Deutschen Nationalbibliothek vorhanden. Dort gibt es jedoch eine Neuauflage von 1983, vom selben Autor unter demselben Titel. Dieses Exemplar habe ich aber nicht eingesehen.

192 *http://www.j-lorber.de/proph/seher/pio.htm.*

193 Amorth, *Pater Pio,* S. 103.

194 Amorth, *Pater Pio,* S. 85–95; 103–112.

195 Amorth, *Pater Pio,* S. 10.

196 Amorth, *Pater Pio,* vorderer Innenumschlag, Taschenbuchausgabe.

197 Amorth, *Pater Pio,* S. 47.

198 Amorth, *Pater Pio,* S. 145.

199 Decorte, *Pater Pio,* S. 113.

200 Berndt, *Prophezeiungen zur Zukunft Europas und reale Ereignisse,* S. 188.

Der Link von 2000, der immer noch funktioniert (Januar 2017) lautet: *www.vatican.va/roman_curia/congregations/cfaith/documents/rc_con_cfaith_doc_20000626_ message-fatima_ge.html.*

Im weiteren Text auf der Vatikan-Homepage wird dann zwar weiterführend der Eindruck erzeugt, Schwester Lucia sei davon überzeugt, es sei der Originaltext von 1917, doch auch hier finden sich misstrauisch machende Formulierungen, wie »Mithilfe des Bischofs von Leiria-Fatima wird der Originaltext, der auf Portugiesisch abgefasst ist, gelesen und gedeutet.«. Wozu bitte braucht Schwester Lucia Hilfe bei Lesen?

Ebenso bleibt unklar, ob dort wirklich der vollständige (!) Text des dritten Geheimnisses behandelt wird.

201 Decorte, *Pater Pio*, S. 170.

202 Decorte, *Pater Pio*, S. 170.

203 Saint Robert Bellarmine Catholic Church in Bayside und der Pavillon der katholischen Kirche von der Weltausstellung 1964 im Flushing Meadows Park.

204 *https://en.wikipedia.org/wiki/Veronica_Lueken*.

205 Bekh, *Das Ende der Welt*, S. 426.

206 Bekh, *Das Ende der Welt*, S. 425.

207 Bekh, *Das Ende der Welt*, S. 422.

208 Bekh, *Das Ende der Welt*, S. 421.

209 Bekh, *Das Ende der Welt*, S. 421.

210 Bekh, *Das Ende der Welt*, S. 421.

211 Bekh, *Das Ende der Welt*, S. 423.

212 Stojanowa, *Wanga*, S. 19.

213 siehe Akten im Staatsarchiv München zu Alois Irlmaier.

214 *http://www.focus.de/panorama/videos/sie-propezeihte-schon-den-is-die-beruehmte-baba-wanga-blinde-prophetin-sagte-grossbritannien-fuer-2016-den-brexit-voraus_id_5680559.html*.

215 Stojanowa, *Wanga*, S. 115.

216 Stojanowa, *Wanga*, S. 115/116.

217 Stojanowa, *Wanga*, S. 116.

218 Korkowski, *Kampf der Dimensionen Teil 1*, 1982.
Korkowski,*Kampf der Dimensionen Teil 2*, 1989.

219 Korkowski, *Kampf der Dimensionen Band I*, S. 5.

220 Hier habe ich Folgendes gekürzt: »Die Blitze waren nur in Zentimeterabständen und zerstörten alles, was noch vom Krieg übrig war.« Im weiteren Text zeigt sich, dass diese Formulierung übertrieben ist beziehungsweise so nicht haltbar und unlogisch.

221 Korkowski, *Kampf der Dimensionen Band I*, S. 23.

222 Korkowski, *Kampf der Dimensionen Band I*, S. 23.

223 Korkowski, *Kampf der Dimensionen Band I*, S. 196.

224 Korkowski, *Kampf der Dimensionen Band I*, S. 196.

225 Korkowski, *Kampf der Dimensionen Band I*, S. 196.

226 Korkowski, *Kampf der Dimensionen Band I*, S. 209.

227 *www.spiegel.de/wissenschaft/weltall/astronomie-milchstrasse-besitzt-mehr-planeten-als-sonnen-a-808581.html; 11. Januar 2012*.

228 Korkowski, *Kampf der Dimensionen Band I*, S. 13.

229 Korkowski, *Kampf der Dimensionen Band I*, S. 117.

230 Korkowski, *Kampf der Dimensionen Band I*, S. 242.

231 Schnyder (Pseudonym von M. Hesemann), *Wie überlebt man den dritten Weltkrieg?*, S. 214.

232 Berndt, *Refugium*, S. 88.

233 Korkowski, *Kampf der Dimensionen Band I*, S. 123.

234 Laut dem Religionswissenschaftler Frank Neubert von der Universität Bern.

235 Dieses Zitat aufzuspüren, ist mir leider nicht gelungen. Ich selbst habe es aber seinerzeit in der *Rajneesh-Times* gelesen, und ein Mitarbeiter der *Rajneesh-Times* in Köln bestätigte mir unter vier Augen, dass er sich an diese Aussage Oshos ebenfalls erinnert.

236 *Die Rajneesh Times,* 5. Jg. Nr. 33, 14. August 1987.

237 *Die Rajneesh Times,* 5. Jg. Nr. 33, 14. August 1987 – Im Original steht »Ob Transformation«.

238 Loerzer, *Visionen und Prophezeiungen,* S. 364/365.

239 Hingerl, *Staffelbergsagen,* 1921, S. 13.

240 Bekh, *Am Vorabend der Finsternis,* S. 207.

241 Bekh, *Am Vorabend der Finsternis,* S. 152.

242 Adlmaier, *Blick in die Zukunft,* 1961, S. 108.

243 Berndt, *Alois Irlmaier,* Auflage 2014, S. 286.

244 Bekh, *Das dritte Weltgeschehen,* S. 96.

245 Abd-ru-shin, *Im Lichte der Wahrheit,* S. 507.

246 Abd-ru-shin, *Im Lichte der Wahrheit,* S. 507.

247 Abd-ru-shin, *Im Lichte der Wahrheit,* S. 507.

248 im englischen Original: *calametry* (auch Unglück).

249 Sarközi, *Political Prophecies in Mongolia in the 17–20th Century,* S. 38.

250 Sarközi, *Political Prophecies in Mongolia in the 17–20th Century,* S. 14.

251 Voldben, *Nostradamus,* S. 264–269.

252 Bekh, *Das Ende der Welt,* S. 425.

253 Ladurner, *Tatsachenberichte um Alois Irlmaier,* S. 22.

254 Korkowski, *Kampf der Dimensionen Band 2*, 2. Auflage 2, 1991, S. 100.

255 Korkowski, *Kampf der Dimensionen Band 2*, 2. Auflage 2, 1991, S. 81.

256 Bekh, *Das Ende der Welt,* S. 423.

257 Korkowski, *Kampf der Dimensionen Band 2,* 2. Auflage 2, 1991, S. 81.

258 Korkowski, *Kampf der Dimensionen Band 2,* 2. Auflage 2, 1991, S. 80.

259 Korkowski, *Kampf der Dimensionen Band 2,* 2. Auflage 2, 1991, S. 163.

260 Bekh, *Das dritte Weltgeschehen,* S. 114.

261 *Risiko Polsprung,* © ZDF 2016, Buch und Regie Stefan Lüdtke Wissing, gesendet auf 3Sat, 20. Oktober 2016, 20:15 Uhr.

262 Hans. J. Andersen, *Polsprung und wissenschaftliche Analysen,* Reichel-Verlag, 1998.
Hans. J. Andersen, *Polsprung und Sintflut,* Verlag für Vorzeit- und Zukunftsforschung, 1992.
Hans. J. Andersen, *Die Polwende,* Verlag für Vorzeit- und Zukunftsforschung, 1986.
Hans. J. Andersen, *Polwende – Zeitenwende,* Moestel-Verlag, 1983.

263 *http://atlantisforschung.de/index.php?title=Die_Einstein-Hapgood-Papiere.*

264 Varena, *Gesammelte Prophezeiungen,* S. 185.

265 Wrchovszky, *Trance-Gesichte,* S. 77, siehe auch Varena, *Gesammelte Prophezeiungen,* S. 178.

266 Kaiser, *Die Stimme des Großen Geistes,* S. 23.

267 Berndt, *Alois Irlmaier,* Auflage 2014, S. 312, Der gelbe Strich.

268 Berndt, *Alois Irlmaier,* Auflage 2014, S. 312.

269 Berndt, *Alois Irlmaier,* Auflage 2014, S. 313.

270 Berndt, *Refugium,* Auflage 2016, S. 184.

271 … so heißt es wenigstens auf Wikipedia. Neueren Forschungen nach ist bei 10 Prozent unklar, um welche chemischen Elemente es sich handelt; ergo 72 Prozent Eisen und 18 Prozent Nickel.

272 Adil, Amina, *Gaben des Lichts,* Spohr Verlag, 1999, S. 196f.

273 Adil, Amina, *Gaben des Lichts*, Spohr Verlag, 1999, S. 196f.

274 *Hadith,* Band 6, Buch 60, Nummer 159.

275 Nuaim ibn Hammad, *Kitab al Fitan* (Hadithsammlung), siehe auch *http://www.shababek.de/naeembinhamad.pdf.*

276 Diesen Punkt habe ich aber nicht recherchiert.

277 Beide Zeugen habe ich persönlich von Angesicht zu Angesicht interviewt, habe Tonbandaufnahmen gemacht, und aus meiner Sicht besteht kein Zweifel an der Echtheit der Aussagen. Der eine Zeuge ist jene Frau aus Piding, die ich schon in der Ausgabe meines Irlmaier-Buches von 2014 erwähne (Stichwort *»Zubanschachtel«*). Bei zweitem Fall handelt es sich um einen Mann, der um 2002 schon von zwei anderen Autoren unter dem Namen »Gärtner« interviewt wurde (seine Familie betreibt eine Gärtnerei). Bei dessen Interview war auch die Schwiegertochter des Zeugen anwesend, und es war klar, dass man in dieser Familie das Thema Alois Irlmaier/Endzeit schon seit Jahrzehnten auf dem Schirm hat.

278 Andersen, *Polsprung – Prophezeiungen und wissenschaftliche Analysen,* S. 10.

279 Schnyder, *Wie überlebt man den 3. Weltkrieg?,* S. 214.

280 *Altbayerische Heimatpost,* 20. November 1949, S. 8.

281 *Landshuter Zeitung,* 12. April 1950, S. 5.

282 Adlmaier, *Blick in die Zukunft,* 1950, S. 39 und S. 54.

283 Berndt, *Alois Irlmaier,* Auflage 2014, S. 172.

284 Berndt, *Hellseher und Astrologen im Dienste der Macht,* S. 328.

285 Berndt, *Hellseher und Astrologen im Dienste der Macht,* S. 333.

286 Berndt, *Hellseher und Astrologen im Dienste der Macht,* S. 333.

287 Berndt, *Hellseher und Astrologen im Dienste der Macht,* S. 332.

288 Berndt, *Hellseher und Astrologen im Dienste der Macht,* S. 333.

289 Berndt, *Hellseher und Astrologen im Dienste der Macht,* S. 333.

290 George Friedman spricht zwar von Stalingrad, dürfte aber Leningrad gemeint haben.

291 *https://www.youtube.com/watch?v=QeLu_yyz3tc*
George Friedman, *Europe: Destinated for Conflict?*

292 Berndt, *Prophezeiungen – alte Nachricht in neuer Zeit,* S. 374, England und Holland.

293 Diese Aussage konnte ich bisher aber nicht überprüfen.

294 Berndt, *Prophezeiungen – alte Nachricht in neuer Zeit,* S. 277.

295 Berndt, *Refugium,* S. 88.

296 *Altbayerische Heimatpost,* 20. November 1949, S. 8.

297 Berndt, *Alois Irlmaier,* Auflage 2014, S. 172.

298 Loerzer, *Visionen und Prophezeiungen,* S. 365.

299 Loerzer, *Visionen und Prophezeiungen,* S. 205.

300 *https://www.welt.de/debatte/kommentare/article124781832/ Das-Land-des-Laechelns-zeigt-seine-haessliche-Fratze.html.*

301 *http://www.spiegel.de/politik/ausland/thailand-kronprinz-maha-vajiralongkorn-hat-den-thron-angenommen-a-1124111.html.*

302 *https://www.welt.de/vermischtes/article158815688/Servus-Bayern-Mit-64-muss-der-Kronprinz-erwachsen-werden.html.*

303 *www.meditationthailand.com/16voraussagen.hlml Übersetzung aus dem Thailändischen ins Englische von Phra Khru Palat Veeranon Verananto, buddhistischer Meister (geboren 1962). Dieses Buch über Buddhas Vorhersagen wird in thailändischer Sprache bereits in der fünften Auflage verlegt.*

304 Im Original dürfte natürlich ein anderer Begriff stehen.

305 *http://www.meditationthailand.com/16voraussagen.html.*

306 *http://www.meditationthailand.com/16voraussagen.html.*

307 *http://www.meditationthailand.com/16voraussagen.html.*

308 *www.buddhaland.de/viewtopic.php?t=9530.*

309 *www.buddhaland.de/viewtopic.php?t=9530.*

310 *www.buddhaland.de/viewtopic.php?t=9530.*

311 *www.buddhaland.de/viewtopic.php?t=9530.*

312 *www.buddhaland.de/viewtopic.php?t=9530.*

313 siehe z.B. auch *http://www.chinesischeshoroskop2017.org.*

314 Sie sollten jeden Morgen und jeden Abend den folgenden Text rezitieren: »He ta she ra tan Mon ka lo un ka Si la ka la sa Sa sa sa Ti ho tat hi ho ku ha ka nae«. [...] Rezitiere diesen Vers regelmäßig, schreib ihn auf Papier oder ein weißes Tuch und häng es vors Haus oder übers Bett oder wickle es um deinen Kopf, um so Gefahren und Unglück zu entkommen oder zu vermeiden.

315 *www.buddhaland.de/viewtopic.php?t=9530.*

316 *www.buddhaland.de/viewtopic.php?t=9530.*

317 *http://www.meditationthailand.com/16voraussagen.html;* Interessanterweise wurde bei *buddhaland.de* der Zusatz »sonst schaffen sie unheilsames Karma mit allen Lebewesen. Alles wird enden, wenn die Zeit dafür gekommen ist« gekürzt ...

318 Gustafsson, *Merkwürdige Gesichte,* S. 62.

319 Die mir bekannten mongolischen Quellen deuten darauf hin, dass auch die Mongolei von einer Finsternis betroffen ist. Von einer durch Staub verpesteten Luft in dieser Gegend weiß ich aber nichts. Der angeblichen thailändischen Quelle (Somdej Toh) nach kommt auch in Thailand noch etwas Staub an, ist dort aber nicht mehr tödlich.

320 Konzionator, *Der große Monarch,* S. 61.

321 *www.gast.org/refbib/Bibel_Luther_1912.pfd;* S. 190.

322 Ellerhorst, *Prophezeiungen über das Schicksal Europas,* S. 150.

323 Varena, *Gesammelte Prophezeiungen,* S. 81.

324 Adlmaier, *Blick in die Zukunft,* 1961, S. 108.

325 Adlmaier, *Blick in die Zukunft,* 1955, S. 93.

326 Die betreffenden Fälle habe ich eingehender kontaktiert, und die jeweilige Beunruhigung war danach kein Thema mehr.

327 Berndt, *Refugium,* S. 96.

328 Berndt, *Refugium,* S. 114.

329 Daten bis 2012: US-Regierung; Daten von November 2016: *de.statistika.*

330 Eupoly; *youtube.com/watch?v=xkzgPcC42wl.*

331 Eupoly; *youtube.com/watch?v=xkzgPcC42wl; Zeitangabe 2:14:58.*

332 Eupoly; *youtube.com/watch?v=xkzgPcC42wl; Zeitangabe 2:15:37.*

333 Wikipedia: »Liste von Militärbasen der Vereinigten Staaten im Ausland«.

334 Berndt, *Alois Irlmaier,* Auflage 2014, S. 154: »Unsere jungen Leute müssen noch einrücken, Freiwillige werden noch in die Kämpfe verwickelt, die anderen müssen fort zur Besatzung und werden drei Sommer dort bleiben, bis sie wieder heimkommen. Dann ist Frieden und ich sehe Weihnachtsbäume brennen.« Blick in die Zukunft, 1955, S. 92. Aus der Rückkehr der Besatzungssoldaten schließe ich [S. Berndt], dass nach 3 Jahren wirklich »west-freundliche« Eliten in Russland an der Macht sind.

335 Film *Markus Lanz – Amerika ungeschminkt,* 27. Oktober 2016, etwa Minute 48.

336 Film *Markus Lanz – Amerika ungeschminkt,* 27. Oktober 2016, etwa Minute 48.

337 Allgeier, *Nostradamus,* S. 377.

338 Berndt, *Prophezeiungen – alte Nachricht in neuer Zeit,* S. 275.

339 Hildegard von Bingen, *Liber Divinorum Operum,* S. 373.

340 Hingerl, *Staffelbergsagen,* S. 15.

341 Hingerl, *Staffelbergsagen,* S. 15.

342 Hingerl, *Staffelbergsagen,* S. 15.

343 Hingerl, *Staffelbergsagen,* S. 15.

344 Renner, Frumentius P.: *Der Dorfschuster Johann Kristl – ein verkannter Gottesbote.* Augsburg 1993, siehe auch: Bekh, Wolfgang Johannes, *Bayerische Hellseher,* Pfaffenhofen 1976, S. 116 (gekürzt).
Von diesem Büchlein hat aber nie ein Exemplar den Weg in die Deutsche Nationalbibliothek oder die Bayerische Staatsbibliothek gefunden. Im Internet gibt es aber ein PDF: *Pater_Frumentius_Renner_-_Der_Dorfschuster_Johann_Kristl_ein_verkannter_Gottesbote(1).PDF*

345 Schrönghamer-Heimdal, *Der geistige Mensch,* Leipzig, 1921, S. 123–125.

346 Hingerl, *Staffelbergsagen,* S. 15.

347 Snyman, *Worte eines Propheten – Der Seher van Rensburg,* S. 246.

348 Snyman, *Worte eines Propheten,* S. 256.

349 Snyman, *Worte eines Propheten,* S. 256.

350 Snyman, *Worte eines Propheten,* S. 254.

351 Snyman, *Worte eines Propheten,* S. 285.

352 Snyman, *Worte eines Propheten,* S. 256.

353 Berndt, *Alois Irlmaier,* Auflage 2014, S. 154.

354 Snyman, *Worte eines Propheten*, S. 257.

355 Robinson, *Edgar Cayces Bericht vom Ursprung und Bestimmung der Menschheit*, S. 201.

356 Robinson, *Edgar Cayces Bericht vom Ursprung und Bestimmung der Menschheit*, S. 208.

357 Stojanowa, *Wanga, das Phänomen*, S. 124.

358 Voldben, *Nostradamus*, S. 170.

359 Voldben, *Nostradamus*, S. 170.

360 Voldben, *Nostradamus*, S. 170.

361 Bekh, *Am Vorabend der Finsternis*, S. 132.

362 Hingerl, *Staffelbergsagen*, S. 14.

363 Ellerhorst, *Prophezeiungen über das Schicksal Europas*, S. 150.

364 Ellerhorst, *Prophezeiungen über das Schicksal Europas*, S. 150.

365 Korkowski, *Kampf der Dimensionen Band 2*, 2. Auflage, 1991, S. 67.

366 Ellerhorst, *Prophezeiungen über das Schicksal Europas*, S. 150.

367 Stockert, *Der mahnende Finger Gottes im Zeichen von Rauch und Feuerflammen*, München, 1950, Selbstverlag, keine ISBN.

368 Gann, *Zukunft des Abendlandes?*, S. 266.

369 Bekh, *Das dritte Weltgeschehen*, S. 221.

370 Bekh, *Das dritte Weltgeschehen*, S. 221.

371 Bekh, *Das dritte Weltgeschehen*, S. 262.

372 Bekh, *Das dritte Weltgeschehen*, S. 262.

373 Bekh, *Das dritte Weltgeschehen*, S. 254.

374 Bekh, *Am Vorabend der Finsternis*, S. 151/152, als Quelle gibt W. J. Bekh an: *»(Entnommen dem »Großen Ruf«, Credo-Verlag, Wiesbaden, August-September-Ausgabe 1965)«.*

375 Bekh, *Am Vorabend der Finsternis*, S.151.

376 Adlmaier, *Blick in die Zukunft*, 1961, S. 108, 109, 110.

377 Der Wechsel von Singular (»laß«) und Plural (»betet«) stammt aus Conrad Adlmaiers Vorlage.

378 Adlmaier, *Blick in die Zukunft*, 1961, S. 108, 109, 110.

379 Adlmaier, *Blick in die Zukunft*, 1961, S. 109, 110.

380 Berndt, *Alois Irlmaier*, Auflage 2014, S. 140.

381 *Landshuter Zeitung* vom 12. April 1950, Seite 5.

382 Berndt, *Alois Irlmaier*, Auflage 2014, S. 140.

383 Gann, *Zukunft des Abendlandes?*, S. 186.

384 Berndt, *Refugium*, S. 24.

385 *Berchtesgadener Anzeiger*, 30. März 1932, S. 18, 19, aus dem Buch *Bergheimat*, Beilage zum *Berchtesgadener Anzeiger*) – Jahrgang 1931 / 1932 / 1933 / 1934«: Eine alte Berchtesgadener Prophezeiung.

386 Stephan Berndt, *Alois Irlmaier*, Auflage 2014, S. 285.

387 Stephan Berndt, *Alois Irlmaier*, Auflage 2014, S. 286.

388 Bekh, *Am Vorabend der Finsternis,* S. 231.

389 *Landshuter Zeitung,* 12. April 1950, S. 5.

390 *gasl.org/refbib/Bibel_Luther_1912.pdf;* S. 2311.

391 In manchen Übersetzungen heißt es auch »Weissagungen« (Elberfelder 1905) oder »prophetisches Reden« oder »prophetische Rede«; (Lutherbibel 1912).

392 *gasl.org/refbib/Bibel_Luther_1912.pdf;* S. 254.

393 *gasl.org/refbib/Bibel_Luther_1912.pdf;* S. 255.

394 *gasl.org/refbib/Bibel_Luther_1912.pdf;* S. 275.

395 *gasl.org/refbib/Bibel_Luther_1912.pdf;* S. 412.

396 *gasl.org/refbib/Bibel_Luther_1912.pdf;* S. 255.

397 *gasl.org/refbib/Bibel_Luther_1912.pdf;* S. 584.

398 *gasl.org/refbib/Bibel_Luther_1912.pdf;* S. 673.

399 *gasl.org/refbib/Bibel_Luther_1912.pdf;* S. 701.

400 *gasl.org/refbib/Bibel_Luther_1912.pdf;* S. 697.

401 *gasl.org/refbib/Bibel_Luther_1912.pdf;* S. 917.

402 *gasl.org/refbib/Bibel_Luther_1912.pdf;* S. 921.

403 *gasl.org/refbib/Bibel_Luther_1912.pdf;* S. 927.

404 *gasl.org/refbib/Bibel_Luther_1912.pdf;* S. 1951.

405 *gasl.org/refbib/Bibel_Luther_1912.pdf;* S. 1952.

406 *gasl.org/refbib/Bibel_Luther_1912.pdf;* S. 1953.

407 *gasl.org/refbib/Bibel_Luther_1912.pdf;* S. 1953.

408 *gasl.org/refbib/Bibel_Luther_1912.pdf;* S. 1953.

409 *gasl.org/refbib/Bibel_Luther_1912.pdf;* S. 2031.

410 *gasl.org/refbib/Bibel_Luther_1912.pdf;* S. 140.

411 Ellerhorst, *Prophezeiungen über das Schicksal Europas,* S. 88.

412 *https://de.wikipedia.org/wiki/Holocaust_(Begriff).*

413 Die infrage kommenden Fälscher der Hepidannus-Prophezeiung von 1951:
Zum einen haben wir da den Autor Dr. H. Armand (Pseudonym von Armand Dehlinger), dessen Buch Prophezeiungen über das Schicksal Europas 1951 in den Handel kam. Zum anderen haben wir den Benediktiner-Pater Winfried Ellerhorst, aus dessen Nachlass sich Dr. H. Armand bedient haben will. Dann könnte es auch noch einen dritten Fälscher gegeben haben, der Winfried Ellerhorst eine Hepidannus-Fälschung untergejubelt hat.

Kurze Zwischenbemerkung: Was die Erwähnung der Prophezeiung des Hepidannus im Gesamt-Verlags-Katalog von 1881 betrifft, so müssen wir für unsere Fälschungsthese natürlich zunächst unterstellen, dass Dehlinger oder Ellerhorst oder der dritte Fälscher den Titel des Werkes von 1866 beziehungsweise den Namen Hepidannus lediglich benutzt haben, um die Echtheit der Fälschung vorzutäuschen. Gemäß der Fälscherthese gäbe es also eine echte Hepidannus-Prophezeiung von 1866/1881 mit unbekanntem Inhalt und eine Fälschung von 1951, deren Text uns heute vorliegt.

Dr. Armand Dehlinger
Dr. H. Armand ist zunächst nur das Pseudonym von Dr. Armand Dehlinger, einem Münchner Architekten und Kulturhistoriker, gestorben 1980. Laut *Deutscher National-*

bibliothek hat Armand Dehlinger im Jahr 1936 an der Technischen Universität Dresden, wo auch geisteswissenschaftliche Fächer gelehrt wurden, eine Dissertation zu folgendem Thema vorgelegt: *Die Ordensgesetzgebung der* ***Benediktiner*** *und ihre Auswirkung auf die Grundrissgestaltung des benediktinischen Klosterbaues ...*

Damit haben wir einen stichhaltigen Bezug Dehlingers zu den Benediktinern. Im Vorwort seiner Dissertation schreibt der Autor: *Wer wie der Verfasser das Glück gehabt hat, das monastische Leben nicht nur aus Schilderungen, sondern, wenn auch als Laie ein wenig aus eigener Anschauung kennenzulernen, der wird wissen, dass die Weihe und Vergeistigung des benediktinischen Mönchtums heute noch gewaltige schöpferische Kraft entfaltet und auch auf uns »moderne« Menschen einen unauslöschlichen Eindruck ausübt.*

Demnach hat Armand Dehlinger am klösterlichen Leben teilgenommen. In der Danksagung seiner Dissertation listet Armand Dehlinger dann noch die Namen einiger Benediktiner aus unterschiedlichen Klöstern auf. Der Name Winfried Ellerhorst findet sich dort aber nicht.

Auf S. 2 von Dehlingers Büchlein findet sich weiter der folgende Hinweis:

Mit kirchlicher Druckerlaubnis. München den 14. 10. 50. G. V. Nr. 9178 Buchwieser, Generalvikar | Copyright 1951 by Verlag Schnell & Steiner München | Gesamtherstellung Offizin Schnell & Steiner, Waldsassen Opf.

Abb. 43: Die kirchliche Druckerlaubnis vom 14. Oktober 1950

Damit erscheint die Möglichkeit, dass Armand Dehlinger das ihm von Winfried Ellerhorst vorliegende Material gefälscht hat, noch unwahrscheinlicher. A. Dehlinger dürfte den Benediktinern zu nahegestanden haben, um sie durch eine Fälschung in Misskredit zu bringen. Außerdem wäre der Betrug wohl schnell aufgeflogen.

Winfried Ellerhorst

Kommen wir also zum zweiten möglichen »Fälscher« der Hepidannus-Prophezeiung, dem Benediktinerpater Winfried Ellerhorst aus dem Kloster Weingarten in der Nähe von Ravensburg, etwa 30 Kilometer nördlich des Bodensees.

Dass Pater Ellerhorst sich irgendwann hingesetzt hat, um eigenhändig die Hepidannus-Prophezeiung zusammenzufälschen – sei es komplett oder nur durch Hinzufügung erdichteter Voraussagen –, erscheint nicht nur auf den ersten Blick absurd. Pater Ellerhorst hatte so etwas nicht »nötig«, schon gar nicht am Ende eines erfüllten Berufslebens. Winfried Ellerhorst war ein in Fachkreisen hochgeschätzter Experte und Gutachter für Orgelbau, Glockenkunde und Klanganalyse (Verfasser des Buches *Das Glockenspiel*, Bärenreiter-Verlag, Kassel, 1940).

Bleibt als letzte Möglichkeit die, dass sich Winfried Ellerhorst (1948 gestorben) eine Fälschung hat unterjubeln lassen, und dass er dies nicht bemerkt hat. Bei der untergejubelten Fälschung hätte es sich dann um einen Text gehandelt, der nur vorgab, identisch mit der originalen Kölner Hepidannus-Version zu sein.

Wichtig, ja essenziell bei unserer weiteren Analyse ist dann, dass die Fälschung selbst nur eine Seite der Medaille gewesen wäre. Die andere wäre Ellerhorsts Fähigkeit und Wille gewesen, Fälschungen zu erkennen. War Pater Ellerhorst sich überhaupt der Gefahr möglicher Fälschungen bewusst? Oder hat er unkritisch und in naivem Gutglauben alles weiterverwendet, was ihm unter die Finger kam?

In Prophezeiungen über das Schicksal Europas zitiert A. Dehlinger den Pater bezeichnenderweise schon in der Einleitung. Winfried Ellerhorst schreibt dort:

Selbst wenn wir uns ein volles Urteil über die persönliche [...] Glaubwürdigkeit eines begnadeten Sehers bilden dürfen, ist es nicht ausgeschlossen, dass die Gesichte bei der Mitteilung an Dritte und von Dritten getrübt wurden, abgesehen von satanischen (!)

***Störungen und Fälschungen** durch Menschen.* (Ellerhorst, *Prophezeiungen über das Schicksal Europas,* S. 12/13)

Pater Ellerhorst hatte also sehr wohl ein Problembewusstsein für Fälschungen. Die von A. Dehlinger zitierten Ellerhorst-Texte sieht er sehr differenziert, und man spürt hinter Ellerhorsts Zeilen einen reifen, und gebildeten Geist mit religiöser und metaphysischer Einsicht.

Allerdings schreibt Winfried Ellerhorst nicht ausdrücklich, dass ihm der Kölner Originaldruck der Hepidannus-Prophezeiung von 1866 vorgelegen hat. In der Regel macht das aber kein Autor. Niemand! Derlei habe ich noch nie gesehen! Man gibt die normalen Quellendaten (Autor, Titel, Ausgabe, Datum und Verlag) an, und damit hat es sich. Über die Herkunft des Hepidannus-Textes schreiben Ellerhorst/ Dehlinger, offenbar aus dem Büchlein von 1866 zitierend: *Nach dem im Besitz des Herrn François B. aus Lyon 1861 in London befindlichen beschädigten lateinischen Original. Deutsche Fassung 1866 im Verlag der Lengfeld'schen Buchhandlung Köln.*

Folgt man weiterhin der These, Ellerhorst/Dehlinger hätten nur eine manipulierte Abschrift des Kölner Originals vorliegen gehabt, wird Folgendes wichtig: A. Dehlinger zitiert ein Ergebnis aus Winfried Ellerhorsts Recherche: *In der jetzigen Stiftsbibliothek von St. Gallen ist über die oben angeführte lateinische Handschrift nichts Weiteres bekannt (Bemerkung von P. Ellerhorst O. S. B.).*

Man kann also davon ausgehen, dass Ellerhorst/Dehlinger es erwähnt hätten, wenn ihnen nur eine Abschrift des Kölner Originals vorgelegen hätte, sei es eine Handschrift oder Schreibmaschinenseiten. Wenn sie nur lose Zettel gehabt hätten, ist davon auszugehen, dass W. Ellerhorst sich bei der Lengfeld'schen Buchhandlung nach einem Original der Hepidannus-Prophezeiung erkundigt hätte, so wie er es im Falle der Handschrift in St. Gallen ja auch getan hat.

Und wenn man dort in Köln keine original Hepidannus-Ausgabe mehr gehabt hätte, hätten Ellerhorst/Dehlinger dies sicherlich ebenfalls erwähnt. Zudem: In mindestens zwei Fällen stellt Armand Dehlinger klar, dass er in Ellerhorsts Nachlass zwei Texte gefunden hat, zu denen keine weitergehenden Quelleangaben vorliegen.

Kurzum: Nach allem was vom 1948 verstorbenen Benediktinerpater Winfried Ellerhorst bekannt ist, dürfte er die Hepidannus-Prophezeiung weder gefälscht haben noch einen zweifelhaften Text fahrlässig weiterverwendet haben – vorausgesetzt, der Fälscher wäre kein Vollprofi gewesen.

Das wiederum hätte bedeuten können, dass der Fälscher den Text nicht auf losen Zetteln verfasst hat, sondern eine komplette Kölner Buch-Ausgabe nachfabriziert hat, also ein komplettes Buch drucken und binden ließ. Nur würde dann eine Frage umso bohrender werden: Wozu der ganze Unsinn?

»Fälscher C«

Um die Sache mit der Fälscherthese bis ins Letzte auszuloten, befassen wird uns jetzt mit jenem hypothetischen und meiner Ansicht nach vollkommen an den Haaren herbeigezogenen »Fälscher«, der Ellerhorst ein komplett gefälschtes Buch untergejubelt haben könnte:

Dieser Fälscher – nennen wir ihn »Fälscher C« – hätte zunächst folgendes Problem gehabt: Sein Betrug wäre aufgeflogen, sobald Winfried Ellerhorst die echte Kölner Hepidannus-Fassung von 1866 in die Finger bekommen hätte.

Fälscher C hätte also erst einmal in Buchhandel und Bibliotheken recherchieren müssen, ob noch Exemplare der Kölner Hepidannus-Fassung existieren, bevor er überhaupt mit dem Fälschen hätte beginnen können. Die Recherche in Bibliotheken und Buchhandel alleine hätte aber noch nicht ausgereicht, denn Fälscher C hätte auch davon ausgehen müssen, dass Winfried Ellerhorst über persönliche Kontakte verfügt, die sich ihrerseits ebenfalls mit dem Thema Prophetie befassen und über entsprechende Literatur und eventuell sogar über die Hepidannus-Prophezeiung verfügen (davon gab es mindestens zehn Auflagen).

(Die Möglichkeit, dass Fälscher C seine Fälschung »einfach nur so« angefertigt hat, ohne sie Winfried Ellerhorst in die Finger zu spielen, lasse ich hier außer Acht, da sie mir noch abstruser erscheint.)

Schon mit der schwer kalkulierbaren Gefahr des baldigen Auffliegens des Betruges schwankt die ganze Fälschungsthese erheblich. Ein weiterer wichtiger Punkt ist folgender: Fälscher C hätte die Recherchen nach der noch existierenden Kölner Originalversion in Bibliotheken und Buchhandel in der Zeit von Mai 1945 bis Ende 1948 durchchführen müssen, also ausgerechnet in jener Zeit des Chaos unmittelbar nach dem verlorenen Zweiten Weltkrieg, als Archivbestände oft ausgelagert waren, Telefonanschlüsse nicht funktionierten, erfahrene Mitarbeiter in Bibliotheken fehlten usw.

Fälscher Cs ganze Betrugsaktion wäre so oder so mit einem ganz erheblichen Aufwand verbunden gewesen, sodass sich die Frage nach seinem Motiv noch dringender stellt. Wozu der ganze Aufwand? Die einzige Erklärung, die mir dazu in den Sinn kommt, ist irgendein verquerer Versuch, den Deutschen unmittelbar nach dem verlorenen Weltkrieg dabei zu helfen, mit der Vergangenheit klarzukommen, indem man die Schuld Hitlers (und damit der Deutschen) auf irgendwelche höheren Mächte abwälzt.

Das Problem ist nur, dass Ellerhorst/Dehlinger diese Idee einer »moralischen Entlastung« der Deutschen in *Prophezeiungen über das Schicksal Europas* überhaupt nicht aufgreifen und schon gar nicht ausarbeiten. Sie drucken zwar die komplette Hepidannus-Prophezeiung ab – insgesamt elf Seiten – und zitieren den mittelalterlichen Mönch noch an anderen Stellen in Auszügen, aber die potenziell »Hitler entschuldigenden« Stellen der Hepidannus-Prophezeiung gehen auf den elf Seiten ziemlich unter. Außerdem zitieren Ellerhorst/Dehlinger noch andere ältere Prophezeiungen, die ebenfalls die Nazi-Zeit voraussagen und so gesehen ebenso »entschuldigen«, obwohl diese Quellen im Hinblick auf Hitler bei Weitem nicht so eindeutig sind wie der Hepidannus-Text.

414 Bundesarchiv Berlin/R58/1029.

415 Sonderarchiv Moskau/Fond 500 RSH (Reichsicherheitshauptamt), Opis1/Amt I/ Akte Nr. 113, Inhalt: Berichte über einzelne Okkultisten in München; 1932–1939.

416 Bundesarchiv Berlin/R58/1029/Blatt 67.

417 *wikipedia.org/wiki/Wehrkraftzersetzung.*

418 Bundesarchiv Koblenz, N 1126/9 – Lektüre-Tagebuch Himmlers.

419 Himmlers Kommentar zum Werk des bekannten Münchener Parapsychologen Carl du Prel *Der Spiritismus,* das er, gerade einmal 23 Jahre alt, im Januar/Februar 1923 gelesen hat: »Ein wissenschaftliches Werkchen auf philosophischer Grundlage, das mich wirklich an den Spiritismus glauben lässt, und mich erst richtig in denselben eingeführt hat.«

420 Wulff, *Tierkreis und Hakenkreuz,* S. 162/163.

Über den Autor

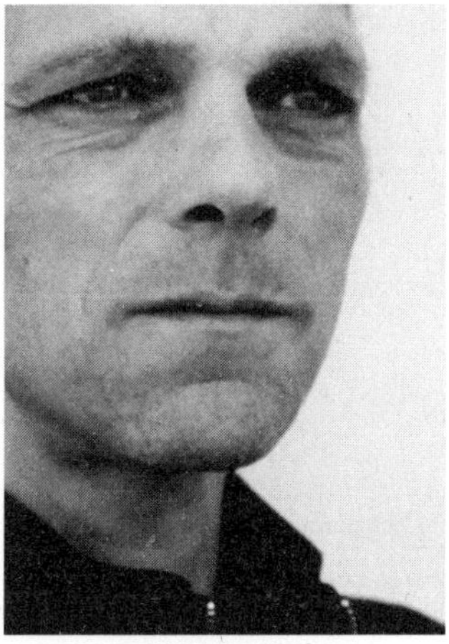

Stephan Berndt wurde 1961 in Hamburg geboren, studierte zunächst Industriedesign und arbeitete später als freier Softwareentwickler in München. Im Jahre 1993 begann er private Forschungen im Bereich Hellseherei und Prophetie auf Basis einer Datenbank mit 5000 Einzelvorhersagen von 250 Sehern und Prophezeiungen zu betreiben. Mit dem vorliegenden Buch veröffentlicht er sein neuntes Werk zu dem Thema. Derzeit ist er im deutschsprachigen Raum in Sachen europäische Prophetie der produktivste Forscher und Publizist. Im Kopp Verlag erschienen von ihm bereits die Titel *Countdown Weltkrieg 3.0* und *Was will Putin?*.